中国
反行政垄断
原理与实务指要

ANTI-ADMINISTRATIVE
MONOPOLIZATION OF CHINA

PRINCIPLES AND
PRACTICAL GUIDELINES

林文　黄村夫◎著

清华大学出版社

北京

图书在版编目(CIP)数据

中国反行政垄断原理与实务指要 / 林文，黄村夫著 . 一北京：清华大学出版社，2021.4
ISBN 978-7-302-57771-3

Ⅰ．①中… Ⅱ．①林… ②黄… Ⅲ．①行政法－研究－中国 Ⅳ．① D922.104

中国版本图书馆 CIP 数据核字 (2021) 第 057797 号

责任编辑：刘　晶
封面设计：李伯骥
版式设计：方加青
责任校对：王荣静
责任印制：丛怀宇

出版发行：清华大学出版社
　　网　　址：http://www.tup.com.cn，http://www.wqbook.com
　　地　　址：北京清华大学学研大厦 A 座　　　　邮　　编：100084
　　社 总 机：010-62770175　　　　　　　　　　邮　　购：010-62786544
　　投稿与读者服务：010-62776969，c-service@tup.tsinghua.edu.cn
　　质 量 反 馈：010-62772015，zhiliang@tup.tsinghua.edu.cn
印 装 者：三河市少明印务有限公司
经　　销：全国新华书店
开　　本：185mm×260mm　　印　　张：19.75　　字　　数：425 千字
版　　次：2021 年 5 月第 1 版　　印　　次：2021 年 5 月第 1 次印刷
定　　价：79.80 元

产品编号：091273-01

作者简介

林文，北京金诚同达（上海）律师事务所合伙人，上海大学法学院兼职教授，首都经贸大学知识产权研究中心研究员，担任上海、湖北、甘肃等省（市）级市场监督管理局反垄断专家成员。

执业领域：重大疑难知识产权诉讼，竞争法（反垄断诉讼、反垄断合规、公平竞争审查和反不正当竞争诉讼）。

代表性著作：《不正当竞争诉讼证据实务操作指引》《反不正当竞争法律制度与实务技能》《中国反垄断行政执法报告 (2008—2015)》《中国反垄断行政执法和司法报告（2016）》等。

黄村夫，北京市博十律师事务所主任律师，民商法学硕士，从事专职律师工作近十五年，常年为湖南卫视、中国煤炭总局、中国食品报社等客户提供专业服务。

执业领域：经济法。

代表性著作：《企业法律风险防范（2020）》《建设工程智能化管理》《中国公益法学》。

序 一

　　破除行政性垄断，本质上就是要处理好政府和市场的关系。社会主义市场经济应该是法治经济，对行政性垄断依法施治方为治本之策。我国《反垄断法》规定了行政性垄断的内容，但没有使用这一术语，而是使用了"滥用行政权力排除、限制竞争"这一表述。党的十九大报告明确提出要"深化商事制度改革，打破行政性垄断"。

　　行政主体滥用行政权力排除、限制市场竞争的行政性垄断并非为中国所独有，任何国家（包括其他经济体制转型的国家乃至西方市场经济发达国家）都可能存在滥用行政权力干预市场竞争的问题，并且都有着大致相同的基本动因。不过，行政性垄断在各个国家和地区产生的具体原因还是存在差异性的，也正是这种差异性使得其在各个国家和地区的表现形式和程度不同。在我国，在由传统计划经济体制向社会主义市场经济体制转轨这个过程中显得非常突出。行政性垄断虽然具有不同于一般经济性垄断的特点，但它们在本质上都是对竞争的限制，其结果都破坏了自由公平的市场竞争秩序，因而应当受到同样的规制。而且，既然行政性垄断在我国表现得较为严重和突出，那么我国也就更有理由和必要对其进行法律规制。

　　基于此，我国《反垄断法》在规制经营者的垄断行为的同时，也要规制滥用行政权力排除、限制竞争的行为。该法一方面在总则第8条规定："行政机关和法律、法规授权的具有管理公共事务职能的组织不得滥用行政权力，排除、限制竞争"，另一方面又在第五章用6个条文分别规定了滥用行政权力排除、限制竞争的主要表现形式。总体来说，这些规定是对禁止滥用行政权力排除、限制竞争的基本政策的延续和重申，为在这个领域推进竞争政策和反行政性垄断提供了基本的法律依据。同时，通过2018年机构改革实现了反垄断执法"三合一"的国家市场监管总局在2019年出台和实施了《制止滥用行政权力排除、限制竞争行为暂行规定》。此外，从2016年开始建立和实施的公平竞争审查制度，既是我国确立和强化竞争政策基础地位的关键一步，也是我国实现反行政垄断目标的重要路径。

　　我国目前反行政性垄断的学术论著已经不少，但这方面的实务论著还不算多。由林文、黄村夫律师撰写的《中国反行政垄断原理与实务指要》就是一本偏重反行政性垄断实务研究的著作。该书内容丰富，立意深远，尤其结合实例进行分析，具有较强的实操性和可读性，是律师、法务和行政执法人员等的重要参考资料。

　　林文律师原执业于春城昆明，为了实现竞争法专业的梦想来到上海，我们已相识5年有余。在短短的5年之中，林文律师除每年定向给我们《竞争法律与政策评论》撰写一篇调研报告之外，还出版了反垄断专著3部。他的论著在业界具有一定的影响力，为行业贡献了专业的力量。

　　借此机会，我乐意为读者推荐此书，同时也希望更多的实务工作者关注和推动我国的反垄断事业。

　　是为序。

王先林

上海交通大学特聘教授、竞争法律与政策研究中心主任

国务院反垄断委员会专家咨询组成员

中国法学会经济法学研究会副会长

2020 年 11 月 9 日于上海

序 二

当前中国存在的垄断现象，除了一些在市场竞争中形成的竞争性垄断外，还有一部分是非竞争性的行政性垄断。行政性垄断包括纵向的行业垄断，如一些由事业单位转变而来的企业以及承担着行业管理或资本控股的大企业集团的垄断；还有横向的地区封锁或地方保护主义。另外，传统公用事业中的许多产业，如电信、电力、民航、铁路、邮政等，在引入竞争后，依然以自然垄断为理由，以政府原有法律、政策为护身符，在主管政府部门的保护和参与下，仍存在限制竞争和侵害消费者利益的行为。它们也属于行政性垄断。

行政性垄断所指的是在由计划经济向市场经济转型中的国家出现的一些特有现象。与经济垄断不同的是，行政性垄断有其自身的特性。

就主体而言，行政性垄断的实施者是行政主体（政府或者政府部门）。就手段而言，行政性垄断是对行政权力的运用。就行为方式而言，行政性垄断主要表现为行政机关利用公权力来划分自己的势力圈，将民间资本强制排除在外，拒绝建立竞争关系。行政垄断实施主体实施上述垄断行为的形式往往是通过制定规章、命令等，具有一定的隐蔽性，其危害性和破坏力也往往大于经济垄断。

2020 年 1 月 2 日，国家市场监督管理总局发布《〈反垄断法〉修订草案（公开征求意见稿）》，向社会公开征求意见。意见稿对行政垄断行为的规定当属此次修订的重要内容之一。十九大报告明确要求："深化商事制度改革，打破行政性垄断。"在我国社会主义市场经济体制不断深化改革的当下，只有经由公平竞争、优胜劣汰，才能促进产业转型升级，推动经济高质量发展。意见稿第 42 条第 2 款新增规定："行政机关和法律、法规授权的具有管理公共事务职能的组织，在制定涉及市场主体经济活动的规定时，应当按照国家有关规定进行公平竞争审查。"加上第九条有关公平竞争审查制度的规定，意见稿为预防和规制行政性垄断带来了新的方法。

林文律师不仅是一名职业律师，同时也是上海大学法学院兼职教授，由其和黄村夫律师撰写的《中国反行政垄断原理与实务指要》以理论结合实务的方式，全面、细致地对行政性垄断问题进行了梳理和分析，兼具深度和广度。相信行政机关人员、律师和有关反垄断法学者读后都会有新的思考。

特此推荐。

文学国

上海大学法学院院长、教授、博士生导师

2020 年 12 月 24 日于上海

目　录

第一章

行政垄断概述

第一节　行政垄断规制的历程

一、中国经济体制改革

　　我国经济体制改革中有两个重要的事件。第一个是我国于 2001 年 11 月 11 日加入了世界贸易组织。该事件不仅标志着我国的经济越来越融入国际经济，越来越全球化，而且也标志着我国接受了世界贸易组织的各种规则，特别是无歧视、透明度和程序公正等各项核心原则，因此最大程度地反映了我国在经济上实行对外开放的政策。第二个是我国于 2007年 8 月 30 日颁布了《反垄断法》，该法于 2008 年 8 月 1 日起实施。《反垄断法》的颁布和实施说明了我国经济体制改革以来的巨大成就，说明计划经济条件下的价格垄断制度已经被打破，企业所有制结构实现了多元化，国有企业开始享有比较充分的经营自主权，因此国家有必要为企业营造一个公平和自由竞争的环境，建立反对垄断和保护竞争的法律制度，而且也说明了我国的经济体制发生了质的变化，我国经济体制改革的方向是市场化。[①]

　　一个国家之所以需要制定和实施反垄断法，起决定性作用的是它的经济体制。市场经济几百年的经验证明，只有竞争才能使社会资源得到优化配置，企业才能具有创新和发展的动力，消费者才能得到较大的社会福利。因此可以说，市场经济就是竞争的经济，市场经济就是建立在竞争的基础上。但在另一方面，市场经济本身缺乏维护公平和自由竞争的机制。恰恰相反，为了减少竞争压力和逃避竞争风险，企业总是想方设法地限制竞争。因此，建立市场经济体制的国家必须要反垄断，必须要为企业提供进入市场的权利和机会，从而必须要为企业营造一个公平和自由的竞争环境。这也就是说，为了建立市场经济体制，为了建立公平和自由的市场秩序，国家就有必要建立反对垄断和保护竞争的法律制度。正是因为保护竞争对市场经济非常重要，反垄断法在市场经济国家就有着极其重要的地位。它

---

① 王晓晔：《我国反垄断执法10年：成就与挑战》，载《政法论丛》，2018（5）。

在美国被称为"自由企业的大宪章"。① 反垄断法在我国也有着极其重要的地位，是我国的经济宪法。因为实践表明，绝大多数的垄断，包括经济垄断和行政垄断都是不合理的现象，其本质不过是限制了价格机制调节社会生产和优化配置资源的功能。我国经济体制改革40年的历程，就是我国经济生活中不断打破各种垄断的过程。如果说我国现在还有一些企业没有真正的经营自主权，其根本原因就是我国经济生活中存在的各种垄断，特别是行政垄断。

我国经济体制改革取得的重要的阶段性成果，就是竞争政策的基础性地位的确立。竞争是市场经济体制的核心机制，没有市场经济就不会有竞争，更不会有竞争政策。我国改革开放的历程就是逐步引入市场、引入竞争，不断提高市场在资源配置中的作用，逐步确立竞争政策基础性地位的过程。可以说，竞争政策是实行市场经济国家最重要的经济政策，它是使市场在资源配置中起决定作用的前提和重要保障。对我国来说，它更是新一轮经济体制改革能否成功的关键所在，要正确处理政府和市场的关系，创造公平有序的市场竞争环境，必须要明确制定和有效实施全面的竞争政策。竞争政策是指为维持和发展竞争性市场机制所采取的各种公共措施，它主要包含两方面内容：一是竞争法；二是竞争倡导。前者以反垄断法律体系及配套制度为核心，通过开展相关执法纠正市场缺陷，让竞争机制充分发挥有效配置资源的作用。后者包括其他一切有利于促进竞争的政策或制度，例如垄断行业改革政策、放松规制政策、贸易自由化政策、竞争宣传、竞争评估和竞争审查制度。竞争法的实施是竞争政策的重要内容，推进竞争政策必然包含竞争立法及竞争执法，同时竞争执法又对巩固和发展竞争政策起着重要的推动和保障作用。发展中国家和转型经济国家大都以竞争执法为主导，通过广泛且严格的竞争执法提升竞争政策理念的社会共识，带动本国竞争文化的发展，逐步实现竞争政策的全面推行。我国基本上也遵循了这一路径。《反垄断法》实施是践行竞争政策的重要路径之一。行政垄断属于反垄断法的子项。行政垄断是《反垄断法》明确禁止的行为，查处行政垄断是反垄断执法机关的法定职责。我国作为世界第二大经济体，目前已经成为世界上三大反垄断司法辖区之一。

中国经济体制改革始终围绕着正确认识与处理政府和市场的关系这一核心问题展开。1992年，中共十四大提出了中国经济体制改革的目标是建立社会主义市场经济体制，提出要使市场在国家宏观调控下对资源配置起基础性作用。这一重大理论突破，对中国改革开放和经济社会发展发挥了极为重要的作用。此后的二十多年，政府和市场的关系一直在根据实践的拓展和认识的深化寻找新的科学定位。中共十五大提出"使市场在国家宏观调控下对资源配置起基础性作用"；中共十六大提出"在更大程度上发挥市场在资源配置中的基础性作用"；中共十七大提出"从制度上更好发挥市场在资源配置中的基础性作用"；中共十八大提出"更大程度更广范围发挥市场在资源配置中的基础性作用"。可以看出，

---

① See United States v. Topco Associates, Inc., 405 U. S. 596, 610（1972）.

我们对政府和市场关系的认识在不断深化。尤其值得关注的是，2013年11月中共十八届三中全会通过的《中共中央关于全面深化改革若干重大问题的决定》进一步明确指出：经济体制改革的核心问题是处理好政府和市场的关系，使市场在资源配置中起决定性作用和更好发挥政府作用。这是一个重大的理论突破，已经并将继续对中国的经济发展和经济法治产生重大而深远的影响。伴随着中国以市场为取向的经济改革的不断深入，中国的反垄断法也从无到有，不断完善。根据国家法律和政策对市场和政府关系的最新定位，要让价值规律、竞争和供求规律在资源配置中起决定性作用，同时政府要做好"规则"的制定者，更好发挥监管职能。[①]

二、行政垄断的起源与概念

（一）中国行政垄断的起源

在中国，行政垄断制度是与中国传统计划经济体制的残留影响和国有经济制度分不开的。它经历了行政垄断制度萌芽、形成、全行业化、变革到持续的过程。新中国成立初期（1949—1951年），我国实施了一系列新的经济制度，其中最具影响的是1950年12月政务院颁布的《私营企业暂行条例》，这标志着中国行政垄断制度的萌芽。1952—1955年是行政垄断制度的形成时期。此时中国开始实施第一个五年计划，实施新的经济制度，通过公私合营对私有经济的发展产生了重要影响，到1954年底，国家已基本实现了对农产品流通领域的掌控。1956—1978年是全行业行政垄断时期，此时，全国行业国有化进程进一步加快，并逐步迈向全行业国有化和全行业行政垄断。到1956年底，全国私营工业企业数量的99.6%、总产值的99.16%和职工总数的99%已完成公私合营改造，全国私营商业企业数量和总产值的82.12%和职工总数的85.1%完成国营商店、合作社、公私合营商业企业、合作商店、合作小组等的改造。至改革开放前，全面的计划经济和全行业行政垄断成为新中国20多年间的正式经济制度。1978—1988年是全行业行政垄断的变革时期。1978年12月，中共中央召开了具有历史意义的十一届三中全会，1982年对《中华人民共和国宪法》所作出的修改规定："在法律规定范围内的城乡劳动者个体经济，是社会主义公有制经济的补充，国家保护个体经济的合法权利和利益。"1988年对《中华人民共和国宪法》新的修正进一步明确了私营经济的地位。其中第11条规定：国家允许私营经济在法律规定的范围内存在和发展，私营经济是社会主义公有制经济的补充。这一规定标志着中国全行业行政垄断被正式取消，私营企业在我国快速地发展了起来。《私营企业暂行条例》（1988年版）将私营企业经过审批才能进入或完全禁止进入的行业作了明确规定，据此，中国行政垄断制度的法律地位得以正式确立。在此期间，中央政府又相继颁布了《中华人民共和国行政许可法》

---

① 王先林：《市场取向的经济改革与中国反垄断法的产生和发展》，载《竞争法律与政策评论》，2015年卷。

《国务院关于投资体制改革的决定》和《政府核准的投资项目目录》，以及《指导外商投资方向规定》，这些法律法规本质上是在原有制度基础上建立了"项目核准制"。紧接着国家发改委制定了相应的部门规章，包括《企业投资项目核准暂行办法》《外商投资项目核准暂行管理办法》和《外商投资产业指导目录》等，使中国行政垄断制度得到进一步完善和巩固。"行政垄断成为我国转型时期特有的经济现象和当前我国垄断的主要形式"[1]，"目前我国盛行的行政垄断既非市场经济初级阶段的共有现象，也非现代市场经济的共同特点，而是世界经济史中的一个特例"[2]。

（二）行政垄断的概念

1. 行政性垄断

王保树先生首次从反垄断法的角度将垄断划分为经济性垄断和行政性垄断，并对"行政性垄断"的概念作了界定。此后，"行政性垄断""行政垄断"等概念不断被人使用，现在已成为反垄断学者研究的重要方向之一。[3]王保树将行政性垄断定义为："国家经济主管部门和地方政府滥用行政权，排除、限制或妨碍企业之间的合法竞争"。王保树所定义的行政性垄断最终成为《反不正当竞争法》和《反垄断法》关于"行政性限制竞争"的主要释法基础。也有分析者认为，依据现有文献资料分析"行政性垄断"概念最早出现于史文清、刘晓海在1985年发表的论文《试论健全竞争领域的经济法制》中。[4]

2. 行政垄断

国内最早提及行政垄断概念的，是经济学家胡汝银博士，其在《竞争与垄断：社会主义微观经济分析》一书中首先提出："在传统的集权体制下，中央通常以无所不包的计划指令，既控制着宏观经济变量，又控制着微观经济活动。特别是在微观层次上，国家对企业实行财政统收统支，产品统购统销，劳动力和物质技术统一分配等方法，直接统治企业的投入和产出，从而统治着整个社会的生产和流通，形成一种绝对垄断的局面。这种垄断的局面基本上是通过行政手段和具有严格等级制的行政组织来维持的。为了便于同一般的市场垄断相区别，我们将它称为行政垄断"。[5]也有观点认为，"行政垄断"概念最早出现于魏云、李高楼在同一年发表的论文《建立开放型金融体制初探》中。[6]

目前对于行政垄断的理解各异，观点难以统一。如"行政垄断，是行政权力违反市场经济规律限制资源正当利用或限制资源流动的现象，行政垄断行为的主体也非仅指行

① 王俊豪、王建明：《中国垄断性产业的行政垄断及其管制政策》，载《中国工业经济》，2007（12）。
② 薛克鹏：《行政垄断的非垄断性及其规制》，载《天津师范大学学报（社会科学版）》，2007（3）。
③ 杜潇潇：《行政垄断的构成要件及法律责任的再审视》，载《法制与社会》，2017（4）。
④ 史文清、刘晓海：《试论健全竞争领域的经济法制》，载《法学》，1985（5）。
⑤ 胡汝银：《竞争与垄断：社会主义微观经济分析》，48页，上海，上海三联书店，1998。
⑥ 魏云、李高楼：《建立开放型金融体制初探》，载《经济问题》，1985（3）。

政机关，还包括特殊情况的其他组织，行政机关、法律法规授权的组织，行政机关委托的组织"；[①] "行政垄断是指行政机关及公共组织滥用行政权力排除、限制市场竞争的行为"；[②] "反垄断法禁止的行政垄断行为，性质上是一种滥用行为"；[③] "行政垄断是国家机构运用公共权力对市场竞争的禁止、限制或排斥"；[④] "行政主体滥用行政权力实施的损害市场竞争，破坏社会主义市场经济秩序的行为"。[⑤] 任何公权力的滥用都有可能对市场竞争造成限制，行政垄断的概念无法包含立法机关和司法机关的限制竞争行为。[⑥]

在标准经济学中，只有两个术语，一个是"政府垄断"，另一个是"政府授予垄断"。前者是政府直接行使垄断权力（比如酒类专卖、烟草专卖），后者是政府将垄断经营权授予某一个企业。中国所说的"行政垄断"实际上就是包括了经济学的"政府垄断"和"政府授予垄断"。"行政垄断"是中国特有的一个概念，是指政府及其所属部门违法行政，运用强制手段，限制竞争，侵害市场公平竞争秩序的行为。

市场经济国家普遍存在"公权力破坏市场竞争"的行为，但很少像中国这样赋予"公权力限制竞争"以"行政性垄断"这一特定的概念和涵义。[⑦]《反垄断法》定义的行政性垄断，是行政机关和法律、法规授权的具有管理公共事务职能的组织滥用行政权力，排除、限制竞争的抽象和具体行政行为。[⑧] 现行《反垄断法》第8条规定，"行政机关和法律、法规授权的具有管理公共事务职能的组织不得滥用行政权力，排除、限制竞争"。时任全国人大常委会法制工作委员会副主任的安建在《中华人民共和国反垄断法释义》中指出，"行政机关滥用行政权力排除、限制竞争"即为"行政性垄断"。[⑨]

3. 反垄断法对行政垄断的定义

在法学研究领域，最早使用"行政垄断"一词的是魏剑在《中外法学》1989年第3期刊登的《试论我国反垄断立法》一文，但作者没有明确该词的含义。[⑩] 将反垄断法意义上的"行政垄断"归结为享有行政权力的主体利用行政权力实施的损害公平竞争、消费者利益

① 刘继峰：《竞争法》，349～351页，北京，对外经济贸易大学出版社，2007。
② 尚明主编：《中华人民共和国反垄断法理解与适用》，267页，北京，法律出版社，2007。
③ 王晓晔主编：《中华人民共和国反垄断法详解》，194页，北京，知识产权出版社，2008。
④ 杨兰品：《中国行政垄断问题研究》，43页，北京，经济科学出版社，2006。
⑤ 郑鹏程：《行政垄断的法律控制研究》，30页，北京，北京大学出版社，2002。
⑥ 参见商务部条法司编：《反垄断法理论与中外案例评析》，349页，北京，北京大学出版社，2008。
⑦ 参见曲创等：《我国行政垄断的形成：垄断平移与政企合谋》，载《经济学动态》，2010（12）。
⑧ 《反垄断法》第8条、第32～37条。参见张占江：《弥补反垄断法行政垄断规制局限的制度方案——基于反垄断经济分析范式的修正》，载《中国价格监管与反垄断》，2015（1）。
⑨ 安建：《中华人民共和国反垄断法释义》，9页，北京，法律出版社，2007。
⑩ 魏剑：《试论我国反垄断立法》，载《中外法学》，1989（3）。

和破坏经济秩序的行为，基本已成共识。[①]

从《反垄断法》第8条的规定可以得出，行政垄断是指行政主体违反法律、法规，滥用或利用行政权力限制或排除正常市场竞争的行为。从这一定义中可以看出，其是由主体要件、行为要件、结果要件三个要件构成。其公式表示为：行政主体＋滥用行政权力＋排除、限制竞争＝行政性垄断。[②]反垄断法意义上的垄断本质上是指对竞争的限制，其一般又可分为经济垄断和行政垄断。经济垄断"主要是指企业凭借其经济上的优势地位，单独或者联合在相关市场上进行限制或者排斥竞争的行为。"[③]行政垄断"也称滥用行政权力限制竞争行为或者行政性限制竞争行为，是指市场经营主体依赖或借用行政机关和公共组织滥用的行政权力，二者合力排除或者限制竞争而形成的垄断"。[④]

《反垄断法》并未使用"行政性垄断""行政垄断"的概念，只是提出"行政机关滥用行政权力排除、限制竞争行为"。因此，对是否存在"行政性垄断"的问题仍存在着争议。有人据此提出，我国不存在所谓"行政垄断"的问题，"行政垄断"的提法是不科学、不准确的。这是因为《反垄断法》意义上的垄断是经营者在市场经济活动中的一种行为。行政机关并不是经营者，也不从事经营活动，因此不存在所谓"行政垄断"的问题。针对这种观点，多数人认为，在我国经济生活中，来自于政府，主要表现为中央政府部门、地方政府及其所属部门以及具有管理公共事务职能的组织滥用行政权力，人为地对市场进行"条""块"分割，是我国及其他经济体制转型国家所特有的现象。针对这种情形，人们将借助行政权力排除、限制竞争的现象称之为"行政垄断"。换言之，"行政垄断"这个概念从其产生之日起，就未曾要求过必须以行政机关从事经营活动为其特征。因此，以《反垄断法》第3条规定的垄断行为主体须为经营者为理由，指责"行政垄断"这个提法的科学性、

[①] 代表性文献包括王保树：《论反垄断法对行政垄断的规制》，载《中国社会科学院研究生院学报》，1998（5）；王晓晔：《依法规范行政性限制竞争行为》，载《法学研究》，1998（4）；胡光志、王波：《行政垄断及反行政垄断法的经济学分析》，载《中国法学》，2004（4）；徐光耀：《行政垄断的反垄断法规制》，载《中国法学》，2004（6）；王晓晔：《行政垄断问题的再思考》，载《中国社会科学院研究生院学报》，2009（4）；黄勇、邓志松：《论规制行政垄断的我国〈反垄断法〉特色——兼论行政垄断的政治与经济体制根源》，载《法学杂志》，2010（7）。学术界对界定"行政垄断"的争议，主要体现为行政垄断、经济垄断和国家垄断等概念的区分，具体而言即是否存在合法或有效的行政垄断，以及行政垄断应当如何规制。参见郑鹏程：《行政垄断的法律控制研究》，22～32页，北京，北京大学出版社，2002。对于第一个问题，应看到讨论行政垄断的问题背景，乃是与市场经济的基本精神严重不符的行政垄断越来越刺眼，用法律对其予以规制成为社会共识。所以如果依靠行政权力塑造的排他性竞争确实符合经济学意义上的效率，那应该归之为自然垄断或国家垄断的范畴，"行政垄断"已经约定俗成地被定位于"违法行为"，没有必要再引起混淆。对于第二个问题，有人认为既然行政垄断是中国特色，就应制定特别法进行特别规制；有人则认为不管行政垄断是不是中国特色它都是垄断，反垄断法应当对所有垄断一体规制，所以应在《反垄断法》中规定行政垄断。《反垄断法》最终采取了第二种观点，一体规制避免了"立法偏颇"无疑是进步，但倘若对行政垄断的特殊性视而不见，则法律实施的实际效果必将大打折扣。参见冯辉：《论反垄断法与产业法在规制行政垄断中的功能组合——以烟草专卖行业为例》，载《社会科学》，2011（9）。

[②] 严花根：《行政垄断的实证分析——兼评公平竞争审查制度》，载《辽宁经济》，2018（6）。

[③] 吴振国：《〈中华人民共和国反垄断法〉解读》，514页，北京，人民法院出版社，2007。

[④] 孙晋、李胜利：《竞争法原论》，152页，武汉，武汉大学出版社，2011。

准确性,进而否认我国存在行政垄断的事实是不科学、不准确的。可以预见,由于《反垄断法》对"行政性垄断"缺乏界定及思想认识不统一,对今后的执法将产生一定的消极作用。[①]

还有研究者认为,"行政垄断"是在我国经济转轨时期的学术界中新出现的,是以往经济学中所没有的一个新概念。但严格说来,它本身只是一个中性词,无所谓好坏。就我国来讲,凡是有利于社会主义事业而又必须由国家垄断控制或专营的产业或行业实行的"行政垄断"就是合理的好事,应予维护和支持;否则,凡是不利于社会主义事业而又没有必要由国家或地方政府垄断控制或专营的产业、行业采取的"行政垄断"就是不合理的,应予反对和取缔。

"行政垄断"或者"行政性垄断"的概念,在当时反垄断法立法的过程中,也是争议焦点之一。

2008年实施的《反垄断法》第1条规定,"为了预防和制止垄断行为,保护市场公平竞争",制定了"行政性垄断专章"——第五章"滥用行政权力排除、限制竞争",较早开始了对行政性垄断的立法规制工作。相对于更早期的1993年施行的《反不正当竞争法》,《反垄断法》将规制对象从原来的市场主体(企业、个体户)"升格"为行政机关,这是我国竞争政策的重大变迁节点。然而,顾名思义,《反垄断法》规制的是"滥用"行政权力,而非直接规制行政性垄断本身。第一,《反垄断法》第51条和《关于〈中华人民共和国反垄断(草案)〉的说明》将"行政机关滥用行政权力排除、限制竞争"称为"行政性限制竞争",而非"行政性垄断"。自《反垄断法》在1994年启动立法程序到2007年正式颁布,行政性垄断一直是全国人大和各种立法会议中的争论焦点,第五章"滥用行政权力排除、限制竞争"更是在各版本草案中几经删除、恢复、修改和再修改。[②] 曲折的立法过程集中体现了中国行政性垄断问题的复杂性。正因如此,现行《反垄断法》没有明确提出行政性垄断的概念,而是以"行政性限制竞争行为"替代,也没有明文禁止或规制"行政性垄断",只是规定行政机关"不得滥用行政权力,排除、限制竞争"。第二,为何立法机构不直接使用广为各界接受的"行政性垄断",而用一个较为陌生的新概念"行政性限制竞争"?如果《反垄断法》第五章的题目"行政机关滥用行政权力排除、限制竞争"换成"行政性垄断",那就标志着所有形式的行政性垄断均受《反垄断法》规制,是国家"坚决反对"的违法行为。但事实上《反垄断法》已经"豁免"了行业性行政性垄断和专营专卖。一旦行业性行政性垄断和专营专卖被《反垄断法》定为"滥用"行政权力的违法行为,其后果不堪设想,更无法为各级政府所接受,明显不符合国情。所以,"行政机关滥用行政权力排除、限制竞争"与"行政性垄断"必然不为等价。第三,行政性垄断不仅损害竞争活力,还导致资源配置效率方面的损失,行业间收入分配差距加大。因此,在《反垄断法》于20世纪末进入立法议程和最终生效实施后,行政性垄断便成为了中国经济学界和法学界的研究热点,并构成《反

[①]　钟真真:《〈反垄断法〉对行政性垄断规制的意义与局限性》,载《价格理论与实践》,2008(7)。

[②]　安健:《中华人民共和国反垄断法释义》,146页,北京,法律出版社,2007。

垄断法》的主要内容。但遗憾的是，《反垄断法》的主要规制对象为横向的"地区行政性垄断"（即地方保护主义、贸易壁垒、地区壁垒），而不包括纵向的行业性行政性垄断（即行政进入壁垒、部门壁垒）。并且，目前针对行政性垄断的反垄断执法行为也是最不到位的。由于现行行政法体系、行政立法权、行政司法权的制约，《反垄断法》在反行政性垄断中发挥的作用有限。从实践中可看出，《反垄断法》于 2008 年生效至今，行政性垄断案件数量少之又少，反行政性垄断工作的开展也极为缓慢。《反垄断法》对行政性垄断权力的限制和对市场竞争的保护力度似乎还不够。不过作为我国竞争政策的核心制度，《反垄断法》第 37 条对行业性行政性垄断、行业监管部门的准入规制权力做出了"原则性规制"——"行政机关不得滥用行政权力，制定含有排除、限制竞争内容的规定。"这既是一种妥协，也是一种渐进的改革战略，更表明了竞争政策对于行政性垄断的上位法地位及其法律威慑力。①

不论是行政垄断还是行政性垄断，在我国目前反垄断法内争议较大，都没有取得公认的、一致的定义。2020 年 1 月 2 日，国家市场监管总局公布《反垄断法〈修订草案〉（公开征求意见稿）》，除第 42 条②稍有修改并增加了公平竞争审查以外，仍没有明确"行政垄断"或"行政性垄断"的定义。

尽管各种法律法规中没有使用"行政垄断"或者"行政性垄断"的概念，但实际上实务中已经得到了众多的认可，并不会被错误理解。如"国家市场监督管理总局：查处并公布一批行政垄断案件"。③国家市场监督管理总局局长张茅："下一步，做好这四方面重点工作。当前，行政垄断、市场垄断、假冒伪劣、食品安全、侵犯知识产权等市场秩序问题依然突出，损害了消费者合法权益。"④"行政垄断"是我国实务界对于"滥用行政权力排除限制竞争行为"约定俗成的称呼，根据我国《反垄断法》第 8 条和第五章规定的内容，完整的概念应该是"行政机关和法律、行政法规授权的具有管理公共事务职能的组织滥用行政权力排除限制竞争的行为"。在我国反垄断法理论研究和立法及执法实践中，行政垄断一直是其中的关注重点之一。我国《反垄断法》中关于行政垄断的规定不仅是我国反垄断法的特色，而且意义重大，因为这不仅表明我国立法者对行政垄断持坚决反对的态度，有利于提高各级政府机构的反垄断意识，而且也表明反对行政垄断是我国的主流观点，有利于倡导和培育竞争文化。⑤

行政垄断案件需要区别于反垄断行政执法中的经济垄断案件以及因不服经济垄断行政处罚引发的行政诉讼案件。

---

① 陈林：《公平竞争审查、反垄断法与行政性垄断》，载《学术研究》，2019（1）。
② 第42条　行政机关和法律、法规授权的具有管理公共事务职能的组织，不得滥用行政权力，制定含有排除、限制竞争内容的规定。
　行政机关和法律、法规授权的具有管理公共事务职能的组织，在制定涉及市场主体经济活动的规定时，应当按照国家有关规定进行公平竞争审查。
③ http://news.youth.cn/sz/201811/t20181106_11775520.htm，访问时间：2020年2月13日。
④ 《人民日报》，2018年4月25日，第2版。
⑤ 赵鑫、周国和：《反垄断法是中国经济体制改革的里程碑》，载《深圳特区报》，2019年9月24日，第8版。

在我国学术界，"行政性垄断"与"行政垄断"被视为同义概念，二者出现时间均较晚。本书为了便于理解和行文方便，直接采用"行政垄断"表述，并把"行政性垄断"和"行政垄断"作同一含义。

三、行政垄断的类型

与滥用市场支配地位和垄断协议等行为相比，行政垄断行为因为滥用行政权力，对市场秩序造成的危害更甚。习近平总书记在党的十九大报告中指出，清理废除妨碍统一市场和公平竞争的各种规定和做法。而营造公平透明营商环境，查处行政垄断行为仍需发力。

学界在 20 世纪 80 年代专注于讨论行政垄断的内涵。较早建议对行政垄断进行分类的是王晓晔和邓保同。前者提出，"在纵向的行业内，这种垄断表现为行业垄断"，"在横向的行政区域中，行政垄断表现为地区垄断，或称地区封锁、地方保护主义"；[①] 后者提出，"行政性垄断分为两大类：地区性行政垄断和行业部门性行政垄断"。[②]

一般认为，行政垄断基本可以分为两类，即行业垄断和地区垄断，我国学者也形象地把它们称为条条垄断和块块垄断。行业垄断指某些行业管理部门的行政管理人员利用行政权力限制和排斥竞争，以保证本行业本部门实现经济利益目的的行为；后者指一定地域范围内的行政主体，利用行政权力排除限制本地域范围内的公平竞争或排斥、阻碍外地潜在竞争者进入本地市场、参与本领域竞争的行为。如蚌埠市卫生计生委和山东省交通运输厅的两起行政垄断行为就属于典型的政府地方保护导致的地域垄断行为。

执法实务人员认为我国《反垄断法》规定的行政垄断归纳起来具体有：①滥用行政权力，限定或者变相限定单位或者个人经营、购买、使用其指定的经营者提供的商品；②滥用行政权力，妨碍商品在地区之间的自由流通；③滥用行政权力，排斥或者限制外地经营者参加本地的招标、投标活动；④滥用行政权力，排斥或者限制外地经营者在本地投资或者设立分支机构；⑤滥用行政权力，强制经营者从事《反垄断法》规定的垄断行为；⑥滥用行政权力，制定含有排除、限制竞争内容的规定。[③]

许光耀教授将行政垄断行为分为具体和抽象行政垄断行为。具体行政垄断行为主要是依托具体行政行为来实施的排除、限制竞争的垄断行为，抽象行政垄断行为主要是依托抽象行政行为来实施的排除、限制竞争的垄断行为。这种分类基本符合《反垄断法》第五章关于行政垄断的分类。第 32 条"限定交易"属于具体和抽象行政垄断行为并存；第 33 条"妨碍商品在地区之间的自由流通"所禁止行政主体实施的行为均属于政府制定政策标准、规章规范的行为，也就是抽象行政垄断行为；第 34 条"排斥或者限制外地经营者参加本地的招标投标活动"，是以"设定歧视性资质要求、评审标准或者不依法发布信息等方式"进行，

① 王晓晔：《社会主义市场经济条件下的反垄断法》，载《中国社会科学》，1996（1）。
② 王保树：《论反垄断法对行政垄断的规制》，载《中国社会科学院研究生院学报》，1988（5）。
③ 王宏刚：《由两起行政垄断案例引发的一些思考》，载《中国价格监管与反垄断》，2016（S1）。

也属于政府制定标准、发布信息，所以也属于抽象行政垄断行为；第 35 条中的"不平等待遇"要通过地方具有法律效力的文件得以规定，所以属于抽象行政垄断行为；第 36 条"强制经营者实施垄断行为"既可以以专门针对个别行政相对人的具体行政行为作出，也可以通过制定各类规范的方式作出，所以属于具体和抽象行政垄断行为并存；第 37 条"制定妨碍竞争的法规"明显属于抽象行政垄断行为。值得注意的是，这种分类对限定交易反垄断执法机关的执法具有重要参照意义。①

第二节　反行政垄断执法

从整个反行政垄断执法的变化分析，大体可以分为三个阶段，执法萌芽期、执法成长期和执法发展期。

一、反行政垄断执法萌芽期

1993—2013 年为反行政垄断执法萌芽期。此阶段包括《反不正当竞争法》和《反垄断法》两部法律的执行。《反不正当竞争法》自 1993 年 12 月 1 日实施至 2017 年 12 月 31 日第一次修订，此期间行政垄断主要由反不正当竞争法进行规制。

2018 年 1 月 1 日实施的《反不正当竞争法》（2017 修订），已经删除了行政垄断条文。这之后，行政垄断主要由反垄断法规制。在这之前，反行政垄断规制处于两部法律并行的状态。

据原国家工商行政管理局统计，1993 年《反不正当竞争法》颁布以来，至 2005 年 11 月，共查处各类垄断案件 6100 多件，平均每年 500 多件。其中行业垄断案件 5642 件，行政部门垄断案件 519 件。②

2007 年以来，部分省市陆续推出了以"统一安装，统一收费"为主要特点的"新居配"政策，"新居配"政策抬高了市场价格，影响了服务质量，在招标投标过程中部分企业在签订的合同中存在歧视性条款，相关政策具有明显的排除限制竞争效果。

从 2008 年 8 月 1 日《反垄断法》实施直到 2013 年，行政垄断没有得到有效治理，反垄断执法主要限于原工商行政管理部门调查的极少的案件，信息公开也不透明。典型案件仅有部分新闻报道，或通过学术会议了解案件基本情况。

如 2009 年，原江苏省工商行政管理局查处的连云港混凝土行业垄断协议案，是我国原

---

① 参见王文君、许光耀：《行政垄断中限定交易行为的反垄断法分析——对〈反垄断法〉第32条的解读》，载《中国物价》，2016（1）。
② 国家工商行政管理局：《反垄断典型案例及中国垄断执法调查》，3页，北京，法律出版社，2007。

工商行政管理机关适用《反垄断法》作出的行政处罚第一案。[①]2010年，原广东省工商行政管理局适用《反垄断法》，制止广东省河源市政府滥用行政权力排除、限制竞争行为，是我国第一起适用《反垄断法》依法制止滥用行政权力排除、限制竞争行为的案件。[②]

自2008年《反垄断法》实施以来，截至2015年12月31日，国家发改委共查处行政垄断案件8件。

此期间，典型的司法案件如原国家质检总局涉嫌行政垄断案。该案基本案情为：2008年8月1日，北京4家企业向北京市第一中级法院提起诉讼，状告原国家质检总局涉嫌行政垄断。由于当天正是《反垄断法》实施的第一天，因此此案被称为"反垄断第一案"。此案最终因法院不予受理而结束。

行政调查典型案件如：广东省河源市指定卫星定位汽车行驶记录仪和监控平台提供商行政垄断案。这是根据受害人的举报进行调查的案件，但没有主动进行政府信息公开，整个案件调查过程和建议处分具有封闭性。

案例1　广东省河源市政府滥用行政权力排除、限制竞争案

2010年1月，广东省河源市政府召开政府工作会议，落实省政府加强道路交通安全管理、推广应用卫星定位汽车行驶记录仪的决定，市政府明确指定新时空导航科技有限公司（以下简称新时空公司）自行筹建的卫星定位汽车行驶监控平台为市级监控平台，要求该市其余几家GPS运营商必须将所属车辆的监控数据信息上传至新时空公司平台。此后，该市物价局依据该会议纪要，又批复同意新时空公司对其他GPS运营商收取每台车每月不高于30元的数据接入服务费。在国家工商总局的指导下，广东省工商局向广东省政府正式作出"依法纠正该市政府上述滥用行政权力排除、限制竞争行为"的建议，同时，该市其余几家GPS运营商还向广东省人民政府提出了行政复议申请。2011年6月12日，广东省政府作出复议决定，认为该市政府上述行政行为违反《反垄断法》第8条、第32条和《道路交通安全法》第13条的规定，属于滥用行政职权，其行为明显不当，决定撤销其具体行政行为。该市政府根据省政府决定，纠正了其滥用行政权力排除、限制竞争的行为，恢复了该市汽车GPS运营市场的竞争格局。

二、反行政垄断执法的成长期

2014—2016年是反行政垄断执法的成长期。

2014年以河北省交通运输厅等三部门行政垄断案为标志性案件，国家发改委反垄断执法开始关注行政垄断案件。

---

① 林文、甘蜜：《中国反垄断行政执法大数据分析报告（2008—2015）》，载《竞争法律与政策评论》，2016。

② 吴振国、吴鸣鸣：《中国〈反垄断法〉实施五周年回顾与展望》，载《中国法律》，2013（4）。

2014 年 9 月 11 日，在国务院新闻办的反垄断专题吹风会上，国家发改委价格监督检查与反垄断局局长许昆林通报了河北省三部门遭"反垄断调查"事件。许昆林称，发改委接到了韩国大使馆的举报：河北对本地客运企业制定了优惠政策，过路过桥费打"对折"，只收半价，但其他省份跨省运输则无权享受这一优惠。一个在天津的中韩合资企业，未能享受到该优惠待遇。许昆林表示，河北省交通厅、物价局、财政厅规定河北省客运企业享受过路过桥费半价优惠，涉嫌歧视性规定。国家发改委已向河北省人民政府发出执法建议函，建议立即责令三部门改正错误。据《新京报》记者了解，此系《反垄断法》实施 6 年来，中国反垄断调查首次涉及行政机关。[①] 从时间顺序来看，此案件是国家发改委调查并公开的首例行政垄断案，而非"中国反垄断调查首次涉及行政机关"。2011 年 7 月，原国家工商总局公布了第一件依据《反垄断法》对行政垄断的执法——广东省河源市指定卫星定位汽车行驶记录仪和监控平台提供商行政垄断案。

河北省交通运输厅等三部门行政垄断案被媒体称为首个遭"反垄断调查"的省级行政机关案例。

2014 年 4 月 22 日，斯维尔公司状告广东省教育厅滥用行政职权，在一次赛事中指定使用另外一家公司的软件程序，涉嫌违反反垄断法相关规定。这是反垄断法颁布实施六年多来，第一起被法院作为法律依据正式受理案件并进入实质审理阶段的行政垄断诉讼。也是原告第一次获得胜诉判决的反行政垄断案件。但该案胜诉后未见启动行政调查，也未见对相关人员进行处分的建议。

2015 年 11 月 5 日，国家发展改革委召开新闻发布会，介绍价格改革与价格监管工作有关情况。发改委价格监督检查和反垄断局巡视员董志明表示，自《反垄断法》实施以来，发改委共查处行政垄断案件 6 件，其中 2015 年就有 5 件，分别对河北省交通厅、山东省交通厅、云南省通信管理局、安徽省蚌埠市卫计委、四川省卫计委、浙江省卫计委等政府部门实施的地方保护、指定交易、强制交易、制定含有排除和限制竞争内容的规定等违反《反垄断法》的行为进行了依法纠正。[②]

2016 年，国家发展和改革委员会调查并公布"新居配"系列行政垄断案，深圳市教育局在中小学学生装中涉嫌滥用行政权力排除、限制竞争案，北京市住建委在混凝土行业管理中滥用行政权力限制竞争案，上海市交通委在黄浦江游览行业管理中滥用行政权力排除、限制竞争案，陕西省物价局查处的榆林市环境保护局行政垄断案，以及安徽省宿州市卫计委行政垄断案等 6 起行政垄断案。

2016 年查处的行政垄断案件中，原工商部门办理的支付密码器案，是对政府限制竞争的行为进行的查处。原安徽省工商行政管理局间接地查处了这种限制竞争的行政性垄断行为。在这起案件中，原安徽省工商行政管理局处罚了三家支付密码器的制造商，这些制造

---

① 《发改委首度公布行政垄断案件，高调打击地方保护主义》，载《新京报》，2014 年 9 月 13 日，第 8 版。
② 种卿：《国家发改委：反垄断法实施后共查处 6 起行政垄断案件》，载中国新闻网，2015 年 11 月 5 日，第 4 版。

商在销售中分割市场、固定价格，是由金融监管机构中国人民银行安徽地方分行授意"安排"的。

依据反垄断执法机关人员在中国竞争政策与法律年会（2016/2017）上披露的信息，2016年发改委共完成对17件行政垄断案件的调查，其中对新建居民小区供配电设施建设管理中存在的统一建设、统一收费问题进行调查，督促12个省级政府部门对照《反垄断法》和公平竞争审查制度调整相关政策，目前12起案件中的涉案主体已经完成整改。根据不完全统计，地方政府依据法律的授权查处了21起行政垄断案件，并已经审结。2016年反垄断行政执法成果中还有许多"零突破"，如国内医疗器械领域反垄断第一案在12月产生；盐业专营企业滥用市场支配地位反垄断处罚第一案在内蒙古产生；供电公用企业滥用市场支配地位反垄断调查第一案在江苏产生。以及2016年反垄断最具标杆意义的事件——公平竞争审查意见的出台。2016年6月14日，国务院发布《关于在市场体系建设中建立公平竞争审查制度的意见》（以下简称《意见》），要求建立公平竞争审查制度，以规范政府有关行为，防止出台排除、限制竞争的政策措施，逐步清理废除妨碍全国统一市场和公平竞争的规定和做法。随着公平竞争审查制度的建立，地方政府的行政垄断案例"零"的突破数目在增加，继河北、山东、云南、安徽、四川、浙江之后，2016年年末，陕西、湖北、辽宁三个省，也公布了各自的首个行政垄断执法案例。[①]

三、反行政垄断执法发展期

2017—2019年是反行政垄断执法的发展期。

从市场监管总局公布的"竞争执法公告"案件来看（数据统计截至2018年5月1日），自2008年《反垄断法》实施以来，工商和市场监管部门依法查处滥用行政权力排除、限制竞争案件，共制止滥用行政权力排除、限制竞争行为41起。[②] 仅2017年一年，全国工商和市场监管部门共制止此类行为12起。

2017年是围绕公平竞争审查制度及其配套制度落实措施的一年：2017年1月建立部际联系会议制度，从制度层面落实公平竞争审查；8月，国家发改委部署2017年公平竞争审查的工作重点；9月，推动公平竞争审查与行政垄断执法的专项检查工作；10月，颁布重要文件《公平竞争审查制度实施细则（暂行）》（发改价监〔2017〕1849号）；11月，国务院28个部委落实公平竞争审查制度，并推动全国各省区市制度落实；12月，颁布《2017—2018年清理现行排除限制竞争政策的工作方案》。

2017年国家发展改革规划委员会指导全国各省价格主管部门共办结公布56起滥用

---

① 　林文、甘蜜：《2016年度中国反垄断行政执法报告》，载《竞争法律与政策评论（第3卷）》，2017。
② 　2018年4月4日，国家工商行政管理总局反垄断与反不正当竞争执法局副局长陆万里在武汉大学承办的"反垄断法实施十周年研讨会"上发言总结说，自2008年我国实施反垄断法以来，全国工商机关共制止滥用行政权力排除、限制竞争行为41起。

行政权力排除、限制竞争案，纠正了一批地方政府部门在公用事业、中介服务、医药管理、交通运输等领域实施的指定交易、地方保护行为。[1]2018年积极查办医疗、交通、建筑、公章刻制等行业领域行政性垄断案件，纠正和制止滥用行政权力排除、限制竞争行为54起。[2]

从2015年全年6起纠正案件，到2018年全国54起纠正案件，3年时间内，案件增长了近10倍。一方面，国家发展改革委正在以前所未有的力度查处行政机关滥用行政权力和排除限制竞争的行为，将权力关进笼子；另一方面，地方政府也在加大自查自纠力度，发布案件中近半数属于主动纠正行为。

2018年1月，国家发改委设立公平竞争审查处，并把公平竞争审查列为2018年的头号工作重点。2018年在执法机关重组后，国家市场监督管理总局公布了内蒙古公安厅、北京市交管局等代表性行政垄断案例。

2018年11月16日，国新办举行《反垄断法》实施十周年新闻发布会。根据该新闻发布会上披露的数据统计，截至2018年10月底，查处了12个省区市政府在"新居配"建设中滥用行政权力排除、限制竞争案件193件，建立并组织实施了公平竞争审查制度，各地区各部门共对12.2万份文件开展了公平竞争审查。[3]

2019年9月1日，市场监管总局实施《禁止垄断协议暂行规定》《禁止滥用市场支配地位行为暂行规定》《制止滥用行政权力排除、限制竞争行为暂行规定》三部《反垄断法》配套规章。自《反垄断法》实施以来，执法机关查处滥用行政权力排除限制竞争案件229件。各地区各部门对43万余份文件开展了公平竞争审查。[4]

2019年度立案调查行政性垄断案件24件，纠正滥用行政权力排除、限制竞争行为12起。进一步深化滥用行政权力排除、限制竞争反垄断执法，围绕执法中发现和社会各方面反映的突出问题，聚焦重点领域，进一步加大执法力度、提升执法精度。以医药、建筑、交通、招投标与政府采购等为重点，部署开展滥用行政权力排除、限制竞争专项执法行动，立案调查案件12件，新核查线索70余条，坚决防止和制止政府对市场活动的不当干预，破除地方保护和市场分割，维护全国统一市场。[5]

自2008年《反垄断法》实施起，截至2019年年底，笔者搜集并统计原工商行政管理局、原发改委价格监督执法，以及机构合并后的市场监督管理局反行政垄断执法，共计行政垄断案件200余件。国家市场监督管理总局公布行政垄断案件共计235件。

---

[1] http://www.chinadevelopment.com.cn/fgw/2018/02/1233910.shtml，访问时间：2020年2月29日。

[2] http://www.ccn.com.cn/html/news/xiaofeiyaowen/2018/1227/432255.html，访问时间：2020年2月29日。

[3] http://www.scio.gov.cn/xwfbh/xwbfbh/wqfbh/37601/39282/，访问时间：2020年2月29日。

[4] https://www.sohu.com/a/337632965_100191067，访问时间：2020年3月12日。

[5] 吴振国：《致力公平竞争服务改革发展——2019年反垄断工作综述》，https://www.thepaper.cn/newsDetail_forward_6161689，访问时间：2020年3月15日。

第三节　行政垄断产生的原因和特征

一、行政垄断产生的原因

政企不分造成企业的独立性不强，再加上经济建设的需求，企业独立发展的道路几乎被堵死。在这种经济模式下，企业完全听从政府的安排计划，时间久了形成了依赖政府的习惯。相关法律制度不够完善，行政垄断产生的原因更多的是相关法律制度的不健全，比如缺乏司法救济规定。对于行政垄断行为，在《反垄断法》中没有规定行政处罚措施，仅是可以向其上级机关发建议函，也没有明确规定对于该行为是否可以提起行政诉讼。

二、行政垄断的特征

行政垄断作为一种特殊类型的垄断行为，其对于市场竞争的损害丝毫不逊色于经济垄断。行政垄断与经济垄断相比较，具有以下特征：一方面，经济垄断中，垄断协议和滥用市场支配地位的行为主体往往是相关市场范围内的经营者，其行为垄断力的来源往往是相关市场内的经济活动，而行政垄断的行为主体是行政机关和被授权管理公共事务的公共组织，其垄断力的来源却是国家的公权力。另一方面，传统的经济性垄断行为往往是通过垄断协议或者是滥用市场支配地位进而达到排除、限制竞争的效果。而在我国，由于作为行政垄断的主体可以对相关市场活动起到一定的监管作用，产生积极效果，这就使得行政机关或者相关组织实施的本质上具有排除、限制竞争效果的行为具有极强的隐蔽性。正常的监管行为与行政垄断行为之间并不容易辨别。[1] 而基于上述两方面的理由，行政垄断具有其自身特性，这使得对行政垄断的规制方法不同于对传统的经济性垄断的规制方法，但是却又因为行政垄断依旧具有传统经济性垄断的一些特质，使得对于行政垄断的调整方法仍然需要以传统反垄断法规制方法为基础，并结合行政垄断自身特点对其采用新的方法并进行调整。

从行政性垄断的大量表现形式来看，行政性垄断具有行政与经济的双重性质，行使权力是形式，谋取利益是本质。因此，行政性垄断是一种"公权"与"私利"相结合，影响资源配置效率的具有行政性质的市场力量。这既是行政性垄断产生的根源，也是其本质特征。首先，行政性垄断具有确定的利益取向。行政性垄断行为大多以制定行政规定的形式进行，[2]

---

[1]　时建中：《反垄断法——法典释评与学理探源》，76页，北京，中国人民大学出版社，2008。
[2]　行政规定在广义上包括行政法规、地方法规、政府规章、规范性文件等行政性规定，在我国的行政管理体制下还包括政府的经济政策与会议纪要等。在我国经济管理体制下，这些政府文件往往与行政规定一样具有效力。徐士英：《竞争政策视野下行政性垄断行为规制路径新探》，载《华东政法大学学报》，2015（4）。

如以"促进经济发展"为由制定限制商品与资源自由流动的规定；以"吸引投资"为名，设定歧视性的政策；以"促进特定产业发展"为名，确定排他性独家垄断的经营者。在梳理了经济领域中行政权力运行的大量问题后可以发现，凡是通过行政权力限制市场竞争的地区和行业，总存在着权力庇护下的"私的利益"。[①] 由此可见，行政垄断已经不是传统意义上的行政行为，而是一种具有行政性质的市场行为。其次，行政性垄断是行政行为的异化。行政性垄断的"公权"与"私利"的双重性质使之成为夹杂了私利的权力[②]，抑或是"权力支撑下的市场力量"。那些有利益的地方永远是在越位的，没有利益的地方永远是缺位的，实际上是一个利益机制在驱动，显然，这是行政行为的异化，是行政机会主义与市场机会主义的同盟，导致交易效率的下降，并因此严重地制约着劳动分工与专业化的发展。再次，行政性垄断影响资源配置的效率。通过行政性垄断的现象可以看出，分割市场、地域保护、行业垄断、国企垄断、强制交易等是行政性垄断的典型，这些现象的共同之处就是对经济资源的合理流动产生直接的影响。[③]

三、行政垄断与经济垄断的区别

行政垄断与经济垄断不同，具体表现为：

1. 垄断主体不同。行政垄断的主体是指行政机关和法律、法规授权的具有管理公共事务职能的组织，而且是显性的主体，此外还有一部分是拥有行政性权力的特殊公司及组织，这部分是隐性主体。然而经济垄断的主体相对比较简单，即自然人、法人或其他经济组织。

2. 垄断成因不同。行政垄断不是在正常的市场竞争中形成的，而是行政权力介入的结果。经济垄断内生于市场经济，有竞争就会有垄断，它是不以人的主观意志为转移的客观经济现象。

3. 垄断力量不同。行政垄断所依靠的力量是行政性主体所控制的行政权力，该种权力具有确定力、拘束力、强制执行力等特征。经济垄断所依靠的力量是经济主体自身所拥有的经济力，虽然经济力具有影响市场的支配力，但是该经济力并不具有像行政权力那样的强制执行的效力。

[①] 这里所说的"私利"不仅仅指个人私利，而更多的是指相对于整体社会公共利益而言，包括不顾全局的地域利益和部门利益。徐士英：《竞争政策视野下行政性垄断行为规制路径新探》，载《华东政法大学学报》，2015（4）。

[②] Eleanor M. Fox, An Anti-Monopoly Law for China—Scaling the Walls of Protectionist Administrative Restraints, *Peking L. Rev.* July 11, 2006.

[③] 徐士英：《竞争政策视野下行政性垄断行为规制路径新探贯彻落实》，载《中国价格监管与反垄断》，2016（S1）。

第四节　行政垄断行为

一、行政垄断的损害后果

行政垄断作为违背市场经济规律的行为，具有如下损害后果。

1. 导致社会福利减少。社会福利减少是行政性垄断的重要后果。根据天则经济研究所的研究报告，"仅 2010 年，我国由行政性垄断带来的社会福利损失'至少'有 18965 亿元"。[①]研究表明，行政垄断造成的效率损失值占当年 GDP 的 3%～5%。山东大学于良春教授披露，这个数字是他的研究团队经过大量调研，在测算了十几万个数据的基础上得出的。国家统计局发布的数据显示，2015 全年国内生产总值（GDP）为 67.67 万亿元。它的 3%～5%，折合成人民币应该是 2 万亿至 3.35 万亿元。"如果在消除行政垄断方面有所作为，我们释放出来的经济增长的空间是很大的。"于良春说。[②] 行政垄断使消费者福利向垄断者转移，造成社会总体福利的减少。相较于经济性垄断，行政性垄断的后果更为严重。

2. 阻碍改革目标的实现。行政垄断是我国从计划经济向市场经济转型过程中的特殊问题，与政府权力长期得不到有效制约、政府主导经济发展有着极为密切的关系。新常态下，行政垄断受到了政府和民众的更多关注，因为它与党的十八届三中全会通过的《中共中央关于全面深化改革若干重大问题的决定》中提出的"建立统一、开放、竞争、有序的市场"目标相背离，是阻碍这一目标顺利实现的重大障碍。

3. 限制自由竞争。市场需要公平、公正、自由的竞争秩序来保证市场经济良性发展的生存环境。然而，行政垄断却严重扰乱了这种公平、公正、自由的竞争秩序，阻碍了市场机制自我调节作用的正常发挥，即使行政权力的干预是出于良好的愿望，结果也往往适得其反。影响资源合理配置的行政垄断的出现，使市场的调节机制无法有效发挥甚至失灵，合理配置资源路径不畅通，资源就不能正常而合理地被分配到各生产部门和经营者手中，社会经济效益的帕累托最优得不到实现，市场经济的良性发展就会受到严重阻碍。导致权力寻租行政垄断，导致行政权力与经济权力相结合，利益驱动很容易使公权力私人化，出现以权谋私、权钱交易等腐败问题。败坏了社会风气，损害了政府形象。此外，垄断企业为了维持其垄断利润，势必会利用其优势地位向消费者转嫁成本，掠夺消费者的剩余价值，导致消费者福利受损。其他的竞争者处于弱势，无法进行公平竞争，使消费者被迫接受无选择权的产品与服务。行政垄断限制公平竞争，与市场经济的竞争精神相悖，使得商品服务等市场交易领域遭到限制甚至排除竞争，对公平竞争秩序造成了破坏性的恶劣影响。

---

① 天则经济研究所课题组盛洪、赵农：《中国行政性垄断的原因、行为及破除》中国会议（会议论文），2013 年。

② 万学忠：《行政垄断每年致损两到三万亿元》，《法制日报》，2016 年 7 月 5 日，第 4 版。

4. 加剧了产能过剩。一些地方政府为招商引资,对部分行业项目提供包括土地、财税、电价等在内的优惠政策,使其价格不能反映真实的市场情况,并吸引资源大量投入,成为产能过剩的重要原因。虽然各地在进行地方保护、限制外地产品的同时,是希望本地的企业能开辟更为广阔的市场,但如果本地企业在外地也受到了同样待遇,则一定会认为这种行为十分恶劣,破坏了统一市场。我国各地产业趋同、低水平延伸等问题为什么能长期存在?这主要也与行政垄断密切相关。从国家利益出发,这种现象长期存在,经济健康发展一定不可持续。

5. 分割市场的行为抑制创新。行政机关实施地方保护、指定交易等行为,使特定企业获得了不合理的竞争优势甚至排他性权利。这种对企业的过度保护使企业普遍具有"皇帝女儿不愁嫁"的落后观念,失去了继续改革创新的动力。行政垄断本身压抑了技术创新的动力。一方面,行政垄断庇护之下的企业由于受到行政权力的保护,其垄断地位和垄断利润具有极强的稳定性,它们既没有来自行业内部的显性竞争,也没有来自行业外部的隐性竞争,因而也就没有通过技术创新来降低生产成本和提高生产效率的动力。

6. 导致结构调整和产业升级的动力不足。分割市场、地方保护的行为导致各地发展同质化,经济效益低下,制约了结构升级,影响了资源配置效率,最终也影响了经济的可持续发展,这是当前经济下行的重要因素。结构调整和产业升级,我国已经讲了许多年,但从实际执行情况看,有成效但不明显。这是什么原因?各地为了发展,对当地企业实施保护,使劣质产品在保护下也能实现一定的利润。例如许多项目上马时没有考虑周边市场的情况,上马后由于周边也上马了同类项目,结果就会导致开工不足,能力过剩。

7. 损害优胜劣汰的市场机制。行政机关违法实施的补贴、税收优惠、指定交易等行为,使某些特定企业获得了不公平的竞争优势,不用通过改革创新就能获得垄断利益,市场机制失灵,结构调整、产业升级动力不足,最终损害经济长远发展。

8. 阻碍建立全国统一开放大市场。行政垄断行为的重要表现形态就是地方保护和行业保护,政府部门从局部利益出发,实行区域封锁和分割市场,阻碍了资源的自由流通,使资源得不到有效配置,也损害了国家整体利益。

9. 侵害经营者自主权和消费者权益。行政垄断行为"庇护"之外的经营者,没有获得本应被公平对待的资格,在某些区域或者行业的经营受到限制,处于劣势竞争地位,消费者福利也因市场整体竞争环境的破坏而受到损害。特别是强制交易或指定交易行为,更直接侵害了经营者自主权和消费者的选择权。

10. 容易滋生腐败。行政垄断是行政权力和市场的结合,市场主体为获取垄断利益,需要借助公权的力量,这为权力"寻租"提供了温床。市场主体为了得到不合理的竞争优势,必然要通过各种途径拉拢权力,这其中就会滋生腐败,既破坏了市场秩序,又损害了政府公信力。[①]

---

① 江苏省物价局反价格垄断分局:《反垄断执法中的竞争政策考量》,载《中国价格监管与反垄断》,2016(S1)。

11. 损害政府的公信力。行政垄断导致政企不分、官商不分，其危害性之大、影响之深要远远大于官员的个人腐败，是一种赤裸裸的掠夺性腐败。[1] 由于行政垄断的行业大多是与公众福利关系密切的相关行业，这些行业代表着政府的形象，所以当这些行业出现行政垄断时，必然会损害政府的公信力。

二、行政垄断与公用事业的垄断关系

国家发改委密集公布了滥用行政权力排除、限制竞争的案件 56 件，这些案件是原各级价格主管部门 2017 年办结的，案涉 29 省。供水、供电、供热、公共交通等公用事业领域是高发区域。在这些公布的案件中，行政机关滥用行政权力限定或变相限定购买特定经营者商品或服务的案件占 70% 以上，政企不分是其中的关键因素。全国各城市几乎都设有公用事业局或相类似的政府机构，既负责城市公用事业的管理工作，又由其所属的企业垄断经营公用事业的各项活动。城市公用事业局与其所属的公用事业运营企业之间的政企不分，使得企业既缺乏自主权又缺少竞争力。[2]

这些被披露的案件中，所涉及的既有市县政府，也有交通运输、住房建设、金融、商务、质检、公共资源交易管理、公安、国土、发改价格、水务、安监、旅游、国资、财政、市场监管等部门。甚至公积金管理中心、卫生计生部门、能源监管部门也涉足行政垄断。

自然垄断行业与行政垄断的关系。《反垄断法》规定了"国有经济占控制地位的关系国民经济命脉和国家安全的行业"可以得到豁免；同时，法律又规定了该类企业"不得利用其控制地位损害消费者利益"，"国家对其经营活动进行监管"。[3] 众所周知，自然垄断行业大多属于上述豁免范围，而且普遍政企不分。国家行业监管部门的监管并不奏效。不仅因为监管者与经营者存在着直接的利益关系，还因为市场化的改革使得它们比私人企业具有更强烈的垄断趋势。这里的行政性垄断和市场垄断交织在一起，不易区分。当垄断行为发生时，是实施豁免还是作为行政性垄断处理？是由监管部门处理还是由反垄断执法部门处理？如果是共同管辖，又以哪个为主？这些在未来法律实施中需要进一步明确。[4]

---

[1] 李国本：《中国经济法——基本理论与基本制度研究》，151页，北京，中国社会出版社，2007。
[2] 万静：《发改委密集公布反行政垄断案例 案涉29省 公用事业领域是高发区》，载《法制日报》，2018年2月7日，第8版。
[3] 不得利用其控制地位或者专营专卖地位损害消费者利益。
[4] 徐士英：《政府干预与市场运行之间的防火墙——〈反垄断法〉对滥用行政权力限制竞争的规制》，载《法治研究》，2008（5）。

三、反行政垄断与改革

（一）反行政垄断是改革目标

面对国内外错综复杂的经济形势，党中央坚持以改革促发展，充分发挥市场配置资源的决定性作用。增强经济持续增长的动力，促进经济高质量发展，需要发挥政府作用，着力推进简政放权、放管结合、加强事中事后监管。加强反垄断工作是推进我国经济高质量发展的应有之义，是政府向事中、事后监管定位转型的必然要求。推进我国经济发展动力变革，更好地发挥市场经济机制的作用，需要加强反垄断工作；我国推进放管服改革，激发市场活力，强化市场监管，需要加强反垄断工作；经济全球化发展，提升我国经济国际竞争力，推进完善国际竞争规则，需要加强反垄断工作；我国市场竞争尚不充分，市场垄断和行政垄断事件频发，建设全国统一大市场需要加强反垄断工作。[①]

当前，行政垄断的行为非常普遍，我国仍处于从计划经济向市场经济转型的时期，计划经济体制下的思维定式和行为惯性尚未彻底消除。一些政府部门习惯于运用传统的行政管理手段，直接代替市场进行资源配置，干预市场机制正常运行。从反垄断执法和有关调研的情况来看，有的通过设法保护、区域封锁；有的通过指定交易、不当干预经营者生产经营、区别对待不同所有制市场主体等方式，导致行业壁垒、企业垄断；有的违法给予财税、土地、价格等优惠或者补贴，扶持特定行业或者企业发展，使市场主体之间无法公平竞争。这些政策措施虽然从短期和局部来看，会取得一定的经济效益；但从长期和整体来看，对经济发展的危害十分严重。

只有加大反行政垄断执法力度，才能直接纠正破坏市场竞争机制的违法行为，恢复公平竞争的市场秩序，从根本上维护市场经济的核心价值。开展反行政垄断执法，还可以促进政府部门转变管理方式，提高竞争意识和法治思维，在处理产业政策和竞争政策关系时做到准确定位。反垄断执法机关大力查处行政垄断案件，可以有效回应关于《反垄断法》是"花瓶"的质疑，提高反垄断执法权威，增强全民竞争意识，弘扬竞争文化，进而推进竞争政策的全面实施。

2017年以来，包括国家部委和地方，对行政垄断的直接或间接遏止和清理工作都在不断发力。全国工商和市场监管部门充分发挥竞争政策的重要作用，严格依法行政，不断加大对滥用行政权力排除、限制竞争行为的查处力度，通过行政建议、行政指导等方式，促使行政机关和法律法规授权的具有管理公共事务职能的组织及时纠正滥用行政权力排除、限制竞争行为，推动公平竞争审查制度有序实施，向社会各界倡导竞争文化。

如2016年执法机关对"12个省份相关政府部门在'新居配'建设中滥用行政权力排除、

[①] 倪泰：《专访反垄断局局长吴振国：细化措施落实竞争政策　突出重点加强反垄断执法》，载《中国市场监管报》，2019年5月22日，第2版。

限制竞争案"进行反行政垄断执法,本案涉及 12 个省份在"新居配"建设市场中颁布的两部省政府令、两份省级政府办公厅文件、8 份省政府部门文件。因产生排除、限制竞争效果,这些文件先后被废止、停止执行或修改,"新居配"建设市场的公平竞争秩序得以恢复。经过反行政垄断执法后,全国供配电安装市场的平均价格,在"新居配"政策出台前为 74.69 元 / 平方米,政策实施期间为 109.54 元 / 平方米,清理整顿后为 82.35 元 / 平方米,二者比较可见,"新居配"政策出台导致全国平均价格上涨 34.85 元 / 平方米,清理整顿后价格回落 27.19 元 / 平方米。"新居配"政策出台后,几乎所有省份的供电设施安装费都出现了上涨,反映出这一政策通过限制和排除竞争,使房地产企业承担了不合理的高价。在清理整顿后,几乎所有省份的供配电设施安装费用都出现一定回落,反映出反垄断执法机关对相关政策的清理整顿使市场秩序逐步恢复正常,在竞争机制合理发挥作用的市场环境下,安装企业的报价向合理水平回归,总体看来,清理整顿"新居配"政策恢复了竞争机制的作用,激发了市场活力,降低了房地产企业的成本。①

(二)执法是最好的普法

治理垄断无非有两种路径:第一,通过反垄断行政执法纠正经营者的垄断行为,目前执法对象是经营者达成并实施垄断协议或滥用市场支配地位的行为;第二,由受垄断行为影响的当事人(其他经营者、消费者)通过行政诉讼或民事诉讼达到纠正经营者垄断行为的目的。从目前已有案例来看,反垄断规制的两种路径的案例的比例相当,但行政垄断的信息公开的透明度较司法差。治理行政垄断的路径一般有三种:一种是反行政垄断执法;另一种是反行政垄断司法诉讼;第三种是加强公平竞争审查制度的实施和提升,完善第三方评估。加强反行政垄断的查处力度,对关系民生领域的行政垄断典型案件,要重点查处一批,引起全民重视,达到行政机关不敢犯,从这个角度来讲,执法是最好的普法。

第一,对行政垄断的查处,可以直接纠正违法行为,恢复公平竞争的市场秩序。有人认为,《反垄断法》仅赋予执法机关建议的权力,对规范相关行为作用有限。但我们也要看到,反垄断执法机关通过调查,认定相关行为违法,并将有关情况向社会公开,会给涉案主体带来非常大的压力。在全面推进依法治国的背景下,没有行政机关敢冒违法行政的风险。因此,只要我们用好有关法律规定,就能达到纠正行为违法的目的。从目前国家发改委公布的案件看,被调查的行政机关都对违法行为予以了纠正,恢复了公平竞争的市场秩序,这是查处行政垄断案件的直接效果。②

第二,查处行政垄断案件可以大大提高行政机关的竞争意识和法治意识。执法是最好的普法,这点不仅对经营者适用,对行政机关也同样有效。从我们调查案件的情况来看,

---

① 刘泉红、刘翔峰、刘志成、王丹:《坚决对行政性垄断说"不"——清理整顿"新居配"政策执法效果评估》,载《中国价格监管与反垄断》,2018(6)。

② 张汉东:《进一步加强反行政垄断执法　推动确立竞争政策的基础性地位——在反行政垄断培训班上的讲话》,载《中国价格监管与反垄断》,2015(12)。

很多行政机关并不是故意违法，有的机关对《反垄断法》存在错误认识，认为它只是规范经营者的垄断行为；有的甚至根本不知道有这部法律。这直接导致在行政行为中，行政主体缺乏市场竞争意识，不尊重甚至漠视公平竞争的市场规律，从而出现滥用行政权力，排除限制竞争的行为。依法查处并公开曝光行政垄断案件，实际上可以起到竞争倡导的作用，有利于促进政府部门转变传统管理理念，强化公平竞争意识，为确立竞争政策的基础性地位创造有利条件。①

第三，查处行政垄断案件可以有效增强执法主管部门的执法权威。万事开头难，对行政垄断案件的查处也是如此。在我们查处行政垄断案件之初，由于长期管理模式下人们尤其是领导干部对此习以为常，在执法过程中会遇到不被理解、遭受质疑甚至被认为偏执的情况，这都很正常。但是，只要持续坚持下去，使查处行政垄断案件的工作成为常态，就可以逐步树立我们的执法权威，对执法的理解就会增多，质疑声也会随之消失。这一点在我们的工作中已经得到了很好的体现。②

---

① 张汉东：《进一步加强反行政垄断执法 推动确立竞争政策的基础性地位——在反行政垄断培训班上的讲话》，载《中国价格监管与反垄断》，2015（12）。
② 张汉东：《进一步加强反行政垄断执法 推动确立竞争政策的基础性地位——在反行政垄断培训班上的讲话》，载《中国价格监管与反垄断》，2015（12）。

第二章

反行政垄断法律体系

第一节　行政垄断规制沿革

一、规制立法模式

由于立法传统和国情不同，各国对行政性垄断采取的规制方式也不同。可分为"统一规制型"和"分别规制型"。前者并不区分行政性垄断与其他垄断之间的差异，一并适用反垄断法，因为他们认为政府的限制竞争措施和私人限制竞争措施在性质和后果上完全一样；后者设定专门章节或条款，单独规制行政性垄断。大多数经济转型国家几乎一致地采用后者，这表明在这些国家由于体制的原因，在现有宪法与行政法律框架内尚不足以有效约束行政权力在经济领域中的扩张而引起的限制市场竞争行为。对行政性垄断的规制成为共同而迫切的任务。把行政性垄断单独列出进行规制，是因为它是实现经济转型、建立市场竞争机制的最大障碍。[①] 分别立法规制行政权力滥用的模式对中国反行政性垄断具有重要意义。把《反垄断法》作为反行政性垄断最直接的制度依托，通过对权利义务、法律责任、诉讼程序、赔偿制度等设计，激励社会公众抵抗行政权力不当进入市场的热情，有效遏制滥用行政权力限制竞争。如美国著名竞争法学者艾琳娜教授认为，"当制订者对限制行政权力滥用的规则应该放在法律体系中的什么位置不很确定的话，那么将该条款放在反垄断法中可能是最有效的做法"。[②] 我国《反垄断法》第 8 条和第 32 ～ 37 条属禁止性条款，采用"一般与列举相结合"的方式具备其合理性。

可以以行政行为的划分标准对其分类，分为抽象行政垄断行为和具体行政垄断行为。抽象行政垄断是指，行政主体以其拥有的权力经过一定程序，通过制定行政规章和一般规

---

① Eleanor M. Fox，An Anti- Monopoly Law for China—Scal-ing the Walls of Protectionist Administrative Restraints，*Peking L*. Rev. July 11，2006.

② Eleanor M. Fox，An Anti- Monopoly Law for China—Scal-ing the Walls of Protectionist Administrative Restraints，*Peking L*. Rev. July 11，2006.

范性文件的方式所实施的行政行为。[①] 按照行政权力作用的范围和辐射的方向，可以分为部门垄断和地区垄断。按照是否有市场主体作为共同侵权人，可以分为单一型行政性垄断和混合型行政性垄断。进行逻辑分类的意义，在于对不同种类的行政性垄断依据其特征"对症下药"，探索针对性的规制路径。

二、行政垄断规制历程

我国法律对行政垄断行为的规制分为三个阶段。第一个阶段是以政策、文件为主规范行政垄断行为的阶段（1978—1992），这些政策、文件包括《国务院关于推动经济联合的暂行规定》（1980 年 7 月 1 日）、《国务院关于开展和保护社会主义竞争的暂行规定》（1980 年 10 月 7 日）、《中共中央、国务院关于严禁党政机关和党政干部经商、办企业的决定》（1984 年 12 月 3 日）、《关于打破地区间市场封锁进一步搞活商品流通的通知》（1990 年 11 月 10 日）等。第二个阶段是以《反不正当竞争法》和《行政诉讼法》为主规范行政垄断行为的阶段（1993—2007），在这一阶段，我国制定了大量的与规制行政垄断行为有关的法律、法规，主要有《国家赔偿法》（1994 年）、《行政处罚法》（1996 年）、《行政复议法》（1999 年）、《行政许可法》（2003 年）、《招标投标法》（2000 年）、《药品管理法》（2001 年）等。特别是 1993 年出台的《反不正当竞争法》第 7 条和第 30 条把行政垄断行为作为不正当竞争行为进行了专门规定，我国形成了以《反不正当竞争法》和《行政诉讼法》为主，其他法律、法规、政策文件配合对行政垄断行为进行规制的格局。第三个阶段是以《反垄断法》和《行政诉讼法》为主规范行政垄断行为阶段（2007 年至今），我国《反垄断法》的出台标志着我国禁止行政垄断行为制度进入到新的阶段，《反垄断法》以专章的形式对行政垄断行为进行具体列举并禁止，具有重要的价值和意义。当然，对我国行政垄断行为的规制还需要众多法律的综合调整，也需要通过深化体制改革的方式加以根除。[②]

但因为近几年，法律法规的修改加速，反垄断法律体系出现了较多新的变化。如《反不正当竞争法》的修订，删除了原有关行政垄断条文，有关规范性文件失效或废止。

三、早期国务院文件对行政垄断的规制

早在 1980 年，国务院在其颁布的《关于开展和保护社会主义竞争的暂行规定》[③] 中，就明确提出禁止地区封锁及部门分割等行政性垄断行为。该《暂行规定》第 3 条明确指出："……在经济生活中，除国家指定由有关部门和单位专门经营的产品外，任何地区和部门

[①] Rod Ellis. The Study of Second Language Acquisition 1997.

[②] 孟雁北：《解读我国反行政垄断制度 需避免四个误区》，载《团结》，2012（5）。

[③] 《国务院关于废止2000年底以前发布的部分行政法规的决定》将其废止。

都不准封锁市场,不得禁止外地商品在本地区、本部门销售,对本地区生产的原材料必须保证按国家计划调出,不准进行封锁。工业、交通、财贸等有关部门对现行规章制度中妨碍竞争的部分,必须进行修改,以利于开展竞争。采取行政手段保护落后,抑制先进,妨碍商品正常流通的做法,是不合法的,应当予以废止。"此后,国务院又以不同的形式颁布了一系列反对行政垄断的法规和文件。

如国务院于 1990 年 11 月发布的《关于打破地区间市场封锁 进一步搞活商品流通的通知》① 明确指出,生产企业在完成国家指令性计划产品调拨任务和购销合同后,有权在全国范围内销售产品,工业、商业、物品等部门的企业,有权在全国范围内自己选购所需产品,任何地区和部门都不得设置障碍,进行干涉。

2001 年 4 月 21 日,国务院颁布了《关于禁止在市场经济活动中实行地区封锁的规定》② (2011 年修订),以行政法规的形式,对现实经济生活中存在的各种地区垄断行为即地区封锁行为,明确规定予以禁止。该《规定》第 1 条对立法目的作了规定,即:"为了建立和完善全国统一、公平竞争、规范有序的市场体系,禁止市场经济活动中的地区封锁行为,破除地方保护,维护社会主义市场经济秩序,制定本规定。"第 2 条,对各级政府及其所属部门消除地区垄断行为的职责作了规定,即:"各级人民政府及其所属部门负有消除地区封锁保护公平竞争的责任,应当为建立和完善全国统一、公平竞争、规范有序的市场体系创造良好的环境和条件。"第 3 条,对各种地区垄断即地区封锁行为明令禁止,即:"禁止任何形式的地区封锁行为。禁止任何单位或者个人违反法律、行政法规和国务院的规定,以任何方式阻挠、干预外地产品或者工程建设类服务(以下简称服务)进入本地市场,或者对阻挠、干预外地产品或者服务进入本地市场的行为纵容、包庇,限制公平竞争。"此外,该《规定》还对地区垄断即地区封锁行为的具体种类、改变和撤销地区封锁的主体及程序,对各种具体的地区封锁行为的查处机构及查处程序,以及实施地区封锁行为的地方各级政府,及其所属部门的主要负责人和直接责任人员的法律责任问题也作了明确规定,从而为我国未来反垄断法典对行政垄断的规制奠定了良好的基础。③

四、行政垄断规制的立法现状

1980 年,国务院在其颁布的《关于开展和保护社会主义竞争的暂行规定》④ 中,就明确提出禁止地区封锁及部门分割等行政性垄断行为,这是国务院首次提出反行政垄断。

---

① 《国务院关于宣布失效一批国务院文件的决定》,2016年6月26日废止。
② 目前仍然有效。
③ 李荣荣:《论行政垄断的危害性——兼议行政垄断应受规制的必要性》,载《重庆工商大学学报(社会科学版)》,2008(4)。
④ 《国务院关于废止2000年底以前发布的部分行政法规的决定》将其废止。

1993 年出台的《反不正当竞争法》，首次以法律的形式初步构建了反行政性垄断的制度框架①。2017 年 11 月 4 日，《反不正当竞争法》重新修订并颁布，新修订的《反不正当竞争法》将行政垄断的规制条款彻底删除，意味着《反不正当竞争法》与《反垄断法》调整范围的界限不再重合。

2007 年制定的《反垄断法》进一步扩展了反行政性垄断的制度体系，原国家工商行政管理总局还以此为依据，出台了《工商行政管理机关制止滥用行政权力排除、限制竞争行为的规定》（已废止），对《反垄断法》的相关规定予以具体化。此外，国务院还于 2016 年发布了《关于在市场体系建设中建立公平竞争审查制度的意见》，力图通过建构和实施公平竞争审查制度阻却行政垄断行为的发生。

但需要注意的是，我国反行政垄断的立法比较分散，众多法律条文在不同法律法规的不同层次，以及政策文件中均有相同或类似规定（参见表 2-1、表 2-2、表 2-3 及图 2-1）。

此种立法体系需要及时进行清理和统一协调解决，否则，再多的立法只能导致法律体系更加混乱，同时会造成执法冲突。还有一些规范性文件，屡次制定屡次实施效果不佳，导致文件权威性受到影响。

表 2-1　现行有效直接规制"不得滥用行政权力"的法律条文

序号	名　称	条文摘录	生效时间
1	《建筑法》（2019 修订）	第 23 条　政府及其所属部门不得滥用行政权力，限定发包单位将招标发包的建筑工程发包给指定的承包单位	2019.4.23
2	《电子商务法》	第 4 条　国家平等对待线上线下商务活动，促进线上线下融合发展，各级人民政府和有关部门不得采取歧视性的政策措施，不得滥用行政权力排除、限制市场竞争	2019.1.1
3	《行政诉讼法》（2017 修正）	第 12 条　人民法院受理公民、法人或者其他组织提起的下列诉讼：……（8）认为行政机关滥用行政权力排除或者限制竞争的	2017.7.1

---

① 第 7 条　政府及其所属部门不得滥用行政权力，限定他人购买其指定的经营者的商品，限制其他经营者正当的经营活动。

政府及其所属部门不得滥用行政权力，限制外地商品进入本地市场，或者本地商品流向外地市场。

第 30 条　政府及其所属部门违反本法第 7 条规定，限定他人购买其指定的经营者的商品、限制其他经营者正当的经营活动，或者限制商品在地区之间正常流通的，由上级机关责令其改正；情节严重的，由同级或者上级机关对直接责任人员给予行政处分。被指定的经营者借此销售质次价高商品或者滥收费用的，监督检查部门应当没收违法所得，可以根据情节处以违法所得一倍以上三倍以下的罚款。

续表

序号	名 称	条 文 摘 录	生效时间
4	《反垄断法》	第8条 行政机关和法律、法规授权的具有管理公共事务职能的组织不得滥用行政权力,排除、限制竞争	2008.8.1
		第32条 行政机关和法律、法规授权的具有管理公共事务职能的组织不得滥用行政权力,限定或者变相限定单位或者个人经营、购买、使用其指定的经营者提供的商品	
		第33条 行政机关和法律、法规授权的具有管理公共事务职能的组织不得滥用行政权力,实施下列行为,妨碍商品在地区之间的自由流通: (1)对外地商品设定歧视性收费项目、实行歧视性收费标准,或者规定歧视性价格; (2)对外地商品规定与本地同类商品不同的技术要求、检验标准,或者对外地商品采取重复检验、重复认证等歧视性技术措施,限制外地商品进入本地市场; (3)采取专门针对外地商品的行政许可,限制外地商品进入本地市场; (4)设置关卡或者采取其他手段,阻碍外地商品进入或者本地商品运出; (5)妨碍商品在地区之间自由流通的其他行为	
		第34条 行政机关和法律、法规授权的具有管理公共事务职能的组织不得滥用行政权力,以设定歧视性资质要求、评审标准或者不依法发布信息等方式,排斥或者限制外地经营者参加本地的招标投标活动	
		第35条 行政机关和法律、法规授权的具有管理公共事务职能的组织不得滥用行政权力,采取与本地经营者不平等待遇等方式,排斥或者限制外地经营者在本地投资或者设立分支机构	
		第36条 行政机关和法律、法规授权的具有管理公共事务职能的组织不得滥用行政权力,强制经营者从事本法规定的垄断行为	
		第37条 行政机关不得滥用行政权力,制定含有排除、限制竞争内容的规定	

表 2-2 现行有效规制"不得滥用行政权力"的行政法规条文

序号	名 称	条 文 摘 录	生效时间
1	《优化营商环境条例》	第21条 政府有关部门应当加大反垄断和反不正当竞争执法力度,有效预防和制止市场经济活动中的垄断行为、不正当竞争行为以及滥用行政权力排除、限制竞争的行为,营造公平竞争的市场环境	2020.1.1

表 2-3　现行有效规制"不得滥用行政权力"国务院规范性文件条文

序号	名　称	条文摘录	生效时间
1	《国务院关于进一步优化企业兼并重组市场环境的意见》	（二十）完善市场体系建设。深化要素配置市场化改革，进一步完善多层次资本市场体系。加快建立现代企业产权制度，促进产权顺畅流转。加强反垄断和反不正当竞争执法，规范市场竞争秩序，加强市场监管，促进公平竞争和优胜劣汰。行政机关和法律法规授权的具有管理公共事务职责的组织，应严格遵守反垄断法，不得滥用行政权力排除和限制竞争	2014.3.7
2	《国务院办公厅关于促进内贸流通健康发展的若干意见》	（十一）创造公平竞争的市场环境。着力破除各类市场壁垒，不得滥用行政权力制定含有排除、限定竞争内容的规定，不得限定或者变相限定单位或者个人经营、购买、使用行政机关指定的经营者提供的商品，取消针对外地企业、产品和服务设定歧视性收费项目、实行歧视性收费标准或者规定歧视性价格等歧视性政策，落实跨地区经营企业总分支机构汇总纳税政策	2014.10.24
3	《国务院关于大力发展电子商务加快培育经济新动力的意见》	（七）维护公平竞争。规范电子商务市场竞争行为，促进建立开放、公平、健康的电子商务市场竞争秩序。研究制定电子商务产品质量监督管理办法，探索建立风险监测、网上抽查、源头追溯、属地查处的电子商务产品质量监督机制，完善部间、区域间监管信息共享和职能衔接机制。依法打击网络虚假宣传、生产销售假冒伪劣产品、违反国家出口管制法规政策跨境销售两用品和技术、不正当竞争等违法行为，组织开展电子商务产品质量提升行动，促进合法、诚信经营。（工商总局、质检总局、公安部、商务部按职责分工分别负责）重点查处达成垄断协议和滥用市场支配地位的问题，通过经营者集中反垄断审查，防止排除、限制市场竞争的行为。（发展改革委、工商总局、商务部）加强电子商务领域知识产权保护，研究进一步加大网络商业方法领域发明专利保护力度。（工业和信息化部、商务部、海关总署、工商总局、新闻出版广电总局、知识产权局等部门按职责分工分别负责）进一步加大政府利用电子商务平台进行采购的力度。（财政部）各级政府部门不得通过行政命令指定为电子商务提供公共服务的供应商，不得滥用行政权力排除、限制电子商务的竞争。（有关部门按职责分工分别负责）	2015.5.4
4	《国务院关于印发进一步鼓励软件产业和集成电路产业发展若干政策的通知》	（三十）进一步规范软件和集成电路市场秩序，加强反垄断工作，依法打击各种滥用知识产权排除、限制竞争以及滥用市场支配地位进行不正当竞争的行为，充分发挥行业协会的作用，创造良好的产业发展环境。加快制订相关技术和服务标准，促进软件市场公平竞争，维护消费者合法权益	2011.1.28

序号	名　　称	条 文 摘 录	生效时间
5	《国务院关于深化流通体制改革加快流通产业发展的意见》	（十）深化流通领域改革开放。建立分工明确、权责统一、协调高效的流通管理体制，健全部门协作机制，强化政策制定、执行与监督相互衔接，提高管理效能。加快流通管理部门职能转变，强化社会管理和公共服务职能。在有条件的地区开展现代流通综合试点，加强统筹协调，加快推进大流通、大市场建设。消除地区封锁和行业垄断，严禁阻碍、限制外地商品、服务和经营者进入本地市场，严厉查处经营者通过垄断协议等方式排除、限制竞争的行为。鼓励民间资本进入流通领域，保障民营企业合法权益，促进民营企业健康发展。进一步提高流通产业利用外资的质量和水平，引进现代物流和信息技术带动传统流通产业升级改造。支持有条件的流通企业"走出去"，通过新建、并购、参股、增资等方式建立海外分销中心、展示中心等营销网络和物流服务网络。积极培育国内商品市场的对外贸易功能，推进内外贸一体化	2012.8.3
6	（国务院办公厅关于印发深化流通体制改革加快流通产业发展重点工作部门分工方案的通知》	（三十）严厉查处经营者通过垄断协议等方式排除、限制竞争的行为。（发展改革委、工商总局等部门按职责分工负责）	2013.5.30
7	《国务院办公厅关于推进线上线下互动加快商贸流通创新发展转型升级的意见》	（十六）规范市场秩序。创建公平竞争的创业创新环境和规范诚信的市场环境，加强知识产权和消费者权益保护，防止不正当竞争和排除、限制竞争的垄断行为。推进社会诚信体系建设，强化经营主体信息公开披露，推动行政许可、行政处罚信息7个工作日内上网公开。建立健全电子商务信用记录，纳入"信用中国"网站和统一的信用信息共享交换平台，完善电子商务信用管理和信息共享机制。切实加强线上线下一体化监管和事中事后监管，健全部门联动防范机制，严厉打击网络领域制售假冒伪劣商品、侵犯知识产权、传销、诈骗等违法犯罪行为。（商务部、发展改革委、工业和信息化部、公安部、工商总局、质检总局、食品药品监管总局、知识产权局）	2015.9.18
8	《国务院关于在市场体系建设中建立公平竞争审查制度的意见）	全文	2016.6.1

序号	名　　称	条文摘录	生效时间
9	《国务院办公厅关于推动实体零售创新转型的意见》	（十四）促进公平竞争。健全部门联动和跨区域协同机制，完善市场监管手段，加快构建生产与流通领域协同、线上与线下一体的监管体系。严厉打击制售假冒伪劣商品、侵犯知识产权、不正当竞争、商业欺诈等违法行为。指导和督促电子商务平台企业加强对网络经营者的资格审查。强化连锁经营企业总部管理责任，重点检查企业总部和配送中心，减少对销售普通商品零售门店的重复检查。依法禁止以排挤竞争对手为目的的低于成本价销售行为，依法打击垄断协议、滥用市场支配地位等排除、限制竞争行为。充分利用全国信用信息共享平台，建立覆盖线上线下的企业及相关主体信用信息采集、共享与使用机制，并通过国家企业信用信息公示系统对外公示，健全守信联合激励和失信联合惩戒机制	2016.11.1
10	国务院关于印发《"十三五"市场监管规划》的通知	（三）强化竞争执法力度。针对市场竞争中的突出问题，强化反垄断和反不正当竞争执法力度，严厉打击侵犯知识产权和制售假冒伪劣商品等违法行为，净化市场环境。 加强反垄断和反不正当竞争执法。加大反垄断法、反不正当竞争法、价格法等执法力度，严肃查处达成实施垄断协议、滥用市场支配地位行为。依法制止滥用行政权力排除、限制竞争行为，依法做好经营者集中反垄断审查工作，保障市场公平竞争、维护消费者权益。针对经济发展中的突出问题，把公用企业、依法实行专营专卖的行业作为监管重点，加强对供水、供电、供气、烟草、邮政等行业的监管，严厉打击滥收费用、强迫交易、搭售商品、附加不合理交易条件等限制竞争和垄断行为。促进医疗、养老、教育等民生领域公平竞争、健康发展。针对经济发展的新趋势，加强网络市场、分享经济以及高技术领域市场监管，制止滥用知识产权排除和限制竞争、阻碍创新行为。加强对与百姓生活密切相关的商品和服务价格垄断、价格欺诈行为的监管，全面放开竞争性领域商品和服务价格。严厉打击仿冒、虚假宣传、价格欺诈、商业贿赂、违法有奖销售、侵犯商业秘密、经营无合法来源进口货物等不正当竞争行为。对公用事业和公共基础设施领域，要引入竞争机制，放开自然垄断行业竞争性业务 打击制售假冒伪劣商品违法行为。围绕保障和改善民生，加大对与百姓生活密切相关、涉及人身财产安全的日常消费品的打假力度，严惩不符合强制性标准、掺杂掺假、以假充真、以次充好、以不合格产品冒充合格产品等违法行为。强化对利用互联网销售假冒伪劣商品和传播制假售假违法信息的监管。加大对城乡结合部、农村假冒伪劣的打击力度，加强对食品药品、农资、家用电器、儿童用品等商品市场的整治，对列入强制性产品认证目录的产品未经认证擅自出厂、销售、进口或者在其他经营活动中使用的行为，加强执法查处。强化假冒伪劣源头治理，建立商品生产、流通、销售全链条监管机制，完善重点产品追溯制度，构建清晰可追溯的责任体系。探索惩罚性巨额赔偿制度，严厉查处制售假冒伪劣商品违法行为，增强打击侵权假冒违法行为的震慑力。明确地方政府对本地打击假冒伪劣工作的领导责任，严格责任追究和奖惩约束	2017.1.12

续表

序号	名　　称	条 文 摘 录	生效时间
11	国务院办公厅关于印发《全国深化"放管服"改革转变政府职能电视电话会议重点任务分工方案》的通知	9. 大力清理废除妨碍统一市场和公平竞争的各种规定和做法，保障不同所有制主体在资质许可、政府采购、科技项目、标准制定等方面的公平待遇，破除地方保护；对于具有垄断性的行业，根据不同行业特点放开竞争性业务。今后制定政策都要进行公平竞争审查评估，出台优惠政策也要以普惠性政策为主。（发展改革委、市场监管总局牵头，各地区、各部门负责）	2018.8.5
12	《国务院关于经营者集中申报标准的规定》（2018 修订）	第 4 条　经营者集中未达到本规定第 3 条规定的申报标准，但按照规定程序收集的事实和证据表明该经营者集中具有或者可能具有排除、限制竞争效果的，国务院反垄断执法机关应当依法进行调查	2018.9.18
13	《国务院办公厅关于聚焦企业关切进一步推动优化营商环境政策落实的通知》	（三）清理地方保护和行政垄断行为。市场监管总局、发展改革委要在 2018 年底前组织各地区、各有关部门完成对清理废除妨碍统一市场和公平竞争政策文件、执行公平竞争审查制度情况的自查，并向全社会公示，接受社会监督；2019 年修订《公平竞争审查制度实施细则（暂行）》。市场监管总局要牵头负责在 2018 年底前清理废除现有政策措施中涉及地方保护、指定交易、市场壁垒等的内容，查处并公布一批行政垄断案件，坚决纠正滥用行政权力排除、限制竞争行为	2018.10.29

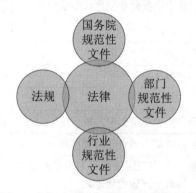

图 2-1　我国反行政垄断法律体系构建

第二节　反垄断法与反行政垄断立法

一、反垄断立法体系

因其对于保护市场竞争秩序的基础性作用，反垄断法在不同的国家或者地区被称为"经济宪法""自由企业大宪章"。

2019 年 8 月 30 日，市场监管总局召开专题新闻发布会，市场监管总局反垄断局局长吴振国指出，《反垄断法》是市场经济国家的基础性法律制度。我国《反垄断法》自 2008

年 8 月起施行，旨在预防和制止垄断行为，保护市场公平竞争，提高经济运行效率，维护消费者利益和社会公共利益，促进社会主义市场经济健康发展。《反垄断法》实施十多年来，对保护市场公平竞争和维护消费者利益发挥了重要作用，有力地推动了市场化、法治化、国际化营商环境建设，保障了市场在资源配置中起决定性作用，促进了我国现代化经济体系建设和经济高质量发展。目前已经形成以《反垄断法》为核心，1 件行政法规、5 件国务院反垄断委员会指南、8 件部门规章、15 件规范性文件构成的较为完备的反垄断法律体系。即将实施的 3 部部门规章是反垄断法治建设的重要里程碑，为机构改革后统一反垄断执法的程序、标准和尺度，保障《反垄断法》有效实施和依法行政，提供了有力的制度保障。[①]（见表 2-4）

表 2-4　反垄断法律体系 [②]

序号	生效时间	名　　　称	备　　　注
1	1998.5.1	《价格法》	
2	2008.8.1	《反垄断法》	修订稿征求意见中
3	2009.5.24	《国务院反垄断委员会关于相关市场界定的指南》	
4	2009.8.15	《金融业经营者集中申报营业额计算办法》	商务部、中国人民银行、中国银行业监督管理委员会、中国证券监督管理委员会、中国保险监督管理委员会令〔2009〕第 10 号
5	2010.1.1	《经营者集中审查办法》	商务部令 2009 年第 12 号
6	2010.1.1	《经营者集中申报办法》	商务部令 2009 年第 11 号
7	2011.6.30	《行政强制法》	
8	2011.9.5	《关于评估经营者集中竞争影响的暂行规定》	商务部公告 2011 年第 55 号
9	2012.2.1	《未依法申报经营者集中调查处理暂行办法》	商务部令 2011 年第 6 号
10	2012.6.1	《最高人民法院关于审理因垄断行为引发的民事纠纷案件应用法律若干问题的规定》	法释〔2012〕5 号
11	2015.1.5	《关于经营者集中附加限制性条件的规定（试行）》	商务部令 2014 年第 6 号
12	2015.8.1	《关于禁止滥用知识产权排除、限制竞争行为的规定》	2015 年 4 月 7 日国家工商行政管理总局令第 74 号公布
13	2016.6.1	《关于在市场体系建设中建立公平竞争审查制度的意见》	国发〔2016〕34 号
14	2016.7.28	《最高人民法院关于行政诉讼应诉若干问题的通知》	法〔2016〕260 号
15	2017.7.1	《行政诉讼法》（2017 年修正）	
16	2017.10.23	《公平竞争审查制度实施细则（暂行）》	发改价监〔2017〕1849 号

[①]　市场监管总局：《反垄断法》实施以来累计罚款超 120 亿元，https://www.sohu.com/a/337632965_100191067，访问时间：2020 年 2 月 29 日。

[②]　与反垄断有关的重要法律法规及司法解释、规范性文件，不包含反垄断条文的法律、法规及规范性文件。

续表

序号	生效时间	名　　称	备　　注
17	2017.11.16	《短缺药品和原料药经营者价格行为指南》	国家发展和改革委员会公告 2017 年第 20 号
18	2018.1.1	《行政处罚法》（2017 年修正）	
19	2018.2.8	《最高人民法院关于适用〈中华人民共和国行政诉讼法〉的解释》	法释〔2018〕1 号
20	2018.9.18	《国务院关于经营者集中申报标准的规定》（2018 修订）	2008 年 8 月 3 日国务院令第 529 号公布，根据 2018 年 9 月 18 日《国务院关于修改部分行政法规的决定》修订
21	2018.9.29	《关于经营者集中申报的指导意见》	2018 年 9 月 29 日修订
22	2018.9.29	《关于经营者集中申报文件资料的指导意见》	2018 年 9 月 29 日修订
23	2018.9.29	《关于经营者集中简易案件申报的指导意见》	2018 年 9 月 29 日修订
24	2018.9.29	《关于规范经营者集中案件申报名称的指导意见》	2018 年 9 月 29 日修订
25	2018.12.21	《市场监督管理行政执法处罚程序暂行规定》	2018 年 12 月 21 日国家市场监督管理总局令第 2 号公布
26	2018.12.21	《市场监督管理行政执法处罚听证暂行办法》	国家市场监督管理总局令第 3 号
27	2018.12.28	《市场监管总局关于反垄断执法授权的通知》	国市监反垄断〔2018〕265 号
28	2019.1.4	《国务院反垄断委员会关于汽车业的反垄断指南》	国反垄发〔2019〕2 号
29	2019.1.4	《国务院反垄断委员会垄断案件经营者承诺指南》	2019 年 1 月 4 日国务院反垄断委员会印发
30	2019.1.4	《国务院反垄断委员会横向垄断协议案件宽大制度适用指南》	2019 年 1 月 4 日国务院反垄断委员会印发
31	2019.1.4	《国务院反垄断委员会关于知识产权领域的反垄断指南》	2019 年 1 月 4 日国务院反垄断委员会印发
32	2019.2.12	《公平竞争审查第三方评估实施指南》	国家市场监督管理总局公告 2019 年第 6 号
33	2019.4.1	《市场监督管理行政处罚程序暂行规定》	国家市场监督管理总局令第 2 号
34	2019.4.3	《反垄断案件专用文书格式范本的通知》	国市监反垄断〔2019〕72 号
35	2019.9.1	《制止滥用行政权力排除、限制竞争行为暂行规定》	2019 年 6 月 26 日国家市场监督管理总局令第 12 号公布
36	2019.9.1	《禁止滥用市场支配地位行为暂行规定》	2019 年 6 月 26 日国家市场监督管理总局令第 11 号公布
37	2019.9.1	《禁止垄断协议暂行规定》	2019 年 6 月 26 日国家市场监督管理总局令第 10 号公布
38	2019.11.28	《经营者反垄断合规指南》	2020 年 9 月 11 日国务院反垄断委员会印发
39	2019.12.25	《市场监管总局等四部门关于开展妨碍统一市场和公平竞争的政策措施清理工作的通知》	国市监反垄断〔2019〕245 号
40	2020.12.1	《经营者集中审查暂行规定》	国家市场监督管理总局令第 30 号

二、法律立法中的行政垄断规制

（一）反不正当竞争法与行政垄断规制

早在 20 世纪 80 年代，我国的相关立法就有对于行政垄断行为的规制。国务院 1980 年颁布了《关于开展和保护社会主义竞争的暂行规定》（又称《竞争十条》，现已废止），这是我国历史上第一部反对行政性限制市场竞争行为的规范性文件。国务院下属部委也发布了大量的反行政垄断的文件，但这些规范性文件并没有相应法律责任的规定。

1993 年实施的《反不正当竞争法》，是我国第一部对于行政垄断旗帜鲜明予以禁止的法律，其在第二章"不正当竞争行为"的第 7 条中，对于行政主体滥用行政权力，以强制交易、限制经营、地区封锁三种方式破坏市场竞争秩序的行为予以彻底的否定，并在该法的第四章"法律责任"第 30 条中，明确了行政垄断的法律责任。①

2017 年，已经施行了 24 年的《反不正当竞争法》进行了第一次重大修改，删除了原本位于旧法第 7 条和第 30 条的有关行政垄断行为的具体表现及其法律责任的规定，于此，滥用行政权力的规定便也在该法中消失了。《反不正当竞争法》与《反垄断法》调整范围的边界将会更加清晰和明确，对行政垄断行为的规制也将从原本的多元规制方式走向由《反垄断法》进行单一规制的路径，此处所指的单一规制仅是指专门的《反垄断法》的基本立法，事实上对于反行政垄断或经济垄断，在我国目前仍然属于多元规制体系，很多单行法中均有反垄断条文。

同时《反不正当竞争法》对于法律救济的完善也为行政垄断规制提供了借鉴思路。在该法修订以前，对行政垄断发挥了重要的调节和规制作用。

（二）反垄断法与行政垄断规制

2008 年 1 月 1 日实施的《反垄断法》是市场竞争的基本法，也是到目前为止我国规制行政垄断行为最为完整的法律。其中在总则部分的第 8 条明确了行政垄断的概括性定义；第五章"滥用行政权力排除、限制竞争"，从第 32 条至第 37 条列举了数种不同行政垄断的表现形式；第七章"法律责任"的第 51 条规定了行政垄断所对应的法律责任。

"改革开放以来，通过行政性内部控制规制行政性垄断一直是我国的主导模式"。②2008 年实施的《反垄断法》依然延续了这一特点，该法第 51 条规定了行政性垄断由上级机关责令改正，反垄断执法机关仅具有对上级机关的建议权。可见，行政性垄断的纠正的重点是上级机关的作为，而上级机关的监督其实是依赖行政系统的内部关系，"实际上是权力之间的直接冲突，是硬碰硬的权力冲撞"。③

---

① 2017年11月4日第十二届全国人民代表大会常务委员会第三十次会议修订，已经删除原行政垄断条款。
② 叶卫平：《司法审查与行政性垄断规制》，载《法学》，2009（1）。
③ 叶卫平：《司法审查与行政性垄断规制》，载《法学》，2009（1）。

首先，从目前的立法现状来看，对行政垄断的规定大多分散在不同的法律法规中，虽然《反垄断法》第五章专章对行政垄断作出了禁止性规定，但这也无法改变立法形式散乱的现状，而且有些法规由部委或者地方政府颁布，立法层次低、权威性差，难以对行政垄断发挥制裁作用。其次，存在"立法重复"的现象，即同一种行政垄断状态，在两个或者两个以上的法律文件中都作出规定，或者是上位法已作出规定，下位法又出现相同的规定。①

（三）公平竞争审查与行政垄断规制

2016 年《国务院关于在市场体系中建立公平竞争审查制度的意见》实施之前，《行政法》《行政诉讼法》和《反垄断法》是行政性垄断的主要规制手段。"前者主要通过设定'权力清单'、严格规范行政程序和明确行政问责等方式规范政府行为，后者则通过反垄断法的公共实施（行政执法）和私人实施（司法诉讼）约束行政性垄断。"

公平竞争审查制度实施后，对行政垄断的规制体系主要分为四个层面：第一层，政策制定机关的自我审查；第二层，上级机关的监督；第三层，竞争执法机关的监督；第四层，行政垄断的司法审查。从完全的事后救济转向兼顾事前和事后的模式，这是值得肯定的，但是，现有的规制体系仍然存在一些问题。

《优化营商环境条例》自 2020 年 1 月 1 日起施行，《条例》明确，制定与市场主体生产经营活动密切相关的行政法规、规章、行政规范性文件，应当按照国务院的规定进行公平竞争审查。据此，应当进行公平竞争审查而未进行审查的，是一种严重的违法行为。

（案例 2）　太原市住房和城乡建设委员会纠正滥用行政权力排除、限制竞争行为

2017 年 12 月，价监局对太原市住房和城乡建设委员会在施工图审查管理中涉嫌滥用行政权力排除、限制竞争行为进行了调查。调查发现，山西省太原市住房和城乡建设委员会于 2016 年 2 月 3 日下发《太原市住建委关于进一步规范施工图审查工作的通知》（并住建字〔2016〕35 号）文件，该文件第 3 条明确"建设单位可自主选择审查机构，但选择的审查机构必须是在本市注册"，第 4 条要求"执行物价主管部门规定的收费标准"，第 7 条第（4）项要求"外省、市勘察设计单位是否在'山西省建筑市场监管与诚信信息一体化平台'办理了入晋信息登记"。

太原市住房和城乡建设委员会上述做法实际是利用行政权力，排除和限制了外地图审机构在太原市开展业务的权利，同时变相干预了实行市场调节价的商品和服务价格。其行为违反了《反垄断法》第 8 条所列"行政机关和法律、法规授权的具有管理公共事务职能的组织不得滥用行政权力，排除、限制竞争"，属于第 32 条所列"行政机关和法律、法规授权的具有管理公共事务职能的组织不得滥用行政权力，限定或者变相限定单位或者个人

---

① 王存学：《试论我国制定反垄断法的必要性和紧迫性》，载《现代法学》，2004（4）。

经营、购买、使用其指定的经营者提供的商品"，以及第37条所列"行政机关不得滥用行政权力，制定含有排除、限制竞争内容的规定"的行为，同时违反了《国务院关于在市场体系建设中建立公平竞争审查制度的意见》（国发〔2016〕34号）的相关规定，构成滥用行政权力排除、限制竞争的行为。

价监局指出该单位文件存在问题后，太原市住建委高度重视，认识到上述做法与《反垄断法》的相关规定不符，立即进行了整改，表示在今后的工作中要认真贯彻落实法律法规及相关文件精神，加快推进公平竞争自我审查工作，清理存量文件，审查增量文件，避免类似问题再度发生。

三、行政垄断规制缺陷与《反垄断法》修改

（一）《反垄断法》第33条规制缺陷

《反垄断法》第4条[①]规定，国家制定和实施与社会主义市场经济相适应的竞争规则，完善宏观调控，健全统一、开放、竞争、有序的市场体系。无论是从市场体系建设还是现代法治建设来讲，它们都必须得到有效治理。这就需要各个上级权力组织必须加强对各自下级权力组织的立法监督，而这在当前立法体制改革背景下显得尤为突出。

就行政主体以具体行政行为的方式实施的，对行政性垄断所进行的规制而言，也无法避免这种情况。事实上，除了我国《反垄断法》第33条[②]规定的五类情形以外，社会实践中确实还有很多以具体行政行为的方式实施的其他行政性垄断。例如，地方政府违规对部分经营者进行税收优惠。"由于税收减免权目前被垄断在中央，地方为吸引投资、刺激经济发展，往往变相进行减税。"[③]当地方政府对特定的企业进行税收减免，尤其是采取的力度又是因人而异时，这就会在很大程度上直接影响到市场经营者之间的公平竞争。税负是所有企业都会面临的经营成本，任何非普惠性的税收减免都会使得部分经营者就此在提供的产品或者服务的价格上获得一些额外的竞争优势。正是因为如此，国务院在2014年专门发布了《国务院关于清理规范税收等优惠政策的通知》，《通知》明确要求："坚持税收

---

① 《〈反垄断法〉修订草案（公开征求意见稿）》将其修改为"国家强化竞争政策基础地位，制定和实施与社会主义市场经济相适应的竞争规则，完善宏观调控，健全统一、开放、竞争、有序的市场体系"。

② 第33条 行政机关和法律、法规授权的具有管理公共事务职能的组织不得滥用行政权力，实施下列行为，妨碍商品在地区之间的自由流通：

 （1）对外地商品设定歧视性收费项目、实行歧视性收费标准，或者规定歧视性价格；

 （2）对外地商品规定与本地同类商品不同的技术要求、检验标准，或者对外地商品采取重复检验、重复认证等歧视性技术措施，限制外地商品进入本地市场；

 （3）采取专门针对外地商品的行政许可，限制外地商品进入本地市场；

 （4）设置关卡或者采取其他手段，阻碍外地商品进入或者本地商品运出；

 （5）妨碍商品在地区之间自由流通的其他行为。

③ 熊伟：《法治视野下清理规范税收优惠政策研究》，载《中国法学》，2014（6）。

法定原则，除依据专门税收法律法规和《中华人民共和国民族区域自治法》规定的税政管理权限外，各地区一律不得自行制定税收优惠政策；未经国务院批准，各部门起草其他法律、法规、规章、发展规划和区域政策都不得规定具体税收优惠政策。"再如，有些地方政府对合法的进口商品采取歧视性措施，对合法的进口商品采用与本地同类商品不同的技术要求、检验标准或者采取重复检验、重复认证等歧视性技术措施。虽然《反垄断法》第33条[①]存在一个兜底条款，但是它在适用上应当仅限于外地商品。毫无疑问，当某个地方政府对合法的进口商品采取歧视性措施时，这必然会直接影响到进口商品的制造商和销售商在相关市场上的公平竞争。[②]

（二）《反垄断法》对其他行政垄断的规制条款

我国《反垄断法》第8条规定，"行政机关和法律、法规授权的具有管理公共事务职能的组织不得滥用行政权力，排除、限制竞争"。此条是规制行政垄断的总则，但没有对行政垄断进行明确定义，其结构由主体＋"不得滥用"行为构成。

《〈反垄断法〉修订草案（公开征求意见稿）》对前述规定仍保持原文。

《反垄断法》第32条规定，"行政机关和法律、法规授权的具有管理公共事务职能的组织不得滥用行政权力，限定或者变相限定单位或者个人经营、购买、使用其指定的经营者提供的商品"。此条系行政垄断中的限定垄断类型。《〈反垄断法〉修订草案（公开征求意见稿）》将其调整为第37条，但内容保持不变。

《反垄断法》第34条规定，"行政机关和法律、法规授权的具有管理公共事务职能的组织不得滥用行政权力，以设定歧视性资质要求、评审标准或者不依法发布信息等方式，排斥或者限制外地经营者参加本地的招标投标活动"。此条为歧视招投标行政垄断。《〈反垄断法〉修订草案（公开征求意见稿）》将其调整为第39条，并修改为："行政机关和法律、法规授权的具有管理公共事务职能的组织不得滥用行政权力，以设定歧视性资质要求、评审标准或者不依法发布信息等方式，排斥或者限制经营者参加招标投标活动。"即删除了"排斥或者限制外地经营者参加本地的招标投标活动"中的"外地""本地的"字样。

《反垄断法》第35条规定，"行政机关和法律、法规授权的具有管理公共事务职能的组织不得滥用行政权力，采取与本地经营者不平等待遇等方式，排斥或者限制外地经营者在本地投资或者设立分支机构"。此条为不公平待遇。《〈反垄断法〉修订草案（公开征求意见稿）》将其调整为第40条，并修改为"行政机关和法律、法规授权的具有管理公共事务职能的组织不得滥用行政权力，采取与本地经营者不平等待遇等方式，排斥、限制或者强制外地经营者在本地投资或者设立分支机构"。即增加了"强制"二字。

---

① 《〈反垄断法〉修订草案（公开征求意见稿）》将该条调整为第38条，该条未见修改意见。
② 丁茂中：《论我国行政性垄断行为规范的立法完善》，载《政治与法律》，2018（7）。

《反垄断法》第 36 条规定，"行政机关和法律、法规授权的具有管理公共事务职能的组织不得滥用行政权力，强制经营者从事本法规定的垄断行为"。该条系行政强制型的行政垄断。《〈反垄断法〉修订草案（公开征求意见稿）》将其调整为第 41 条，并修改为："行政机关和法律、法规授权的具有管理公共事务职能的组织不得滥用行政权力，强制或者变相强制经营者从事本法规定的垄断行为。"即增加了"或者变相强制"六字。

《反垄断法》第 37 条规定，"行政机关不得滥用行政权力，制定含有排除、限制竞争内容的规定"。该条与第 8 条很容易引起混淆，字面上变化不大，除"限制主体"有区别以外，第 37 条规制的是"制定含有排除、限制竞争内容的规定"，规制重点在于"制定规定"行为；而第 8 条规制主体包括"行政机关"和"法律、法规授权的具有管理公共事务职能的组织"，规制行为重点在于"不得滥用行政权力，排除、限制竞争"，其规制范围要宽于第 37 条的规定。

《反垄断法》第 37 条为规制行政机关滥用行政权力的总则。《〈反垄断法〉修订草案（公开征求意见稿）》将其调整为第 42 条，并修改为为"行政机关和法律、法规授权的具有管理公共事务职能的组织，不得滥用行政权力，制定含有排除、限制竞争内容的规定。行政机关和法律、法规授权的具有管理公共事务职能的组织，在制定涉及市场主体经济活动的规定时，应当按照国家有关规定进行公平竞争审查"。此条修订稿中修改较大，明确了公平竞争审查责任。如果修订稿实施，将是"公平竞争审查制度"第二次入法（第一次应当是《营商环境条例》）。

《反垄断法》第 51 条规定，"行政机关和法律、法规授权的具有管理公共事务职能的组织滥用行政权力，实施排除、限制竞争行为的，由上级机关责令改正；对直接负责的主管人员和其他直接责任人员依法给予处分。反垄断执法机关可以向有关上级机关提出依法处理的建议。法律、行政法规对行政机关和法律、法规授权的具有管理公共事务职能的组织滥用行政权力实施排除、限制竞争行为的处理另有规定的，依照其规定"。

《反垄断法》第 51 条系行政垄断的法律责任条款，是实施中争议最多的条款之一。故在《〈反垄断法〉修订草案（公开征求意见稿）》中修改较大，《〈反垄断法〉修订草案（公开征求意见稿）》将其调整为第 58 条，并修改为："行政机关和法律、法规授权的具有管理公共事务职能的组织滥用行政权力，实施排除、限制竞争行为的，反垄断执法机关可以责令改正，并向有关上级机关提出依法处理的建议，对直接负责的主管人员和其他直接责任人员由上级机关依法给予处分。行政机关和法律、法规授权的具有管理公共事务职能的组织应当在反垄断执法机关规定的时间内完成改正行为，并将有关改正情况书面报告反垄断执法机关。"与原文相比，增加了执法机关"责令改正"的执法权力，以及责令改正后应当反馈执法机关的法定要求。

第三节　其他重要法律法规

一、宪法对反行政垄断的规制

我国在 1992 年党的十四大第一次明确提出建立社会主义市场经济体制。1993 年第八届全国人民代表大会第一次会议通过了《中华人民共和国宪法》修正案，把社会主义市场经济写入《宪法》，《宪法》第 15 条修改为国家实行社会主义市场经济。国家加强经济立法，完善宏观调控。国家依法禁止任何组织或者个人扰乱社会经济秩序。《宪法》第 5 条第 1 款规定：中华人民共和国实行依法治国，建设社会主义法治国家。

我国《宪法》虽未明确规定反垄断的内容，但通过对《宪法》第 15 条的解释，仍可找到建立反垄断制度的宪法依据。首先，该条第 1 款规定"国家实行社会主义市场经济"，而实行市场经济就要有竞争，需要依法对排除、限制竞争的行为予以禁止，故应当建立反垄断制度；其次，该条第 2 款规定"国家加强经济立法"（这是对第 1 款规定的"实行社会主义市场经济"的回应），而反垄断法作为主要市场经济国家的通行立法，在我国亦应重点推进；最后，该条第 3 款规定"国家依法禁止任何组织或者个人扰乱社会经济秩序"，而市场经济条件下的竞争秩序或市场秩序，当然属于重要的社会经济秩序，尤其应通过反垄断立法加以维护和保障。可见，经由对上述重要的经济宪法条款的系统解释，可以找到我国制定和不断完善反垄断法的宪法理据。据此，反垄断法作为下位法，应当遵从和落实经济宪法相关规定，确保反垄断立法的合宪性。①

现行《宪法》第 89 条规定："国务院有权改变或者撤销地方各级国家行政机关的不适当的决定和命令。"第 104 条规定："县级以上地方各级人民代表大会常务委员会有权撤销本级人民政府的不适当的决定和命令。"第 108 条规定："县级以上地方各级人民政府有权改变或者撤销所属各工作部门和下级人民政府的不适当的决定。"因此，当行政机关滥用行政权力，制定含有排除、限制竞争内容的规定，以行政决定实施垄断行为时，相关机关可以依据《宪法》的授权撤销或改变该违法或"不适当"的行政决定，解除其法律效力。但虽然《宪法》规定了上述"改变"或"撤销"的权限，但在现实中，尚未发现有"改变"或"撤销"的案例。

---

① 张守文：《反垄断法的完善：定位、定向与定则》，载《华东政法大学学报》，2020（2）。

二、《招标投标法》与反行政垄断

（一）行政垄断规制

2000 年施行的《招标投标法》（2017 修正）第 6 条 ① 规定了招标项目必须依法进行，任何地区和部门不得限制招标投标活动，招标投标活动不受任何单位和个人的非法干涉，并且对本地区、本系统以外的法人或者其他组织参加投标不得进行违法限制或者排斥。该规定体现了《招标投标法》严格禁止在招标投标领域的地区垄断和部门垄断。

《招标投标法实施条例》（2019 修订）第 13 条规定，招标代理机构在招标人委托的范围内开展招标代理业务，任何单位和个人不得非法干涉。

为了更好地预防行政垄断，2019 年 12 月《招标投标法（修订草案公开征求意见稿）》第 6 条规定，依法必须进行招标的项目，其招标投标活动不受地区或者部门的限制。任何单位和个人不得违法限制或者排斥本地区、本系统以外的任何法人或者其他非法人组织参加投标，不得以任何方式非法干涉招标投标活动。即删除了原文中的"本地区""本系统以外"的范围限定。

《招标投标法实施条例》（2019 修订）第 24 条规定，招标人对招标项目划分标段的，应当遵守招标投标法的有关规定，不得利用划分标段限制或者排斥潜在投标人。依法必须进行招标的项目的招标人不得利用划分标段规避招标。第 32 条对"属于以不合理条件限制、排斥潜在投标人或者投标人"的情形进行了明确。第 33 条规定，投标人参加依法必须进行招标的项目的投标，不受地区或者部门的限制，任何单位和个人不得非法干涉。第 80 条规定，对国家工作人员利用职务便利，以直接或者间接、明示或者暗示等任何方式非法干涉招标投标活动的法律责任进行了规定。

（二）招标投标法修订的原因

招投标制度是社会主义市场经济体制的重要组成部分。2019 年 12 月 3 日，国家发改委正式发布《招标投标法（修订草案公开征求意见稿）》。

《招标投标法》自 2000 年颁布实施以来，我国招投标事业取得了长足发展，招投标市场不断壮大，行政监督管理体制逐步完善，招投标制度规则日趋完备。随着实践的不断发展，招投标领域出现了许多新情况、新问题。加快修订《招标投标法》，一是优化招投标市场营商环境的迫切需要。招投标市场存在的围标串标、弄虚作假、排斥限制潜在投标人、低质低价中标等突出问题严重破坏了公平竞争的市场环境，需要从提高公开透明度、完善评标制度、加强信用体系建设、强化行政监督、加大违法行为惩处力度等方面加以解决。

---

① 依法必须进行招标的项目，其招标投标活动不受地区或者部门的限制。任何单位和个人不得违法限制或者排斥本地区、本系统以外的法人或者其他组织参加投标，不得以任何方式非法干涉招标投标活动。

二是深化招投标领域"放管服"改革的迫切需要。当前招投标行政管理的重心尚未实现从事前审批核准向事中事后监管的转变，招标人主体责任落实不到位，招投标效率有待提高，需要进一步深化改革，充分发挥市场配置资源的决定性作用，更好发挥政府作用，降低制度性交易成本，同时切实强化监管。三是更好发挥招投标政策功能的迫切需要。现行《招标投标法》对鼓励科技创新、节约能源资源、生态环保缺乏有针对性的制度安排，低质低价中标等问题也不符合深化供给侧结构性改革、促进制造业高质量发展等要求，需要完善相关制度设计，更好地服务于国家相关政策的落实落地。四是推动招投标行业转型升级和与国际规则接轨的迫切需要。近年来电子招投标、工程总承包、集中招标、政府和社会资本合作等新业态新模式蓬勃发展，《招标投标法》应当主动适应新形势，为推动行业转型升级提供法治保障。为促进我国更高水平对外开放，也有必要推动我国招投标法律制度进一步与国际通行公共采购规则衔接。

此次对《招标投标法》的修改，重点针对排斥限制潜在投标人、围标串标、低质低价中标、评标质量不高、随意废标等现象。修订稿旨在较好地处理好政府与市场的关系；厘清招投标活动各方职责定位，实现权责相匹配；切实转变政府职能，对应当由市场主体自主决策的，充分尊重市场主体权利，并明确相应的责任，减少对市场主体特别是民营企业招投标活动的干预；对属于政府职责范围的事项，创新监管机制，强化事中事后监管，提高监管能力和水平，切实管住管好。

（三）涉行政垄断规制修订

1. 中标候选人不再排序

中标候选人不再排序是此次修订稿的重大改进。《招标投标法》原第 40 条[①]修订为第 47 条，《招标投标法（修订草案公开征求意见稿）》修改为：评标委员会应当按照招标文件确定的评标标准和方法，<u>集体研究并分别独立</u>对投标文件进行评审和比较；设有标底的，应当参考标底。评标委员会完成评标后，应当向招标人提出书面评标报告，并推荐<u>不超过三个</u>合格的中标候选人，<u>并对每个中标候选人的优势、风险等评审情况进行说明；除招标文件明确要求排序的外，推荐中标候选人不标明排序。</u>

招标人根据评标委员会提出的书面评标报告和推荐的中标候选人，<u>按照招标文件规定的定标方法，</u>结合对中标候选人合同履行能力和风险进行复核的情况，<u>自收到评标报告之日起 20 日内自主确定中标人。定标方法应当科学、规范、透明。</u>招标人也可以授权评标委员会直接确定中标人。

国务院对特定招标项目的评标有特别规定的，从其规定。

---

① 评标委员会应当按照招标文件确定的评标标准和方法，对投标文件进行评审和比较；设有标底的，应当参考标底。评标委员会完成评标后，应当向招标人提出书面评标报告，并推荐合格的中标候选人。招标人根据评标委员会提出的书面评标报告和推荐的中标候选人确定中标人。招标人也可以授权评标委员会直接确定中标人。

国务院对特定招标项目的评标有特别规定的，从其规定。

此次删除原文中的"设有标底的，应当参考标底"的规定，并另行规定"推荐中标候选人不标明排序"。

2. 最低价中标规制

《招标投标法》第 39 条 [①] 除保持原条文外，增加第二款和第三款规定。并在《招标投标法（修订草案公开征求意见稿）》中调整为第 45 条，增加第二款和第三款为：<u>评标委员会发现投标人的报价为异常低价，有可能影响合同履行的，应当要求投标人在合理期限内作澄清或者说明，并提供必要的证明材料。投标人不能说明其报价合理性，导致合同履行风险过高的，评标委员会应当否决其投标。</u>

<u>前两款中评标委员会的要求以及投标人的澄清或者说明应当以书面形式进行。</u>

在确定中标人前，招标人不得与投标人就投标价格、投标方案等实质性内容进行谈判。"最低价中标"这一行业内广为人诟病的痼疾，将逐渐退出历史舞台！

3. 选择确定评标方法

《招标投标法》第 41 条调整为《招标投标法（修订草案公开征求意见稿）》第 46 条，修改为：招标人应当按照招投标项目实际需求和技术特点，从以下方法中选择确定评标方法：

（1）综合评估法，即明确投标文件能够最大限度满足招标文件中规定的各项综合评价标准的投标人为中标候选人的方法；

（2）经评审的最低投标价法，即投标文件能够满足招标文件的实质性要求，并且经评审的投标价格最低的投标人为中标人候选人的评标办法；但是投标价格低于成本可能影响合同履行的异常低价的除外；

（3）法律、行政法规、部门规章规定的其他评标方法。

经评审的最低投标价法仅适用于具有通用的技术、性能标准或者招标人对其技术、性能没有特殊要求的项目。

国家鼓励招标人将全生命周期成本纳入价格评审因素，并在同等条件下优先选择全生命周期内能源资源消耗最低、环境影响最小的投标。

（四）法律责任

《招标投标法》（2017 修订）第 62 条对行政垄断的法律责任也作了较为明确的规定。该条规定，任何单位违反本法规定，限制或者排斥本地区、本系统以外的法人或者其他组织参加投标的，为招标人指定招标代理机构的，强制招标人委托招标代理机构办理招标事宜的，或者以其他方式干涉招标投标活动的，责令改正；对单位直接负责的主管人员和其他直接责任人员依法给予警告、记过、记大过的处分，情节较重的，依法给予降级、撤职、

---

① 第39条 评标委员会可以要求投标人对投标文件中含义不明确的内容作必要的澄清或者说明，但是澄清或者说明不得超出投标文件的范围或者改变投标文件的实质性内容。

开除的处分。个人利用职权进行前款违法行为的，依照前款规定追究责任。

此条在目前执法实践中，还没有单独适用的案例，该条明显比反垄断法中的行政垄断违法责任具有可操作性。但所有涉及招标投标领域的行政垄断，均是适用反垄断法。

（五）建筑和市政基础设施招投标

2019 年 12 月 24 日，住建部发布《关于进一步加强房屋建筑和市政基础设施工程招标投标监管的指导意见》，包括夯实招标人权责、优化评标方法、加强招投标监管等五方面的 17 项措施。（1）实施工程造价供给侧结构性改革。首次提出鼓励地方建立工程造价数据库和发布市场化的造价指标指数，促进通过市场竞争形成合同价。（2）缩小招标范围。社会投资的房屋建筑工程，建设单位自主决定发包方式，社会投资的市政基础设施工程依法决定发包方式。政府投资工程鼓励采用全过程工程咨询、工程总承包方式，减少招标投标层级，依据合同约定或经招标人同意，由总承包单位自主决定专业分包，招标人不得指定分包或肢解工程。（3）加强招投标监管。加大招标投标事中事后查处力度，严厉打击串通投标、弄虚作假。对围标串标等情节严重的，应纳入失信联合惩戒范围，直至清出市场。（4）强化施工现场履职监管。加强建筑市场和施工现场"两场"联动，将履约行为纳入信用评价。中标人应严格按照投标承诺的技术力量和技术方案履约。（5）最低价中标。探索实行高保额履约担保。

（六）工程项目招投标整治

2019 年 8 月，国家发改委、住建部、工信部、交通部、水利部等八部门联合印发《工程项目招投标领域营商环境专项整治工作方案》（发改办法规〔2019〕862 号）的通知，要求消除对不同所有制企业，特别是民营企业、外资企业设置的各类不合理限制和壁垒，主要包括：（1）违法设置的限制、排斥不同所有制企业参与招投标的规定，以及虽然没有直接限制、排斥，但实质上起到变相限制、排斥效果的规定。（2）违法限定潜在投标人或者投标人的所有制形式或者组织形式，对不同所有制投标人采取不同的资格审查标准。（3）设定企业股东背景、年平均承接项目数量或者金额、从业人员、纳税额、营业场所面积等规模条件；设置超过项目实际需要的企业注册资本、资产总额、净资产规模、营业收入、利润、授信额度等财务指标。（4）设定明显超出招标项目具体特点和实际需要的过高的资质资格、技术、商务条件或者业绩、奖项要求。（5）将国家已经明令取消的资质资格作为投标条件、加分条件、中标条件；在国家已经明令取消资质资格的领域，将其他资质资格作为投标条件、加分条件、中标条件。（6）将特定行政区域、特定行业的业绩、奖项作为投标条件、加分条件、中标条件；将政府部门、行业协会商会或者其他机构对投标人作出的荣誉奖励和慈善公益证明等作为投标条件、中标条件。（7）限定或者指定特定的专利、商标、品牌、原产地、供应商或者检验检测认证机构（法律法规有明确要求的除外）。（8）要求投标人在本地注册设立子公司、分公司、分支机构，在本地拥有一定办公面积，在本地缴纳社会保险等。（9）没有法律法规依据设定投标报名、招标文件审查等事前审批或者审核环节。（10）对仅需提供有关资质证明文件、证照、证件复印件的，要求必须提供原件；对按规定可以采用"多证合一"电子证照的，要求必须提供纸质证照。（11）在开标环节要求投标人的法定代表人必须到场，不接受经授权委托的投标人代表到场。（12）评标专家对不同所有制投标人打分畸高或畸低，且无法说明正当理由。（13）明示或暗示评标专家对不同所有制投标人采取不同的评标标准、实施不客观公正评价。（14）采用抽签、摇号等方式直接确定中标候选人。（15）限定投标保证金、履约保证金只能以现金形式提交，或者不按规定或者合同约定返还保证金。（16）简单以注册人员、业绩数量等规模条件或者特定行政区域的业绩奖项评价企业的信用等级，或者设置对不同所有制企业构成歧视的信用评价指标。（17）不落实《必须招标的工程项目规定》《必须招标的基础设施和公用事业项目范围规定》，违法干涉社会投资的房屋建筑等工程建设单位发包自主权。（18）其他对不同所有制企业设置的不合理限制和壁垒。

此文件尽管效力不高，但在工程项目招投标领域，就行政机关排除、限制竞争行为，已经明细得十分具体，实务中很有参考价值。

2019年7月，财政部下发《关于促进政府采购公平竞争优化营商环境的通知》（财库〔2019〕38号），要求全面清理政府采购领域妨碍公平竞争的规定和做法，严格执行公平竞争审查制度，提升政府采购透明度。

（案例3） 山东省临沂市莒南县公共资源交易服务中心行政性垄断行为

2018年6月，根据举报，原山东省工商局对临沂市莒南县公共资源交易服务中心涉嫌滥用行政权力排除、限制竞争行为进行调查。

经查，临沂市莒南县公共资源交易服务中心以防止工程建设项目招投标领域的腐败行为为由，利用行政权力，强制要求投资总额在50万元以下的项目招标人须采用资源交易系统自动抽取方式选聘招标代理机构，并印发了有关文件。该做法剥夺了招标人自行选择招标代理机构的权利，限制了招标代理机构之间的合法竞争，违反了《反垄断法》第37条"行政机关不得滥用行政权力，制定含有排除、限制竞争内容的规定"之规定，构成滥用行政权力，排除、限制竞争行为。

2018年7月下旬，原山东省工商行政管理局约谈了莒南县人民政府和莒南县公共资源交易服务中心，并指出莒南县公共资源交易服务中心相关文件存在滥用行政权力排除、限制竞争的问题。莒南县公共资源交易服务中心承诺对相关文件进行修改。2018年9月，莒南县公共资源交易服务中心向原山东省工商局提交了《关于相关问题整改落实情况的报告》，表示其已经对相关文件条款进行了修正，并报县政府批准印发。

三、《价格法》与反行政垄断

1998 年 5 月 1 日实施的《价格法》，从政府定价方面对行政垄断的法律责任作了规定。《价格法》在第 23 条对政府部门制定垄断性行业的价格的权限和程序进行了规定，以防止政府部门滥用职权制定暴利价格，即："制定关系群众切身利益的公用事业价格、公益性服务价格、自然垄断经营的商品价格等政府指导价、政府定价，应当建立听证会制度，由政府价格主管部门主持，征求消费者、经营者和有关方面的意见，论证其必要性、可行性。"该法第 45 条又对地方政府滥用职权擅自定价、调价等行为规定了行政责任，以避免价格歧视等地区垄断行为的发生，即："地方各级人民政府或者各级人民政府有关部门违反本法规定，超越定价权限和范围擅自制定调整价格或者不执行法定的价格干预措施、紧急措施的，责令改正，并可以通报批评；对直接负责的主管人员和其他直接责任人员，依法给予行政处分。"

四、《行政诉讼法》与反行政垄断

2017 年《行政诉讼法》的修改，在立案登记制、受案范围、出庭应诉制等方面的改革，将有助于反行政垄断诉讼的展开。①

（一）立案登记制

立案登记制有利于减少行政垄断诉讼案件的立案难度。《行政诉讼法》（2017 年修正）第 51 条规定，"人民法院在接到起诉状时对符合本法规定的起诉条件的，应当登记立案……"这就是立案采用登记制。第 51 条对当场不能判定是否符合本法规定的起诉条件的，以及不符合起诉条件的处理方式，也都有相应规定。原告对裁定不服的，可以提起上诉。此外，对于不接收起诉状、接收起诉状后不出具书面凭证，以及不一次性告知当事人需要补正的起诉状内容的情形，规定"当事人可以向上级人民法院投诉，上级人民法院应当责令改正，并对直接负责的主管人员和其他直接责任人员依法给予处分"。第 52 条还赋予当事人在"人民法院既不立案，又不作出不予立案裁定"的情况下，向上一级法院起诉的权利。这一系列的登记制改革和配套的处罚措施，有助于降低行政垄断诉讼立案的难度，并减少行政机关对法院立案和裁判的干预。

（二）将"行政机关滥用行政权力排除、限制竞争"纳入受案范围

《行政诉讼法》（2017 年修正）第 12 条第 1 款新增了公民、法人或其他组织提起行

---

① 根据2017年6月27日第十二届全国人民代表大会常务委员会第二十八次会议《关于修改〈中华人民共和国民事诉讼法〉和〈中华人民共和国行政诉讼法〉的决定》第二次修正。

政诉讼的案件类型,其中之第(8)项为"认为行政机关滥用行政权力排除或者限制竞争的"。简言之,《反垄断法》第五章第32条至第37条规定的"限定或变相限定购买","妨碍商品在地区之间自由流通的各种行为","排斥、限定招投标","排斥或者限制外地经营者在本地投资或者设立分支机构"等行为都能成为原告提起行政垄断诉讼的依据。这一新规定将《反垄断法》与《行政诉讼法》有机地衔接起来,既有助于法院准确判断案件性质和类型,也有助于提高法院的立案效率。

(三)抽象和具体行政行为的可诉性

在《行政诉讼法》(2017年修正)未修订前,原告只能就行政机关的具体行政行为提起诉讼。就反垄断案件来讲,行政诉讼案件大致可以分为反行政垄断诉讼和对反垄断行政执法机关决定不服的行政诉讼。后者包括对反垄断执法机关作出的行政许可、行政处罚、行政强制措施等。此处,仅讨论反行政垄断诉讼。修法之后,原规定中的"具体行政行为"变为了"行政行为",也就是抽象行政行为进入了行政诉讼法的视野。根据《行政诉讼法》(2017年修正)第53条,公民、法人或者其他组织在对行政行为提起诉讼时,可以一并请求法院对国务院部门和地方人民政府及其部门制定的规范性文件进行合法性审查。这样一来,广泛存在的地方政府及其部门制定的"红头文件",终于进入了被法院审查合法性的范围。研究表明,这些红头文件是地方政府及其部门实施行政垄断行为的主要载体,现实危害尤甚。毫无疑问,《行政诉讼法》的新规定将对各级政府继续颁布涉及行政垄断的"红头文件"构成压力,并通过合法性审查达到规范干预微观经济、破坏竞争的"红头文件"的目的。

(四)行政机关负责人出庭应诉制

《行政诉讼法》(2017年修正)第3条规定,行政机关负责人应该出庭应诉,不能出庭的,应该委托行政机关相应的工作人员出庭。一般地,政府及其部门的负责人会参与部门具体行政行为和抽象行政行为的决策。在原《行政诉讼法》的规定下,如果这些行政行为涉嫌违法,相对人更多地通过行政复议或其他途径补偿损失,因为行政诉讼的实际运作很难对相对人提供较大的救济可能性。在这种情况下,行政机关负责人实际也不会为行政行为的违法承担法律责任。新规定提供了一种可能性,即原则上行政机关负责人应该出庭,即便有诉讼代理人参加诉讼活动,负责人也需要对原告的证据、对证据的质证做出回应。这在一定程度上给行政机关负责人带来巨大压力,促使其在做出行政行为之前,更加注重对行政行为合法性的内部审查。

(五)跨行政区域管辖

跨行政区域管辖行政案件提高了审理行政垄断案件的独立性。《行政诉讼法》第18条第2款是司法改革的成果之一,该款规定,"经最高人民法院批准,高级人民法院可以根据审判工作的实际情况，确定若干人民法院跨行政区域管辖行政案件"。近期，北京市新成立的第四中级人民法院，其一审案件的受案范围中就包括了"以本市区、县人民政府为被告的行政案件"。而此前，北京市区、县人民政府为被告的行政案件，则分别由第一、第二和第三中级人民法院按地域管辖。第四中级人民法院成立后，理论上可以减少以本市区、县人民政府为被告时行政力量的干预，提高法院审理行政垄断案件的独立性，当然实际效果如何，有待实践检验。此外，在行政级别更高的被告涉嫌行政垄断的案件中，跨行政区域管辖制度并没有提供适用的空间。因此，如何实现这一制度的目标，还需要进一步探索。党的十八届四中全会《关于全面推进依法治国若干重大问题的决定》，提出"深入推进依法行政，加快建设法治政府"，为破除行政垄断提出了切实的路线图和明确要求。反行政垄断执法应该坚持运用《反垄断法》赋予的三项权力，努力协调政府与有关部门的关系，重视实施产业政策和补贴过程中的排除、限制竞争问题，更加关注管制行业中涉嫌行政垄断的问题。①

五、《电子商务法》与反行政垄断

《电子商务法》第 4 条、第 22 条规定，"各级人民政府和有关部门不得采取歧视性的政策措施，不得滥用行政权力排除、限制市场竞争"，电子商务经营者"不得滥用市场支配地位，排除、限制竞争"，这些规定实质上是电商法中的反行政垄断法规范，足见两类立法之间的紧密关联。另一方面，数字经济的发展也带来了反垄断法理论、制度方面的诸多新问题，如数据垄断、平台垄断、算法合谋等问题日益受到重视，规范此类新问题的相关规则，亦需在反垄断法的具体完善中加以体现。

六、《优化营商环境条例》

（一）颁布《优化营商环境条例》的重要意义

《优化营商环境条例》是优化营商环境的专门行政法规。市场监管部门作为市场综合监管和综合执法部门，担负着加强和优化市场监管、规范和维护市场秩序、推动社会主义市场经济健康发展的主力军的责任，需充分认识《条例》的重要意义。《条例》最重要最核心的意义，就是把我国这些年来在优化营商环境方面大量行之有效的政策、经验、做法上升到法规制度，使其进一步系统化、规范化、法制化，增强其权威性、实效性和法律约束力。据不完全统计，《条例》一共固化和确认的改革举措有 50 多项，包括：先照后证，证照分离，"双随机、一公开"，市场准入负面清单制度等。对于经实践证明行之有效，

---

① 黄勇：《新形势下反行政垄断执法与司法：挑战、思考与展望》，载《价格监督与反垄断》，2015（1）。

但缺乏法律法规依据的做法，通过相关制度设计，为改革扫清法律障碍；对于具体程序和条件的设置，进行相对原则的规定，为后续改革创新留出空间，有效发挥了法治引导、推动、规范、保障改革的作用。《条例》强化各级政府和有关部门、行业协会商会、公用事业企业等的优化营商环境职责，严格规范和约束政府行为，特别对政府过度运用行政权力干预企业行为作出了明确限制，使政府在尊重市场规律的基础上，用改革激发市场活力，用政策引导市场预期，用法治规范市场行为。《条例》将政府在决策中吸取的企业意见以法规形式确定下来，有利于政府科学民主决策，降低决策偏差给企业带来的不必要成本。此外，《条例》在鼓励各地区、各部门在法治框架内积极探索优化营商环境具体措施的同时，还规定了容错机制，即对探索中出现失误或者偏差，符合规定条件的，可以予以免责或者减轻责任。[①]

2013 年党的十八届三中全会明确提出要"建设法治化营商环境"以来，建设法治化营商环境已成为新时代中国经济实现高质量发展的重大现实课题之一。2019 年 2 月 25 日，在中央全面依法治国委员会第二次会议上，习近平总书记总结指出，法治是最好的营商环境，并从平等保护各类市场主体产权和合法权益、用法治来规范政府和市场边界、完善制度环境、保障和服务高水平对外开放等方面提出了打造法治化营商环境的具体要求。2019 年 10 月 23 日晚世界银行发布《2020 年营商环境报告》，中国的总体排名比去年上升 15 位，名列第 31 位，这是世界银行营商环境报告发布以来中国取得的最好的名次。世界银行营商环境报告分析认为，良好的营商环境可以使经济体投资率增长 0.3%，GDP 增长率增加 0.36%。营商环境建设与优化，始终是全球经济体持续关注的热点议题。

政府诚信当然是营商环境建设中的重要方面，但优化营商环境绝不限于政府主体。例如，在司法领域，2017 年最高人民法院印发《关于为改善营商环境提供司法保障的若干意见》，对平等保护各类市场主体、打破部门垄断和地方保护等都进行了规定。

（二）营商环境概念

营商环境是软环境，狭义讲是企业按照当地法规政策在开设、经营、贸易、纳税、执行合约、注销等方面办理相关手续所需要的时间、环节和成本等。广义讲不仅包括企业从开办、营运到结束全过程各环节的各种影响因素和条件的总和，而且包括市场准入、要素流动、投融资制度、经贸制度、政务环境、法治环境、生活环境、文化氛围等方方面面制度法规的影响。

2020 年 1 月 1 日起施行的《优化营商环境条例》第 2 条规定，本条例所称营商环境，是指企业等市场主体在市场经济活动中所涉及的体制机制性因素和条件。

《条例》出于推进"放管服"改革，优化营商环境的目的，针对我国营商环境的突出

---

① 卢均晓：《贯彻落实〈优化营商环境条例〉营造国际一流营商环境》，载《中国市场监管研究》，2019（12）。

短板和痛点难点都作出了相应规定。

（三）《优化营商环境条例》与反行政垄断规制

《优化营商环境条例》共 7 章、72 条，围绕贯彻新发展理念、正确处理政府和市场的关系、完善社会主义市场经济体制等进行了有针对性的制度设计，对"放管服"改革的关键环节确立了基本规范。同时，聚焦突出问题，重点围绕强化市场主体保护、净化市场环境、优化政务服务、规范监管执法、加强法治保障这五个方面，明确了一揽子制度性解决方案，推动各级政府深化改革、转变职能。其主要行政垄断规制条款如下：

第 3 条规定，国家持续深化简政放权、放管结合、优化服务改革，最大限度减少政府对市场资源的直接配置，最大限度减少政府对市场活动的直接干预，加强和规范事中事后监管，着力提升政务服务能力和水平，切实降低制度性交易成本，更大激发市场活力和社会创造力，增强发展动力。此条为总则倡导性条款，规定了总的原则和宗旨。

第 5 条规定，国家加快建立统一开放、竞争有序的现代市场体系，依法促进各类生产要素自由流动，保障各类市场主体公平参与市场竞争。

第 11 条规定，市场主体依法享有经营自主权。对依法应当由市场主体自主决策的各类事项，任何单位和个人不得干预。

第 12 条规定，国家保障各类市场主体依法平等使用资金、技术、人力资源、土地使用权及其他自然资源等各类生产要素和公共服务资源。各类市场主体依法平等适用国家支持发展的政策。政府及其有关部门在政府资金安排、土地供应、税费减免、资质许可、标准制定、项目申报、职称评定、人力资源政策等方面，应当依法平等对待各类市场主体，不得制定或者实施歧视性政策措施。

第 13 条规定，招标投标和政府采购应当公开透明、公平公正，依法平等对待各类所有制和不同地区的市场主体，不得以不合理条件或者产品产地来源等进行限制或者排斥。政府有关部门应当加强招标投标和政府采购监管，依法纠正和查处违法违规行为。

第 14 条规定，国家依法保护市场主体的财产权和其他合法权益，保护企业经营者人身和财产安全。严禁违反法定权限、条件、程序对市场主体的财产和企业经营者个人财产实施查封、冻结和扣押等行政强制措施；依法确需实施前述行政强制措施的，应当限定在所必需的范围内。禁止在法律、法规规定之外要求市场主体提供财力、物力或者人力的摊派行为。市场主体有权拒绝任何形式的摊派。

第 17 条规定，除法律、法规另有规定外，市场主体有权自主决定加入或者退出行业协会商会等社会组织，任何单位和个人不得干预。除法律、法规另有规定外，任何单位和个人不得强制或者变相强制市场主体参加评比、达标、表彰、培训、考核、考试以及类似活动，不得借前述活动向市场主体收费或者变相收费。

第 21 条规定，政府有关部门应当加大反垄断和反不正当竞争执法力度，有效预防和制止市场经济活动中的垄断行为、不正当竞争行为以及滥用行政权力排除、限制竞争的行为，营造公平竞争的市场环境。

第 64 条规定，没有法律、法规或者国务院决定和命令依据的，行政规范性文件不得减损市场主体合法权益或者增加其义务，不得设置市场准入和退出条件，不得干预市场主体正常生产经营活动。涉及市场主体权利义务的行政规范性文件应当按照法定要求和程序予以公布，未经公布的不得作为行政管理依据。

第 69 条规定，政府和有关部门及其工作人员有下列情形之一的，依法依规追究责任：（1）违法干预应当由市场主体自主决策的事项；（2）制定或者实施政策措施不依法平等对待各类市场主体；（3）违反法定权限、条件、程序对市场主体的财产和企业经营者个人财产实施查封、冻结和扣押等行政强制措施；（4）在法律、法规规定之外要求市场主体提供财力、物力或者人力；（5）没有法律、法规依据，强制或者变相强制市场主体参加评比、达标、表彰、培训、考核、考试以及类似活动，或者借前述活动向市场主体收费或者变相收费；（6）违法设立或者在目录清单之外执行政府性基金、涉企行政事业性收费、涉企保证金；（7）不履行向市场主体依法作出的政策承诺以及依法订立的各类合同，或者违约拖欠市场主体的货物、工程、服务等账款；（8）变相设定或者实施行政许可，继续实施或者变相实施已取消的行政许可，或者转由行业协会商会或者其他组织实施已取消的行政许可；（9）为市场主体指定或者变相指定中介服务机构，或者违法强制市场主体接受中介服务；（10）制定与市场主体生产经营活动密切相关的行政法规、规章、行政规范性文件时，不按照规定听取市场主体、行业协会商会的意见；（11）其他不履行优化营商环境职责或者损害营商环境的情形。

（四）公平竞争审查制度首次入法

根据国务院 2016 年 7 月《关于在市场体系建设中建立公平竞争审查制度的意见》的规定，公平竞争审查制度的目的在于"规范政府行为，防止出台排除、限制竞争的政策措施"，消除"地方保护、区域封锁，行业壁垒、企业垄断，违法给予优惠政策或减损市场主体利益等不符合建设全国统一市场和公平竞争的现象"。通过公平竞争审查制度的实施，防范政府出台限制竞争的监管措施，确立竞争政策的基础性地位，确保监管规则平等。[①]

《优化营商环境条例》[②]是第一部在立法中将公平竞争审查制度作为行政法规条文的法律，在此前，均是国务院发布的规范性文件，法律效力不高，该条例实施后，违反此条例

---

① 参见孙晋：《新时代确立竞争政策基础性地位的现实意义及其法律实现——兼议〈反垄断法〉的修改》，载《政法论坛》，2019（2）。

② 第 63 条规定，制定与市场主体生产经营活动密切相关的行政法规、规章、行政规范性文件，应当按照国务院的规定进行公平竞争审查。

制定涉及市场主体权利义务的行政规范性文件，应当按照国务院的规定进行合法性审核。

市场主体认为地方性法规同行政法规相抵触，或者认为规章同法律、行政法规相抵触的，可以向国务院书面提出审查建议，由有关机关按照规定程序处理。

将是严重的违法行为，违法与违纪后果明显不同。实现公平竞争审查制度在国家、省、市、县四级政府的全覆盖，行政机关制定市场准入、产业发展、政府采购、经营行为规范等涉及市场主体经济活动的规章、规范性文件及其他政策文件时，应当进行公平竞争审查，评估对市场竞争的影响，建立投诉举报、第三方评估等机制，大力清理废除妨碍统一市场和公平竞争的各种规定和做法。确立竞争政策基础性地位，推进产业政策由差异化、选择性向普惠化、功能性转变。

另外，《优化营商环境条例》第 63 条还规定了"制定涉及市场主体权利义务的行政规范性文件"应当进行合法性审查的规定。

第四节　党代会文件及党纪处分条例

一、党代会与反行政垄断

中共十五大以来，历次党的代表大会或改革决定，都有关于"反垄断"和垄断性行业改革的论述。如：1997 年中共十五大——"打破地方封锁、部门垄断"；2002 年中共十六大——"推进垄断行业改革"，2003 年十六届三中全会——"加快推进和完善垄断行业改革"；2007 年中共十七大——"深化垄断行业改革"。中共十八大，特别是十八届三中全会之后，针对如何对待垄断性行业改革和针对垄断行为的"反垄断"，党的十九大报告指出，"深化商事制度改革，打破行政性垄断"。行政机关相较于市场经营者具有天生的强制力，更容易滥用权力，破坏统一开放、竞争有序的市场体系。

2013 年 11 月 12 日，十八届三中全会研究了全面深化改革的若干重大问题，会议通过了《中共中央关于全面深化改革若干重大问题的决定》，决定明确"进一步破除各种形式的行政垄断""打破地区封锁和行业垄断"，规定中没有出现"竞争政策"的表述，但是《决定》提出的三方面要求体现了对竞争政策的高度重视：其一，明确市场在资源调配中起决定性作用；其二，着重处理、协调好政府和市场关系；其三，进一步加强反垄断和反不正当竞争执法。这表明国家在推进经济发展转型中，逐步重视通过落实竞争政策来营造更加公正的市场竞争秩序。

2014 年 10 月 23 日中国共产党第十八届中央委员会第四次全体会议通过《关于全面推进依法治国若干重大问题的决定》，提出"深入推进依法行政，加快建设法治政府"，为破除行政垄断提出了切实的路线图和明确要求。

二、《党纪处分条例》与反行政垄断

《党纪处分条例》第 111 条规定，在市场经济活动中，有下列行为之一的，追究主要责任者和其他直接责任人员的责任，情节较轻的，给予警告或者严重警告处分；情节较重的，给予撤销党内职务或者留党察看处分；情节严重的，给予开除党籍处分：……（5）利用行政垄断或者行业垄断地位，实施或者变相实施妨碍公平竞争行为的；（6）限制外地商品和服务进入本地市场或者限制本地商品和服务流向外地市场的。

《党纪处分条例》没有明确"妨碍公平竞争行为"的具体情节，需要结合其他法规或规范性文件进行认定。对于"限制外地商品和服务进入本地市场或者限制本地商品和服务流向外地市场的"中的"本地"和"外地"，应当以"行政机关或法律、法规授权的具有管理公共事务职能的组织"行政管辖区域进行认定，而不宜不考虑其行政管辖区域，以其机构住址的上一级省或市级进行认定，如上海市徐汇区某政府机构实施行政垄断，应当以"徐汇区"认定为本地，而不宜认定上海市为本地。

该违规行为的主体，可以是主要责任者或其他直接责任人员。

社会主义市场经济是我国前所未有的经济形式，市场经济体制创造了公平竞争的经济环境。但是，一些党员干部并不适应这种环境，他们总习惯于计划经济时期，把特权带进市场，或不择手段非法牟利，这些都是市场经济体制所不允许的。《党纪处分条例》列举了扰乱市场秩序行为的六个方面，不仅影响了正常的市场经营活动，给企业和人民群众利益造成损害，而且会造成诚信缺失，社会道德水准下降，败坏国家信誉和改革开放形象。当前，应通过整顿市场经济秩序，有效预防所出现的问题。一方面，依法加大对破坏市场经济秩序行为的处罚力度，让违纪违法者为其行为付出代价；另一方面，深化改革，转变政府职能，切实减少行政性审批，打破地方封锁和行业垄断，健全完善市场法规和监管机制，同时还要加强思想道德教育，建立健全社会信用制度。多管齐下才能奏效。

第五节　国务院规范性文件与反行政垄断

一、禁止实行地区封锁的规定

2001 年 4 月 21 日出台的《国务院关于禁止在市场经济活动中实行地区封锁的规定》共 28 条，2011 年 1 月 8 日进行了修订。

这是迄今为止我国颁布的最全面的关于禁止地区封锁的国务院规范性文件，尤其第 4

条① 对行政垄断的规制，比较全面和具体。该规定主要内容包括：第一，首次将禁止地区封锁的适用范围从产品领域扩大到工程建设类服务领域；第二，对地区封锁的查处机关及主要表现形式作出了详细规定；第三，对实行地区封锁的抽象垄断行为的处理办法也作出了规定；第四，对于地区封锁的直接负责的主管人员和其他直接责任的法律责任从行政责任上升到了刑事责任。

二、整顿和规范市场经济秩序

2001 年 4 月 27 日，实施的《国务院关于整顿和规范市场经济秩序的决定》（国发〔2001〕11 号）第 2 条（7）规定，打破地区封锁和部门、行业垄断。查处行政机关、事业单位、垄断性行业和公用企业妨碍公平竞争，阻挠外地产品或工程建设类服务进入本地市场的行为，以及其他各种限制企业竞争的做法。

决定开展整顿和规范市场经济秩序的工作要在全国范围内进行，目的是打破部门、行业垄断和地区封锁。规定任何行政机关和企业单位不得阻挠外地产品或工程建设类服务进入本地市场，以此作为整顿和规范市场经济秩序的主要内容之一。

三、促进市场公平竞争

2014 年 6 月 4 日实施的《国务院关于促进市场公平竞争维护市场正常秩序的若干意见》（国发〔2014〕20 号）第 2 条（7）规定了打破地区封锁和行业垄断。对各级政府和部门涉及市场准入、经营行为规范的法规、规章和规定进行全面清理，废除妨碍全国统一市场和公平竞争的规定和做法，纠正违反法律法规实行优惠政策招商的行为，纠正违反法律法规对外地产品或者服务设定歧视性准入条件及收费项目、规定歧视性价格及购买指定的产品、服务等

---

① 第4条 地方各级人民政府及其所属部门（包括被授权或者委托行使行政权的组织，下同）不得违反法律、行政法规和国务院的规定，实行下列地区封锁行为：

（一）以任何方式限定、变相限定单位或者个人只能经营、购买、使用本地生产的产品或者只能接受本地企业、指定企业、其他经济组织或者个人提供的服务；

（二）在道路、车站、港口、航空港或者本行政区域边界设置关卡，阻碍外地产品进入或者本地产品运出；

（三）对外地产品或者服务设定歧视性收费项目、规定歧视性价格，或者实行歧视性收费标准；

（四）对外地产品或者服务采取与本地同类产品或者服务不同的技术要求、检验标准，或者对外地产品或者服务采取重复检验、重复认证等歧视性技术措施，限制外地产品或者服务进入本地市场；

（五）采取专门针对外地产品或者服务的专营、专卖、审批、许可等手段，实行歧视性待遇，限制外地产品或者服务进入本地市场；

（六）通过设定歧视性资质要求、评审标准或者不依法发布信息等方式限制或者排斥外地企业、其他经济组织或者个人参加本地的招投标活动；

（七）以采取同本地企业、其他经济组织或者个人不平等的待遇等方式，限制或者排斥外地企业、其他经济组织或者个人在本地投资或者设立分支机构，或者对外地企业、其他经济组织或者个人在本地的投资或者设立的分支机构实行歧视性待遇，侵害其合法权益；

（八）实行地区封锁的其他行为。

行为（发展改革委、财政部、商务部牵头负责）。对公用事业和重要公共基础设施领域实行特许经营等方式，引入竞争机制，放开自然垄断行业竞争性业务（发展改革委牵头负责）。

四、推动优化营商环境政策

2018 年 10 月 29 日实施的《国务院办公厅关于聚焦企业关切进一步推动优化营商环境政策落实的通知》第 1 条规定，坚决破除各种不合理门槛和限制，营造公平竞争市场环境，要求"清理地方保护和行政垄断行为。市场监管总局、发展改革委要在 2018 年底前组织各地区、各有关部门完成对清理废除妨碍统一市场和公平竞争政策文件、执行公平竞争审查制度情况的自查，并向全社会公示，接受社会监督。2019 年修订《公平竞争审查制度实施细则（暂行）》。市场监管总局要牵头负责在 2018 年底前清理废除现有政策措施中涉及地方保护、指定交易、市场壁垒等的内容，查处并公布一批行政垄断案件，坚决纠正滥用行政权力排除、限制竞争行为"。

通知以市场主体的期待和需求为导向，围绕破解企业投资、生产经营中的"堵点""痛点"，加快打造市场化、法治化、国际化的营商环境，增强了企业发展信心和竞争力。

五、支撑民营经济改革发展

2019 年 12 月 4 日，实施的《中共中央国务院关于营造更好发展环境支持民营企业改革发展的意见》明确要求：破除招投标隐性壁垒。对具备相应资质条件的企业，不得设置与业务能力无关的企业规模门槛和明显超过招标项目要求的业绩门槛等。

《意见》指出，激发民营企业活力和创造力，要优化公平竞争市场环境，应当强化公平竞争审查制度刚性约束。强化公平竞争审查制度有助于打破各种民营企业市场准入、经营运行的"卷帘门""玻璃门""旋转门"，为民营经济蓬勃发展提供有力支撑。

国务院发布的有关行政垄断规制的规范性文件时间长、文件多，既有决定，也有通知和意见，说明关键问题在于执行不彻底而造成的同一问题屡次重复强调。

因文件较多，限于篇幅，重要规范性文件以表格列出供参考（见表 2-5）。

表 2-5 国务院规范性文件

序号	生效日期	名 称	内 容
1	2015.2.28	《国务院办公厅关于完善公立医院药品集中采购工作的指导意见》	全面推进信息公开，确保药品采购各环节在阳光下运行。建立有奖举报制度，自觉接受人大、政协和社会各界监督。坚持全国统一市场，维护公平竞争环境，反对各种形式的地方保护
2	2015.6.19	《关于落实完善公立医院药品集中采购工作指导意见的通知》	要加强药品采购全过程的综合监管。严肃查处药品生产经营企业弄虚作假、围标串标、哄抬价格等行为，严格执行诚信记录和市场清退制度。禁止各种形式的地方保护

续表

序号	生效日期	名　称	内　容
3	2015.10.12	《中共中央、国务院关于推进价格机制改革的若干意见》	四、加强市场价格监管和反垄断执法，逐步确立竞争政策的基础性地位 清理和废除妨碍全国统一市场和公平竞争的各种规定和做法，严禁和惩处各类违法实行优惠政策行为，建立公平、开放、透明的市场价格监管规则，大力推进市场价格监管和反垄断执法，反对垄断和不正当竞争。加快建立竞争政策与产业、投资等政策的协调机制，实施公平竞争审查制度，促进统一开放、竞争有序的市场体系建设 （十五）加强市场价格监管。建立健全机构权威、法律完备、机制完善、执行有力的市场价格监管工作体系，有效预防、及时制止和依法查处各类价格违法行为。坚持日常监管和专项检查相结合，加强民生领域价格监管，着力解决群众反映的突出问题，保护消费者权益。加大监督检查力度，对政府已放开的商品和服务价格，要确保经营者依法享有自主定价权 （十六）强化反垄断执法。密切关注竞争动态，对涉嫌垄断行为及时启动反垄断调查，着力查处达成实施垄断协议、滥用市场支配地位和滥用行政权力排除限制竞争等垄断行为，依法公布处理决定，维护公平竞争的市场环境。建立健全垄断案件线索收集机制，拓宽案件来源。研究制定反垄断相关指南，完善市场竞争规则。促进经营者加强反垄断合规建设
4	2017.7.21	《国务院办公厅关于促进建筑业持续健康发展的意见》	（八）建立统一开放市场。打破区域市场准入壁垒，取消各地区、各行业在法律、行政法规和国务院规定外对建筑业企业设置的不合理准入条件；严禁擅自设立或变相设立审批、备案事项，为建筑业企业提供公平市场环境。完善全国建筑市场监管公共服务平台，加快实现与全国信用信息共享平台和国家企业信用信息公示系统的数据共享交换。建立建筑市场主体黑名单制度，依法依规全面公开企业和个人信用记录，接受社会监督
5	2018.10.29	《国务院办公厅关于聚焦企业关切进一步推动优化营商环境政策落实的通知》	清理地方保护和行政垄断行为。市场监管总局、发展改革委要在2018年底前组织各地区、各有关部门完成对清理废除妨碍统一市场和公平竞争政策文件、执行公平竞争审查制度情况的自查，并向全社会公示，接受社会监督；2019年修订《公平竞争审查制度实施细则（暂行）》。市场监管总局要牵头负责在2018年底前清理废除现有政策措施中涉及地方保护、指定交易、市场壁垒等的内容，查处并公布一批行政垄断案件，坚决纠正滥用行政权力排除、限制竞争行为。 切实保障外商投资企业公平待遇。发展改革委、商务部要在2019年3月底前，全面清理取消在外商投资准入负面清单以外领域针对外资设置的准入限制，实现市场准入内外资标准一致，落实以在线备案为主的外商投资管理制度，并组织对外资企业在政府采购、资金补助、资质许可等方面是否享有公平待遇进行专项督查。商务部要督促各地区2018年底前在省级层面建立健全外资投诉处理机制，及时回应和解决外资企业反映的问题。商务部、发展改革委、司法部要组织各地区和各有关部门，2019年

序号	生效日期	名　称	内　容
5	2018.10.29	《国务院办公厅关于聚焦企业关切进一步推动优化营商环境政策落实的通知》	完成与现行开放政策不符的法规、规章和规范性文件的废止或修订工作。司法部、商务部、发展改革委要加快推动统一内外资法律法规，制定外资基础性法律 （十四）整治政府部门下属单位、行业协会商会、中介机构等乱收费行为。发展改革委、市场监管总局要牵头会同有关行业主管部门，依法整治"红顶中介"，督促有关部门和单位取消违法违规收费、降低收费标准，坚决纠正行政审批取消后由中介机构和部门下属单位变相审批及违法违规收费、加重企业负担等现象。发展改革委、市场监管总局要督促指导各有关部门在2019年3月底前，对本部门下属单位涉企收费情况进行一次全面清理，整顿政府部门下属单位利用行政权力违规收费行为。人民银行、银保监会、证监会要推动中国银行间市场交易商协会、中国支付清算协会、中国证券投资基金业协会、中国互联网金融协会等金融类协会规范合理收取会费、服务费，减轻企业负担。民政部、市场监管总局、发展改革委、财政部、国资委要在2018年底前部署检查行业协会商会收费情况，纠正不合理收费和强制培训等行为，并建立健全行业协会商会乱收费投诉举报和查处机制
6	2019.12.19	《住房和城乡建设部关于进一步加强房屋建筑和市政基础设施工程招标投标监管的指导意见》	（一）落实招标人首要责任。工程招标投标活动依法应由招标人负责，招标人自主决定发起招标，自主选择工程建设项目招标代理机构、资格审查方式、招标人代表和评标方法。夯实招标投标活动中各方主体责任，党员干部严禁利用职权或者职务上的影响干预招标投标活动

第六节　反行政垄断规章

一、反行政垄断规章的作用

由于垄断的复杂性，反垄断执法是一项非常复杂而又极具专业性、技术性的执法活动。与此同时，各国反垄断法通常比较原则、含糊，反垄断执法弹性极大。为了阐明执法态度并明确执法标准，各国反垄断执法机关出台了各种指南、准则、规章。这些指南、准则、规章在各国反垄断实践中发挥了重要的作用。在我国，国务院反垄断执法机关在《反垄断法》颁布以后出台了一系列反垄断执法规章，这些规章大大促进了我国反垄断执法工作的开展。[1]反垄断执法规章的主要作用体现在以下两个方面：（1）细化立法规定，明确执法标准。由于垄断表现形式多样，后果复杂，法律往往无法对各种垄断的规制作出具体、明确、详尽的规定，各国反垄断法律条文通常较为原则，具有很大的不确定性。垄断与反垄断法的上

---

[1]　游钰：《反垄断执法规章若干问题探讨》，载《中国工商管理研究》，2012（11）。

述特点对反垄断执法产生了深刻的影响。一方面，反垄断执法具有很大弹性，反垄断执法机关在执法中拥有很大的自由裁量权，有权根据反垄断法律条文并结合经济发展、案件实际灵活把握执法标准和尺度；另一方面，反垄断执法机关应当在执法中将原则的反垄断法律条文加以具体化、明确化。对具体垄断案件的调查、处理是反垄断执法机关贯彻反垄断法律条文并使之具体化、明确化的重要方式，与此同时，反垄断执法机关基于其对反垄断法律条文的理解和执法经验而发布执法规章则是促使反垄断法律条文具体化、明确化的又一重要方式。

二、执法规章的效力

执法规章是反垄断执法和企业行为的重要准则。反垄断法是一个较为庞杂的法律体系，反垄断法典是该体系的支柱，但却并非唯一的组成部分。在我国《反垄断法》有关法律（如《价格法》《招标投标法》）的反垄断规定、国务院的行政法规（如《国务院关于经营者集中申报标准的规定》）、最高人民法院的司法解释（如《关于审理因垄断行为引发的民事纠纷案件应用法律若干问题的规定》）、地方性竞争法规、反垄断执法规章等共同构成了我国反垄断法律体系。可见，反垄断执法规章是我国反垄断法律体系的组成部分之一，尽管其效力层次较低，但由于数量多、覆盖面广、可操作性强，其在反垄断法律体系中拥有重要的地位。第一，反垄断执法规章是反垄断执法的重要依据。反垄断执法规章是国务院反垄断执法机关根据《反垄断法》及国务院有关行政法规、命令在自身职权范围内制定的规范性文件，具有法律效力。在反垄断执法过程中，反垄断执法机关应当根据法律、行政法规以及相关反垄断执法规章开展执法。从实践情况看，由于《反垄断法》的相关规定比较原则，而反垄断执法规章的可操作性较强，因此，反垄断执法规章往往成为反垄断执法的重要依据。第二，反垄断执法规章是企业或行政机关行为的重要准则。虽然反垄断执法规章的法律效力层次较低，但对于企业或行政机关而言，无论是反垄断法典、行政法规，还是规章，都是其应当遵守的行为规范。因此，反垄断执法规章作为一种具有法律效力的行为规范，能够有效指引企业或行政机关行为，并在建立和维护商业秩序方面发挥重要的作用。与此同时，既然反垄断执法规章是具有法律效力的规范性文件，企业对反垄断执法规章的信赖应当得到尊重和保护。反垄断执法规章应保持一定的稳定性，不能朝令夕改，反垄断执法规章应当得到有效的贯彻实施，不能成为一纸空文。

执法规章是行政诉讼中可供参照的规范性文件。按照《立法法》的有关规定，国家市场监督管理总局所公布的反行政垄断执法规章属于部门规章，具有相应的法律效力。依据《行政诉讼法》第53条的有关规定，法院审理行政案件参照规章。就反行政垄断诉讼而言，一方面，法院不能直接对反行政垄断执法规章进行司法审查并宣布其是否有效；另一方面，法院审理具体案件并不一定依照反行政垄断执法规章进行，法院认为反行政垄断执法规章符合法律、行政法规规定的，参照适用，法院认为反行政垄断执法规章不符合法律、行政法规规定的，拒绝适用，简言之，法院拥有选择适用权。反行政垄断执法的特点对法院决定是否适用反垄断执法规章有深刻的影响。第一，反行政垄断执法是一种高度专业性的执法活动，往往涉及许多专业性、技术性问题的分析、判断和处置。法院在行政诉讼中对反垄断执法行为进行司法审查就不得不面对有关的专业性、技术性问题，而法院在这些方面往往并无专长，经常面临审查困境。与此同时，反垄断法律条文通常较为原则，往往难以提供具体、明确的审查标准，而可操作性较强的反垄断执法规章则可以为反垄断执法行为的司法审查提供较为具体和明确的依据。因此，从审查专业性和审查标准角度来看，法院在行政诉讼中应当尽量适用反行政垄断执法规章进行审理。第二，反行政垄断执法弹性很大，反垄断执法机关在执法中拥有巨大自由裁量权。反行政垄断执法规章既是反垄断法相关法律条文的细化和具体化，也往往是反垄断执法机关行使自由裁量权的体现。对于反垄断执法自由裁量权，法院应予尊重，不应随意以自己的判断代替反垄断执法机关的判断，不应随意侵入反垄断执法机关的自由裁量空间，正如有的学者所说："既然立法者已经将行政裁量权授予执法者，法院作为司法者就必须自我抑制，不能代替执法者执法。"[1] 从这个意义上讲，法院应当尊重反垄断执法规章并予适用。因此，考虑到反垄断执法及其司法审查的特殊性，法院在行政诉讼中应在原则上适用反垄断执法规章，并将有关规章作为判断反垄断执法行为合法性的重要依据。但是，法院应保留选择适用的权力，对于违背《反垄断法》以及有关行政法规的规章，特别是那些可能侵害执法相对人利益的规章，法院有权不予适用，这是有效监督反垄断执法权的必然要求。[2]

三、新旧暂行规定

（一）旧暂行规定废止

2009 年 5 月 26 日，原国家工商行政管理总局令第 41 号公布的《工商行政管理机关制止滥用行政权力排除、限制竞争行为程序规定》、2010 年 12 月 31 日，原国家工商行政管理总局令第 55 号公布的《工商行政管理机关制止滥用行政权力排除、限制竞争行为的规定》是我国反行政垄断执法最早的专业部门规章。前述执法规章 2019 年 9 月 1 日已经废止。

2011 年 2 月 1 日，国家发展和改革委员会实施《反价格垄断规定》和《反价格垄断行政执法程序规定》，对涉及价格的垄断和行政垄断进行了规定，该两个规定也于 2019 年 9 月 1 日废止。

（二）新暂行规定实施

反垄断执法机关重组后，市场监督管理总局在行政垄断规制方面，重新出台了《制止

---

① 王天华：《裁量标准基本理论问题刍议》，载《浙江学刊》，2006（6）。
② 游钰：《反垄断执法规章若干问题探讨》，载《中国工商管理研究》，2012（11）。

滥用行政权力排除、限制竞争行为暂行规定》（2019年6月26日国家市场监督管理总局令第12号公布），本规定自2019年9月1日起施行。

新《暂行规定》是《反垄断法》配套立法的重要组成部分，对于规范和保障制止滥用行政权力排除、限制竞争行为反垄断执法工作具有重要意义。新《暂行规定》共25条，对制止滥用行政权力排除、限制竞争行为的执法程序和实体规则作了全面系统的规定，主要包括以下四个方面的内容：①

一是优化了执法机制。新《暂行规定》对制止滥用行政权力排除、限制竞争行为反垄断执法机制作了系统性规定，明确了普遍授权原则，建立了国家和省两级执法机制，规定了省级市场监管部门负责本行政区域内滥用行政权力排除、限制竞争行为的反垄断执法工作。市场监管总局负责查处在全国范围内有影响的、省级人民政府实施的、案情较为复杂或者认为有必要直接查处的滥用行政权力排除、限制竞争行为。同时，新《暂行规定》还明确了指定管辖、委托调查、协助调查及报告备案等机制，规定市场监管总局应加强对省级市场监管部门的指导和监督，省级市场监管部门应严格按照市场监管总局相关规定调查处理相关案件等，以在充分调动央地两级执法机关能动性的同时，统一执法尺度，提高办案质量。

二是明确了执法程序。新《暂行规定》根据制止滥用行政权力排除、限制竞争行为的反垄断执法的主要环节和实际需要，分别明确了案件的举报、受理、立案、调查、处理等程序性规定，明确了书面举报一般包括的内容，规定了省级以下市场监管部门收到举报材料或者发现案件线索后的处理方式，明确了行政建议书应当载明的事项。同时，新《暂行规定》给予被调查单位和个人陈述意见的权利，反垄断执法机关应当对被调查单位和个人提出的事实、理由和证据进行核实。对于反垄断执法机关认为构成滥用行政权力排除、限制竞争行为的，依法向社会公布，进一步提升了行政性垄断执法的规范性、透明度。

三是细化了滥用行政权力排除、限制竞争行为的认定标准。《反垄断法》第32条至第37条明确列举了限定交易、妨碍商品自由流通、招投标中的不当限制、投资或设立分支机构限制、强制经营者从事垄断行为及制定含有排除、限制竞争内容的规定等滥用行政权力排除、限制竞争行为，但规定较为原则。为进一步提高法律的可操作性，在总结执法经验并充分吸收借鉴现有规则的基础上，新《暂行规定》对《反垄断法》规定进行了逐一细化，既有利于指导市场监管部门依法办案，提高执法的透明度和可预见性，又有利于为行政机关和法律、法规授权的具有管理公共事务职能的组织依法行政提供指引，避免滥用行政权力排除、限制竞争。

四是规定了滥用行政权力排除、限制竞争行为的处理。新《暂行规定》对滥用行政权力排除、限制竞争行为的处理作了细化规定，区别了不同情形下的四种处理方式，包括对于当事人在立案前的调查期间已采取措施停止相关行为，消除相关后果的，可以不予立案；经调查，认为构成滥用行政权力排除、限制竞争行为的，可以向有关上级机关提出依法处

---

① 吴振国：《〈制止滥用行政权力排除、限制竞争行为暂行规定〉解读》，载《中国市场监管报》，2019年8月30日，第6版。

理的建议；调查期间，当事人主动采取措施停止相关行为，消除相关后果的，可以结束调查；经调查，认为不构成滥用行政权力排除、限制竞争行为的，应当结束调查。此外，新《暂行规定》中明确"查处"是指调查并提出处理建议，并明确了当事人不配合调查情形下的处理方式等。

除了前述四个变化以外，新《暂行规定》还大大细化了《反垄断法》相关条文的规定，进一步明确了执法标准，阐明了执法态度，提供了行为指引。法律作为一种行为规范，其重要功能之一在于指引人们的行为。但是，由于反垄断法律条文具有很大的不确定性，其行为指引功能因此被弱化。原则、含糊的反垄断法律条文往往使企业难以预测行为后果而无所适从，这不利于企业开展经营和从事竞争。反垄断执法机关在反垄断活动中扮演关键的角色，其对反垄断法律条文的理解和对反垄断执法尺度的把握至关重要。反垄断执法规章的公布有助于反垄断执法机关向社会阐明执法态度，明确执法标准，从而为企业提供更好的行为指引。如《制止滥用行政权力排除、限制竞争行为暂行规定》第20条，对建议书的内容进行明确和细化标准，反垄断执法机关向有关上级机关提出依法处理建议的，应当制作行政建议书。行政建议书应当载明以下事项：（1）主送单位名称；（2）被调查单位名称；（3）违法事实；（4）被调查单位的陈述意见及采纳情况；（5）处理建议及依据；（6）反垄断执法机关名称、公章及日期。前款第（5）项规定的处理建议应当具体、明确，可以包括停止实施有关行为、废止有关文件并向社会公开、修改文件的有关内容并向社会公开文件的修改情况等。

（三）新暂行规定的变化

新《暂行规定》在继承原有制度基础上，注重对已有执法经验的总结，加强制度创新，以期满足新形势下反垄断执法实践需要，以《反垄断法》为依据，对相关制度进行了完善，为制止滥用行政权力排除、限制竞争行为反垄断执法提供明确依据。相较于国家发展改革委《反价格垄断规定》《反价格垄断行政执法程序规定》和原国家工商总局《工商行政管理机关制止滥用行政权力排除、限制竞争行为程序规定》《工商行政管理机关制止滥用行政权力排除、限制竞争行为的规定》，新《暂行规定》的主要变化体现在五个方面：

一是实现了实体性规定和程序性规定合一。机构改革前，国家发展改革委和原国家工商总局均是对制止滥用行政权力排除、限制竞争行为的实体和程序内容分别作出规定。为了形成更加全面、完整、统一的系统性规定，新《暂行规定》实现了实体性规定和程序性规定合一，更有利于反垄断执法机关和新《暂行规定》所规制的对象在实践中的执行和把握。

二是统一了授权和管辖范围。对于滥用行政权力排除、限制竞争行为的调查处理，国家发展改革委和原国家工商总局分别采取了普遍授权和个案授权两种不同的方式，新《暂行规定》将其统一为普遍授权原则。对于国家和省两级执法机关的管辖范围，国家发展改革委和原国家工商总局规定也不尽相同，新《暂行规定》将其统一为本行政区域内的执法工作由省级市场监管部门负责，在全国范围内有影响的滥用行政权力排除、限制竞争行为由市场监管总局负责。

三是完善了执法办案有关程序内容。相比国家发展改革委和原国家工商总局《关于制止滥用行政权力排除、限制竞争行为的执法程序规定》，新《暂行规定》进行了完善和扩充，明确了反垄断执法机关可通过依据职权、举报、上级机关交办、其他机关移送、下级机关报告等途径，发现涉嫌滥用行政权力排除、限制竞争行为，明确了省级以下市场监管部门可以接收举报材料或发现案件线索，完善了对涉嫌滥用行政权力排除、限制竞争行为的立案程序，明确了被调查单位和个人具有陈述意见的权利，规定了调查中不同情形下的四种处理方式。这有利于规范执法程序，进一步提高透明度。

四是丰富了滥用行政权力排除、限制竞争行为表现形式。新《暂行规定》在《反垄断法》规定的六种滥用行政权力排除、限制竞争行为基础上，结合反行政垄断执法实践经验积累，在现有规则基础上，规定了更为细化的滥用行政权力排除、限制竞争行为表现形式，较国家发展改革委和原国家工商总局规章内容更为丰富和具体，有利于准确识别滥用行政权力排除、限制竞争行为，进一步增强了执法实践的可操作性。

五是加强了执法监督。确立了普遍授权的原则后，为加强对省级市场监管部门执法的监督，新《暂行规定》明确了省级市场监管部门要按照市场监管总局的相关规定查处滥用行政权力排除、限制竞争行为，及时向市场监管总局备案报告，建立起更为严格的监督机制，有利于有序开展制止滥用行政权力排除、限制竞争行为的反垄断执法，形成标准、程序、尺度全面统一的反垄断执法新格局。

四、新暂行规定规制的六类行政垄断

新《暂行规定》的一大亮点是主动与公平竞争审查制度衔接，这有利于形成制度合力，实现"1+1>2"的效果。

新《暂行规定》第4条至第9条，列举了六大类典型行政垄断行为，分别为：第4条，限定或变相限定单位或个人购买指定商品或服务行为；第5条，妨碍商品自由流通行为；第6条，排斥限制经营者参加招投标行为；第7条，排斥限制外地经营者在本地投资或设立分支机构行为；第8条，强制或变相强制经营者从事垄断的行为；第9条，行政机关制定发布含有排除、限制竞争内容的规章、规范性文件和其他政策措施行为。

为了配合新《暂行规定》的实施，国家市场监管总局发布了《关于开展滥用行政权力排除、限制竞争行为专项执法行动的通知》，自2019年9月至2020年1月，全国市场监管系统在各自辖区内开展滥用行政权力排除、限制竞争行为专项执法行动，重点关注医药、建筑、交通、招投标和政府采购、公章刻制五个领域。市场监管总局要求各地市场监管部门，要认真贯彻落实《国务院办公厅关于聚焦企业关切　进一步推动优化营商环境政策落实的通知》要求，重点调查公章刻制领域是否存在通过下发政策文件、行政命令等手段，指定公章刻制企业、强制购买刻章设备和章材、强制换章等行为。

第三章
反行政垄断执法

第一节　反行政垄断执法机关

我国设置反垄断执法机关，目的是更好地实施反垄断法。反垄断执法机关的性质和职责定位，将直接影响到我国反垄断法的实施效率和权威性。

一、国务院反垄断委员会

（一）反垄断委员会的性质

《反垄断法》第9条第1款[①]中的"国务院设立反垄断委员会"是对反垄断委员会性质的规定。根据1997年《国务院行政机关设置和编制管理条例（以下简称条例）》第6条规定，国务院行政机关根据职能分为国务院办公厅、国务院组成部门、国务院直属机构、国务院办事机构、国务院组成部门管理的国家行政机关和国务院议事协调机构。在全国人大法律委员会关于《中华人民共和国反垄断法（草案三次审议稿）》修改意见的报告中，认为"国务院反垄断委员会只是履行'组织、协调、指导'反垄断行政执法工作的议事协调机构"。[②]因此，有研究者认为，反垄断委员会作为国务院的反垄断议事协调机构，决定了反垄断委员会不是反垄断的行政执法机关。但是，在学术界，人们对反垄断委员会与反垄断行政执法机关关系的认识并不清晰，在讨论反垄断执法机关的设置时将国务院反垄断委员会也一并讨论[③]，实际上根据《反垄断法》第10条第2款的规定，国务院反垄断执法机关在我国《反垄断法》语境下应指反垄断行政执法机关。反垄断委员会作为一个议事机构，它只是反垄断工作的组织者、指导者和协调者，而不是反垄断法的行政执法者。因为，从逻辑上说，

[①] 2020年1月2日，市场监管总局发布的《〈反垄断法〉修订草案（公开征求意见稿）》将其调整为第10条，并把原第1款第（4）项修改为：（4）协调反垄断行政执法和公平竞争审查工作。

[②] 杨景宇：全国人大法律委员会关于《中华人民共和国反垄断法（草案三次审议稿）》修改意见的报告，全国人民代表大会常务委员会公报版《中华人民共和国反垄断法》，44页，北京，中国民主法制出版社，2007。

[③] 覃有土、常茜奕：《论中国反垄断法机关的设置》，载《法学论坛》，2004（1）。

反垄断委员会作为协调者，它不能同时是被协调者。但在全国人大法律委员会关于《中华人民共和国反垄断法（草案三次审议稿）》修改意见的报告中，法律委员会认为"国务院反垄断委员会只是履行'组织、协调、指导'反垄断行政执法工作的议事协调机构，并不行使行政权力、作出行政决定。"①虽然反垄断委员会在履行协调反垄断行政执法工作的职责时从事行政执法的活动被限制，但根据《国务院行政机关设置和编制管理条例》第6条第7款"在特殊或者紧急的情况下，经国务院同意，国务院议事协调机构可以规定临时性的行政管理措施"的规定，反垄断委员会作出有关反垄断行政执法的决定也并不被禁止。

也有学者研究后认为，第一，反垄断委员会是国务院的议事协调机构而不是反垄断行政执法机关。第二，证实反垄断委员会是竞争政策的研究者和拟定者、反垄断指南的制定和发布者、反垄断行政执法工作的协调者。第三，反垄断委员会履行的一些职责及其方式具有特殊性。如反垄断法实施初期反垄断委员会制定竞争政策的侧重点及评估反垄断委员会工作绩效的评估标准；反垄断委员会作为反垄断行政执法工作协调者的具体工作方式；"国务院规定的其他职责"的具体形式。②

我们认为，反垄断委员会可以被认定为特殊的执法机关，一般情况下不参与具体行政执法活动。

（二）反垄断委员会的职责

根据《反垄断法》第9条规定，反垄断委员会负责组织、协调、指导反垄断工作。国务院反垄断委员会的主要职责是：（1）研究拟定有关竞争政策；（2）组织调查、评估市场总体竞争状况，发布评估报告；（3）制定、发布反垄断指南；（4）协调反垄断行政执法工作；（5）国务院规定的其他职责。反垄断委员会聘请法律、经济等方面的专家组成专家咨询组，对委员会需要研究的重大问题提供咨询。国务院反垄断委员会工作规则还规定了委员会组成、会议制度、工作制度和工作程序。而且还规定"国务院反垄断委员会的组成和工作规则由国务院规定"。《反垄断法》第10条规定，"国务院规定的承担反垄断执法职责的机构（以下统称国务院反垄断执法机关）依照本法规定，负责反垄断执法工作。"而且还规定"国务院反垄断执法机关根据工作需要，可以授权省、自治区、直辖市人民政府相应的机构，依照本法规定负责有关反垄断执法工作"。依据第9条，国务院办公厅于2008年7月28日下发《关于国务院反垄断委员会主要职责和组成人员的通知》（国办发〔2008〕104号），③并依法组建国务院反垄断委员会，履行《反垄断法》所规定的五项职责。

---

① 杨景宇：全国人大法律委员会关于《中华人民共和国反垄断法（草案三次审议稿）》修改意见的报告，全国人民代表大会常务委员会公报版《中华人民共和国反垄断法》，44页，北京，中国民主法制出版社，2007。
② 参见陈叶、李容华：《反垄断委员会的性质与职责——基于〈反垄断法〉第9条第1款的法律注释》，载《法制与社会》，2008（11）（上）。
③ 该反垄断委员会于2008年8月1日起执行职责，委员会主任是国务院副总理。相关法律法规明确国务院反垄断委员会的具体工作由商务部承担，商务部的副部长兼任秘书长，委员会成员因工作变动需要调整的，由所在单位提出意见报委员会主任审批，委员会职责即为反垄断法第九条规定的五项职责。

2018 年 7 月 11 日，国务院办公厅下发《关于调整国务院反垄断委员会组成人员的通知》（国办发〔2018〕51 号），调整后的组成人员包括主任：王勇（国务委员）；副主任：张茅（市场监管总局局长）和孟扬（国务院副秘书长）；秘书长：甘霖（兼）。

国务院反垄断委员会办公室设在市场监管总局，承担国务院反垄断委员会日常工作。

国务院反垄断委员会包括市场监管总局在内，反垄断委员会由 14 个国务院机构组成。组成成员几乎涵盖了政府主要的部门，正因如此，反垄断委员会才具有"组织、协调"反垄断工作职责。反垄断执法权在反垄断执法机关和有关部门、监管机构之间的分配，这本身就涉及执法权设置和划分的依据、标准、考量因素等内容，目前，许多政府相关职能部门，依据相关法律法规，对涉嫌反垄断的情形都有反垄断执法管辖权，如中国证监会依据《证券法》第 7 条、第 77 条规定；银监会依据《银行业监管管理法》第 3 条、第 27 条和《外资银行管理条例》第 4 条、第 5 条规定；信息产业部依据《电信条例》第 4 条规定；国家邮政局依据《邮政法》第 2 条、第 8 条规定；民航总局依据《民用航空法》第 3 条规定；交通部依据《港口法》第 6 条、第 29 条规定；等等。反垄断执法权归于各相关部门，很容易导致各部门都弃而不管，出现"人人都应管"却是"人人都不管"的状态，这对界定反垄断执法责任，构成了新的挑战。

日前，国务院已经批准反垄断工作委员会工作规则。该规则明确，反垄断委员会主要通过召开委员会全体会议、主任会议和专题会议履行职责，不替代成员单位和有关部门依法行政。由此可见，反垄断委员会不作出具体行政行为，不代替具体反垄断执法部门行政执法，因而不存在作为诉讼案件的被告问题。

二、国家市场监管总局

2018 年 3 月 17 日，十三届全国人大一次会议批准了新一轮国务院机构改革方案。根据这一方案，中国反垄断执法机关历经十年"三分天下"后首次走向统一，全部划归新组建的国家市场监督管理总局，由后者承担起反垄断统一执法、规范和维护市场秩序的监管职能。

2018 年 3 月 21 日，中共中央印发《深化党和国家机构改革方案》。按此方案，新成立的市场监督管理总局，整合了原工商总局、质检总局、药监总局，以及发改委价格监督检查与反垄断执法等部门，其主要职责之一是"承担反垄断统一执法，规范和维护市场秩序"。

2018 年 3 月 22 日，中组部宣布国家市场监督管理总局成立及领导班子成员名单。2018 年 4 月 10 日上午，新组建的国家市场监督管理总局揭牌仪式在三里河东路 8 号原国家工商总局举行，国务委员王勇参加了揭牌仪式。

2018 年 7 月 11 日，国务院办公厅发布《关于调整国务院反垄断委员会组成人员的通知》（国办发〔2018〕51 号），根据工作需要和人员变动情况，国务院对国务院反垄断委员会组成人员作了调整。

《深化党和国家机构改革方案》中要求，"省级党政机构改革方案要在 2018 年 9 月底前报党中央审批，在 2018 年年底前机构调整基本到位"。随着国家机构改革方案的逐步落实，省级反垄断执法机关也逐步完成改革，2018 年 11 月 29 日，全国 31 个省级市场监督管理局已完成挂牌，具体挂牌日期详见表 3-1：①

表 3-1　全国省级市场监督管理局挂牌时间

挂 牌 时 间	机 构 名 称	备　注
2018 年 9 月 29 日	海南省市场监督管理局	1
2018 年 10 月 18 日	吉林省市场监督管理局	2
2018 年 10 月 19 日	广东省市场监督管理局	3
2018 年 10 月 24 日	浙江省市场监督管理局	4
2018 年 10 月 25 日	云南省市场监督管理局	5
2018 年 10 月 25 日	黑龙江省市场监督管理局	6
2018 年 10 月 26 日	山东省市场监督管理局	7
2018 年 10 月 26 日	重庆市市场监督管理局	8
2018 年 10 月 29 日	山西省市场监督管理局	9
2018 年 10 月 29 日	湖南省市场监督管理局	10
2018 年 10 月 31 日	甘肃省市场监督管理局	11
2018 年 11 月 2 日	四川省市场监督管理局	12
2018 年 11 月 2 日	辽宁省市场监督管理局	13
2018 年 11 月 2 日	江苏省市场监督管理局	14
2018 年 11 月 3 日	江西省市场监督管理局	15
2018 年 11 月 3 日	河北省市场监督管理局	16
2018 年 11 月 5 日	福建省市场监督管理局	17
2018 年 11 月 12 日	内蒙古自治区市场监督管理局	18
2018 年 11 月 13 日	陕西省市场监督管理局	19
2018 年 11 月 13 日	宁夏回族自治区市场监督管理厅	20
2018 年 11 月 16 日	北京市市场监督管理局	21
2018 年 11 月 17 日	贵州省市场监督管理局	22
2018 年 11 月 19 日	广西壮族自治区市场监督管理局	23
2018 年 11 月 19 日	西藏自治区市场监督管理局	24
2018 年 11 月 20 日	安徽省市场监督管理局	25
2018 年 11 月 22 日	湖北省市场监督管理局	26
2018 年 11 月 28 日	上海市市场监督管理局	27
2018 年 11 月 28 日	天津市市场监督管理委员会	28
2018 年 11 月 29 日	河南省市场监督管理局	29
2018 年 11 月 29 日	新疆维吾尔自治区市场监督管理局	30
2018 年 11 月 29 日	青海省市场监督管理局	31

从这一次机构改革实践来看，一是消除了原来三家反垄断执法机关存在的职能交叉问

---

① 魏士廉：《2018年公平竞争审查与行政垄断年度报告》。

题,这样有利于优化执法资源,提升监管效率。二是完善了反垄断监管体制机制的顶层设计。对构建公平竞争的市场环境、服务人民对美好生活的需要,在顶层设计方面得到进一步优化。三是反垄断执法可预见性和统一性增强了,这有利于营造法治化、便利化、国际化的营商环境,推动我国高水平的双向开放。

执法机关改革以后,市场监管总局正在梳理过去三个部门的执法标准,对地方的授权、执法方式,还有执法文书进行清理,要统一执法,统一标准,规范执法。反垄断是中央事权,我们要授权地方,有时候对一件案子要在全国开展调查,主要是跨区域案件。①

(一)机构改革前的执法机关

"三驾马车"格局始自 2008 年的国务院机构改革,按照反垄断法规定,反垄断执法职责被切割为三大机构负责。常称为反垄断执法"三权分立"或"三驾马车"。

1. 商务部管辖经营者集中审查

经营者集中(并购审查)由商务部管辖。此外,国务院反垄断委员会作为虚设机构,组织、协调和指导三个机构的协作,常设在商务部(见表3-2)。

表 3-2　机构改革前反垄断执法机关

机　　构	执法部门	职　　能	地方权限	授权性质
反垄断委员会		协调、制定执法细则,无执法权		
发改委	价格监督检查与反垄断局	涉及价格的垄断协议、滥用、行政垄断	省级物价部门或者发改委	一般授权
工商行政管理总局	反垄断与反不正当竞争执法局	非价格相关的垄断协议、滥用、行政垄断	省级工商部门	特殊授权
商务部	反垄断局	经营者集中		
人民法院	中级以上人民法院行政庭	反垄断诉讼		

2. 国家发改委管辖涉价格垄断

国家发改委管辖与价格相关的垄断协议、滥用市场支配地位和行政垄断。在反价格垄断执法方面,国家发改委设立了价格监督检查司,自 2011 年 7 月起该机构改名为价格监督检查与反垄断局,并且增加了人员编制(大部分用于充实部分地方的反价格垄断执法机关),并且其对省级相应的机构采取概括或者整体的授权。2018 年年初,国家发改委在价监局设立公平竞争审查处,编制 4 人,主要职责包括:指导全国对滥用行政性权力实施价格垄断行为的调查处理工作,依法查处、认定和处理滥用行政性权力实施价格垄断案件;承办滥用行政性权力实施价格垄断行为的举报等。

国家发改委自 2016 年开始即显著加强了制止行政垄断行为的执法力度,其在 2017 年 8 月公开表示:到 2017 年年底各地至少要办结两起行政垄断案件。截至机构合并前,国家

---

① http://www.scio.gov.cn/xwfbh/xwbfbh/wqfbh/37601/39282/,访问时间:2020年2月29日。

发改委公布了至少 90 起对行政机关和被授权组织滥用行政权力的行为进行调查并提出整改建议的案件。

3. 原工商行政管理局管辖非价格垄断

原工商行政管理局则管辖非价格垄断协议、滥用市场支配地位和行政垄断。

在非价格垄断行为的查处方面，原国家工商行政管理总局设立了反垄断与反不正当竞争执法局（简称"竞争执法局"）。原国家工商行政管理总局重视增强反垄断执法的透明度，2013 年 7 月 29 日，原国家工商行政管理总局政府网站正式开通"竞争执法公告"，全文公布原工商机关所有已查结的垄断案件处理决定。除了针对经营者的垄断行为外，工商机关还依法行使行政垄断建议权，促使相关上级机关纠正滥用行政权力排除、限制竞争的行为，例如原广东省工商行政管理局适用《反垄断法》，建议广东省人民政府制止河源市人民政府的相关行为，这是中国第一个适用《反垄断法》依法制止滥用行政权力排除、限制竞争的案例。①

原工商行政管理机关对相关行政机关提出整改建议制止行政垄断行为的案例相对发改委较少，其更多通过处罚行政垄断行为中的实施垄断协议和滥用市场支配地位的经营者来制止行政垄断行为。如原内蒙古工商行政管理局对赤峰中心城区烟花爆竹批发企业以行政机关限定为由分割批发销售市场的行为作出处罚；原安徽省工商行政管理局对上海海基业高科技有限公司、信雅达系统工程有限公司和北京兆日科技有限公司依据人民银行合肥中心支行下发的《关于安徽省支付密码推广有关工作的通知》分割支付密码器销售市场的行为作出处罚。

4. 反行政垄断执法差异

反垄断执法机关合并以前，国家发改委和原国家工商行政管理总局对行政垄断行为的具体规制思路存在差异，原国家工商行政管理总局在《工商行政管理机关制止滥用行政权力排除、限制竞争行为的规定》中较具创造性地从限制经营者的角度对行政垄断行为进行规制。这种差异通过具体的执法体现：国家发改委一般以发函的形式纠正行政垄断行为，而原国家工商行政管理总局对依据行政垄断行为实施垄断协议、滥用市场支配地位的经营者作出行政处罚。

（二）执法机关改革

1. 普遍授权原则

新组建的国家市场监管总局依据《反垄断法》第 10 条第 2 款规定，可以授权省、自治区、直辖市人民政府相应的机构，负责有关反垄断执法工作。因此，2018 年 12 月 28 日下发了《关于反垄断执法授权的通知》，明确市场监管总局统一授权省级市场监管部门负责本行政区域内的反垄断执法工作。由于反垄断执法工作的专业性较强，《反垄断法》将反垄断执法

---

① 参见《工商系统立案查办一批垄断案件》，载《中国工商报》，2013 年 1 月 4 日，第 8 版。

作为中央事权，由市场监管总局统一负责反垄断执法工作，地方各级政府及有关部门未经授权不享有执法权。考虑到中国地域宽广，反垄断案件数量太多等现实需求，对省级执法机关进行统一授权。

国家市场监管总局下设 27 个司局部门，而其中国家市场监管总局反垄断局具体负责反垄断执法工作。反垄断局的职能是统筹推进竞争政策的实施，拟定反垄断规章制度措施和指南，组织实施反垄断执法，依法对经营者集中行为进行反垄断审查，负责垄断协议、滥用市场支配地位和滥用行政权力排除、限制竞争，以及滥用知识产权排除限制竞争等反垄断执法工作，同时也承担了指导企业在国外的反垄断应诉，承担竞争政策和反垄断执法的国际合作与交流。同时还承办国务院反垄断委员会的日常工作。

国家市场监管总局反垄断局下设 10 个处，其中 3 个处负责经营者集中审查，另外 3 个处负责垄断协议、滥用市场支配地位和行政垄断的调查，剩下的几个处室主要负责一些行政性事务，例如监察执法、国际合作和规则制定等。国家市场监管总局反垄断局的具体办案人员主要来自于国家发改委、商务部和原工商总局之前的反垄断执法人员。

过去省级执法部门仅在获得授权的情况下才可对具体案件进行执法。而现在新规确定了普遍授权原则，即授权各省级市场监管部门负责本区域的反垄断执法工作。市场监管总局主要负责查处跨省、市、自治区，案情较为复杂，在全国有重大影响以及其认为有必要直接查处的案件，省级市场监管部门则主要负责本行政区域内的案件。

2. 行政垄断建议权

依据反垄断法，反垄断执法机关并没有直接对滥用行政权力排除、限制竞争行为主体进行处罚的权力。国家市场监管总局法规司主要负责人向《中国市场监督报》解读新《暂行规定》时表示，规定明确的"查处"是指进行调查，反垄断机构向上级机关提出依法处理的建议，而非直接作出行政处罚。新《暂行规定》指出反垄断执法机关经过查处，认为构成滥用行政权力排除、限制竞争行为的，应依法向社会公布。

市场监管总局成立后，先后于 2018 年 6 月 22 日和 6 月 27 日，在其官网中公布了内蒙古自治区公安厅滥用行政权力排除、限制竞争案和北京市公安局公安交通管理局（以下简称"北京市交管局"）滥用行政权力排除、限制竞争，违反《反垄断法》第 8 条"行政机关和法律、法规授权的具有管理公共职能的组织，不得滥用行政权力，排除、限制竞争"的规定，违法事实是第 32 条所列"限定或者变相限定单位或者个人经营、购买、使用其指定的经营者提供的商品"。

（案例 4） 北京市交管局滥用行政权力排除、限制竞争案

一是北京市交管局未经公开竞争性程序，确定工商银行北京市分行作为北京市交通违章罚款唯一代收银行。1995 年，北京市交管局未经公开招投标等竞争性程序，与工商银行北京市分行签署委托协议，并发布相关通告和通知，确定该行作为北京市交通违章罚款唯一代收银行并延续至今。《招标投标法》和《反垄断法》相继实施后，也未依法依规进行调整。二是线下交纳罚款只能通过工商银行卡办理。自 1995 年起，根据北京市交管局相关规定，北京市驾驶人在京发生的交通违章，必须到工商银行网点交纳罚款。随着互联网技术的发展，近年来北京市交管局逐步开通了线上交纳罚款方式。违章驾驶人可通过北京交警 APP、12123 交警 APP、北京市交管局综合服务管理平台网站等线上交款渠道，使用所有带有银联标识的银行卡缴纳罚款；外地驾驶人在京发生的现场违章，还可以到工商银行、建设银行等 11 家银行的全国任意网点交纳罚款。但北京市驾驶人在京违章，线下交纳罚款仍然只能到工商银行网点办理，即使通过设立在各网点以及部分执法站、交通队、车辆检测场的多媒体自助终端机或者工商银行 ATM 机，也只能通过工商银行卡办理。三是未向社会公示不再强制将牡丹交通卡作为驾驶人信息卡使用。从 1999 年开始，北京市交管局要求驾驶人办理工商银行发行的牡丹交通卡作为机动车驾驶人智能信息卡，用于记载交通违法处理信息及交纳罚款等。随着信息技术和管理手段不断升级，驾驶人信息卡承载信息的功能和必要性逐步弱化，加之一些地方公安交管部门联合商业银行推行机动车驾驶人交通安全信息卡，出现违规强制发卡、商业银行"搭车发卡、借卡揽存"等问题，群众意见强烈。2015 年，按照公安部有关规范机动车驾驶人交通安全信息卡管理工作要求，北京市交管局不再强制将牡丹交通卡作为驾驶人信息卡使用，内部发文要求停止对未携带信息卡违法行为实施处罚。驾驶人可自愿选择继续保留该卡作为普通信用卡使用，或者到工商银行销户不再保留。但北京市交管局未对社会公示此消息，也未进行相关必要宣传和说明。

国家市场监督管理总局认为，1995 年北京市交管局从尽快建立交通管理信息化平台，以及便利驾驶人交纳罚款角度出发，确定了当时网点较多、设施较好，且承诺出资建立交通管理信息化系统的工商银行北京市分行作为交通违章罚款唯一代收银行，具有一定合理性。但 2000 年《招标投标法》、2008 年《反垄断法》相继实施后，北京市交管局一直没有依照相关法律、法规的要求，通过公开正式的招投标等竞争性程序，向所有银行提供公平竞争的机会，遵循公开、公正、透明的原则选择合作银行。北京市交管局一直维持工商银行北京市分行作为唯一代收银行的做法，排除、限制了其他具有合格资质和服务能力的银行参与交通违章罚款代收业务竞争。目前线下交纳违章罚款仍然只能通过工商银行卡办理，驾驶人实际上必须办理工商银行卡成为工商银行客户后，才能接受工商银行的服务交纳罚款。此外，2015 年以后，北京市交管局未对社会广泛公示和宣传已不再强制将牡丹交通卡作为驾驶人信息卡使用，导致很大部分驾驶人仍然保留牡丹交通卡，并通过其交纳罚款，一定程度上减少了驾驶人选择办理其他银行卡通过线上交纳罚款的可能性，从而排除和限制了其他银行参与相关市场竞争。

北京市交管局在交通违章罚款管理中的相关规定和做法，一定程度上排除、限制了竞争，涉嫌违反《反垄断法》第 8 条"行政机关和法律、法规授权的具有管理公共职能的组织，不得滥用行政权力，排除、限制竞争"的规定，属于第 32 条所列"限定或者变相限定单位或者个人经营、购买、使用其指定的经营者提供的商品"。

国家市场监督管理总局开展调查后，北京市交管局认识到相关做法与《反垄断法》规定不符,承诺尽快调整相关工作方式方法,并提出三项具体整改措施:一是加强社会宣传引导。一方面,通过多种渠道告知群众,今后牡丹交通卡仅作为普通信用卡,不再强制驾驶人使用。另一方面,持续加大对北京市交管局对外服务网站、12123 交警 APP 缴款渠道和方式的宣传力度,提示驾驶人合理选择交纳方式。二是加快终端升级改造。积极推进对现有多媒体自助终端机进行升级改造,力争实现支持其他银行卡办理罚款交纳业务。三是积极拓展代收银行。协调市财政部门,召集本市具备交通罚款代收资质的银行,在代收异地驾驶人交通违章罚款基础上,积极参与代收本市驾驶人交通违章罚款。对有意开展本市交通违章罚款代收业务的银行,将在系统建设和改造工作中给予大力支持和配合。北京市交管局同时表示,将接受国家市场监督管理总局对于整改措施落实情况的监督,并在今后严格遵守各项法律法规,按照《反垄断法》和公平竞争审查制度的要求,加强自我审查,规范各项工作管理,积极引进新技术、新方法,提供更多便民利民措施。

北京市交管局涉嫌垄断的时间较长,从 1995 年就开始,即使在 2000 年《招标投标法》和 2008 年《反垄断法》相继实施后,也未依法依规进行调整。

反垄断执法机关合并后,针对此前内蒙古公安厅要求各盟市公安局选择金丰公司建设维护全区印章系统管理平台的行为进行了调查,并向内蒙古自治区公安厅反馈了案件定性依据和结论以及相关整改建议,明确要求废止或者修改排除、限制竞争的相关规定,撤销与金丰公司签订的《新型防伪印章治安管理信息系统建设合同》并停止滥用行政权力。[1] 国家市场监督管理总局以公函的形式公开且措辞严厉地对行政机关滥用行政权力的行为提出纠正意见尚数对行政垄断执法之首次,在一定程度上显示了反垄断执法机关合并后对行政垄断进行规制的决心和毅力,有力地回应了公众与企业保护平等市场环境的信心。

三、省级市场监督管理部门

地方市场监督管理部门机构改革层面,自 2018 年 9 月 29 日海南省首先挂牌成立省市场监督管理局,目前 32 个省、自治区、直辖市省级市场监督管理部门均已挂牌成立。地方层面的机构改革任务在 2019 年 3 月底前基本完成。此次改革是我国反垄断执法机关的一次历史性的蜕变,统一反垄断行政执法部门不仅极大加强了反垄断执法力量,也使得过去“三驾马车”职责交叉、各自为政、力量分散的弊病得到根治。并且,同期成立的国家市场监督管理总局价格监督与反不正当竞争局,将价格执法、反不正当竞争执法队伍与反垄断执法队伍实现了分离,进一步厘清了反垄断职责边界和执法范围。

依据《反垄断法》第 10 条规定,国务院反垄断执法机关根据工作需要,可以授权省、

---

[1] 《市场监管总局办公厅关于纠正内蒙古自治区公安厅滥用行政权力排除限制竞争有关行为的函》(市监价监函〔2018〕412号)。

自治区、直辖市人民政府相应的机构，依照本法规定负责有关反垄断执法工作。新组建的国家市场监督管理总局发布《市场监管总局关于反垄断执法授权的通知》（国市监反垄断〔2018〕265号）明确授权省级执法机关，即"省级市场监管部门负责本行政区域内垄断协议、滥用市场支配地位、滥用行政权力排除限制竞争案件反垄断执法工作，以本机关名义依法作出处理。"如2019年中国反垄断处罚44件，罚没金额3.2亿元。除长安福特案，其余43件案件的处罚机关均为省级市场监督管理局，省级机构立案调查将成为常态。

需要注意的是，依据《暂行规定》，市场监管总局在查处涉嫌滥用行政权力排除、限制竞争行为时，可以委托省级市场监管部门进行调查，省级市场监管部门在执法中，也可以委托下级市场监管部门进行调查。同时，受委托的市场监管部门在委托范围内，以委托机关的名义实施调查，不得再委托其他行政机关、组织或者个人进行调查。

市场监管总局对省级执法机关是授权，省级执法机关对下级是委托。

四、人民法院

人民法院是国务院规定的承担反垄断执法职责的机构，负责具体执法工作。国务院反垄断执法机关根据工作需要，可以授权省、自治区、直辖市人民政府相应的机构，依照本法规定负责有关反垄断执法工作。

目前，我国反垄断执法机关第一层次是国家市场监督管理总局，第二层次是省级市场监督管理局。一般是第二层次的执法机关作出具体行政行为，经营者或利害关系人不服提起行政诉讼，则作出具体行政行为的机构为适格被告。

反行政垄断主要涉及行政许可、行政处罚、行政处理决定、行政审批、行政强制措施以及相应的履行法定职责行为，无论何种行政行为被诉讼到法院，法院依据行政诉讼法的规定均对该行为进行合法性审查，且实行全面审查。

根据《行政诉讼法》第15条第（1）项的规定，中级人民法院管辖对国务院部门或者县级以上人民政府所作的行政行为提起诉讼的一审行政案件。反垄断执法机关一般为省级市场监督管理部门，该行政机关属于省级人民政府的职能部门，以其为被告的一审行政案件原则上属于基层人民法院管辖。

如再审申请人单君因诉安徽省物价局行政复议一案，最高人民法院认为，《行政诉讼法》第15条第（3）项规定，中级人民法院管辖"本辖区内重大、复杂的案件"，《最高人民法院关于适用〈中华人民共和国行政诉讼法〉的解释》第6条也规定，当事人以案件重大复杂为由，认为有管辖权的基层人民法院不宜行使管辖权的，可以直接向中级人民法院起诉，但这并不意味着中级人民法院必须受理，根据不同情况，中级人民法院可以决定自行审理，或者指定本辖区其他基层人民法院管辖。经审查不存在"案件重大复杂，有管辖权的基层人民法院不宜行使管辖权"情形的，可以书面告知当事人向有管辖权的基层人民法院起诉。在本案中，显然不存在《最高人民法院关于适用〈中华人民共和国行政诉讼法〉的解释》

第 5 条所规定的"本辖区内重大、复杂的案件"的各种情形，一审法院经释明和告知之后裁定不予立案，符合法律规定。二审法院裁定驳回上诉，维持原裁定，亦无不妥。再审申请人的再审申请理由不成立。[①]

《行政诉讼法》在修改时适度增加了中级人民法院管辖的第一审行政案件的范围，将被告级别由"省、自治区、直辖市人民政府"扩大到"县级以上地方人民政府"。但这里所说的"地方人民政府"，不包括地方人民政府的工作部门，按照《行政诉讼法》第 15 条第（1）项的规定，只有对"国务院部门"所作的行政行为提起诉讼的案件，才由中级人民法院管辖。

综上，反垄断行政案件一般由基层人民法院管辖。但执法机关为国家市场监督管理局的，由中级人民法院管辖。

第二节　行政垄断主体及管辖

《反垄断法》第 8 条规定，"行政机关和法律、法规授权的具有管理公共事务职能的组织不得滥用行政权力，排除、限制竞争"。《反垄断法》第 32 条至第 36 条规制的主体与第 8 条完全一致。因此，通俗认为，行政垄断的主体为"行政机关"和"法律、法规授权的具有管理公共事务职能的组织"两大类。

一、行政机关

（一）行政机关定义

行政机关指的是依《宪法》或者《行政组织法》的规定而设置的行使国家行政职能的国家机关。行政机关不同于行政机构，后者即各级行政机关的所属内部组成部分。一般表现为内设机构，派出机构，办公机构和办事机构，一般不具有独立的行政主体资格，除非获得了法律，法规和规章的特别授权，才具有行政主体资格，不然只能以其所带代表的机关名义进行行政行为。而行政机关是一定的行政机构的整体，具有行政主体资格，能独立以自己的名义进行行政活动并独立承担由此产生的法律后果。

（二）行政机关分类

按照管辖范围，行政机关分为中央行政机关和地方行政机关。地方行政机关又可分为若干层次。国家行政机关是国家权力机关的执行机关，有权制定行政法规，发布决定和命

[①] 最高人民法院（2018）最高法行申2031号行政裁定书；安徽省高级人民法院（2017）皖行终554号行政裁定；安徽省合肥市中级人民法院（2017）皖01行初72号行政裁定。

令等，指导所属各部门、下级国家行政机关、企事业单位、社会团体的行政活动。国家行政机关实行首长负责制与集体领导相结合的原则。按照国家行政机关的管辖权和活动地域，国家行政机关又分中央行政机关和地方行政机关。国家行政机关从上到下分为国务院、省、市、县、乡镇五级政府，各级政府还设置了各种机构。

通常认为，中央政府（国务院）及所属部门作出的限制竞争的行为同样也会滥用行政权力，对于正常市场竞争秩序进行不适当的限制和阻碍，所以它应当也是行政垄断法律责任的主体。

但也有学者认为，我国反垄断法规定了滥用行政权力排除、限制竞争的主体为行政机关和法律法规授权的具有管理公共事务职能的组织，其中应当明确的是行政机关是不包括中央行政机关的，因为中央行政机关的行为属于国家行为，是应该被豁免于反垄断法之规制的。① 笔者认为，豁免与是否能认定为行政垄断主体不是同一个概念，豁免是构成垄断行为，但不追究其法律责任。此处讨论的是行政垄断主体。从理论上分析，中央行政机关不应当被排除在行政垄断主体之外，但实务中，截至目前，未见中央政府（国务院）及所属部门构成行政垄断的案件被调查。

（三）地方立法与行政垄断规制

对于地方人大及其常委会制定具有直接损害竞争效应的行为，目前还没有专门规制的规定。如果对地方各级政府执行的人大及其常委会制定的地方法规，同样视其违反反垄断法，可能违反立法宗旨。但对于此类行为如何解决，需要思考和研究，不排除以后执法中不会出现。

地方立法涉嫌违反反垄断法，如何进行行政垄断规制？例如 1997 年上海市人大常委会通过《上海市道路交通管理条例》，其中第 13 条规定本市对车辆号牌的发放实行总量调控，机动车号牌额度年发放量和发放办法由市计划委员会会同市公安交通管理部门和其他有关部门提出，报市人民政府批准后实施。据此上海市政府规定桑塔纳私用车牌照为 2 万元，外地车上牌底价 8 万。② 此种行为的解决在现有法律框架下，存在一定难度。

其一，我国《宪法》无直接适用效力，且我国《宪法》中没有明确地将竞争自由、统一市场作为经济活动的基本秩序原则，这样就导致评价滥用行政权力缺乏实体法依据，尤

---

① 比干尧：《从反垄断法宗旨看行政性垄断主体之规定》，载《湖南科技学院学报》，2012（9）。

② 参见郑鹏程：《行政垄断的法律控制研究》，2页，北京，北京大学出版社，2002。类似的案例有：2005年，吉林省政府以吉政发〔2005〕112号文件下发了《吉林省人民政府关于支持中国第一汽车集团公司发展的意见》，其第12条规定"县以上行政单位，经批准购买汽车的，要按规定的标准首选一汽车：省直机关及所属各单位购车和报废更新车辆时，必须购买一汽车。"第13条规定"省内凡购买一汽生产的各种车（含符合营运条件的农用车），对新购一汽车并在吉林省内落籍的用户，其养路费自2005年5月1日至2007年4月30日的两年里，按一年一次性包缴10个月征收。免收新购汽车检验费、验证费、预收通行费；省内、外单位或个人购买一汽车，均可在省内落籍，实行一站式办理，免收一切办理费用，并实行免检。参见谢玉华：《市场化进程中的地方保护研究》，59页，长沙，湖南大学出版社，2006。此处的歧视行为含有财政资助上的歧视，在欧盟被禁止。

其是宪法层级的依据。

其二，依据我国《立法法》，地方法规、地方政府规章的审查权分别在上级人大常委会、同级人大常委会（或上级政府），仅就是否违反上位法进行审查，并非专业、特定的审查，依《反垄断法》，滥用行政权力的行为由上级机关纠正，这说明我国缺乏专职、特定的审查机构。可见我国目前既缺乏实体法基础，又缺乏专职审查机构，缺乏相应的审查基础。对地方权力机关制定的具有排除限制竞争效应的抽象性规范，我国《反垄断法》等法律法规未做规定。虽然《立法法》第88条第4款规定本级人大可撤销和改变本级人大常委会制定和批准的不适当的地方性法规，全国人大常委会有权撤销与《宪法》、法律和行政法规相抵触的地方性法规，但我国缺乏保护竞争不受扭曲的宪法性规范，法律也未明确禁止地方权力机关实施反竞争行为，因此《立法法》相关规定对地方权力机关反竞争行为是无效的。[①]

对于此种违反反垄断法的立法规定，我们认为，第一，反行政垄断执法，可以对行政机关的上级机关发函，提出停止执行的建议；第二，依据《立法法》《行政监察法》等规定进行解决。

二、法律、法规授权的组织

（一）法律、法规授权的组织的定义

法律、法规授权的具有管理公共事务职能的组织指的是根据法律、法规的授权，对于社会公共事务，如教育、科学、文化、科技、卫生、体育、环境等领域，以及公共财政、社会政策具有管理职能的组织。

在立法规范结构中，"法律、法规授权的具有管理公共事务职能的组织"和"法律、法规授权的具有公共事务管理职能的组织"两种称谓并用，其无实质差别，用以指称享有特定的行政管理权限和公法上权利义务的新型行政主体。在立法规范用语中，还有"法律、法规授权的组织"这样的称谓，指称另一类行政主体，其内涵及外延与"法律、法规授权的具有管理公共事务职能的组织"有范围上的重合，但在内涵上有实质性差别。全国人大及其常委会有关"法律、法规授权的具有管理公共事务职能的组织"的立法规定，按照颁布的先后顺序有：《行政处罚法》第17条、《行政许可法》第23条、《公务员法》第106条、《反垄断法》第8条及第32条至第36条、《防震减灾法》第80条、《行政监察法》第50条和《行政强制法》第70条，分别赋予法定公共职能组织实施行政处罚权、许可权、强制权、公务员管理权以及接受行政监察的法定义务。[②]

一般是指行使行政管理权的事业单位。事业单位是我国公共部门重要组成部分，承担

---

① 王潇玮：《地方政府反竞争行为的审查分析——法律模式及审查机关》，2010年中国政法大学硕士学位论文。

② 于立深：《法定公共职能组织的资格、权能及其改革》，载《华东政法大学学报》，2016（6）。

着公共事务管理职能。新中国成立初期，为适应计划经济体制的需要，国家直接承担了人民从"摇篮"到"坟墓"的很多建设事业及支出，如教育、医疗、科学、文化、卫生、广播电视、社会福利等。事业单位是我国经济社会发展中提供公益服务的主要载体。除了教育、医疗等基本公共服务职能外，有些事业单位在成立之初就被赋予了行政管理职能，例如中国银行业监督管理委员会。因此，我国事业单位与国家行政机关之间并没有严格的泾渭分明的界限，两者共同承担着国家管理的职能。

如再审申请人广东粤超体育发展股份有限公司（以下简称粤超公司）与被申请人广东省足球协会（以下简称广东省足协）、广州珠超联赛体育经营管理有限公司（以下简称珠超公司）垄断纠纷一案，[①] 最高人民法院认为，广东省足协是否如粤超公司所称，系具有管理公共事务职能的组织，这需要从有关法律法规规定及广东省足协章程规定进行考量。《体育法》第31条规定，全国单项体育竞赛由该项运动的全国性协会负责管理，地方单项体育竞赛的管理办法由地方人民政府制定。该规定将制定地方单项体育竞赛管理办法的立法权授予地方人民政府，在没有证据证明广东省人民政府制定了相应管理办法的情况下，不能仅依据《体育法》第31条的规定得出法律授权广东省足协具有足球赛事公共事务管理职能的结论。但是，《体育法》第49条、第50条规定：在竞技体育中从事弄虚作假等违反纪律和体育规则的行为，由体育社团按照章程规定给予处罚；在体育运动中使用禁用的药物和方法的，由体育社团按照章程规定给予处罚。此外，《全国体育竞赛管理办法（试行）》第6条规定，对体育行政部门审批、制定的体育竞赛计划，由各级单项体育协会管理和组织实施。广东省足协在运行中实际履行的职能通过广东省足协章程有明确体现，主要可以归纳为：制定足球项目的方针、政策、规划和管理制度；组织教练员、裁判员、运动员、协会会员、俱乐部有关人员的培训、考核；指导运动训练和后备人才培养；制定竞赛规则和裁判规则；组织运动项目的科研、培训的宣传；组织、管理和指导全省足球运动普及和提高；开展对外交流等。上述广东省足协依据章程对足球赛事中的违规违纪行为行使处罚权，以及其他对足球运动的组织、管理职能，不仅仅限于协会与单个成员之间的关系，还涉及广东省范围内其他社会主体参与足球运动及整个足球运动竞技秩序、发展水平、共同利益的维护与管理，是政府行政部门对足球公共事务管理职能部分转移到足球协会等社会团体的体现。因此，广东省足协具有与足球运动、足球竞赛有关的特定范围和事项的公共事务管理性质的职能，可以认定其系《反垄断法》第32条所称的具有管理公共事务职能的组织，粤超公司此主张成立。

某些自然垄断行业和公共企业，比如铁路业、电力行业、城市燃气、石油天然气等基础产业，依然保持着其垄断的地位，它们的这种垄断是政府赋予的垄断，这些企业和政府之间有着密不可分的联系，一些企业有了政府赋予的背景，便实施独占市场的行为，并且

---

① 中华人民共和国最高人民法院（2015）民申字第2313号民事裁定书、广东省高级人民法院（2014）粤高法民三终字第242号民事判决书。

还利用这些优势实施损害消费者合法权利和利益以及扰乱市场秩序、破坏公平竞争的行为。这一类企业或组织成为行政垄断主体的前提是他们借助了行政权力实施了垄断。确定行政垄断主体，关键看是否运用了行政权力，政府或者凭借行政权力的组织实施排斥或妨碍市场竞争等违法行为时，这些政府和组织就成为行政垄断的主体。如在查办北京兆日等 3 家公司垄断协议案过程中，原安徽省工商局针对人民银行合肥中心支行滥用行政权力排除、限制竞争行为，依法向其上级机关发出行政建议书，督促其纠正违法行为。

我国目前经济转型还未彻底完成，在少数领域还存在政企不分的行政性公司，它们实际上在某些地区、某些行业依然具备了行政管理的职能，会存在滥用行政权力的可能，但是这类主体在本质上已经成为了一般意义上的市场主体，应当将其作为经济性垄断进行处理。[①]

（二）法律、法规授权的组织认定困局

虽然《反垄断法》的这一提法比原《反不正当竞争法》中的"政府及其所属部门"更加明确，但是实践中要认定《反垄断法》所称的行政机关及公共组织的具体范围仍然不是一件容易的事情。原因是，我国目前仍处在经济转型时期，原来隶属于政府的很多部门、组织正处于从行政单位向市场主体过渡的特殊阶段，特别是一些负责能源、卫生以及公共服务性质工作的企事业组织，或多或少地都具有一些管理公共事务的职能，要判断它们是行政主体还是市场主体非常复杂。

行政垄断行为可以分为，一是政府和其职能部门以其自己的名义所实施的垄断；二是法律法规授权组织所实施的垄断，这种垄断实质上是这些市场主体将行政权力作为主要支持力量而为的行为，仍然属于行政垄断。由此，行政垄断实施的主体包括政府、政府的职能部门，和法律法规授权的组织和单位。前者属于一个非市场化的主体，而后者则属于具有市场主体性质的企业或组织。

如北京市纠正房山区燃气开发中心行政性垄断行为案中，本案作为行政性垄断案件，其隐蔽性主要来源于燃气中心的主体性质、机构组成和行为表现。通过查询可知，燃气中心为事业单位，其作为投资主体，通过 100% 持股北京房山燃气开发集团有限公司（简称房燃集团）和 19% 持股北京房开控股集团有限公司对下属 27 家公司具有实际控制权，多数为与燃气行业或燃气行业上下游产品、服务有关的公司。房山区人民政府官网显示，燃气中心的八个内设机构全部为房燃集团的有关管理机构，燃气中心主页呈现的信息基本上都是房燃集团的企业经营行为信息。这种名义上是事业单位但主要精力放在企业经营管理的现象，为其实施行政性垄断行为抹上了一层"掩护色"，导致现实生活中辨识此类行政垄断行为存在一定难度。如果进一步查证该组织的性质，就可以发现其主管单位为北京市房山区人民政府，登记管理机关为房山区机构编制委员会办公室。其宗旨和业务范围是，

---

① 唐丰峰：《论行政垄断的法律责任及相关制度》，载《华东政法大学》，2012（10）。

为城乡燃气事业提供规划建设服务，做好燃气管道规划、设计、建设、管理、经营等工作。在房山区人民政府官网"政府信息公开机构导航"中"区政府部门"一栏下，"区燃气中心"赫然在列。众所周知，燃气行业属于公用事业领域，事关老百姓的民生。通过这些信息，可以进一步确认燃气中心是法律法规授权的具有管理公共事务职能的组织，完全符合《反垄断法》第 32 条关于滥用行政权力限定交易的行政主体资格。

本案中，对于行政垄断危害后果采用了定性分析和定量评估相结合的方法，办案人员搜集、整理房山燃气中心指定设计施工企业的项目费用，与经由招投标等竞争程序的项目工程费用进行数据抽样比对，认定本案当事人损害了开发单位的自主选择权和其他具有资质施工企业的公平竞争权。

(案例 5) 房山区燃气开发中心行政性垄断案

2018 年 2 月，根据有关线索，北京市发展与改革委员会对房山区燃气开发中心涉嫌滥用行政权力排除、限制竞争行为进行调查。

经查，房山区燃气开发中心负责房山区天然气工程建设、管理和经营等工作，承担着房山区燃气行业管理职能。该中心在开展燃气项目报装审批过程中，以直接委托、指定等形式，要求开发单位签订由房山燃气开发中心提供的制式合同，限定开发单位选择房山区燃气开发中心下属企业从事施工建设。据调查，房山区内绝大部分燃气工程都未执行招投标程序，直接由房山区燃气开发中心下属企业施工建设。前述行为一定程度上限制了开发单位的自主选择权和其他具有资质施工企业的公平竞争权，违反了《反垄断法》第 32 条"行政机关和法律、法规授权的具有管理公共事务职能的组织不得滥用行政权力，限定或者变相限定单位或者个人经营、购买、使用其指定的经营者提供的商品"之规定，构成滥用行政权力，排除、限制竞争行为。

针对上述情况，北京市发展与改革委员会向房山区政府办、区国资委、区城管委、区燃气开发中心等相关部门通报了排除、限制竞争行为的事实，并提出立即全面纠正的建议。房山区燃气开发中心积极配合执法调查，并实施了有效的整改措施，对行使区政府授权的燃气行业管理职能时存在的排除、限制竞争行为予以主动纠正，于 2018 年 4 月通过网站对主动纠正情况予以公示。

三、立案管辖

考虑到滥用行政权力排除、限制竞争的现象还广泛存在，为推动构建统一开放、竞争有序的市场体系建设，有效维护市场公平竞争，形成上下联动的良好执法局面，市场监管总局于 2018 年 12 月下发了《关于反垄断执法授权的通知》（国市监反垄断〔2018〕265 号），建立了两级反垄断执法体制，授权省级市场监管部门负责本行政区域内滥用行政权力排除、限制竞争行为的反垄断执法工作。《制止滥用行政权力排除、限制竞争行为暂行规定》对此以部门规章的形式予以确认。

对于在全国范围内有影响的、省级人民政府实施的、案情较为复杂或市场监管总局认为有必要直接查处的滥用行政权力排除、限制竞争案件，主要由市场监管总局负责查处。当然，对于上述滥用行政权力排除、限制竞争行为，市场监管总局也可以指定省级市场监管部门查处。考虑到执法中可能遇到的问题和困难，如省级市场监管部门发现不属于本部门查处范围，或者虽属于本部门查处范围，但有必要由市场监管总局查处的，根据《暂行规定》应当及时向市场监管总局报告。

市场监管总局在查处涉嫌滥用行政权力排除、限制竞争行为时，可以委托省级市场监管部门进行调查，省级市场监管部门在执法中，也可以委托下级市场监管部门进行调查。同时，受委托的市场监管部门在委托范围内，以委托机关的名义实施调查，不得再委托其他行政机关、组织或者个人进行调查。在执法实践中，滥用行政权力排除、限制竞争案件可能涉及跨省（自治区、直辖市）开展调查，《暂行规定》对省级市场监管部门间的协助调查机制作了规定。

第三节　法律适用

一、法条竞合

（一）法条竞合的原因

1. 反垄断规制立法的多样性

《反垄断法》出台前，与反行政垄断相关的法律规范散见于各层次的各部门法中，反垄断法出台后，其他法律法规中也仍然包含有关反行政垄断的条款。如 2018 年实施的《快递暂行条例》规定，地方各地人民政府不得出台违反公平竞争、可能造成地区封锁和行业垄断的政策措施。类似的还有邮政、电力、供水、供气等公用事业领域。

这就造成了反行政垄断专业立法和反行政垄断条款共存的现状，产生了法律竞合问题，必然影响执法实务。

2. 行政垄断规制的特殊性

依据《反垄断法》第 51 条规定，行政垄断的责任特点有：（1）主要由行政机关和法律、法规授权的组织的上级机关责令改正，并依法决定处分直接负责的主管人员和其他直接责任人员。反垄断执法机关仅有处分的建议权，无权对行政垄断行使处罚权。（2）行政主体仅承担"责令改正"的责任，直接主管人员、直接责任人员仅承担行政处分责任。

尽管执法机关只有提请上级机关处分的建议权，但依据《制止滥用行政权力排除、限制竞争行为暂行规定》第 20 条，反垄断执法机关向有关上级机关提出依法处理建议的，应当制作行政建议书。行政建议书应当载明以下事项：（1）主送单位名称；（2）被调查单位名称；（3）违法事实；（4）被调查单位的陈述意见及采纳情况；（5）处理建议及依据；（6）反垄断执法机关名称、公章及日期。前款第（5）项规定的处理建议应当具体、明确，可以包括停止实施有关行为、废止有关文件并向社会公开、修改文件的有关内容并向社会公开文件的修改情况等。

建议权应当具体明确，故执法机关应当保证法律法规引用准确，事实认定清楚，程序正当。

（二）法条竞合处理

1. 法条竞合定义

法律法规及规章之间出现的法条竞合问题，已经对市场监督管理部门的执法活动造成了诸多困扰。

法条竞合，是我国刑法理论中争论颇多的一个问题，其基本涵义是指，一个行为同时符合了数个法条规定犯罪构成要件，但是从数个法条的逻辑关系来看，只能适用其中一个法条，当然排除适用其他法条的情况。[①] 法学界对于规范竞合或者责任竞合概念之理解，有着广义与狭义之分。广义的竞合概念认为，规范竞合有的发生在不同的法律领域，但也有发生在同一法律领域的。狭义的竞合概念仅指同一法律部门的规范或者责任之竞合现象，如刑法中的竞合犯罪，民法中侵权责任与违约责任之竞合等，而不包括同一事实（行为）所应承担的不同性质的法律责任。

例如，如果经营者在横向垄断协议中达成某些固定价格的共识，那么就有可能同时违反《反垄断法》第 13 条禁止的"固定或者变更商品价格"和《价格法》第 14 条禁止的"相互串通，操纵市场价格，损害其他经营者或者消费者的合法权益"之规定，并且还损害了《消费者权益保护法》第 9 条规定的消费者自主选择权以及第 10 条规定的消费者公平交易权。这种一个违法行为同时触犯多部法律的情况势必造成法律责任的竞合，这就对执法机关认定违法行为和界定法律责任提出了更高的挑战和要求。

2.《立法法》对竞合之规定

根据我国的刑法理论，一般认为法条竞合包含以下几种情形：特别关系、补充关系、吸收关系、择一关系以及包容关系。所谓"特别关系"，是指一个行为同时符合一般法条和相关的特别法条，属于普通法条与特别法条的竞合。[②] 为了解决包括法条竞合在内的行政法律规范之间的冲突，我国《立法法》已经专门规定了法律适用的规则，有如下三个规则："上位法优于下位法"，"特别法优于普通法"（又称一般法）以及"新法优于旧法"。[③]

① 张明楷：《刑法格言的展开（第三版）》，430 页，北京，北京大学出版社，2013。
② 周光权：《法条竞合的特别关系研究——兼与张明楷教授商榷》，载《中国法学》，2010（3）。
③ 汪燕：《选择性执法及其治理研究》，164 页，北京，中国社会科学出版社，2014。

现行《立法法》第92条除了确立"特别法优于普通法"规则之外，也确立了"新法优于旧法"的法律适用规则，同时该法第94条与第95条也有类似规定。因此，具体的情形是否可以适用"特别法优于普通法"这一规则，还必须考察是否牵涉"新法优于旧法"规则。在有的情况下，可能会出现"普通法与特别法"之间还包含"新法与旧法"的关系，当这两种法律适用规则之间也出现竞合时，即便两者属于普通法（普通法条）与特别法（特别法条）的关系，最终如何选择法律适用其实并不确定，还是取决于法律规范是否有相应的协调处理规定。

对于"特别法优于普通法"适用需具备的要件，学界也存在着分歧，主要包括两种观点——"二要件说"与"三要件说"。"二要件说"基于《立法法》第92条的规定，认为适用"特别法优于普通法"应当具备如下构成要件：特别法与普通法为同一机关所制定、特别法的规定与普通法的规定不一致①。而"三要件说"的主张者则提出，不能仅仅根据《立法法》第92条的规定就仓促作出结论，是否适用"特别法优于普通法"这一规则还必须结合《立法法》的其他条文规定，进行体系化的理解。因此，"三要件说"认为适用"特别法优于普通法"需要有以下三个方面的条件：特别法与普通法为同一机关所制定；特别法与普通法不一致；普通法中对适用该规则有明确的规定。②

3. 法律责任竞合处理

法律责任竞合的本质在于，行为人虽然仅实施了一种行为，但该行为同时触犯了数个法律规定，并符合法律关于数个责任构成要件的规定，由此使行为人承担一种责任还是数种责任的问题，需要在法律上确定。③

关于法律责任竞合问题的处理，学理上这样认为，对于公法责任与私法责任的竞合，由于它们在强制程度、责任性质、承担方式等方面相异，应当以排斥主义下的合并适用为理想模式；公法与公法责任竞合，应当以重责吸收轻责的方式加以解决。④许多学者认为，滥用行政权力限制竞争的问题不是一部反垄断法能够完全解决的，建议同时依靠行政法来规制。由于责任竞合的法律适用原理，而经济法和行政法又均属于公法，执法者只能在行政法律责任与经济法责任中择一重适用。又由于反垄断法责任为民事、行政和刑事责任综合运用的责任形式，相对于行政法责任应为重，所以，两者竞合应依反垄断法责任追究为宜。⑤

因操纵液晶面板价格涉嫌反垄断违法行为，我国"发改委"于2013年1月4日对六家企业处以总金额为3.53亿元的罚款，并提出了整改要求。六家企业在支付罚款后，表示会遵纪守法，承诺公平供货，并进一步承诺对所提供液晶面板延长一倍的无偿保修期，增至

---

① 顾建亚：《"特别法优于一般法"规则适用难题探析》，载《学术论坛》，2007（12）。
② 该学者认为，不同位阶的法之间不存在特别法与普通法的关系，成立特别法与普通法要求两者属于同位阶。具体内容参见刘志刚：《法律规范的冲突解决规则》，98～100页，上海，复旦大学出版社，2012。
③ 王利明：《再论违约责任与侵权责任的竞合——兼评合同法122条》，载《中国对外贸易》，2001（2）。
④ 刘雪莲：《试论环境法律责任竞合》，载《商业时代》，2008（19）。
⑤ 孙曼曼：《论行政垄断之反垄断法律责任》，载《行政与法》，2010（2）。

36 个月。虽然从被处罚企业的规模、数量到处罚力度，都是《反垄断法》出台以来前所未有的，可谓"重磅出击"。但对"发改委"的处罚金额，民众普遍认为"不够重"，因为 3.53 亿元的罚款中有 1.72 亿元是应当退还的彩电企业所支付的多付价款，剩下的 1.81 亿元才是没收和罚款。相比于美国、欧盟、韩国的处罚，实在过轻。对此，"发改委"特别予以解释：因本案涉及的违法行为主要发生在 2006 年以前，《反垄断法》是 2008 年才开始实施的，根据法不溯及既往的原则，对这六家企业操纵液晶面板价格的违法行为，只能适用《价格法》予以处罚。《反垄断法》与《价格法》的处罚基数不同，《价格法》的处罚较低。相比于美国、欧盟、韩国的处罚，民众之所以认为过轻，主要就是因为适用《价格法》，以违法所得为计算标准。处罚数额少还有一个原因，就是"发改委"为了瓦解六家企业同盟、获取证据，对有"自首"行为的涉案企业，许诺减免其一些法律责任。但实际上，只有《反垄断法》有自首和承诺的规定，《价格法》是没有相关的减免规定的。[①]

（三）同一部法律条文竞合的适用

价格垄断协议和滥用市场支配地位在《反垄断法》中被列为两种不同类别的垄断行为，但二者之间会存在竞合的情况：一个违法行为可能同时符合上述两种垄断行为的表现形式。如原江苏物价局处罚奔驰公司价格垄断案，[②] 奔驰公司显然处于支配地位，对经销商具有强大的控制力，实际中很难说奔驰公司只是单纯地实施了限制转售价格的行为，因为奔驰公司会通过加大对经销商的考核力度，对不执行限价政策的经销商进行约谈警告、减少政策支持等方式来促使垄断协议得以顺利实施，这就难免会涉嫌其他垄断行为。若奔驰公司存在或被推定为拥有市场支配地位，并对下游企业的转售价格进行了干涉，那么就存在价格垄断协议和滥用市场支配地位的适用竞合，引发如何适用反垄断法的难题。事实上，是以滥用市场支配地位进行约束还是以垄断协议进行约束，取决于违法行为的实际影响，以及执法机关的执法目的。具体分析，灵活运用，是为执法之选。一方面，若希望更好地保护消费者，在消费者利益受损之前就去干涉，可以选择垄断协议来进行规制，而不必考察所

---

① 张喆、连婷：《我国〈反垄断法〉与〈价格法〉处罚价格垄断行为的差异——从境外六家企业"操纵液晶面板价格案"谈起》，载《经营与管理》，2015（3）。

② 2015年4月，江苏省物价局对奔驰汽车价格垄断案依法作出了行政处罚，对奔驰公司罚款3.5亿元，对部分经销商罚款786.9万元。2013年1月至2014年7月，奔驰公司通过电话、口头通知或者召开经销商会议的形式，限制江苏省不同区域内E级、S级整车的最低转售价格。奔驰公司通过加大对经销商的考核力度，对不执行限价政策的经销商进行约谈警告、减少政策支持力度等多种方式，促使垄断协议得以实施，违反了《反垄断法》第14条的规定，排除、限制了相关市场竞争，损害了消费者利益。另外，奔驰汽车的苏州经销商自2010年11月起，南京、无锡两地经销商自2014年1月起，在奔驰公司组织下多次召开区域会议，达成并实施了固定部分配件价格的垄断协议，违反了《反垄断法》第13条的规定。奔驰公司在达成并实施垄断协议的过程中，起到了主导和推动作用。江苏省物价局依据《反垄断法》第46条、第49条规定，对奔驰公司处以上一年度相关市场销售额7%的罚款，计3.5亿元。对在奔驰公司组织下达成并实施垄断协议的经销商处以上一年度相关市场销售额1%的罚款，其中对主动报告达成垄断协议有关情况并提供重要证据的经销商，依法免除或者从轻处罚。对南京、无锡、苏州三地的奔驰经销商共计罚款786.9万元。

占的市场份额。另一方面，若想在事中或事后进行控制，则可使用滥用市场支配地位的条款来处理。总之，价格垄断协议和滥用市场支配地位并非泾渭分明、毫无关联，正所谓兵无常势，水无常形，一旦存在竞合，执法机关应根据实际情况，灵活选择，作出最佳的执法决断。[1]

除了前面执法目的分歧导致条文适用不同之外，重要的还在于证据调取，处罚决定书分析框架和深度也不同。

二、反垄断法与反不正当竞争法

（一）反垄断法与反不正当竞争法的适用

1. 反垄断法的经济宪法地位

因其对于保护市场竞争秩序的基础性作用，反垄断法在不同的国家或者地区被称为"经济宪法""自由企业大宪章"。由于注重维护社会公共利益并严重依赖公共实施，传统上反垄断法往往被视为公法；而反不正当竞争法则因其源于民法，作为特别侵权行为法被视为私法，或者具有较强的私法特征。

对反不正当竞争法与反垄断法不同特征的认识，构成了学者对于二者关系的认识及处理的基石。如果倾向于认为自由竞争法与公平竞争法具有较多不同，则有可能选择分别立法模式，在二者的实施上也尽可能采取不同的机制；如果认为不正当竞争行为和垄断行为之间密切联系、没有本质区别，则更有可能采取合并立法模式，在实施机制上也会相通。就目前我国《反不正当竞争法》修订过程中学者们的见解来看，主张垄断行为不同于不正当竞争行为的呼声占据了主导地位。

2. 两法并行阶段

一般认为，1890 年美国《谢尔曼法》是世界上最早的反垄断立法，1896 年德国《反不正当竞争法》则是最早的反不正当竞争立法，二者产生时间差不多，均出现于 19 世纪末垄断资本主义的开始阶段，是现代市场经济发展到相当程度的产物，也是国家或者政府"有形之手"试图以法律手段直接干预市场竞争秩序的最早尝试，深刻地体现了"市场、调节机制与法律的同步演变"。[2]我国《反不正当竞争法》2017 年修订前，其第 6 条公用企业限制竞争、第 7 条行政垄断、第 11 条低价竞销、第 12 条搭售、第 15 条串通招投标等五种行为被普遍视为垄断行为。2007 年我国《反垄断法》得以出台，两法并行的竞争法模式得以确立，也带来了如何处理二者关系的现实问题。尽管理论上《反不正当竞争法》中有关

---

[1] 吴宇飞：《规制价格垄断协议的再思考——以奔驰汽车价格垄断案为例》，载《中国物价》，2015（10）。

[2] 漆多俊：《市场、调节机制与法律的同步演变——世纪之交的回顾与展望》，载《经济法论丛》，1999（1）。

垄断行为条款均可被《反垄断法》所覆盖，但实践中仍有一大批垄断行为依据《反不正当竞争法》进行处理。例如2016年4—10月国家工商总局开展的集中整治公用企业限制竞争和垄断行为突出问题专项行动，各地共立案1267件，结案585件。[1]法律依据基本上均为《反不正当竞争法》，此种选择的主要因素可能在于《反不正当竞争法》计算行政处罚简单熟悉，处罚金额明显少于反垄断法。

如云南查处西双版纳旅游客运汽车公司滥收费用案，[2]西双版纳州具有旅游客运服务资质的公司只有两家，分别为西双版纳旅游客运汽车有限公司和西双版纳吉迈斯旅游汽车有限公司。前者拥有旅游运营车辆464辆，后者拥有旅游运营车辆20辆，前者占据了西双版纳州旅游客运95.87%的市场份额。

当事人于2000年11月29日成立，依据西双版纳州政府《关于对州内旅游客运汽车实行集中管理、统一调度的决定》中关于"凡在我州内登记挂T牌的旅游车，应全部无条件由西双版纳州旅游客运汽车有限责任公司集中管理、统一调度，旅游客运业务由该公司专营"的决定，当事人在西双版纳州获取了优势地位，进行了独占经营。当事人还依据西双版纳州政府出台的《关于西双版纳州旅游客运汽车有限责任公司组建运作中若干问题的补充通知》中关于"（1）州内旅游客运业务由该公司专营。（2）同意公司设立三级旅游汽车客运站，并按相应标准收取服务费"的要求，强制性对西双版纳州旅游客运市场经营者集中管理、统一调度并进行收费。2008年8月15日，西双版纳州政府为全面投资、开发和建设旅游产业，招商引资了云南旅游产业集团有限公司并签订了《关于西双版纳傣族自治州人民政府与云南旅游产业集团有限公司旅游合作框架协议》，双方协议约定由乙方云南旅游产业集团有限公司投入西双版纳旅游客运车辆总数不低于200辆。在作为该公司的全资子公司西双版纳吉迈斯旅游汽车有限公司按协议进入西双版纳州旅游客运市场后，当事人利用其独占地位，采取威胁、罢运、抵制等方法，迫使西双版纳吉迈斯旅游汽车有限公司从约定预计投入不低于200辆的旅游客运车辆，最后缩减为20辆，构成了实施限制、排挤其他旅游客运经营者参与公平竞争的行为。

另外，2003年2月18日，当事人向西双版纳州交通运政管理处递交《关于要求设立西双版纳旅游汽车客运站的申请》，要求设立西双版纳旅游汽车客运站。该管理处于2003年3月6日作出批复，同意当事人参照暂定四级汽车客运站站级标准进行建设。截至被调查时，当事人并未按四级汽车客运站站级标准建设旅游汽车客运站，也未向该管理处提交客运站站级验收申请相关资料，仅取得建设汽车客运站前置审批的客运站经营资质，而且也未获取西双版纳州价格主管部门核发的经营服务性收费许可证。当事人利用西双版纳州政府下发的两个文件，通过西双版纳州旅游行业信息化管理系统设定必须由其进行车辆调

---

[1]　工商总局消费者权益保护局：《2016年全国工商系统消费者权益保护报告》，http://www.saic.gov.cn/sj/tjsj/201703/t20170321_234708.html，访问时间：2020年9月12日。

[2]　《云南查处西双版纳旅游客运汽车公司滥收费用案　当事人利用独占地位排挤竞争违规收取站务费》，载《中国工商报》，2015年12月30日，第6版。

配和统一管理才能制作旅游行程单的功能，利用其独占地位，在不具备收取站务费的主体资格的情况下，对本地和外地旅游客运车辆经营者收取运费 4% 的站务费，共 154.7445 万元。

原云南省工商局认定，当事人为《反不正当竞争法》中所称的"其他依法具有独占地位的经营者"，其利用在西双版纳州旅游客运市场的独占地位实施收取站务费的行为，违反《反不正当竞争法》第 6 条的规定。依据《反不正当竞争法》第 23 条之规定，该局责令当事人停止违法行为，并没收违法所得。

本案中，西双版纳州具有旅游客运服务资质的公司仅两家，其中当事人占据了 95.87% 的市场份额。根据《反垄断法》第 18 条、第 19 条，可以认定当事人在西双版纳州的旅游客运市场中具有市场支配地位。同时，当事人滥用市场支配地位限定用户或其他经营者只能购买其旅游客运服务，可以认定其违反了《反垄断法》第 17 条的规定和《工商行政管理机关禁止滥用市场支配地位行为的规定》第 5 条的规定。由此可见，对于本案当事人限制竞争行为的处理，法律适用上存在法律竞合问题。

3. 一元执法阶段

2017 年 11 月 4 日第十二届全国人民代表大会常务委员会第三十次会议修订《反不正当竞争法》，该法修订对第二章不正当竞争行为进行了大幅度修改，条文由原 11 条改为 7 条，将企业滥用市场支配地位、行政垄断、掠夺性定价、非法搭售、串通招标全部删去。删除了有关公用事业单位限制竞争、行政垄断、低于成本价销售的规定，实现了与《反垄断法》的清晰划分。

这次修订《反不正当竞争法》一个重要目的是理顺《反不正当竞争法》与《反垄断法》的关系，因为《反不正当竞争法》第 6 条的公用企业限制竞争、第 7 条行政垄断、第 11 条倾销性销售、第 12 条搭售和第 15 条串通招投标等行为均涉及排除限制竞争的问题，而且这些行为现在都可以通过我国 2008 年 8 月生效的《反垄断法》予以调整和解决。《反不正当竞争法》与《反垄断法》同属于竞争法的范畴，二者自然有一个相似之处是，它们都是出于规范市场竞争秩序的目的。因为它们立法的目的都是维护市场竞争秩序，反不正当竞争法主要关注企业在市场上相互竞争的行为，目的是制止不正当竞争；反垄断法则是关注企业排除限制竞争的行为，目的是防止市场形成垄断的局面，或者禁止占市场支配地位的企业实施各种滥用其市场势力的行为。一个违反反垄断法的行为，如竞争者之间商定商品或者服务的价格，因为这个行为没有损害任何竞争者的利益，从而不会违反反不正当竞争法。另一方面，不正当竞争行为如假冒商标或者窃取商业秘密的行为因为不会影响市场结构，不会减少市场上竞争者的数目，反垄断法也不会把它们视为是违法的行为。

《反不正当竞争法》与《反垄断法》均各有其固有领域，但却有交叉重叠之处。这在其他一些国家中也有体现，比如在不少欧洲国家，一般具有历史更为深厚的不正当竞争行为的控制制度，在反垄断法出现之前，诸如集体抵制、滥用市场力量等一批限制竞争行为都是通过反不正当竞争法来规制的。直至今天，仍有一些掠夺性行为究其性质是不正当竞争、限制竞争抑或二者兼有，仍不是十分清楚：发生在具有经济依赖性的交易双方之间滥用市场力量的行为（如拒绝交易、歧视性行为、掠夺性行为等），可能并不违反欧盟竞争法（即反垄断法），但是可能被成员国的反不正当竞争法认定违法。

《反不正当竞争法》第30条曾经规定了行政限定交易行为中的"被指定经营者"特定行为的法律责任，即"被指定的经营者借此销售质次价高商品或者滥收费用的，监督检查部门应当没收违法所得，可以根据情节处以违法所得一倍以上三倍以下的罚款。"2017年修改后的《反不正当竞争法》取消了行政性垄断及受益经营者责任条款。

4. 法律冲突适用考量

为了解决法律适用冲突，建议实践中更要注重关系协调。第一，从理念上看，反不正当竞争法则更为关注经营者的竞争手段是否符合商业道德或者善良风俗，这也是一个公平性问题。从理论上看，反垄断法中的公平与反不正当竞争法中的公平不存在质的差别。第二，从海外竞争法文本来看，诸如搭售、掠夺性定价、串通投标等具有较强不公平性的行为，究竟属于反垄断法范畴还是反不正当竞争法范畴，做法并不统一，不存在一个公认的最优立法模式。因此，完全可以根据现实需要作出相对灵活的选择。第三，《反不正当竞争法》第1条立法宗旨或目的中提出"鼓励和保护公平竞争"，《反垄断法》第1条立法宗旨或目的中提出"保护市场公平竞争"，二者用语可以说完全一致。如果说同一部门的法律体系中概念理解需要保持统一，那么同为竞争法的分支，《反不正当竞争法》与《反垄断法》中"公平竞争"一词没有理由作出不同的解释。在该条款不太可能改变的情况下，基于立法宗旨的同一，具体制度设计就具有了共通的可能性。第四，从我国现实国情出发，由于地域广阔，不少不正当竞争及垄断行为的发生可能局限于某些较小的、具有封闭性的区域，影响市场秩序，并对消费者或者其他经营者产生较大损害。《反垄断法》有关执法机关的规定，对此类行为有鞭长莫及之感。在《反垄断法》修法进程尚需时日、反垄断执法权下放时间及程度都难以把握的情况下，将那些多发于基层市场、具有不公平性并直接侵害消费者及其他经营者利益的垄断行为置于《反不正当竞争法》之中，是一个既符合理论、更符合现实需要的选择。第五，如果《反不正当竞争法》修订最终没有列入这些条款，那么在未来《反垄断法》修订时，需要考虑是否将滥用相对优势地位等行为补充入法，同时将反垄断执法权下放至省级反垄断执法机关，并允许其授权下级行政机关依法执行该法。[①]

（二）《反垄断法》规制缺陷

我国《反垄断法》从文本规范层面对行政垄断作出了否定性评价，即"行政机关和法律、法规授权的具有管理公共事务职能的组织不得滥用行政权力，排除、限制竞争"，但未将其纳入《反垄断法》所界定的"垄断行为"之范畴，也未在"对涉嫌垄断行为的调查""法律责任"部分设置与之相应的程序机制和责任条款，凸显出文本规范中禁止性规定的刚性

---

① 李胜利：《反不正当竞争法与反垄断法的关系：突然现状与应然选择》，载《社会科学辑刊》，2019（3）。

不足，无法有效消除行政垄断。也因如此，国家对滥用行政权力致排除、限制竞争的政策予以提前干预，即要求"政策制定机关在政策制定过程中，要严格对照审查标准进行自我审查"。[1]

对于公平竞争审查范围和标准等，详见公平竞争审查专章。

三、反垄断法与电子商务法

（一）《电子商务法》立法意义

随着互联网技术和物流行业的发展，电子商务成为人们消费的重要途径。但是，随着电商领域的繁荣和人们对电商交易的依赖，电商平台限制竞争的行为层出不穷，互联网技术使得电子商务平台具备了网络外部化和智能化的特征。《电子商务法》将平台经营者界定为新型的商业组织形式，使其不再仅仅是生活中的公司或者经济模式，而正式成为法律上的主体，受到法律严格的监管。由此，规制对象主要分为两类，一类是电子商务平台，一类是平台内经营者，同时还将利用即时通讯工具等其他形式进行电子商务经营的行为列入规制对象，解决了"微商""代购"长期不受约束的行为。[2]

（二）《电子商务法》第22条

2019年1月实施的《电子商务法》第22条的规定也可以视为淡化相关市场概念的证据，其规定："电子商务经营者因其技术优势、用户数量、对相关行业的控制能力以及其他经营者对该电子商务经营者在交易上的依赖程度等因素而具有市场支配地位的，不得滥用市场支配地位，排除、限制竞争。"

《电子商务法》第22条则对《反垄断法》调整的滥用市场支配地位行为进行了补充规定，即"电子商务经营者因其技术优势、用户数量、对相关行业的控制能力以及其他经营者对该电子商务经营者在交易上的依赖程度等因素而具有市场支配地位的，不得滥用市场支配地位，排除、限制竞争。"该条与《反垄断法》第三章相衔接，但其重心在于补充规定在电子商务环境下认定市场支配地位时应当考量的具体因素。补充规制的立法意图在法律责任部分显露无遗。对于前述第22条规定的滥用市场支配地位行为，《电子商务法》第85条明确指引适用有关法律即《反垄断法》进行处罚，并未规定独立的法律责任。就滥用市场支配地位行为的补充规制而言，《电子商务法》第22条对《反垄断法》的补充规制难言成功。第22条的核心是明确在电子商务环境下认定经营者是否具有市场支配地位时应当考量的具体因素。该条列举了技术优势、用户数量、对相关行业的控制能力以及其他经营

---

① 金善明：《公平竞争审查机制的制度检讨及路径优化》，载《法学》，2019（12）。
② 《电子商务法》第9条第1款。

者对该电子商务经营者在交易上的依赖程度四个因素。上述四个考虑因素似均未正确把握电子商务环境下市场竞争的特点，未触及真正需要考虑的核心要素。《电子商务法》对于《反垄断法》关于滥用市场支配地位规定的补充规制实为画蛇添足，徒增混乱。更为遗憾的是，《电子商务法》对于垄断协议行为只字未提。①

（三）《电子商务法》第 19 条

1. 设定经营者的两项义务

《电子商务法》通过第 19 条和第 35 条建立了对竞争行为的独立规制。第 19 条规定："电子商务经营者搭售商品或者服务，应当以显著方式提请消费者注意，不得将搭售商品或者服务作为默认同意的选项。"该条的立法目的仍在于保障消费者的知情权和选择权，其为电子商务经营者设定了两项义务：一是信息提示义务，经营者将相关商品或者服务一并提供时，必须以显著方式提请消费者注意；二是禁止默认消费者同意勾选被搭售的商品或者服务，而应由消费者主动勾选同意。与《反垄断法》第 17 条第 1 款第（5）项关于禁止搭售的规定相比，该条的规定具有如下特点：一是主要从信息公开、防止欺骗消费者或者利用消费者疏忽的角度来预防强制搭售行为，而不是直接制止强制搭售行为本身；二是不以经营者具有市场支配地位为条件。同时，《电子商务法》第 77 条还对违反第 19 条规定的搭售行为规定了专门的行政处罚。可见，本条对强制搭售行为的规制完全不同于《反垄断法》，而是在《反垄断法》之外对搭售行为提供一种特别规制。②

2.《电子商务法》与《反垄断法》的协调

《电子商务法》第 19 条对搭售行为的独立规制重在要求经营者提供充分信息，禁止默认消费者同意接受搭售，不以经营者是否具有市场支配地位为条件。这种独立规制有其必要性和合理性。首先，搭售行为通常并非《反不正当竞争法》的规制对象。根据我国《反不正当竞争法》，不正当竞争行为以扰乱市场竞争秩序、损害经营者或者消费者合法权益为本质要件，以违反法律和商业道德为核心标准。搭售行为本身难以被认为违反商业道德，因而亦难以认定其构成不正当竞争行为。其次，不以市场支配地位为基础的搭售行为难以受到《反垄断法》的约束。《反垄断法》所调整的搭售行为应当符合如下条件：搭售产品和被搭售产品是各自独立的产品；搭售者在搭售产品市场上具有支配地位；搭售者对购买者实施了某种强制，使其不得不接受被搭售产品；搭售不具有正当性，不符合交易惯例、消费习惯等或者无视商品的功能；搭售对竞争具有消极效果。当搭售者在搭售产品市场上不具有支配地位时，《反垄断法》通常无能为力。再次，《电子商务法》对搭售行为的独立规制有助于反垄断法的执行。《电子商务法》第 19 条要求经营者提供充分信息和禁止默

---

① 参见朱理、曾友林：《电子商务法与竞争法的衔接：体系逻辑与执法展望》，载《中国社会科学院研究生院学报》，2019（2）。

② 朱理、曾友林：《电子商务法与竞争法的衔接：体系逻辑与执法展望》，载《中国社会科学院研究生院学报》，2019（2）。

认消费者同意接受搭售，使得判断搭售者对购买者是否实施了某种强制更为容易。最后，《电子商务法》对搭售行为的独立规制与反垄断法并行不悖。[1]

（四）《电子商务法》第35条

1. 对优势地位行为规制

《电子商务法》第35条实质上确立了范围极度宽泛的对滥用相对优势地位行为的规制，即"电子商务平台经营者不得利用服务协议、交易规则以及技术等手段，对平台内经营者在平台内的交易、交易价格以及与其他经营者的交易等进行不合理限制或者附加不合理条件，或者向平台内经营者收取不合理费用。"对于该条的立法目的，立法者曾作如下说明："电子商务平台利用规模经济形成的聚合效应，在交易过程中可能会对平台内经营者施加不合理限制或者妨碍相关市场竞争，会形成恶劣的竞争环境，扭曲互联网新兴市场的发展机制和创新机制"，"因此，本条对从事电子商务活动的电子商务平台经营者进行不正当竞争、扰乱正常市场秩序作出了禁止性规定。"[2]

在立法者看来，相对于平台内经营者而言，电子商务平台经营者在技术优势、规则制定和执行等方面具有"先天的优势"，掌控了类似于其他市场规制主体的"立法权""执法权"和"司法权"，其在市场规制中的作用和力量愈加强大，可能会滥用此种地位。[3]

这种优势地位显然不同于前述第22条中反垄断法语境中的市场支配地位，而是电子商务平台经营者基于其平台而具有的特殊地位状态或者优势，是相对于其平台内经营者的优势地位。还应注意的是，与滥用相对优势地位理论通常要求受害人对优势地位拥有者形成较强依赖性不同，《电子商务法》第35条甚至没有为平台经营者相对优势地位的成立设定任何条件，因而极度扩展了其调整范围和打击对象。[4]

在立法者的设想中，《电子商务法》第35条对这种相对优势地位的规制具有如下特点：规制的法律关系为电子商务平台经营者与平台内经营者之间的关系，电子商务平台经营者的相对优势地位基于该种关系而天然成立；不以具有市场支配地位为条件；不以构成反不正当竞争为条件；[5] 具有独立的法律责任。[6] 可见，《电子商务法》第35条在《反不正当竞

---

[1] 朱理、曾友林：《电子商务法与竞争法的衔接：体系逻辑与执法展望》，载《中国社会科学院研究生院学报》，2019（2）。

[2] 电子商务法起草组：《中华人民共和国电子商务法释义》，110页，北京，法律出版社，2018。

[3] 电子商务法起草组：《中华人民共和国电子商务法释义》，110～111页，北京，法律出版社，2018。

[4] 关于相对优势地位的依赖性条件，参见张昕：《企业滥用相对优势地位规制研究》，载《竞争政策研究》，2016（6）。

[5] 立法者认为，该条规制的是电子商务平台经营者和平台内经营者之间的关系，与是否具有市场支配地位无关；同时，由于电子商务平台经营者和平台内经营者之间的非竞争关系，也很难理解为上下游关系，因此平台经营者滥用相对优势地位的行为不能归属为不正当竞争。参见《中华人民共和国电子商务法释义》，112页，北京，法律出版社，2018。

[6] 《电子商务法》第82条明确规定了平台经营者滥用相对优势地位的法律责任。

争法》和《反垄断法》之外，对滥用相对优势地位行为进行了独立规制。[①]

2. 执法困惑

从执法实践的角度而言，《电子商务法》第 35 条将给执法造成多种困境。一是，对滥用相对优势地位行为的规制存在打击过宽的危险。从立法者对滥用相对优势地位行为的具体解释来看，签订独家销售协议、限制销售地区或者销售对象等行为均在禁止之列。[②] 对于这些行为而言，在平台经营者缺乏市场支配地位的情况下，通常难以对竞争产生消极影响。当然，如果平台经营者通过排他性交易的方式提高竞争对手的成本，使其产出无法实现最小规模经济，亦存在限制竞争的可能性。[③] 但这应该进行严谨的经济分析而不是直接对行为予以禁止。二是，平台经营者将承受沉重的举证负担。在立法者看来，电子商务平台经营者具有天然的相对优势地位。因此，一旦平台经营者被质疑其施加给平台内经营者的限制条件或者收取的费用不合理，平台经营者将不得不承担起证明该限制条件和所收费用具有合理性的责任。平台经营者将被迫披露其大量具有敏感性的商业信息，承担沉重的举证负担和不利风险。三是，反垄断法关于滥用市场支配地位的规定在电子商务领域有被架空的现实风险。由于平台经营者被认为具有天然的相对优势地位，在适用《电子商务法》第 35 条时，执法者无须具体考量影响市场力量的因素，甚至无须考察平台内经营者对平台经营者的依赖程度。与《反垄断法》的滥用市场支配地位规定相比，依据《电子商务法》第 35 条进行执法更为容易，执法者以及当事人均会有规避适用市场支配地位条款而向相对优势地位条款逃避的倾向。

四、反垄断法与招投标法

考虑到《招标投标法》对串通招投标行为已作规制，《反不正当竞争法》删除了旧法第 15 条关于串通招投标条款的规定，厘清了与《招标投标法》的关系。

对于投标人之间的串通招投标行为，我国《反垄断法》第 3 条和第 46 条都对此进行了规制，对于投标人的处罚力度甚至比《招标投标法》更大。反垄断法与《招标投标法》对政府采购中的串通招投标行为作出了较为细致的规定，除了包含《反垄断法》第 34 条规定的情形外，还包括了禁止以化整为零或其他方式规避公开招标采购、禁止采购机关通过与供应商恶意串通或接受贿赂的方式串通招投标、禁止招标人强制投标人组成联合体共同投标和限制投标人之间的竞争等。

我国《反垄断法》第 34 条对政府参与的串通招投标行为作出了规制，其表现为招标人通过设定歧视性资质要求、评审标准或者不依法发布信息等方式，排斥或限制外地经营者

① 朱理、曾友林：《电子商务法与竞争法的衔接：体系逻辑与执法展望》，载《中国社会科学院研究生院学报》，2019（2）。
② 参见孔祥俊：《反不正当竞争法的创新性适用》，129～132 页，北京，中国法制出版社，2014。
③ 参见电子商务法起草组：《中华人民共和国电子商务法释义》，111 页，北京，法律出版社，2018。

参加本地的政府采购招投标活动，该条禁止的是政府在招投标活动中的地方保护。第51条规定了该行为的行政法律责任，但其对于采购机关及其负责人的行政垄断行为来说，行政处罚力度较小，难以起到遏制政府采购活动中行政垄断行为的目的。对于投标人之间的串通招投标行为我国《反垄断法》第3条和第46条都对此进行了规制，对于投标人的处罚力度甚至比《招标投标法》更大。

实务中，政府招投标行为不能一概认定为行政协议，对于程序异议问题认为滥用行政权力。如金华市大鑫农业发展有限公司诉兰溪市人民政府其他行政管理行政复议一案，[①]原审法院认为，本案中原告提起行政复议申请"依法撤销被申请人兰溪教育局2017年7月28日公示的兰溪公办学校食堂部分食品原料配送服务定点企业招标拟中标结果"，由于招标投标行为系民事行为，故被告兰溪市人民政府以政府采购行为系民事行为，不属于具体行政行为为由，驳回原告的行政复议申请并无不当。涉案行政复议决定程序合法，适用法律正确。依据《行政诉讼法》第69条之规定，判决驳回原告金华市大鑫农业发展有限公司的诉讼请求。

金华市大鑫农业发展有限公司上诉称：在本案中，兰溪教育局所实施的涉案组织招标行为不仅是行政行为，而且是滥用行政权力的违法行为。（1）原审第三人兰溪教育局系国家行政机关，并以"经兰溪市政府授权"的名义介入涉案的招标采购行为，且其行为明显具有行政管理的性质。比如：组织制定并解释招标文件；确定评标小组成员；指定投标保证金汇入账户；确认配送服务合同的效力；对配送企业的日常配送业务进行监管；组织履约期间的部分配送业务的价格商定；处理对配送企业的投诉等等（详见《招标文件》）。（2）在上诉人质疑原审第三人招标采购行为时，其又在2017年8月9日出具的《关于对金华市大鑫农业发展有限公司质疑的答复》中辩称"本次招标采购是学校委托的自主招标活动"，但也不能向法庭提交相关学校授权委托的证明。更为重要的是，遍查相关法律法规，原审第三人根本就不能成为涉案招标采购（无论是否属于政府采购范畴）的招标人。综上，上诉人认为，一审判决认定事实错误，导致法律适用错误，依法应予撤销并改判。请求撤销一审判决，支持上诉人一审诉讼请求。

兰溪市人民政府答辩称：（1）涉案行政复议决定认定事实清楚、证据充分。2017年6月23日，兰溪教育局发布《兰溪公办学校食堂部分食品原料配送服务定点企业招标公告》（以下简称《招标公告》）。上诉人在知悉《招标公告》内容后进行投标。2017年7月27日，此次招投标活动在兰溪企业服务大楼举行。开标过程中，上诉人就荣誉称号等内容向评标委员会提出质疑。评标委员会当场作出《关于对荣誉分评定标准意见的答复》。经评标委员会评分后，确定拟中标候选单位并报送兰溪教育局。2017年7月28日，兰溪教育局发布《兰溪公办学校食堂部分食品原料配送服务定点企业招标拟中标结果公示》，对拟中标单位进行公示。上诉人对拟中标结果不服，遂申请行政复议。（2）涉案行政复议决定适用法律正

---

① 浙江省高级人民法院（2018）浙行终1037号行政判决书。

确、程序合法。在本案中，兰溪教育局实施的采购行为系民事行为，不属于具体行政行为。兰溪教育局发布的拟中标结果系由评标委员会评选，上诉人在评标过程中对评标标准提出异议，评标委员会现场给予了答复，亦无其他证据证明兰溪教育局在评标过程中利用行政职权影响评标结果的情况，故上诉人的行政复议申请不符合《行政复议法》及其实施条例的受理条件，应当驳回上诉人的行政复议申请。同时兰溪教育局发布拟中标结果公示，公示的目的就是接受监督，上诉人对拟中标结果不服，应当按照法定途径反映。（3）涉案复议决定程序合法、适用法律正确。上诉人请求撤销兰溪教育局于 2017 年 7 月 28 日公示的兰溪公办学校食堂部分食品原料配送服务定点企业招标拟中标结果，于 2017 年 8 月 23 日提出行政复议申请，答辩人负责法制工作的机构于 2017 年 8 月 23 日收到该申请。因证据材料不足，答辩人依法要求申请人补正。后申请人于 9 月 4 日补正。经审查后，本机关于当日予以受理。因案情复杂，依法延期 30 日。经依法审理，答辩人于 2017 年 12 月 1 日作出复议决定并送达上诉人，程序合法。综上，答辩人作出涉案复议决定事实清楚、证据确实充分、适用法律正确、程序合法。一审判决驳回上诉人的诉讼请求正确。请求二审法院依法驳回上诉人的上诉、维持原判。

二审法院认为，本案是一起不服行政复议决定的案件，上诉人金华市大鑫农业发展有限公司在提起行政复议时的复议请求为"依法撤销被申请人兰溪教育局 2017 年 7 月 28 日公示的兰溪公办学校食堂部分食品原料配送服务定点企业招标拟中标结果，重新依招标文件进行评标"，被上诉人兰溪市人民政府经复议认为，"被申请人发布的拟中标结果系由评标委员会评选，申请人在评标过程中对评标标准提出异议，评标委员会现场给予了答复，亦无其他证据证明兰溪教育局在评标过程中利用行政职权影响评标结果的情况"，据此认为上诉人的行政复议申请不符合《行政复议法》及其实施条例的受理条件，决定驳回上诉人的行政复议申请并无不当。涉案行政复议决定程序合法，适用法律正确。原审法院据此判决驳回上诉人的诉讼请求并无不当。二审据此维持原判，驳回上诉。

五、《政府采购法》与《反垄断法》

在法律责任方面，对于采购机关及其负责人所应承担的违法责任，针对不同的情形所需承担的法律责任类型不同。在行政责任方面，采购机关及其负责人和其他责任人员承担的行政责任有责令改正、罚款、给予行政处分、没收违法所得等。在刑事责任方面，《政府采购法》第 72 条针对采购机关及其工作人员恶意串通供应商、接受贿赂或其他不当利益、开标前泄露标底的串通招投标行为，追究相应的刑事责任。相比之下，在《反垄断法》中我国对政府参与的串通招投标行为的规制力度仍不够有力，在法律责任类型方面的规定仍有缺失。

我国政府采购领域里的行政垄断行为主要有以下特点。限制外地供应商。例如，2016年 8 月 10 日，某市政府在《关于促进光伏产业持续健康较快发展的若干意见》中规定，政府各部门在进行采购时，同等条件下须优先购买存在于光伏产品推广目录里的产品。该目录中绝大多数的产品都是由本地区企业生产）直接指定供应商，例如，2014 年 4 月，某省教育厅在其主办的"2014 年全国职业院校技能大赛"中指定使用北京某公司的软件。采购环节设置条件，为特定供应商"量身打造"特殊采购条件，以使其能够顺利中标。另外，地方政府采购部门的主管人员还可能利用自身权力采取其他非法采购方式，如拆分采购项目、避免招投标、采取单一来源方式等。①

2014 年 11 月 21 日，广东省深圳市斯维尔科技有限公司（以下简称"斯维尔"）的代理律师就斯维尔诉广东省教育厅涉嫌行政垄断一案进展情况向广州市中级人民法院发出"询问函"。2014 年 4 月 22 日，斯维尔状告广东省教育厅滥用行政职权，在一次赛事中指定使用另外一家公司的软件程序，涉嫌违反反垄断法相关规定，同年 6 月 26 日在广州市中级人民法院进行一审开庭审理，此后杳无音信。因此，斯维尔代理律师发出上述"询问函"。

2017 年 8 月，一直备受关注的斯维尔诉广东省教育厅案终于二审宣判。广东省高院认定，广东省教育厅在"工程造价基本技能赛项"省级比赛中，指定广联达软件为独家参赛软件的行为，属于滥用行政权力，产生了排除、限制竞争的效果，违反了反垄断法规定，因而维持一审判决。

全国首例行政垄断诉讼案的案情与很多类似前述采购项目中涉及指定供应商现象有共通之处，该案最终判定了广东省教育厅的做法违法，将对政府采购产生深远影响。代理机构可以据此与采购人沟通，使其放弃将"红头文件"内容"植入"采购文件，而监管部门也可借鉴这一司法案例来处理涉及此类问题的投诉，一直困扰着政府采购各方的这个难题有望迎刃而解。在有明文规定的情况下，行政机关应严格按照法律法规规定的程序依法行政。在没有明确规定的情况下，行政机关应经过满足正当程序的需要，采用公开、公平的竞争性选择程序进行决策，除非有正当理由，否则构成滥用行政权力。

在斯维尔诉江西省住建厅和造价局未依法进行公平竞争审查侵犯公平竞争权案中，该案对上述司法审查深度作了进一步推动。即，妨碍市场公平竞争的行政措施即使经过了貌似竞争性选择程序，或者事先进行了形式上的公平竞争审查，但其后果仍然是本质上无正当理由或法律依据限制市场准入，妨碍市场公平竞争，则该行为是否违法？案件更为引人关注的是行政机关在行政决策过程中是否依法履行了公平竞争审查程序，是否按标准进行了审查？这对决策程序的完善具有重要价值。本案中，原告主张行政机关未进行公平竞争审查，或未按审查标准进行审查，或者选择性程序貌似具有竞争性但本质上仍是无法律依据限制市场准入，导致含有排除、限制竞争的内容得以出台和实施，仍属于行政机关决策程序不合法。②

---

① 臧阿月：《论我国政府采购领域中行政垄断行为的规制》，载《洛阳理工学院学报（社会科学版）》，2019（3）。

② 魏士廉：《2018年公平竞争审查与行政垄断年度报告（一）》。

六、《反垄断法》与《知识产权法》

知识产权这种独占权往往会使权利拥有者在某一特定市场上形成垄断或支配地位，限制该市场的竞争，尤其是在某些情况下，知识产权人可能会超出法律允许的正当范围，滥用其依法获得的正当权，通过不正当地行使知识产权，非法限制竞争，从而违反了反垄断法。由此就引起了二者之间的竞合，这种竞合关系包括以下几种情形：（1）在立法目的与作用上的竞合，如知识产权法和反垄断法在促进竞争和优化资源配置、保护消费者利益方面的竞合；（2）对于某种行为，虽然违反了反垄断法，但是法律特别给予其适用豁免，即知识产权的反垄断豁免法律制度；（3）对某种行为，知识产权法和反垄断法都规定了规制方式，从而引起了以何者为依据进行规制的问题。在知识产权领域，反垄断法所规制的垄断行为是对知识产权的权利滥用行为。该行为是指知识产权所有人或被许可人不正确地使用其权利，采取不实施或利用其优势地位不正当地限制交易或采取不正当的交易方法的行为。例如，不正当地拒绝许可他人利用其知识产权以消除或减少自己在特定市场上的竞争压力，在许可他人利用其知识产权的过程中附加某种明显限制正常竞争的条件以获取垄断利益的行为等。[①]

七、《反垄断法》与《消费者权益保护法》

在因垄断行为引起的消费者权益纠纷中，经营者之间的竞争关系和经营者与消费者之间的交易关系往往联系紧密，由此，也使得《反垄断法》和《消费者权益保护法》在对消费者因垄断行为的保护中产生了极其密切的联系。《反垄断法》与《消费者权益保护法》应当遵循以下原则对消费者垄断行为权益纠纷予以保护。第一，优先适用反垄断法的原则。在消费者因垄断行为引发的权益保护问题上，《消费者权益保护法》作为基本法、一般法，《反垄断法》作为"特别法"。因此，在涉及侵害消费者权益的垄断案件时，应当优先适用《反垄断法》的有关规定，依据《反垄断法》对消费者因垄断行为而产生的权利进行救济。第二，《消费者权益保护法》的补充适用原则。对于侵害消费者权益的垄断行为，如果《反垄断法》没有相关规定，则通过适用《消费者权益保护法》的具体条款或一般原则来补充反垄断法的适用不足。第三，当两法在对消费者权益保护在适用上存在竞合关系时，应当赋予消费者以选择权，以对消费者有利为原则，根据消费者的选择追究经营者的相应法律责任。[②]

[①] 邓志松、聂钦中：《合法权利的保护与权利滥用的规制——论知识产权法与反垄断法的一致与冲突》，载《全国商情：经济理论研究》，2010（10）。

[②] 王玉辉：《反垄断法与消费者权益保护法对消费者权益保护的关系探析》，载《创新科技》，2011（6）。

八、《外商投资法》与《反垄断法》

《外商投资法》于 2019 年 3 月 15 日由全国人大表决通过，并于 2020 年 1 月 1 日起施行。该法作为专门的外资法典，将重构我国的外资基础性法律。为了保障外国投资者和外商投资企业的合法权益，确保外商投资的有序发展和有效管理，《外商投资法》与其他法律法规之间的良好衔接显得相当重要。以现有的框架来看，《反垄断法》足以涵盖各种形式的外商投资项目，并突破原先停留在并购阶段的审查模式，对于外商投资在各个阶段可能产生的垄断行为，都能依据《反垄断法》加以规制。从申报标准角度，2009 年商务部对《关于外国投资者并购境内企业的规定》进行了修改，删除原第五章"反垄断审查"，在"附则"中新增一条，表述为："依据《反垄断法》的规定，外国投资者并购境内企业达到《国务院关于经营者集中申报标准的规定》规定的申报标准的，应当事先向商务部申报，未申报不得实施交易。"意在删掉关于外资并购需要申报的特殊标准，虽然外资企业与内资企业在程序上还有些差异，但是在标准上达成了统一。在现有框架下，不论是从范围还是标准上看，反垄断审查都没有刻意对外资企业和内资企业做明显区分。即便在外资并购审查中提及的反垄断审查，也只是以原则性的规定与《反垄断法》下的审查机制进行对接，在审查程序和审查标准上并没有体现出特异性。这也是我国内外资企业所适用法律体系逐步统一的一种体现，特别是在"准入前国民待遇"实施后，市场主体地位差异愈加减小，差别化外资政策已经没有操作空间。《外商投资法》规定："外国投资者并购中国境内企业或者以其他方式参与经营者集中的，应当依照《反垄断法》的规定接受经营者集中审查。"这表明，该法生效后，外资通过并购的方式或经营者集中的方式设立外商投资企业相关的活动，依然受《反垄断法》的调整。目前针对外资并购的反垄断审查，可以维持其效力。值得注意的是，目前《外商投资法》对反垄断调查与准入许可的衔接没有作出规定，在后续相关法规中应当进一步明确。[1]

九、《反垄断法》与《公用企业行业管制法》

（一）公用企业定义

原国家工商局于 1993 年 12 月 24 日颁布的《关于禁止公用企业限制竞争行为的若干规定》第 2 条对公用企业的概念以列举的方式进行规定。根据该条的规定，公用企业指的是涉及公用事业的经营者，如供水、供电、供热、供气、邮政、电讯、交通运输等公用事业的经营者。我国公用企业主要分布在供水、供电、供热、供气、网络通讯行业以及交通运

---

[1] 孔庆江：《〈中华人民共和国外商投资法〉与相关法律的衔接与协调》，载《上海对外经贸大学学报》，2019（3）。

输等行业，而且公用企业所提供的产品或服务与社会公众的日常生活紧密相连。

公用事业还有养老、教育、卫生以及环境保护等行业，主要为完成政府的公共服务职能，向社会提供公益性服务，而且这部分公用事业中的经营者很大一部分属于非营利性组织。公用企业虽然从事的是公用事业的经营活动，且其从事的经营活动具有一定的公益性，但是其目的在于通过经营活动获取经济利益，属于营利性企业。另外，从现有的公用企业经营模式和市场的占有率来看，公用企业都处于垄断地位，而且具有自然垄断属性，如中国国电集团公司、中国天然气集团有限公司等。

（二）反垄断法与行业监管法的关系

我国行业监管法主要关注的是整个行业，由于其出台之时还没有《反垄断法》，因此不可避免地对行业垄断经营问题要有所涉及，并往往赋予监管者对垄断行为的监管与处分权。如《电信条例》第 72 条规定，"在电信业务经营活动中进行不正当竞争的，由国务院信息产业主管部门或者省、自治区、直辖市电信管理机构依据职权责令改正，处 10 万元以上 100 万元以下罚款；情节严重的，责令停业整顿。"对垄断行为的执法机关、法律责任等有相当明确的规定，而且与《反垄断法》有明显不一致。《反垄断法》第 7 条对上述垄断经营行业的垄断经营地位予以有条件承认，规定行业监管部门有"依法"监管的权力，但第 6 条"具有市场支配地位的经营者，不得滥用市场支配地位，排除、限制竞争"之规定也明确表明反垄断执法机关对其垄断行为具有规制权。第 7 条规定了垄断行业"不得利用其控制地位或者专营专卖地位损害消费者利益"，从实质意义上说，这是第 6 条的重述。显然，《反垄断法》同样没有放弃对垄断行业中垄断行为的规制权。这样，行业法和《反垄断法》都具有对垄断行业的垄断行为的管辖权。这里就会产生这样一个矛盾：按一般法与特别法的关系，相关垄断行为的司法权应该归属监管部门；按照上位法与下位法的关系，相关垄断行为的司法权似乎应该归属反垄断法执法机关；而按照轻法与重法的关系，司法权的归属则取决于《反垄断法》与其他法规的处罚严厉程度。因此，行业法对垄断行业广泛的管辖权和《反垄断法》对垄断行业内的垄断活动较狭窄的管辖权之间的重叠给行业的参与者制造了一张错综复杂的大网，甚至在执法（规制）机构之间也存在管辖冲突。[1]

《反垄断法》施行以后，全国工商机关继续适用《反不正当竞争法》及相关地方法规查处了大量的公用企业限制竞争案件，据统计仅 2009 年就达 389 起。[2] 基层工商执法人员查办具体案件时，对如何正确适用《反垄断法》和《反不正当竞争法》也存在模糊认识。如对涉及公用企业滥用市场支配地位行为的举报投诉一般会按照《反不正当竞争法》的规定予以处理，而对大型零售商滥用市场支配地位收取供应商"进场费、上架费"等行为，

---

[1]　王自力：《垄断行业反垄断问题研究：基于〈反垄断法〉视角》，载《政法学刊》，2009（26）。
[2]　数据来源：《国家工商总局周伯华局长在全国工商行政管理工作会议上的报告》（2009年12月24日）。

要么未引起足够的重视，要么倾向按照商业贿赂查处。[①]

由于反垄断执法部门与行业主管部门同为行政机关，具有依法行使法定职权的权力，如何在反垄断执法过程中协调两者的关系，有效制止行业主管部门滥用行政权力实施排除、限制竞争行为，成为不可回避的问题。

不可否认，竞争法产生之初是为了规制企业的反竞争行为，但相较于经营者、个人而言，政府部门限制竞争行为对破坏公平竞争的市场秩序危害更甚。法学理论通说认为，政府干预经济的形式有国家垄断、行政垄断和行业管制三种类型，行政机关和法律法规授权的具有管理公共事务职能的组织滥用行政权力排除、限制竞争行为属于行政垄断范畴，对公平竞争市场秩序的破坏力巨大。尽管《反垄断法》对滥用行政权力排除、限制竞争行为专设条款予以规制，但相关规定目前还有待细化，存在赋予反垄断执法部门的职能有限、未明确反垄断执法部门与行业主管部门之间职能分工的问题。

此问题体现在《反垄断法》第51条。从体系解释的角度来看，该条款属于行政垄断的法律责任条款，也对反垄断执法部门的权限作出明确规定。依据该法条内容，反垄断执法部门被授予执法建议权，而非一般意义上的处罚权。这一规定基本延续了1993年《反不正当竞争法》第30条的部分内容，在数十年的理论探讨和法治实践过程中，将政府反竞争行为交由"上级机关"责令处罚的规制方式引起各方较多质疑。《反垄断法》规定反垄断执法部门可以依法调查行政垄断案件、对行为定性以及提出执法建议，事关最终法律追责的处罚权却属于涉事单位的上级机关。这就造成我国规制行政垄断的威慑力不足。

2018年4月，我国反垄断执法部门"三合一"，由市场监管总局统一执法，反垄断执法力量分散的问题得到较好解决，而反垄断执法部门地位的独立性和权威性仍待加强。

在此情形下，进一步协调反垄断执法部门与行业主管部门之间的关系，无疑应注重规制滥用行政权力排除、限制竞争行为在不同行业中的一般性和特殊性之分。这样，才能更好地打破相关行业因滥用行政权力设置的市场壁垒，维护相关市场统一开放、竞争有序的市场秩序。在此意义上，反垄断执法部门的执法权限和权威性应得到行业主管部门的尊重。与之相应，反垄断执法部门在对案件定性的同时，也要考虑行业主管部门垄断行为的合理性要素，不能盲目地以一般性要件适用在查处特定行业垄断行为上，而应对行业的特殊性、专业性进行充分调查和研究。

另外，《反垄断法》基础地位的确立以及行业法律法规在竞争制度方面的完善同样应引起关注。当前，无论是行业主管部门的行政垄断，还是行业内部不同经营者的达成、实施垄断协议的行为，都与行业法律、法规在竞争制度方面的规定不健全有关。相关行业应依据《反垄断法》进一步改进、建立有关制度，并明晰竞争执法与行业管理的职责分工。[②]

[①] 反垄断与反不正当竞争执法专家型人才培训班第一课题组：《工商机关禁止滥用市场支配地位行为执法研究》，载《中国工商管理研究》，2012（6）。

[②] 孙晋、钟原、卫才旺：《从典型案例看制止滥用行政权力排除、限制竞争行为的难点及对策》，载《中国工商报》，2018年8月9日，第6版。

（三）竞合处理

反垄断法是从宏观上规制限制、排除竞争行为的法律，行业监管法是从微观角度出发规范特定行业的法律、行政法规等。二者都涉及对公用企业垄断行为的监管，因此有学者将反垄断法与行业监管法的关系界定为一般法与特别法的关系，主张适用"特别法"优于"一般法"的原则，但也有学者认为，反垄断法是经济宪法，具有优先适用性，二者并非是特别法与一般法的关系。① 在反垄断法与行业监管法的规定不一致时，适用反垄断法，并以实现社会整体利益最大化和促进有效竞争为标准进行综合考量。适用反垄断法，是由于反垄断法在反垄断领域的重要地位和作用，反垄断法是维护竞争机制正常运行的法律，是反垄断领域的经济宪法，其从宏观上规定垄断行为的规制，其他有关限制、排除竞争的规范不得违背其精神。正因如此，为更好适用反垄断法，一方面，需要提升反垄断法的权威，保证其先进性，适时修改有关公用企业的规范，使其更有效规制公用企业；另一方面，适用反垄断法时，要综合考量是否产生冲突，即根据经济发展的实际和行业内的发展情况，考量行业监管法的规范是否违背反垄断法的宗旨。简言之，若是行业监管法因经济发展需要作出的产业发展规定，则不能认为其与反垄断法相冲突；若是毫无豁免的根据，产生损害竞争的效果，则需要适用反垄断法，发挥反垄断法的基础作用。②

反垄断法是针对整个市场竞争的规范性文件，其适用于所有市场领域（不包括适用除外领域），是维护竞争的专门法律；而《电信法》《电力法》等产业规制法律的适用范围是特定的行业，是规范行业的专门法律。③ 反垄断法与产业规制法互为边界，互为一般法和特别法的关系，在大多数的情况下，两者并无冲突。因反垄断法与产业规制法的立法规定存在一定程度的冲突，在我国也可以根据《立法法》的相关规定，或按照"特别法优于一般法""新法优于旧法"等原则处理法律规定冲突的问题，从而正确界定《反垄断法》在垄断行业的适用范围。

但是，我国《反垄断法》第7条规定的"国家对其经营者的合法经营活动予以保护"中的"合法"，不仅包括政府产业规制法律，也包括政府产业规制的法规、规章，甚至产业政策等。即使我国在垄断行业的政府产业规制的法治化进程能够较快地完成，即使《反垄断法》与《电力法》《民用航空法》等产业规制立法的关系是互为一般法与特别法的关系，但当反垄断法与产业规制法律制度的法律级别效力不同时，由于我国《立法法》明确规定了适用"特别法优于一般法""新法优于旧法"的条件必须是由"同一机关制定"的同位

---

① 史际春、肖竹：《〈反垄断法〉与行业立法、反垄断机构与行业监管机构的关系之比较研究及立法建议》，载《政法论丛》，2005（4）。

② 徐姗、张桂芝：《反垄断法规制公用企业的不足与完善——以〈反垄断法〉第七条为例》，载《兰州文理学院学报（社会科学版）》，2019（3）。

③ 参见史际春、肖竹：《〈反垄断法〉与行业立法、反垄断机构与行业监管机构的关系之比较研究及立法建议》，载《政法论丛》，2005（4）。《电信法》应为《电信条例》——笔者注

法，① 产业规制立法对反垄断法适用范围的限制就会遇到困惑和难题。例如，我国产业政策在形式上经常体现为执政党的报告、决定，或者是政府的规章、通知、公告等文件，这些文件能够对法律产生直接影响，乃至搁置、改变或取代法律。例如，《中共中央、国务院关于进一步加强土地管理切实保护耕地的通知》将我国《土地管理法》中有关国家建设征用耕地审批的法律规定冻结了一年多。② 再如，我国《电信条例》的法律级别低于《反垄断法》，但这并不意味着《电信条例》中有关产业规制条款不会使《反垄断法》在电信业的适用范围受到限制。因此，属于法规或者规章层次的产业规制立法甚至产业政策，是否能对《反垄断法》在垄断行业中的适用范围产生限制作用，如何产生限制作用，是我国垄断行业反垄断法实施必须面对的一个问题，这甚至还对我国《立法法》关于法律效力级别的规定提出了挑战。③

我国部分垄断行业及其对应的相关法规可参见表 3-3。

表 3-3　我国部分垄断行业及相关法规

序　号	行　业	法律法规
1	电力	《中华人民共和国电力法》
2	通信	《中华人民共和国电信条例》
3	铁路	《中华人民共和国铁路法》
4	民航	《中华人民共和国民航法》
5	邮政	《中华人民共和国邮政法》
6	广播电台，无线、有线电视台	《广播电视管理条例》
7	烟草专卖	《中华人民共和国烟草专卖法》
8	城市燃气供给	《城镇燃气管理条例》
9	城市自来水	《城市供水条例》
10	银行	《中华人民共和国商业银行法》
11	保险	《中华人民共和国保险法》
12	公路	《中华人民共和国公路法》

1.《烟草专卖法》与《反垄断法》

《烟草专卖法》为现行的烟草专卖制度提供了法律依据，但这与《反垄断法》中的行政垄断相关规制从形式上看有一定的冲突，因此在尚未制定行政垄断豁免制度时，应当首先理顺《烟草专卖法》与《反垄断法》的关系，找到烟草专卖制存在及完善的法律依据。《烟草专卖法》与《反垄断法》都是全国人大常委会制定的一般性法律，处于同一位阶。但《烟草专卖法》是专门规制烟草生产、销售、管理的特别法。《反垄断法》是为了预防和防止垄断行为，保护市场公平竞争，提高经济运行效率的一般法。因此，当一般法与特别法产

---

① 我国《立法法》第83条："同一机关制定的法律、行政法规、地方性法规、自治条例和单行条例、规章，特别规定与一般规定不一致的，适用特别规定；新的规定与旧的规定不一致的，适用新的规定。"
② 参见史际春、赵忠龙：《竞争政策——经验与文本的交织进化》，载《法学研究》，2010（5）。
③ 孟雁北：《我国〈反垄断法〉之于垄断行业适用范围问题研究》，载《法学家》，2012（6）。

生冲突时，应当优先适用特别法的规定。按照《烟草专卖法》的有关规定贯彻实施有关的烟草专卖制度。但如果在烟草经营过程中存在着行政机关和法律法规授权的具有公共事务职能的组织滥用行政权力，出于私利目的的考量，限定交易主体购买特定商品或从事其他地方保护主义行为的情形，则依然应当按照《反垄断法》的相关规定进行处罚。《反垄断法》第7条明确规定："依法实行专营专卖的行业，国家对其经营者的合法经营活动予以保护，并对经营者的经营行为及其商品和服务的价格依法实施监管和调控，维护消费者利益，促进技术进步。"因此，严格依照《烟草专卖法》运行的烟草专营专卖制度是符合反垄断法的明文规定的，应当得到国家的保护。同时，《反垄断法》也应当充分发挥其监督作用，保证烟草行业的正常发展和相关消费者的利益。[①]

依据《烟草专卖法》的规定，我国建立了中央和地方的两级烟草专卖体制。将卷烟、雪茄烟、烟丝、烟叶、卷烟纸、滤嘴棒、烟用丝束、烟草专用机械都列为烟草专卖品，并对其生产、销售和进出口都实施专卖管理。烟草的生产企业需经国务院烟草专卖行政部门批准从业，每年的烟草产品生产总量、销售总量也由国务院计划部门制定下达。烟叶只能由烟草公司或其委托的单位按照国家规定的收购标准、价格统一收购。烟草产品的价格需要由国务院或省级的烟草专卖行政主管机关制定。这种不完全竞争的市场环境和政府定价不可避免地会带来香烟价格的偏高。

2.《电力法》与《反垄断法》

《电力法》第6条规定，国务院电力管理部门负责全国电力事业的监督管理。国务院有关部门在各自的职责范围内负责电力事业的监督管理。县级以上地方人民政府经济综合主管部门是本行政区域内的电力管理部门，负责电力事业的监督管理。县级以上地方人民政府有关部门在各自的职责范围内负责电力事业的监督管理。

《电力监管条例》第14条规定："电力监管机构按照国家有关规定，对发电企业在各电力市场中所占份额的比例实施监管。"第16条规定："电力监管机构对电力市场向从事电力交易的主体公平、无歧视开放的情况以及输电企业公平开放电网的情况依法实施监督。"由此可见，电监会的一项重要职权就是对电力企业共谋、滥用市场支配地位等垄断行为进行监管。

2019年12月22日，中共中央、国务院发布《关于营造更好发展环境支持民营企业改革发展的意见》指出，在电力、电信、铁路、石油、天然气等重点行业和领域，放开竞争性业务，进一步引入市场竞争机制，并且在基础设施、社会事业、金融服务业等领域大幅放宽市场准入。

3.《通信管理条例》与《反垄断法》

以滥用市场支配地位的行为为例，我国《反垄断法》第17条与第47条分别对滥用行

---

① 幸昕：《论我国行政垄断的豁免制度——以我国的烟草专卖制度为例》，载《重庆与世界》，2015（12）。

为的具体类型以及相应法律后果进行了规定，因此其作为规制滥用市场支配地位的普通法条，在一般情况下，如果没有特别规定，执法部门在执法时必须严格适用。但在实际的执法过程中，由于具体案件具有一定特殊性，因此是否适用上述规定，还应当考察是否存在特别法条。我国的电信领域，由于行业自身特性，电信经营企业普遍被认为具有垄断地位，当电信企业实施滥用市场支配地位以限制用户选择其他电信业务经营者依法开办的电信服务行为时，应当由有关部门根据《电信条例》第41条和第71条对其进行处罚。[①]

4.《供水供气条例》与《反垄断法》

以原葫芦岛市工商局纠正建昌县城乡规划建设局滥用行政权力排除、限制竞争行为案为例，该案涉嫌行政垄断的行为主要发生在公用事业领域，具体是在供水行业。而从历史分析的角度来看，供水公司最初是由政府统管的事业单位，之后才慢慢转变为垄断经营的国企。虽然2003年和2004年出台的《关于加快市政公用行业市场化进程的意见》和《市政公用事业特许经营管理办法》逐渐将供水行业向市场化推进，但是供水行业的市场准入程度依旧不高，供水行业成为集稀缺性资源、自然垄断、国企独占和公共利益于一身的复杂市场。

在供水市场中，部分地方政府出于供水企业的市政性、公共性、国有性等原因，未能真正做到政企分离或者分离尚不到位。与此同时，随着市场化改革和国企改革的推进，供水企业一边进行市场化运作，以市场主体的形式参与市场生产、经营活动，面临自负盈亏、自担风险的压力；一边受限于公益类国企的身份，需要承担公共服务的职能，接受政府价格限制，遵循保本微利的原则。由此可知，政府部门与供水企业在行业中未能确定彼此边界，没能理顺关系，才导致当供水企业面临亏本压力之时，有的政府部门时常假借各种名义干预市场。

此类案件的涉案主体也常以用户安全、效率等作为抗辩理由。如供水企业认为当前市场上销售的产品质量良莠不齐，售后服务无保障，技术参数不统一，或者不能有效与相应系统软件兼容，给群众交费造成诸多不便等，要求用户必须使用经政府部门指定的公司产品，以此来有效保证产品质量和售后服务。反垄断执法部门在对供水企业这类抗辩理由进行分析时，应结合《反垄断法》和相关行业法律、法规综合考量。

此外，《城市供水条例》第28条规定："用水单位自行建设的与城市公共供水管道连接的户外管道及其附属设施，必须经城市自来水供水企业验收合格并交其统一管理后，方可合作使用。"可见，行政法规赋予了城市自来水供水企业对户外管道及其附属设施进行验收、管理的职责，给予城市供水企业确保水表质量的正当合法手段。政府部门亦可加强水表质量检查执法，确保水表设施的质量、管理及维修服务，而非简单粗暴地干预正常的市场经营活动。[②]

---

① 黄军：《工商行政执法中法条竞合问题研究》，载《中国市场监管研究》，2016（2）。
② 孙晋、钟原、卫才旺：《从典型案例看制止滥用行政权力排除、限制竞争行为的难点及对策》，载《中国工商报》，2018年8月9日。

5.《公路法》与《反垄断法》

截至 2016 年年底，我国收费公路里程达 17.114 万公里，其中高速公路里程为 12.45 万公里，成为全世界高速公路里程最长的国家。然而，由于转轨经济时期的特殊性，我国收费公路行业依然处于行政垄断状态。

6. 食盐与《反垄断法》

食盐与烟草等特殊物资，是我国计划经济体制中，最后一块尚未完全放开市场化经营的领域。

本次食盐体制改革，在坚持食盐专营的基础上，放开了省级食盐生产企业和批发企业的跨省经营行为。

早在 2017 年盐改之初，江苏、湖北、贵州、河南等 8 个省份均被媒体爆出查扣外地盐，总量超过 2000 吨，部分盐企甚至被查扣数百次。诸多行业内人士认为，政策实施一年来，食盐跨省流通"依然遭遇的是阻止、骚扰等，不能顺畅经营"。《反垄断法》规制的行政垄断行为，大多是在经营、流通领域所发生的行政机关滥用行政权力而发生的垄断行为。但从前述案例来说，食盐行业的竞争白热化，导致了以地方盐务局为主导的食盐经营领域中，行政垄断呈现出了一种新的表现形式，那就是行政机关滥用行政权力，在生产环节对下属企业的竞争对手予以限制或打击。食盐定点生产企业证书对于食盐生产企业而言，属于其合法生产经营的最主要的行政许可证书。依据《食盐专营办法》的规定，只有获得食盐定点生产企业证书的企业，才得依法进行食盐生产。

在江苏省盐务局行政垄断案中，本案盐业体制改革特定的大背景下，被告为了维系其下属盐企的市场份额，抑制竞争对手的生产能力，违法地扣押了原告公司的生产许可证，导致原告公司事实上处于"无证经营"的状态，其对外销售遭遇了非常大的障碍，如不及时获得许可证，则将产生一系列的法律与商业困境。可以毫不客气地说，行政机关为了其下属企业，通过这样"釜底抽薪"的方式打击竞争对手，已不仅是行政违法和行政不当的问题，在其实施行政权的主观上，明显存在恶意。通过本案，值得企业警惕的是，在行政垄断的表现形式中，部分行政机关已然通过在生产阶段抑制其他企业的产能，来达到阻碍其商品流通的不法目的。①

7. 药品集中采购与《反垄断法》

将医院的需求通过药品集中采购组织（GPO）集中采购，是一些国家和地区医疗机构进行药品采购的常用方法。GPO 在我国尚属新生事物，目前仅有上海、深圳试点实施。从试点情况来看，两地的改革模式均被反垄断执法部门责令整改。无论是深圳 GPO 涉及的行政垄断行为还是上海 GPO 涉及的垄断协议行为，两地药品集中采购模式为何都违反了《反垄断法》？究其原因，是其没有在药品集中采购中充分考虑公平竞争的要求。原上海市工

---

① 谢欣：《江苏"盐改第一案"开庭　盐务局"内部文件"是否外化为焦点》，http://www.nbd.com.cn/articles/2017-05-02/1100361.html，访问时间：2020年8月30日。

商局查处上海医健卫生事务服务中心、上海市医药卫生发展基金会涉嫌垄断时，我们发现当事人对上海 GPO 模式的制度设计相对完备，充分考虑到财政、税务等问题，尤其熟知医药行业法律法规、相关政策及医改动向，但是对竞争政策知之甚少。对此，我们认为，医疗机构进行药品集中采购时，不仅需要遵守行业专门法律、法规以及规章的要求，还应以遵循竞争政策的思维去实现改革。依据《反垄断法》进行合规建设、落实公平竞争审查制度，应是医疗机构进行药品集中采购等医药购销改革的"必修课"。①

2017 年 8 月，广东省发改委对《药房托管行为反垄断执法指南》征求意见，明确指出了公立医院、医药企业在药房托管中可能面临的垄断行为。同样，在"两票制"下的医药企业或许面临三重反垄断风险，如生产商固定价格加大纵向垄断风险、经销商价格合谋加大横向垄断风险、原料药不正当高价加大滥用支配地位风险等。

（四）反垄断法与公平竞争审查

《优化营商环境条例》对规制滥用行政权力排除、限制竞争行为提供了明确的法律依据，而随着公平竞争审查制度的建立和推行，该制度相关内容也为反垄断执法部门所适用，并在公布的典型案例中有集中体现。如在湖南省工商局纠正湖南省相关市州经信部门滥用行政权力排除、限制竞争行为案中，湖南省工商局以相关市州经信部门违反《反垄断法》和《国务院关于在市场体系建设中建立公平竞争审查制度的意见》的有关规定，向其上级机关发出执法建议函。同样，在宁夏回族自治区工商局、辽宁省葫芦岛市工商局查办的相关案件中，公平竞争审查制度的内容也有所体现。

在《优化营商环境条例》出台前，由于《反垄断法》与公平竞争审查制度分属不同性质的法律与规范性文件，前者是全国人大常委会通过的法律，后者则是以国务院政策文件的形式确立的，因此在适用上述法律与规范性文件时，反垄断执法部门需要进一步区别对待，对公平竞争审查制度的适用更要审慎。

与此同时，反垄断执法部门应注重适用两者在规制滥用行政权力排除、限制竞争行为时的区别。现行《反垄断法》对滥用行政权力排除、限制竞争行为予以规制采取的是事后救济方式，更侧重于对具体行政行为的处罚。而在实际生活中，抽象的滥用行政权力排除、限制竞争行为对于公平竞争市场秩序的破坏远远大于具体的滥用行为。《反垄断法》第 32 条至第 36 条规制的是具体的滥用行政权力排除、限制竞争行为，对抽象的滥用行政权力排除、限制竞争行为的规制依据《反垄断法》第 37 条的规定，无法从源头上有效遏制此行为。

正是在这样的条件和背景下，公平竞争审查制度作为规制行政垄断的创新之举得以正式确立。它直接以各类排除、限制竞争的规范性文件作为审查对象，以事前审查的方式对

---

① 杨超、苏永辉：《办案人员谈对上海公立医疗机构药品集团采购联盟相关经营者涉嫌垄断行为中止调查的分析及体会——落实公平竞争审查制度是医药购销体制改革的"必修课"》，载《中国工商报》，2018年3月8日，第7版。

抽象垄断行为进行规制。《国务院关于在市场体系建设中建立公平竞争审查制度的意见》明确规定，在政策制定的过程中必须对照四大类共 18 项标准进行自我审查，如果具有排除、限制竞争效果则不能出台，或者需修订至符合相关要求才能正式颁行。由此可见，公平竞争审查制度正是作为专门规制行政垄断行为的一种必要措施而建立的。

当然，《反垄断法》与公平竞争审查制度的联系同样不应被忽略，尽管后者为保障竞争秩序设置了较前者更为详细的自我审查标准，但两者的实体内容基本相同，规制政府反竞争行为的目的也始终一致。在此基础上，学界普遍认为应将公平竞争审查制度作为一项具体制度纳入《反垄断法》。这样，既能明晰反垄断执法部门在执法过程中将《反垄断法》作为上位法的基本尺度，也能保障公平竞争审查制度的推进落实和权威性。[①]

《反垄断法》和《优化营商环境条例》相比，前者是全国人大常委会通过的法律，后者是国务院行政法规。二者均是反垄断执法依据，但因为《优化营商环境条例》仅规定进行公平竞争审查，具体审查流程和标准，仍要依据《国务院关于在市场体系建设中建立公平竞争审查制度的意见》和《公平竞争审查制度实施细则（暂行）》。

[①] 孙晋、钟原、卫才旺：《从典型案例看制止滥用行政权力排除、限制竞争行为的难点及对策》，载《中国工商报》，2018年8月9日。

第 四 章

行政垄断与滥用职权

因滥用行政权力与滥用职权的高度相似性，实践中执法机关也并未做过多的考虑而将二者视为同一概念。对于该问题的规定主要存在于竞争法和行政法律规范之中。

第一节　滥用职权与滥用行政权力

一、滥用职权的起源

"滥用职权"作为法律概念，最早出现在 1989 年《行政诉讼法》第 54 条第 2 款第（5）项。

当初的我国《行政诉讼法》为什么会写入"滥用职权"条款？这可以追溯到 1987 年召开的中国共产党十三大，十三大报告提出"要制定行政诉讼法，加强对行政工作和行政人员的监察，追究一切行政人员的失职、渎职和其他违法违纪行为"。[①]1988 年 9 月 26 日十三届三中全会的报告又进一步提出了治理经济环境、整顿经济秩序、全面深化改革的方针。[②]我国《行政诉讼法》的制定除了贯彻宪法中的有关规定以外，也是为了贯彻落实十三大提出的"加强对行政工作和行政人员的监察"的要求，"贯彻执行党的十三届三中全会提出的治理经济环境、整顿经济秩序、全面深化改革的方针"[③]。虽然在第七届全国人民代表大会第二次会议上王汉斌副委员长所作的《关于〈中华人民共和国行政诉讼法（草案）〉的说明》没有具体解释"滥用职权"条款，但在《瞭望周刊》所做的访问资料中，王汉斌的论述可以彰显以其为代表的起草小组在 1989 年我国《行政诉讼法》制定时写入"滥用职权"条款的目的，即监督经济生活中行政机关工作人员滥用职权、以权谋私的违法行为，向被侵犯合法权益的公民提供救济手段。[④]

---

① 参见《赵紫阳在中国共产党第十三次全国代表大会上的报告》。
② 参见《在中国共产党第十三届中央委员会第三次全体会议上的报告》。
③ 参见《王汉斌谈〈行政诉讼法〉》，载《瞭望周刊》，1988（49）。
④ 参见朱思懿：《"滥用职权"的行政法释义建构》，载《政治与法律》，2017（5）。

二、滥用职权的含义

由全国人大常委会法工委组织编写、胡康生主编的《行政诉讼法释义》及《〈中华人民共和国行政诉讼法〉讲话》两书对"滥用职权"作出了解释。前一本书认为 1989 年我国《行政诉讼法》中"行政机关滥用职权是指行政机关作出的具体行政行为虽然在其权限范围以内，但行政机关不正当地行使职权，不符合法律授予这种权力的目的"。[1] 其强调"滥用职权的基本点是行使职权违背了法律授权的宗旨"。[2] 后一本书指出，"滥用职权"是不正当行使职权，不符合法律授权的目的。然而，不正当、不符合法律授权目的的界定仍然较为宽泛，具有模糊性，对"滥用职权"依然无法界定清晰。有学者认为，"滥用职权"的司法适用应当仅限于行政裁量领域。[3] 也有学者指出，从文义上理解，"滥用职权"中的"职权"既包括裁量权，也包括羁束权；滥用职权的情形并不限于滥用裁量权，还应包括滥用羁束权。[4] 学者余凌云认为，对行政裁量滥用职权标准的审查主要是客观性审查，而不是主观性审查，仍是对行政的合法性审查，而不是要进一步延伸到对行政的道德性审查。[5] 大多数学者都认为实务中存在对滥用职权标准的扩大理解。

根据《反垄断法》的规定，行政垄断是指滥用行政权力，排除、限制竞争的行为，所以整体来看，"没有法律或政策依据"与"滥用行政权力"所要表示的含义应当一致，都彰显了一种对行政垄断行为的负面评价，"没有法律或政策依据"在这里不仅指行政法上的"滥用职权"，也包括其他如超越职权等行政违法行为。

我国行政诉讼法自出台以来，便明确规定法院可以撤销行政机关"滥用职权"的行政行为。《行政诉讼法》2014 年修改时，吸收了"对于行政机关明显不合理的行政行为，没有规定人民法院可以判决撤销，不利于解决行政争议"的建议，新增行政行为"明显不当"的审查标准。自此，我国的行政诉讼"堂而皇之地进入合理性审查的时代"。不过，不同于那些单独构建行政裁量司法审查标准体系的国家或地区，我国行政诉讼法并未就"滥用职权""明显不当"与行政裁量司法审查标准的对应关系作出明确规定，而是将其与"主要证据不足""适用法律、法规错误""违反法定程序""超越职权"等其他标准并列规定，导致行政裁量司法审查标准模糊不清。有学者认为，"滥用职权"的司法适用应当仅限于行政裁量领域。也有学者指出，从文义上理解，"滥用职权"中的"职权"既包括裁量权，也包括羁束权；滥用职权的情形并不限于滥用裁量权，还应包括滥用羁束权。模糊的立法规定和多元化的学说解释，极易导致司法适用的混乱。实践中，法院要么将滥用职权标准

---

① 胡康生：《行政诉讼法释义》，92页，北京，北京师范学院出版社，1989。
② 胡康生：《〈中华人民共和国行政诉讼法〉讲话》，183页，北京，中国民主法制出版社，1989。
③ 参见袁杰主编：《〈中华人民共和国行政诉讼法〉解读》，197页，中国法制出版社，2014。
④ 参见姚锐敏：《关于行政滥用职权的范围和性质的探讨》，载《华中师范大学学报（人文社会科学版）》，2000（5）。
⑤ 余凌云：《对行政机关滥用职权的司法审查——从若干判案看法院审理的偏好与问题》，载《中国法学》，2008（1）。

与其他审查标准交叉混用，要么将其隐匿于其他审查标准中，有时甚至以其他标准取而代之。

针对我国滥用职权审查标准的模糊性难题，到目前为止，最高人民法院并未出台相关司法解释，也未公布可资参照的指导性案例。权威性立场的沉默，进一步加剧了相关司法适用的波动和混乱。《行政诉讼法》2014 年新增"明显不当"标准后，厘清滥用职权标准的内涵与外延，规范其司法适用，显得尤为重要。

三、滥用职权的几种学说

"滥用职权"归纳起来大致有以下几种学说观点。

第一，违反授权目的说。该学说认为："滥用职权是指行政机关行使职权背离法律、法规的目的，背离法律的基本原则。其所实施的具体行政行为虽然形式上在其职权范围内，但是内容与法律、法规设定该职权的用意和目的相去甚远。"① 行政法教材基本沿用该学说。

第二，主观故意说。该学说认为行政机关的主观故意是滥用职权与其他不当行政行为差别的主要表现，主观上必须出于故意，过失不构成滥用职权，即使实施的行政行为违背了法律规定的目的、精神和原则。②

第三，滥用裁量权说。该学说认为滥用职权针对行政裁量领域，滥用职权即滥用裁量权。③ 沈岿教授在梳理 1992 年至 1999 年《人民法院案例选》上刊载的 270 个案例后，发现法院适用"滥用职权"标准时界分不清其学理含义与日常含义，最终只能将其与行政机关在行使职权时的主观过错相联系，因而提出增加"裁量明显不当"的审查标准。④

第四，"主观过错说"。其一，"合法目的"不局限于行为作出所依据的立法目的（客观目的），还包含行为作出所要实现的目的（主观目的）。其二，"相关性"或者说"相关因素"的考虑。已有判例中我国法院对于"相关性"的审查限于行政裁量权，如果行政机关在行使裁量权时没有考虑相关因素，则法院认为裁量权的行使不合法。至于哪些因素是相关的，需要或者必须予以考虑的，是个案中法院解释的问题。⑤

四、滥用行政权力的立法规制

（一）《反不正当竞争法》

1993 年我国颁布实施了《反不正当竞争法》，在此之后，2008 年《反垄断法》和 2015 年《行

---

① 参见罗豪才、应松年主编：《行政诉讼法学》，250 页，北京，中国政法大学出版社，1990。
② 朱思懿：《"滥用职权"的行政法释义建构》，载《政治与法律》，2017（5）。
③ 参见朱新力：《行政滥用职权的新定义》，载《法学研究》，1994（3）。
④ 参见沈岿：《行政诉讼确立"裁量明显不当"标准之议》，载《法商研究》，2004（4）。
⑤ 参见朱思懿：《"滥用职权"的行政法释义建构》，载《政治与法律》，2017（5）。

政诉讼法》也作出了相应规定，除此之外，在其他一些法律法规中也能找到"滥用行政权力"。1993年实施的《反不正当竞争法》第7条[①]和第30条[②]简明扼要地将行政垄断纳入该法的调整范围，也是首次在重要的国家级法律的层面对行政垄断相关问题作出规定。其中的第7条，是我国立法中第一次出现"滥用行政权力"的表述，对于其内涵为何，《反不正当竞争法》并未进行更加明晰的界定和阐明。尽管2017年《反不正当竞争法》进行了修订，有关行政垄断的内容已被删除，但作为行政垄断问题的"第一个法律条文"，该规定在存续期间还是具有重大的影响力，之后的各种法律和政策文件在涉及行政垄断问题时，都会多多少少受其规定的影响。

（二）《反垄断法》

2008年8月1日，备受关注的《反垄断法》终于正式付诸实施，该法也是我国主要对行政垄断的相关问题做出比较细致规定的法律。从《反垄断法》的体例来看，共有三章8条涉及行政垄断的内容。第一章第8条对行政垄断的基本内涵作出了总括性的规定，第五章则以一整章的形式在第32条至第37条对行政垄断的六种典型情形进行了列举，第六章的第51条则对行政垄断需要承担的法律责任作出了简要的规定。《反垄断法》第8条关于"滥用行政权力"的表述，其实是继承了1993年《反不正当竞争法》的用法，为了与其保持一致，以免引起不必要的争议，而未对"滥用行政权力"的本身含义做过多细化规定。对行政垄断问题做出规定的行政法律规范主要是2015年新《行政诉讼法》，1989年《行政诉讼法》未涉及行政性限制竞争的问题，因此亦无"滥用行政权力"的相关规定。1993年《反不正当竞争法》和2008年《反垄断法》对于针对行政机关的行政垄断行为是否可以提起行政诉讼没有明确规定，实践中争议较大，做法不一。

2008年《反垄断法》出台施行后，我国行政垄断的规制体系主要由《行政诉讼法》《反垄断法》和《优化营商环境条例》组成。

五、"滥用行政权力"的判定

（一）"滥用行政权力"的概念

针对"滥用"的界定标准，至今尚未形成一致的观点。较有代表性的观点有："违反目的、

---

① 《反不正当竞争法》第7条：政府及其所属部门不得滥用行政权力，限定他人购买其指定的经营者的商品，限制其他经营者正当的经营活动。政府及其所属部门不得滥用行政权力，限制外地商品进入本地市场，或者本地商品流向外地市场。

② 《反不正当竞争法》第30条：政府及其所属部门违反本法第7条规定，限定他人购买其指定的经营者的商品、限制其他经营者正当的经营活动，或者限制商品在地区之间正常流通的，由上级机关责令其改正；情节严重的，由同级或者上级机关对直接责任人员给予行政处分。被指定的经营者借此销售质次价高商品或者滥收费用的，监督检查部门应当没收违法所得，可以根据情节处以违法所得一倍以上三倍以下的罚款。

原则说"，"违反原则说"，"结果显失公正说"，"内容列举说"，"行政职权不规范或者超常规使用说"等。这里面牵涉到的是不同角度下，界定行政权力"正当行使"与"滥用"界限的问题。关于滥用行政权力，究竟指的是狭义上的滥用自由裁量权力，还是广义上的包括了滥用羁束行政权力在内的理解？后者不仅包括前者，还包括行政机关的越权行为和失职行为。反垄断法的立法原意，显然不是仅仅从行政法的角度规范自由裁量权的使用，而是防范"通过作为、不作为的方式，使行政权力没有正当运行，从而妨碍了相关市场的竞争"。此处的滥用行政权力，系指相关主体故意背离行政权力的正常运行轨道，通过作为或不作为的方式，排除、限制或没有在职责范围内积极地保护相关市场的竞争。[①]

（二）"滥用行政权力"的界定

对于"滥用行政权力"如何界定，学界的争议一直较大。有权威观点认为，"滥用行政权力"应该解释为既包括行政超越职权行为，也包括不符合行政权力的运行目的、运行程序和运行规范来行使行政权力的行为；[②] 也有学者认为，这一扩大解释严重背离了行政法有关行政越权和滥用职权的基本理论。[③] 对于滥用行政权力排除、限制竞争的理解，在原则上通常应当限于超出法定权限或者法定程序对市场竞争实施的各种抑制举措。[④] 根据全国人大常委会法制工作委员会经济法室所作的说明，我国《反垄断法》对此应当秉持这种态度。即"这两类机构行使行政权力，都有法律、法规依据，其应当依法办事，如果其超越法律、法规规定的行政权力处理公共事务，就有可能导致滥用行政权力的行为发生。"[⑤]

《行政诉讼法》和《行政复议法》并没有具体规定"滥用行政权力"的实质含义，而其他的法规与法律解释也没有对"滥用行政权力"的内涵作出定论或者对其表现作出进一步的列举。从行政法理论研究上看，可以从以下几个方面理解"滥用行政权力"：其一，被滥用的"行政权力"是行政自由裁量权。行政行为被区分为羁束行为和自由裁量行为。羁束行为严格按照法律的规定行使，不存在自由选择的幅度，因此只有"合法"问题，而无"合理"问题，并不会导致"滥用"的问题；而自由裁量可能存在违法和不合理，从而导致"滥用"问题。[⑥] 因此，在美国和日本，"滥用行政权力"直接被界定为"滥用自由裁量权"，而当今世界上大多数国家，以及国内越来越多的学者认为，滥用行政权力就是滥

① 刘嘉明：《收紧行政权力的缰绳：1985—2013"行政性垄断"研究述评》，载《天水行政学院学报》，2014（1）。

② 曹康泰主编：《中华人民共和国反垄断法解读——理念、制度、机制、措施》，155页，北京，中国法制出版社，2007。

③ 魏琼：《行政性垄断新解》，载《政治与法律》，2010（6）。

④ 丁茂中：《论我国行政性垄断行为规范的立法完善》，载《政治与法律》，2018（7）。

⑤ 全国人大常委会法制工作委员会经济法室编：《中华人民共和国反垄断法条文说明、立法理由及相关规定》，212页，北京，北京大学出版社，2007。

⑥ 罗豪才主编：《行政法学》，82页，北京，北京大学出版社，2001；胡建淼主编：《行政违法问题探究》，296页，北京，法律出版社，2000。这一推论建立在"滥用"即"不合理"的理论上，从这个意义上讲，理解"滥用行政权力"的两个方面必须同时进行。

用自由裁量权。① 其二，何为"滥用"。较为一致的观点是，滥用即为不合理的使用，尽管在不合理的程度方面学界仍然存在一定的分歧。其三，"滥用行政权力"是行政违法的一种形式。"滥用行政权力"主要是对行政自由裁量权合理性的质疑，是行政违法的形式之一。对于适用"滥用行政权力"要件还需要注意的另外一个问题就是，《反垄断法》第五章对违法性判断的实质标准其实不在《反垄断法》本身，而是在其他相关行政管制立法之中。《反垄断法》能够提供给执法者和司法者的真实判断标准只有一个，即"排除、限制竞争"，而这种"排除、限制竞争"行为是否能够为《反垄断法》所认可，其根本在于这些行为是否违反了约束行政主体本身的行政管制立法。由于《反垄断法》将行政违法行为的前提设为"滥用行政权力"，这就容易使执法机关和司法机关不得不将各类行政不当干预行为解释为"不合理地行使自由裁量权"。

例如，对于山东省交通运输厅印发文件，要求全省"两客一危"车辆、重型载货汽车和半挂牵引车必须直接接入九通公司建设的监控系统平台，并对进入山东省市场的卫星定位终端的型号和价格提出要求这一事件，发改委在"关于建议纠正山东省交通运输厅滥用行政权力排除、限制竞争有关行为的函"的附件中对山东省交通厅行为的违法性进行了两方面的说明：（1）根据交通运输部的三个相关文件，指出道路运输企业在监控平台和车载终端上拥有自主选择权；（2）认定山东省交通运输厅的相关做法排除和限制了监控平台和车载终端市场的竞争。② 根据《行政许可法》的规定和公法主体"法无明文规定则不可为"的要求，在没有法律明确授权的情况下，山东省交通厅的行为明显超越职权，也违反了《行政许可法》关于"设定和实施行政许可，应当依照法定的权限、范围、条件和程序"的要求。③ 但为了满足"滥用"的要求，发改委在文件正文中指出山东省交通厅"不合理地推高了平台服务费水平和车载终端的销售价格，增加了道路运输企业的经营成本"，从而认定相关行为违反了《反垄断法》。而事实上，山东省交通厅对监控平台市场和车载终端市场的强制性准入许可的违法性在于其行为本身缺乏相应管制立法的支持，而不在于其对于市场价格和经营成本的经济效果影响；换言之，即使不存在"推高平台服务费水平和车载终端的销售价格，增加了道路运输企业的经营成本"的效果，垄断性地获取行业利润也违反了《反垄断法》。④

（三）"滥用行政权力"的司法实践

滥用行政权力的含义在理论上有争议，在实践中也难以认定，易于使人认为其违法性在于滥用行政权力，而忽略行政垄断给竞争秩序造成的损害。⑤

---

① 胡建淼主编：《行政违法问题探究》，296 页，北京，法律出版社，2000。
② 国家发展改革委员会办公厅：《关于建议纠正山东省交通运输厅滥用行政权力排除限制竞争有关行为的函》（发改办价监〔2015〕501 号）。
③ 见《行政许可法》第4条、第8条，以及"第二章行政许可的设定"。
④ 参见盛杰民：《论〈反垄断法〉中的"滥用行政权力"》，载《竞争政策研究》，2015（7）。
⑤ 参见郑鹏程：《行政垄断的法律控制研究》，31页，北京，北京大学出版社，2002。

　　"深圳斯维尔案"是一起产生了广泛影响力的典型行政垄断案件,该案创造了多个第一,被称为进入实质审理的"中国行政垄断第一案"。二审中,广东省高院则回归了对于广东省教育厅是否构成滥用职权的判断中,从作出行政行为的目的出发,认定其没有正当理由指定竞赛使用的软件,全程紧扣"目的",这一论证符合滥用职权的通说——"违反目的说"的理论。广东省高院的论证,说明其潜在地认定滥用职权与滥用行政权力系为同一概念,并且注意到滥用职权是专指滥用裁量权,如果想要认定广东省教育厅的违法行为构成行政垄断,则应当将该行为解释为滥用职权,而不是其他违法情形。尽管思路不一,但一审和二审最终的结果是一致的,两级法院都认定广东省教育厅的行为属于行政垄断,并确认该行为违法。

　　"南京发尔士案"则入选2015年最高院发布的十大经济行政典型案例,同样在行政垄断诉讼法治化进程中占有重要的地位。在本案的裁判要旨中,南京中院论证被告江宁区政府的行为,不但具有超越职权的情形,同时亦未履行法定的行政程序,因此构成行政垄断。由此可见,南京中院实质上是以超越职权和违反法定程序为由最终判决江宁区政府败诉,但本质上这两种违法行政的情形并不属于滥用职权。尽管如此,这并没有成为法院认定其构成滥用行政权力的障碍,而是进一步认定构成了行政垄断。值得注意的是,法院解释道"江宁区政府的行为排除了其他可能的市场参与者,构成通过行政权力限制市场竞争",其中的"通过"二字值得琢磨,任何不正当行使行政权力导致限制竞争结果的行为都属于"通过行政权力限制竞争",其与"滥用行政权力限制竞争"很明显不一样,前者的范围更大,超越职权和违反法定程序等情形都可以被前者吸收,但却不一定属于后者。法院用"通过"二字回避了"滥用"二字,也表明其认为滥用行政权力与滥用职权含义一致,但因本案被告的行为难以被解释为滥用职权又确实构成行政垄断,故而不得已采取这种较为宽泛而模糊的说法,从而维护原告合法的市场利益,以及市场正常的经营和竞争秩序。

　　"丹阳鸿润超市案"也是2015年最高院发布的十大经济行政典型案例之一,与"深圳斯维尔案"和"南京发尔士案"两个典型行政垄断案件相比,该案中丹阳市工商局的行为以行政登记为外壳,并没有表现出典型的行政垄断特征,在法院审理过程中也并没有对其是否构成行政垄断进行认定和说理。笔者认为,被告工商局的行为是在没有上位法依据的情况下,通过规定登记需要具备的其他条件,从而设置不平等的市场准入条件。同时,应当登记却不予登记的行为,还涉及行政不作为,工商局的这种行为可能产生排除限、制竞争的效果,进而对市场竞争造成损害性影响,因此应当构成行政垄断。在该案中,法院最终以缺乏法律依据为由撤销工商局不予登记的行为。通过这个案件我们可以总结,没有法律法规依据、行政不作为也可以构成行政垄断的违法形态。

　　通过对三起典型案件的分析可以发现,尽管《反垄断法》和《行政诉讼法》("深圳斯维尔案"一审和"南京发尔士案"主要发生在新《行政诉讼法》实施前,"深圳斯维尔案"二审发生在新法实施后,"丹阳鸿润超市案"则跨越了新法实施前后的阶段)都规定了行政垄断是滥用行政权力排除或限制竞争的行为,但法院在对行政垄断案件的违法构成进行判断时，并不一定只是从滥用行政权力的角度出发，法院在认定是否构成滥用行政权力时，理由往往伴随着超越职权、违反法定程序、证据不足等多种情形。这一方面说明，不是只有滥用职权一种情形才能构成行政垄断，法院撤销行政垄断行为的理由多种多样，滥用行政权力与滥用职权并非相等概念，前者的范围应当大于后者，同时也证明了滥用行政权力这一要件具有表述上的局限性，法院在面临该问题时只能选择另辟蹊径。另一方面，法院不同的裁判思路也表明这可能与其自身未能正确理解滥用职权有关，根据有关判决文书显示，法院倾向于将滥用职权泛化理解为违法，在这三起案件中，广州市中级人民法院的这种倾向便较为明显。

造成此种泛化也有行政相对人的因素。行政相对人在行政诉讼中不能给予进一步细化，仅仅是主张行政机关"滥用职权"或者"不当行使行政权"，而法院在具体诉讼中又基本不可能主动去查明如此之多的可能涉及滥用职权的因素，这使得法院无法在行政诉讼中更好地适用这一事由。因此，尽可能地明确滥用职权的衡量因素，对于作为行政诉讼原告的相对人同样具有意义，也有利于对滥用职权的司法控制。[①]

第二节　滥用职权的司法实践

一、滥用职权的司法认定标准

在当下的司法实践中，在适用"滥用职权"上，出现了两种倾向：一方面，法院很少直接引用《行政诉讼法》第 70 条"滥用职权"的审查标准进行判决；另一方面，在行政滥用职权审查标准适用率极低的情况下，还出现了法院将"滥用职权"与其他法定判决事由混淆使用的情况。

"滥用职权"作为法院审查行政行为是否合法的标准之一，模糊的立法规定和多元化的学说解释，极易导致司法适用的混乱。实践中，法院要么将滥用职权标准与其他审查标准交叉混用，要么将其隐匿于其他审查标准中，有时甚至以其他标准取而代之。针对我国滥用职权审查标准的模糊性难题，到目前为止，最高人民法院并未出台相关司法解释。在将行政滥用职权作为判决依据的案例中，同时存在将主要证据不足、适用法律法规错误、违反法定程序、超越职权、明显不当这五项审查标准与其同时混淆适用的情况。这是行政审判中，滥用职权标准的适用陷入困境的另一种具体表现。

刘云务诉山西省太原市公安局交通警察支队晋源一大队道路交通管理行政强制案[②]中，山西省太原市中级人民法院一审判决驳回刘云务的诉讼请求。山西省高级人民法院二审判

---

① 姚建军：《对行政滥用职权的司法审查》，载《人民司法》，2011（7）。

② 2017年最高人民法院发布行政审判十大典型案例之案例六，最高人民法院（2016）最高法行再5号。

决撤销一审判决，责令晋源交警一大队在判决生效后 30 日内对扣留涉案车辆依法作出处理并答复刘云务，驳回刘云务的其他诉讼请求。

最高人民法院认为，在刘云务提交合法年审手续后，晋源交警一大队又发现涉案车辆涉嫌套牌时，可依法继续扣留，但其违反法定程序，且始终未出具任何形式的书面扣留决定。涉案车辆确系我国生产的东风运输汽车，特定汽车生产厂家生产的特定汽车的车架号码最后 8 位字符组成的字符串具有唯一性，切割查验后显示的车架号码和行驶证所载车架号码的最后 8 位字符完全一致，可以认定被扣留车辆即为行驶证载明的车辆。晋源交警一大队认定涉案车辆涉嫌套牌而持续扣留，构成主要证据不足。在刘云务提交相关材料后，晋源交警一大队既不返还，又不积极调查核实，反复要求刘云务提供客观上已无法提供的其他合法来历证明，长期扣留涉案车辆不予处理，构成滥用职权。据此判决撤销一、二审判决，确认晋源交警一大队扣留涉案车辆违法，判令晋源交警一大队在判决生效后 30 日内将涉案车辆返还刘云务。

该案实属将违反法定程序和行政目的进行了结合。存在裁量余地时，对违法车辆的扣留应以实现行政目的为限，尽可能选择对相对人合法权益损害最小的方式。违反法定程序，无正当理由长期扣留车辆，过度推诿卸责，严重突破实现行政目的的限度，且对相对人合法权益造成重大损害，显已违背严格规范公正文明的执法要求。人民法院依法予以纠正，救济相对人合法权益，监督行政机关依法行使职权，助推依法行政，促进法治政府如期建成。

二、2015 年前的司法裁判规则

2015 年 5 月 1 日实施的新修订的《行政诉讼法》第 70 条规定，"行政行为有下列情形之一的，人民法院判决撤销或者部分撤销，并可以判决被告重新作出行政行为：……（五）滥用职权的；……""滥用职权"是判断行政行为是否违法可被撤销的事由之一，但是，"滥用职权"的内涵和外延是什么？如何认定一个行政行为是否为滥用职权？在法律规范中并不清晰明了，其与大多数法律概念一样具有不明确性和多义性，是一个不确定法律概念，其规范内涵具有模糊性。另外，新《行政诉讼法》第 70 条增加了"明显不当"条款，有的认为这是对修订前我国《行政诉讼法》（以下简称：原法）中"显失公正"条款的延续，[①]有的认为"明显不当"是从原法"滥用职权"中剥离出来的一项，在新《行政诉讼法》中与"滥用职权"并列但适用范围不同。[②]不论是哪种情形，"滥用职权"内涵在行政法释义学上应当如何建构都有待厘清。有"滥用职权"被"滥用"之说。一种情形是"滥用职权"与其他审查标准之间的划分标准不统一，导致法院将"滥用职权"与其他标准混用，将违

---

① 参见史笔、曹晟：《新〈行政诉讼法〉中行政行为"明显不当"的审查与判断》，载《法律适用》，2016（8）。

② 参见何海波：《论行政行为"明显不当"》，载《法学研究》，2016（3）。

反法定程序、适用法律法规错误等违法行政行为认定为"滥用职权"；① 还有一种情形是法院将"滥用职权"泛化理解为违法，作为其他违法事由的上位概念，而非并列适用的事由。② 已有研究成果描述了法院适用"滥用职权"审查行政行为合法性的情形，虽然结论不同，但都直指该条款适用或宽或窄的原因是"滥用职权"规范内涵的模糊性。

有研究者整理判决事例探究个案中"滥用职权"的实定法内涵及其可能形成的事实上的规范。以最高人民法院发布的指导性案例（以下简称：指例）、公报案例（以下简称：公例）、最高人民法院行政审判庭编写的《中国行政审判（指导）案例》（第1卷至第4卷）（以下简称：行例）为样本，以"滥用职权""明显不当""显失公正""《（中华人民共和国）行政诉讼法》第54条第（2）项第5目""《中华人民共和国行政诉讼法》第54条第（4）项"为关键词进行检索，共检索到公例9件、行例11件，经过逐一研读，剔除了仅在诉讼请求中提出"滥用职权"而法院并未审查，或者形式上审查"滥用职权"实则审查其他违法行政行为的案例6件，最终确定在判决理由及判决依据中论及检索关键词的案例有公例4件、行例9件，还有包含检索关键词的公报上发布的最高院直接作出判决的案例1件，这14个案例为笔者于本文中研究的判决事例，如表4-1所示。为了行文简洁，以下笔者将以"案例1、案例2……案例14"指代相应案例。其中，案例3与案例8、案例4与案例5分别为同一个案例先后刊载于公例与行例上，为了行文方便，本书采用公例（案例3、案例4）的称谓，如有必要，行例（案例8、案例5）作为参考样本。③

表4-1 本书所涉及14个关于"滥用职权"的案例

编号	案 例	出 处	刊发时间	关键词
1	黄梅县振华建材物资总公司不服黄石市公安局扣押财产及侵犯企业财产权行政上诉案	公例 1996—1	1996年1月	滥用职权
2	黑龙江省哈尔滨市规划局与黑龙江汇丰实业发展有限公司行政处罚纠纷上诉案	法公布（2000）第5号	2000年6月	显失公正
3	王丽萍诉中牟县交通局行政赔偿纠纷案	公例 2003—3	2003年3月	滥用职权
4	博坦公司诉厦门海关行政处罚决定案	公例 2006—6	2006年6月	显失公正
5	厦门博坦仓储有限公司诉福建省厦门海关行政处罚案	行例 1—13	2010年10月	显失公正
6	毛为将诉山东省东营市公安局交通警察支队道路行政处罚案	行例 1—15	2010年10月	显失公正
7	臧君奎诉江苏省宿迁市泗阳工商管理局工商行政处罚案	行例 1—17	2010年10月	显失公正
8	王丽萍诉河南省中牟县交通局交通行政赔偿案	行例 1—18	2010年10月	滥用职权

---

① 参见何海波：《行政行为的合法要件——兼议行政行为司法审查根据的重构》，载《中国法学》，2009（4）。

② 参见施立栋：《被滥用的"滥用职权"——行政判决中滥用职权审查标准的语义扩张及其成因》，载《政治与法律》，2015（1）。

③ 参见朱思懿：《"滥用职权"的行政法释义建构》，载《政治与法律》，2017（5）。

编号	案　　例	出　　处	刊发时间	关键词
9	高耀荣诉江苏省溧阳市建设局城市房屋拆迁行政裁决案	行例 2—71	2011 年 8 月	显失公正
10	潘龙泉诉新沂市公安局治安行政处罚案	行例 4—144	2012 年 12 月	滥用职权
11	临清市鲁信面粉有限公司诉山东省人民政府行政复议决定案	行例 4—145	2012 年 12 月	滥用职权
12	陈刚诉句容市规划局、句容市城市管理局城建行政命令案	行例 3—106	2013 年 1 月	滥用职权
13	郑仲华不服福建省莆田市建设局拆迁行政裁决案	行例 3—107	2013 年 1 月	滥用职权
14	苏州鼎盛食品公司不服苏州市工商局商标侵权行政处罚案	公例 2013—10	2013 年 10 月	显失公正

（一）以合法形式实现非法意图

在最高人民法院公布的典型案例中，最早适用"滥用职权"条款作出撤销判决的是案例 1。

（二）违背法律授权目的

合法目的除了包括行政行为作出所要达到的执法目的，还包括作出行政行为所依据的法律法规——其客观的立法目的，即设置该项权力的客观目的。案例 10 即是从法律授权目的方面审查是否滥用职权。在上述 14 个案例中，有 10 个案例中的法院对"滥用职权"采用"相关考虑"的解释思路，不管是解释什么是"滥用职权"，还是什么不是"滥用职权"，法院都把相关因素作为审查行政行为是否"滥用职权"的核心要件。（1）一般常识性因素，在案例 3 中，法院认为被告在执行暂扣车辆决定时不符合合理、适当的要求，是"滥用职权"，其行为违法，判决赔偿原告经济损失。案例 3 延续了案例 1 中认定"滥用职权"要具有主观故意的要件的立场，但是案例 3 更大的意义在于，最高人民法院首次提出在行政裁量领域行使行政权的合法性要求，明显不合理行使裁量权构成滥用职权。（2）法定因素，案例 3 中法院解释滥用职权"考虑相关因素"的解释路径在其后的一些典型案例中反复出现。比如，案例 6、案例 7 和案例 14 中法院审查的是行政机关对违法相对人的罚款是否显失公正。（3）正当程序因素，除了一般常识性因素和法定因素以外，还有一种因素是法律没有规定的事项，但基于法律原则、法律精神也应当考虑的事项，发生在案例 11 和案例 12 中的情形就是这样。这两个案件中法院都认为，法律没有明确规定行政机关必须尽到通知或者告知义务，但是，行政机关作出对当事人不利的决定时，应听取当事人的意见，这既是正当程序的要求，也是在裁量时应当考虑的因素。换言之，法院认为需要考虑正当程序因素，如果未予考虑，就是"滥用职权"。且不论针对这种行政行为以"违反法定程序"还是"滥用职权"作为裁判依据哪个更为恰当，"相关因素考虑"的解释思路还是为程序裁量的司法审查提供了一种路径。

（三）不予考虑法律法规

作出行政行为时不予考虑法律法规没有规定的相关因素不是"滥用职权"，最高人民法院公布的判例中，绝大多数滥用职权案例是采取积极定义的方式解释"滥用职权"的，但是，案例 4 从什么不是"滥用职权"的审查思路出发，采取消极定义的方式解释"滥用职权"的内涵。该案的争议焦点之一是没收违法所得应否扣除经营成本（该案的另两个争议焦点与本书主题无关，于此不赘）。该案中法院的观点如下。其一，认定违法所得的依据是与认定的违法行为相关的法律法规，这里的法律法规的规定是与认定的违法行为相关的法律法规，不能扩张到其他法律法规的规定。原告主张的其中两个文件与认定走私案件的违法所得无关，法院认为这两份文件不具有参照适用的效力。另一份海关总署政法司的复函也不具有法律效力，不能作为行政案件的审判依据。应该以认定走私案件违法所得有关的法律法规为依据。其二，相关法律法规没有规定投入的经营费用应从违法所得中扣除。法院认为违法所得是指违法行为人因实施不法行为而获得的利益，不能按照计算利润的方法来确定。根据《海关法行政处罚实施细则》和《关于办理走私刑事案件适用法律若干问题的意见》中的规定，没收的是走私货物、物品和收入，不论其表现形式和存在状态，指向的是走私行为的结果，并不存在扣除"经营成本"的问题。

（四）处罚显失公正

2000 年最高人民法院二审的案例 2 中，法院就规划局针对违法建设行为作出的行政处罚决定是否显失公正予以审查。

（五）结果明显不当

"滥用职权"的客观结果还有一种情形是裁量结果明显不当。在案例 13 中，法院认为裁量内容明显不当是"滥用职权"。案例 13 中的法院不仅运用比例原则审查裁量权行使是否合法，而且更直接地审查裁量结果，结果明显不当就是违法行为。结果明显不当的情形，因为 1989 年我国《行政诉讼法》中没有相应条款，法院最终借"滥用职权"条款这个出口作出判决。[①]

三、司法裁判的另一种逻辑分析

（一）据以分析的公报判例

截至 2019 年 10 月，"公报"共刊登了 7 个以"滥用职权"为由认定行政行为违法的案例（参见表 4-2）。从总体上看，这 7 个案例中的前 3 个案例与后 4 个案例，分别呈现了两种不同的裁判逻辑。

---

① 参见朱思懿：《"滥用职权"的行政法释义建构》，载《政治与法律》，2017（5）。

表 4-2　公报案件信息（表格系笔者整理）

序号	名　称	简　称	刊发时间
1	谢培新诉永和乡人民政府违法要求履行义务案	谢培新案	1993 年第 1 期
2	黄梅县振华建材物资总公司不服黄石市公安局扣押财产及侵犯企业财产权行政上诉案	黄梅县振华公司案	1996 年第 1 期
3	路世伟不服靖远县人民政府行政决定案	路世伟案	2002 年第 3 期
4	王丽萍诉中牟县交通局行政赔偿纠纷案	王丽萍案	2003 年第 3 期
5	定安城东建筑装修 工程公司与海南省定安县人民政府、第三人中国农业银行定安支行收回国有土地使用权及撤销土地证案	定安城东案	2015 年第 2 期
6	刘云务诉山西省太原市公安局交通警察支队晋源一大队道路交通管理行政强制案	刘云务案	2017 年第 2 期
7	崔龙书诉丰县人民政府行政允诺案	崔龙书案	2017 年第 11 期

1. 分离型裁判逻辑

所谓分离型裁判逻辑是指法院凭借"滥用"或"职权"中的单一要素，尤其是"滥用"这一要素，直接认定行政机关构成滥用职权。如"公报"1993 年刊登的"谢培新案"中。与"谢培新案"一样，在"公报"1996 年刊登的"黄梅县振华公司案"中，法院亦采用了"滥用"与"职权"相分离的裁判逻辑来认定滥用职权，且表现得更为彻底。该案中，法院将行政机关的"非法意图"提到了更为核心的位置。

2. 结合型裁判逻辑

无论是"谢培新案""黄梅县振华公司案"还是"路世伟案"，法院其实都是从"职权违法"或"主观意图违法"的外部视角认定滥用职权。被法院判定构成滥用职权的行政行为本身就具有明显的形式违法性。然而，从"公报"2003 年刊登的"王丽萍案"开始，法官开始将注意力转向行政裁量内部的合理性问题。随之而来的变化是，具有形式合法性的裁量权成为恒定的"职权"要素，法院只需判定何种因素构成裁量权的滥用即可，构成滥用职权要满足"职权"与"滥用"的双重属性，此种裁判逻辑即所谓结合型的裁判逻辑。在"公报"2015 年以后刊登的三个案例中，结合型裁判逻辑得到了进一步体现。"定安城东案"系经最高人民法院提审的案件。法院认定，"当初未填写土地用途，并非城东公司的原因所致，本可以补正方式解决，县政府却以此为由撤销城东公司合法持有的《国有土地使用证》，属于滥用行政职权"。在"刘云务案"中，法院认为，晋源交警一大队扣留车辆后，应依照相关法律的规定，分别作出相应处理。在刘云务已经提供有关证明的情况下，晋源交警一大队"既不返还机动车，又不及时主动调查核实车辆相关来历证明，也不要求刘云务提供相应担保并解除扣留措施"，而是"反复要求刘云务提供客观上已无法提供的其他合法来历证明，滥用了法律法规赋予的职权"。在"崔龙书案"中，法院认定丰县发改委"有为丰县政府推卸应负义务之嫌疑"，丰县政府以此为由拒绝履行允诺义务，构成对优益权的滥用。①

（二）滥用职权标准适用范畴与认定条件

按照分离型裁判逻辑，是否构成滥用职权可以通过单一的"职权"或"滥用"要素进行判定，滥用职权标准的适用范畴具有极大的开放性。一方面，依单一的"职权"要素，无论行政机关有无"滥用"之主观意图，任何无职权或超越职权的行政行为，都可以同时被认定为滥用职权，如前述"路世伟案"。另一方面，依单一的"滥用"要素，即便行政机关无职权或超越职权，任何具有"滥用"意图的行政行为，也都可以被认定为滥用职权，如前述"谢培新案"。同时，以"滥用"为要素，行政机关具有何种职权，在所不问。只要发现了"滥用"之主观意图，便可认定为滥用职权。"黄梅县振华公司案"可以说是行政机关以权谋私、违法介入私人间经济活动的典型。②

与分离型裁判逻辑不同，结合型裁判逻辑是将"职权"与"滥用"两个要素结合起来加以分析，滥用职权审查标准的适用范围受到严格的条件限制。按照此种裁判逻辑，滥用职权仅指在行政职权范围内发生的行为，因其内容与法律、法规设定该职权的用意或目的相违背，产生了"滥用"之后果，构成滥用职权。③从外在形态上观察，构成滥用职权之行为本身并不存在明显的形式违法，④只是因为存在"滥用"之缘由，导致裁量决定的作出过程或结果出现明显的不合理。这意味着，滥用职权"必须是自由裁量的行政行为，羁束权限的行政行为不发生'滥用职权'的问题"。⑤只有在行政裁量领域，行为人在其权限范围内才有选择的余地，并有责任考量何种选择更符合立法意图或法律目的，才会存在行为正当与否的问题，并有可能构成滥用职权。⑥由于"滥用"具有强烈的主观性，按照结合型裁判逻辑，滥用职权的构成，还需要行政机关在实施行政行为时存在主观故意，这是滥用职权与其他违法或不当行政行为的主要差别。⑦如果行政行为因内容不合理、不适当而违背法律法规的目的或精神，是由其他原因而非行政机关工作人员主观上的故意所引起，那就不属于滥用职权。⑧这在前述 4 个涉及职权滥用的"公报"案例中，都有明显的体现："王丽萍案"中，执行人员对财产损害有"明知"；"定安城东案"中，"本可以补正方式解决，县政府却以此为由撤销城东公司合法持有的《国有土地使用证》"；"刘云务案"中，晋

---

① 参见周佑勇：《司法审查中的滥用职权标准——以最高人民法院公报案例为观察对象》，载《法学研究》，2020（1）。

② 参见刘敬怀、何平、阎军：《王汉斌谈〈行政诉讼法〉》，载《瞭望周刊》，1988（49）。

③ 参见马原主编：《行政诉讼知识文库》，193页以下，北京，北京师范学院出版社，1991。

④ 参见傅思明：《中国司法审查制度》，122页以下，北京，中国民主法制出版社，2002。

⑤ 万猛：《论判决撤销滥用职权的具体行政行为》，载黄杰、李道民主编：《行政审判实践与研究》，北京，中国法制出版社，1991。

⑥ 参见胡建淼：《有关行政滥用职权的内涵及其表现的学理探讨》，载《法学研究》，1992（3）。

⑦ 参见关保英：《论行政滥用职权》，载《中国法学》，2005（2）。

⑧ 参见袁明圣：《对滥用职权与显失公正行为的司法审查》，载《法律科学》，1996（6）。

源交警反复要求原告刘云务提供客观上无法提供的材料；"崔龙书案"中，丰县发改委"为推卸义务而作出限缩解释"。

（三）两种裁判逻辑分歧

两种裁判逻辑在滥用职权审查标准适用范畴与认定条件上的分歧，很大程度上源于二者在司法审查价值取向上的差异。分离型裁判逻辑遵循形式合法性审查的价值取向，回避对行政行为进行实质合理性审查。按照结合型裁判逻辑，"滥用职权"是用于对裁量权进行实质性审查的标准。我国《行政诉讼法》2014 年增加了"明显不当"的审查标准，将其与"滥用职权"并列作为撤销行政行为的理由，表明滥用裁量权的表现已不仅限于"滥用职权"，还包括"明显不当"。这两项标准有必要合理分工，以便发挥各自独立的审查功能，防止标准的交叉、重叠或者虚置。[①]

第三节 滥用职权与超越职权

一、滥用职权与超越职权混用

（一）超越职权表现形式

超越职权指行政主体行使了法律、法规没有赋予的权力或行使职权超出了法定限度和范围。[②] 行政管理中行政机关超越权限的表现形式主要有以下四种：其一，违反行政机关的职责；其二，超越行政机关的地域管辖范围；其三，行政机关行使行政权力时超过了时限；其四，行政机关超越了法律、法规规定的数额进行管理。[③]

（二）超越职权和滥用职权区别

超越职权和滥用职权在主观要件和客观表现形态方面均有明显区别。在主观要件上，滥用职权要求行政主体必须是出于不良动机违反了法律目的，要求主观故意；超越职权对此并无特别要求。在客观表现形态上，超越职权是不符合行政行为构成要件的，即权限不合法；而滥用职权在表面上是符合行政行为构成要件的。故而，超越职权与滥用职权的主要区分在于，前者是违法行政，后者是不当行政。[④]

---

① 周佑勇：《司法审查中的滥用职权标准——以最高人民法院公报案例为观察对象》，载《法学研究》，2020（1）。

② 胡锦光：《以案说法·行政诉讼法篇》，236页，北京，中国人民大学出版社，2006。

③ 王梦瑶：《对新〈行政诉讼法〉第70条第（5）项的理解与适用》，载《知与行》，2017（6）。

④ 王梦瑶：《对新〈行政诉讼法〉第70条第（5）项的理解与适用》，载《知与行》，2017（6）。

（案例6）　内蒙古自治区公安厅滥用行政权力排除限制竞争案

2013 年，内蒙古自治区公安厅向各盟市公安局下发了新型防伪印章实施方案，决定全区所有刻章企业的章材和芯片，由内蒙古恭安金丰网络印章科技有限责任公司（以下简称"金丰公司"）提供，并签订了建设工程合同。尽管当年有内蒙古自治区公安厅的决定，但实施刻制印章这个项目并未履行任何招投标程序。在这种情况下，由金丰公司刻制的印章在该区使用长达 5 年之久。

市场监管总局的调查显示，内蒙古自治区公安厅将盟市公安机关拒绝安装金丰公司系统软件，视为"不作为""乱作为"，责令相关负责人检讨整改，对未安装金丰公司系统软件的刻章企业的刻章申请不予审批备案，迫使 7 个盟市更换原有的系统软件，2 个盟市原有软件供应商被迫与金丰公司开展合作。不仅排除和限制了章材和刻章设备市场的竞争，剥夺了下属公安机关和刻章企业的自主选择权，人为增加了企业刻章生产成本，不合理地推高了印章价格。根据调查，章材价格一般在 10 元 / 枚至 35 元 / 枚之间，但购买金丰公司的新型防伪章材每枚最低 55 元、最高 85 元。刻制一枚印章之前的价格最高不超过 200 元，而现在，金丰公司的指导价为每枚 280 元。金丰公司的配套设备价格，更是比一般市场价格高出一倍以上。

二、超越职权与认定行政垄断

（一）行政管制法在认定中的影响

超越行政权力也称"行政越权"或者"行政超越职权"，行政主体一旦超越行政权力，不合法或者不适当地干预了市场秩序，同样有可能发生排除、限制竞争的效果，从而构成了行政性垄断。[①]

"张家界市发改委"的案件中，张家界市发改委由于对其所有的定价职能理解和认知不到位，导致其发布通知中对原本属于市场调节范畴的旅行社组团报价进行了不当干预，影响了旅行社的自主定价权利。很明显，张家界市发改委越权干预正常市场秩序的行为并不是滥用职权，而应该构成超越职权。再比如在"北京市公积金管理中心"的案件中，同样是设置了价格，但因为北京市公积金管理中心只有价格管理职能，而无定价职权，因此其通过制定规范性文件规定二手房评估费最高收费标准为每件 600 元的行为，亦是属于超越职权而非滥用职权。

由以上案例可知，行政垄断执法机关在对行政垄断案件进行调查和处理时，并非只着眼于政府部门滥用职权的行为，而是对各种违法形式导致排除限制竞争结果的行为都依法进行查处，其中比较常见的情形是超越职权。正如有学者指出，对《反垄断法》第五章所

[①]　魏琼：《行政性垄断新解》，载《政治与法律》，2010（6）。

列举的行政垄断具体情形违法性判断的实质标准其实不在于《反垄断法》本身，而是在其他相关行政管制立法之中，反行政垄断执法机关在对行政垄断案件进行处理时，应当遵循从《反垄断法》到其他管制立法再到违法性确认这样一个逻辑过程，但目前的情况是完全忽视了中间的过程，而径直适用《反垄断法》确认行为违法性，这种推理方式无异于是用一个行政机关的裁量去判断另一个行政机关的行为。[①]

比如"山东省交通运输厅行政垄断案"中，该部门印发文件，要求全省符合某种标准的车辆必须直接接入某公司研发的监控系统平台并由其提供统一的相关服务。按照行政主体职权法定的原则性要求，在没有法律作出授予职权的前提下，该省交通厅的行为实际上是属于超越职权，但因为要符合行政垄断行为表现形式为"滥用"的规定，执法机关在其论证中阐明，山东省交通厅的行为使车载终端的售价提高，车主需要支付更多的平台服务费，构成不合理行使职权，进而认定了该行为与《反垄断法》的规定相违背。事实上，山东省交通厅行为的违法性主要在于其行为本身缺乏相应管制立法的支持，而不在于其对于市场价格和经营成本的经济效果影响。[②]"山东省交通运输厅行政垄断案"实际上是将超越职权解释为滥用职权，已经成为目前执法实践的成果。

（二）超越职权的司法认定标准

曾经备受关注的形式上的"我国行政垄断第一案"，该案发生在 2008 年，四家防伪企业联合起诉原国家质检总局，因为国家质检总局在之前曾发文要求生产厂家在其生产的商品外观装饰上必须贴上一种电子码，以便于日常监督，后来该案的结果是法院以超过起诉期限为由裁定不予受理。这种在没有法律、法规授权的情况下对相关企业强制设定义务的行政行为，不再是滥用职权，而是明显构成了超越职权。

如在"洛宁县农业局"的案子中，河南省洛宁县农业局的违法情形即为滥用职权。根据授权规定，农业局的职责主要是负责本辖区内的农业及农村工作，指导辖区内农民进行农业生产，发展农村经济。在本案中，洛宁县农业局为了全县的农业发展，是具有选择小麦承保机构的法定职权的，但是，该局在实际操作中却并未秉持公平、公正、公开的原则，未考虑相关因素，也没有按照规定的招标方式确定相关经办机构，而是直接指定中原农险为全县唯一的小麦承保机构，因此剥夺了其他保险机构作为市场经营主体参与本次市场公平竞争的权利，产生了排除限制竞争的不良影响和侵害结果。这种有权而肆意妄为的行为显然属于滥用职权的范畴。[③]类似的还有"乌海市住建委"的案件、"鄱阳县城管局"和"包头市住房局"等案件。

---

① 盛杰民、张江莉：《论〈反垄断法〉中的"滥用行政权力"》，载《竞争政策研究》，2015（4）。
② 盛杰民、张江莉：《论〈反垄断法〉中的"滥用行政权力"》，载《竞争政策研究》，2015（4）。
③ 国家发改委再公布四起行政垄断案件 河南吉林两省查处数量"破零"，http://www.cfcns.cn/keji/xingzhenglongduan/2018/0131/3207.html，访问时间：2020年3月1日。

三、行政指导型垄断

（一）行政指导定义

行政指导是指行政机关在其法定职权范围内，为实现特定行政目的而谋求行政相对人的同意或协力，基于法律、政策的规定而采取的指导、劝告、建议等非强制性行为。[①] "在现实生活中，一些地方政府以行政指导促成企业联合、控制市场的行为时有发生，致使市场上竞争减少，价格上升，商品质量下降，对消费者利益造成损害。"[②] 如何规制此类限制竞争行为已日渐成为一个竞争法上亟待解决的理论和现实问题。

（二）行政指导垄断规制

在我国的法律体系中，目前仅有《湖南省行政程序规定》《山东省行政程序规定》[③] 等地方法规对行政指导作了规定。有学者将行政指导型垄断分为完整的行政指导型垄断和截断的行政指导型垄断、故意行政指导作用下的垄断与过失行政指导作用下的垄断、抽象行政指导作用下的垄断与具体行政指导作用下的垄断。

一般情况下，将行政指导型垄断纳入行政垄断范畴并不合适。如果一个行政指导型垄断中行政指导行为的违法情形为"滥用职权"，同时又具备事实上的强制性，则该行政指导型垄断即与行政垄断高度重合。这种情况下，便不应再拘泥于其行政指导的"外衣"，而要深刻认识到行政权在其中所起的实质性作用，进而将其划入行政垄断范畴，以实现更有针对性的规制和救济。尚存在一种较为特殊的行政指导型垄断，即行政指导行为在违法类型上并非"滥用职权"，但其又具备事实上的强制性。相较于作为经济垄断的行政指导型垄断而言，此类行政指导型垄断中由于行政指导对相对人具备事实上的强制性，客观上剥夺了相对人接受与否的选择权，因而该行政指导构成对垄断发生的直接原因力，由此决定其不能成立经济垄断。作为行政垄断的行政指导型垄断，此类行政指导型垄断虽然在内部作用机理上存在基于行政权而产生的强制性，行政指导可以构成垄断发生的直接原因力，但由于行政指导的违法类型并非"滥用职权"，因而也不宜划入行政垄断的范畴。

[①] 参见姜明安主编：《行政法与行政诉讼法》，300页，北京，北京大学出版社、高等教育出版社，2015；郭润生、宋功德：《论行政指导》，59页，北京，中国政法大学出版社，1999；莫于川：《行政指导要论——以行政指导法治化为中心》，11页，北京，人民法院出版社，2002；陆伟明、周继超主编：《行政指导在行政执法中的规范运用——以重庆市北碚区实施行政指导为样本》，43页，北京，知识产权出版社，2013。

[②] 孙炜：《反垄断法规制的新视点——对行政指导卡特尔的规制》，载《南开学报（哲学社会科学版）》，2011（3）。

[③] 《湖南省行政程序规定》第99条规定："本规定所称行政指导，是指行政机关为实现特定的行政目的，在其法定的职权范围内或者依据法律、法规、规章和政策，以指导、劝告、提醒、建议等非强制性方式，引导公民、法人和其他组织作出或者不作出某种行为的活动。"《山东省行政程序规定》第106条的规定内容与湖南基本一致。

理论界普遍认为"滥用职权"是构成行政垄断的基本要件，我国《反垄断法》亦明确将行政垄断规定为"滥用行政权力排除、限制竞争"。是故，应当认为如果行政行为在违法类型上不构成"滥用职权"，则其在我国现行的理论和实务界均难以认定成立行政垄断。另一方面，由于我国《行政诉讼法》将"滥用职权"规定为一种单独的违法形态，基于对立法的体系性解释，至少在我国的行政法律体系中，"滥用职权"的法律内涵不包括"适用法律、法规错误""违反法定程序""超越职权""明显不当"等情形。所以，如果坚持对"滥用职权"作上述理解，则一个非"滥用职权"型的行政指导，如"违反法定程序"的行政指导、"超越职权"的行政指导等，即使同时具有事实上的强制性，在其作用下的垄断也不能划入行政垄断范畴。此种情形下的行政指导型垄断便具备了作为一种特殊类型的垄断而在分类上予以单列的空间。①

第四节　行政行为明显不当

一、明显不当的司法审查

《行政诉讼法》2014 年修改时，吸收了"对于行政机关明显不合理的行政行为，没有规定人民法院可以判决撤销，不利于解决行政争议"的建议，②《行政诉讼法》第 70 条第 6 项增加了"明显不当"的审查标准。自此，我国的行政诉讼"堂而皇之地进入合理性审查的时代"。③对于行政机关行使自由裁量权过程中极端不合理的情形纳入合法性范围，增加了规定，行政行为明显不当的，适用撤销判决。

明显不当是新《行政诉讼法》第 70 条新增的行政撤销事由之一，其是指行政行为严重违反行政合理性原则而不合适、不妥当或者不具有合理性。④

增加明显不当审查标准，主要目的在于：第一，随着社会发展，行政权不断膨胀，行政裁量的空间越来越大，仅以合法性审查原则审理行政争议，无法实现"案结事了"。⑤第二，由于刑法中的滥用职权罪，人民法院如果认定行政行为滥用职权，就有可能追究刑事责任。所以法官极少在审判中适用滥用职权作出裁判，该标准对于行政裁量审查的功能陷入虚置，

---

① 参考孙晋、蒋蔚：《行政指导型垄断的若干基本问题》，载《法学杂志》，2017（4）。
② 《全国人民代表大会法律委员会关于〈中华人民共和国行政诉讼法修正案（草案）〉修改情况的汇报》，载全国人大常委会法制工作委员会行政法室编著：《行政诉讼法修改前后条文对照表》，116页，北京，人民法院出版社，2014。
③ 何海波：《论行政行为"明显不当"》，载《法学研究》，2016（3）。
④ 江必新：《新行政诉讼法修改条文理解与适用》，264页，北京，中国法制出版社，2014。
⑤ 江必新：《行政诉讼法修改资料汇纂》，234页，北京，中国法制出版社，2015。

行政诉讼的功能发挥受到抑制。所以增加"明显不当"的情形可以解决这个矛盾。①

　　我国行政诉讼法并未就"滥用职权""明显不当"与行政裁量司法审查标准的对应关系作出明确规定，而是将其与"主要证据不足""适用法律、法规错误""违反法定程序""超越职权"等其他标准并列规定，导致行政裁量司法审查标准模糊不清。

二、对"明显不当"的解释

　　特别是在新《行政诉讼法》增加了"明显不当"一项之后。官方释义对"明显不当"的解释是"行政行为严重违反行政合理性原则而不合适、不妥当或者不具有合理性"，包括对违法行为的处理显失公正，如行政处罚；明显违背国家基本方针政策的，区别于滥用职权的违背法律法规的授权目的；为地方利益而影响大局工作的行为；其他应当认定为明显不当的情形。明显不当也针对行政裁量权，但其从客观结果角度提出。②新《行政诉讼法》实施前的判例中审查"滥用职权"主要是主客观两个方面，而新法增加了"明显不当"条款，立法上考量明显不当与"滥用职权"都针对裁量权，但规范角度不同，明显不当是从客观结果角度提出的，"滥用职权"则是从主观角度提出的。"滥用职权"是一种严重主观过错。③由此可以看出，立法将客观结果的明显不当（显失公正）单独对待，与"滥用职权"并列，那么，新法中的"滥用职权"内涵在延续适用1989年我国《行政诉讼法》中包含行为结果明显不当（显失公正）的"滥用职权"内涵时必然有所变化，法院对1989年我国《行政诉讼法》中滥用职权的释义在主观方面提供了"合法目的"和"相关性"两种考察主观过错的情形。④

三、明显不当与滥用职权的区别

　　明显不当在实际操作中仍然存在诸多困扰，如果只是成为滥用职权的替代判决，则独立性有所缺失，何况明显不当与滥用职权是两种不同的审查标准，其适用于行政裁量的范围也存在区别。

　　为确保各项审查标准在体系上的逻辑融洽与分工上的明确，"滥用职权"仅应理解为主观方面的审查标准，⑤主要适用于审查行政机关具有主观恶性的行政行为，而"明显不当"

①　顾定邦：《"明显不当"适用行政程序违法的路径——基于指导案例88号的法律分析》，载《东南大学学报（哲学社会科学版）》，2019（21）。
②　参见全国人大常委会法制工作委员会行政法室：《〈中华人民共和国行政诉讼法〉解读与适用》，158页，北京，法律出版社，2015。
③　参见全国人大常委会法制工作委员会行政法室：《〈中华人民共和国行政诉讼法〉解读与适用》，158页，北京，法律出版社，2015。
④　朱思懿：《"滥用职权"的行政法释义建构》，载《政治与法律》，2017（5）。
⑤　参见史笔、曹晟：《新〈行政诉讼法〉中行政行为"明显不当"的审查与判断》，载《法律适用》，2016（8）。

主要适用于审查客观不当的行政行为,如未考虑相关因素或违反一般法律原则等情形。[①]滥用职权应被界定为一种具有严重主观过错的行政行为。[②]所谓主观过错,主要是指行政主体明知其行为的结果违背或偏离法律法规的目的、原则,出于对个人利益或单位利益的考量,假公济私、以权谋私。[③]所谓滥用职权,即行政机关明知自己的行为违反法律规定、与立法目的或法律原则相冲突,但基于非正当目的,依然实施法律所禁止的行为,典型的表现如"通过表面合法的手段达到非法的目的或意图"。[④]与之不同,"明显不当"并不要求行政机关主观上存在过错,而是仅从行政行为在外观上存在不当进行判定,适用于那些主观意图无法判定或主观上并无过错的情形。行政行为明显不当,通常是指行政机关及其工作人员实施的行政行为虽然没有违反法律的禁止性规定,但明显不合情理或不符合公正要求。其常见表现有:显失公允、受不相关因素影响、不符合惯例、不符合传统、违背公众意志等。[⑤]明显不当指向被诉行政行为的畸轻畸重,是对客观结果的判断;而滥用职权指向的是严重主观过错,针对的是表面上合法但实质上极不合理的行政裁量。[⑥]

笔者趋向持此观点,明显不当与滥用职权都针对行政自由裁量权。但行政滥用职权要求行政机关行使行政权力违反法律的目的性,以主观过错为构成要件,而明显不当仅适用于行政行为内容明显不当,即只看行政行为的内容是否合理,对主体主观过错等因素不予考虑,是从客观结果角度提出的。[⑦]行政判决中的滥用职权并不包括滥用羁束裁量权,羁束裁量权属于超越职权的范畴,新《行政诉讼法》中第70条第5项实指"滥用自由裁量权"。

四、明显不当在司法实务中的适用

(一)违反法定程序认定明显不当

在司法实务中,违反法定程序的情形主要有不遵守法定程序和不遵守正当程序两种:不遵守法定程序是指行政机关没有依照法定步骤、方式和时空作出行政行为,表现为步骤的跳跃、方式的偏差和时空的错位等情况;在没有法定程序的情况下,行政机关行使行政权必须遵守一种最低限度的程序正义要求,即正当程序。[⑧]法院一直致力于正当程序原则在

---

① 参见王东伟:《行政裁量行为的合理性审查研究》,载《北京理工大学学报(社会科学版)》,2018(6)。

② 参见全国人大常委会法制工作委员会行政法室编著:《〈中华人民共和国行政诉讼法〉解读与适用》,158页,北京,法律出版社,2015。

③ 参见黄杰主编:《〈中华人民共和国行政诉讼法〉释义》,182页,北京,人民法院出版社,1994。

④ 崔巍:《滥用职权违法形态探》,载《人民司法》,1994(7)。

⑤ 参见马怀德主编:《新编中华人民共和国行政诉讼法释义》,331页,北京,中国法制出版社,2014。

⑥ 信春鹰:《中华人民共和国行政诉讼法释义》,190页,北京,法律出版社,2015。

⑦ 全国人大法工委行政法室:《中华人民共和国行政诉讼法解读》,197页,北京,中国法制出版社,2014。

⑧ 章剑生:《现代行政法总论(第2版)》,217页,北京,法律出版社,2019。

司法审判中的适用，甚至在文书说理部分直接使用了"正当程序"的用语，如张成银诉徐州市人民政府房屋登记行政复议决定案，田永诉北京科技大学拒绝颁发毕业证、学位证行政诉讼案等。在之前的司法实践中，较为常见的做法是扩大"违反法定程序"的内涵。[①] 如果法官认定被诉行政行为存在程序违法，但是有关行政程序并没有规定在法律、法规或规章中，实务中法官往往在判决书中以正当程序原则进行说理，作出撤销判决，但是在裁判依据部分列出的审查标准是"违反法定程序"。

如在汕尾市真诚公共汽车运输有限公司与汕尾市人民政府排除、限制竞争纠纷上诉案[②]中，二审法院关于"汕尾市人民政府的被诉行政行为是否属于行政性限制竞争行为"时认为，从本案查明的事实，汕尾市人民政府发布涉案"0～50公里公共交通项目"特许经营权许可招投标公告之前，已经事先通过会议纪要的方式将涉案特许经营权直接授予广东省汽车运输集团有限公司独家经营，交通行政主管部门亦根据该市政府会议纪要的要求先行清理包括本案上诉人真诚汽运公司在内的公交运营指标。显然，汕尾市人民政府提前指定了本案第三人为涉案公共交通的独家特许经营者的行为，已经违反了《基础设施和公用事业特许经营管理办法》《市政公用事业特许经营管理办法》关于应由市场竞争机制来确定经营者的规定，存在排除市场原有同业竞争者的主观意图，属于行政性限制竞争行为，应当认定该特许经营许可的程序违法。但是，鉴于会议纪要仅是政府的内部协调意见和单方意愿，不等同于特许经营许可权的实际授予，本案第三人要取得涉案许可仍需要参与公开的招投标程序，实际参与投标的公交运营企业亦不止本案广东省汽车运输集团有限公司一家，而且考虑到涉案许可涉及公共利益，相关公交车辆和运行线路已从2015年投入运营至今，若撤销该许可将会给汕尾市公共交通秩序造成损害，给汕尾市人民群众的出行带来不便，因此依照《行政诉讼法》第74条第1款第（1）项之规定，本院仅确认被上诉人的被诉行政行为程序违法，但保留涉案许可的法律效力，对上诉人关于撤销该许可的上诉请求不予支持。

依照《行政诉讼法》第89条第1款第（2）项、第89条第3款的规定，判决：（1）撤销汕尾市中级人民法院（2016）粤15行初4号行政判决；（2）确认被上诉人汕尾市人民政府实施汕尾市辖区范围内0～50公里公共交通项目特许经营权许可的程序违法；（3）驳回上诉人汕尾市真诚公共汽车运输有限公司的其他上诉请求。

案例7　汕尾市真诚公共汽车运输有限公司与汕尾市人民政府排除、限制竞争纠纷上诉案

2015年7月27日，汕尾市交通运输局直属分局向汕尾市真诚公共汽车运输有限公司（以下简称真诚汽运公司）发出汕交直函〔2015〕75号《通知》（以下简称75号《通知》），载明：

---

① 章剑生：《对违反法定程序的司法审查——以最高人民法院公布的典型案件（1985—2008）为例》，载《法学研究》，2009（2）。
② 广东省高级人民法院（2016）粤行终1455号行政判决书，2018年度广东法院行政诉讼十大典型案例。

"现将市政府《工作会议纪要》四十五期文件转发给你们，请遵照执行。依据汕尾市政府《工作会议纪要》第四十五期的精神，市政府决定将全市公共交通经营权由汕尾市粤运汽车运输有限公司独家特许经营。你公司 2007 年 8 月登记入户的 50 辆公交车已到报废期，请按规定办理报废手续并停止营运，经营权指标收回。"2015 年 8 月 21 日，汕尾市人民政府发出汕府〔2015〕59 号《公告》，决定引进有实力的战略投资者与汕尾市国资委共同经营汕尾市辖区范围内 0 ～ 50 公里公共交通项目并成立项目公司，将特许经营权授予该项目公司，并对战略投资者的资质条件和投资规模提出要求。《公告》发出后，汕尾市国有资产监督管理委员会（以下简称汕尾市国资委）同意广州市交通集团有限公司、广东省汽车运输集团有限公司报名申请，并对上述二公司合作经营者的报名资质进行公示。同年 9 月 8 日，广州市交通集团有限公司发函放弃 0 ～ 50 公里公共交通项目。经竞争性谈判，2015 年 9 月 28 日，汕尾市国资委发出公告，选择广东省汽车运输集团有限公司作为特许经营项目战略投资者，同意该项目由汕尾市粤运汽车运输有限公司（以下简称汕尾粤运公司）具体实施。真诚汽运公司认为汕尾市人民政府的上述行为侵犯其公平竞争权，向广东省汕尾市中级人民法院提起本案诉讼，请求：（1）撤销汕尾市人民政府将汕尾市公共交通服务的经营权由汕尾粤运公司独家经营的决定；（2）责令汕尾市人民政府、汕尾粤运公司立即停止违法行为。

广东省汕尾市中级人民法院一审判决驳回真诚汽运公司的诉讼请求。真诚汽运公司不服，提起上诉。

广东省高级人民法院二审认为，本案的焦点问题是汕尾市人民政府在涉案公共交通项目特许经营权的授予过程中是否存在排除、限制竞争的行为。根据本案查明的事实，汕尾市人民政府发布涉案 0 ～ 50 公里公共交通项目特许经营权许可招投标公告之前，已经事先通过会议纪要的方式将涉案特许经营权直接授予广东省汽车运输集团有限公司独家经营，交通行政主管部门亦根据该市政府会议纪要的要求先行清理包括本案真诚汽运公司在内的公交运营指标。显然，汕尾市人民政府提前指定了本案第三人为涉案公共交通的独家特许经营者的行为，已经违反了《基础设施和公用事业特许经营管理办法》《市政公用事业特许经营管理办法》关于应由市场竞争机制来确定经营者的规定，存在排除市场原有同业竞争者的主观意图，属于行政性限制竞争行为，应当认定该特许经营许可的程序违法。但是，鉴于会议纪要仅是政府的内部协调意见和单方意愿，不等同于特许经营许可权的实际授予，本案第三人要取得涉案许可仍需要参与公开的招投标程序，实际参与投标的公交运营企业亦不止本案广东省汽车运输集团有限公司一家，而且考虑到涉案许可涉及公共利益，相关公交车辆和运行线路已从 2015 年投入运营至今，若撤销该许可将会给汕尾市公共交通秩序造成损害，给汕尾市人民群众的出行带来不便，因此依照《中华人民共和国行政诉讼法》第 74 条第 1 款第（1）项之规定，仅确认汕尾市人民政府的被诉行政行为程序违法，但保留涉案许可的法律效力，对真诚汽运公司关于撤销该许可的上诉请求不予支持。依照《中华人民共和国行政诉讼法》第 89 条第 1 款第（2）项、第 89 条第 3 款的规定，判决：（1）撤销一审判决；（2）确认汕尾市人民政府实施汕尾市辖区范围内 0 ～ 50 公里公共交通项目特许经营权许可的程序违法；（3）驳回真诚汽运公司的其他上诉请求。

（二）违反正当程序认定明显不当

在中国推进行政法治的过程中，程序合法性的要求被不断强化，但是法院在法律法规和规章明文规定之外，能否根据一般性的正当程序原则审查行政行为的合法性，仍然是一个没有完全解决的问题。[①] 所以，也有部分学者主张适用要件部分也存在裁量，"违反正当程序"也可以适用明显不当条款。例如有学者认为，"受行政诉讼救济的明显不当行政行为是仅指结果的明显不当，还是包括事实认定、法律适用、程序、结果等所有类型的不当，需要研究……要件裁量说更能体现行政主体享有权力的性质，同时也符合我国的司法实践。"[②] 也有学者提出："行政程序裁量的司法审查标准可以确定为实质法治立场下的'裁量理由明显不当'标准。"[③] 该观点获得了从事审判实务的法官认同，如法官蔡维专认为："明显不当确立后，像诸如'正当程序'……等非正式渊源可以顺畅地引入司法审查中，拓展了行政行为的评价体系，填补了法律漏洞……对于非法定程序，合法性审查难以覆盖，此时若行政行为程序违背正当程序原则，法官可适用明显不当条款进行审查。"[④] 法官史笔、曹晟认为，"如果行政行为虽不与法定程序直接冲突，但含有法律未明文禁止的不正当因素，法院则应当依据《行政诉讼法》第70条第6项的规定，认定行政行为"明显不当"，同样予以撤销。"[⑤] 法官唐文也提出"明显不当"是否可以用来定性违反正当程序原则的行政行为，但所涉问题较为复杂。[⑥]

学术界通说认为"明显不当"仅适用于法效果的裁量方面，并不涉及程序；而实务界亦有"明显不当"可适用于程序审查的观点。原告张道文、陶仁等182人诉四川省简阳市侵犯经营者经营自主权案，（指导案例88号）首次[⑦] 在指导案例中提出"行政程序明显不当"，认定行政程序违法，应当撤销，并最终考虑公共利益后作出确认违法判决。法院认为，本案适用的法律法规正确，但是没有告知经营者三轮车的有偿经营年限，程序上存在明显不当，主要理由如下：第一，适用法律法规正确。法院认可了市政府适用的地方性法规和规范性文件，对营运证实行有期限、有偿使用是合法的。第二，程序明显不当，应当撤销。

[①] 何海波：《司法判决中的正当程序原则》，载《法学研究》，2009（1）。

[②] 张峰振：《论不当行政行为的司法救济——从我国〈行政诉讼法〉中的"明显不当行政行为"谈起》，载《政治与法律》，2016（1）。

[③] 郭兵：《论行政程序裁量的司法审查标准》，载《政治与法律》，2015（4）。

[④] 蔡维专：《对行政诉讼法中明显不当标准的思考》，载《人民司法》，2016（16）。

[⑤] 史笔、曹晟：《新〈行政诉讼法〉中行政行为"明显不当"的审查与判断》，载《法律适用》，2016（8）。

[⑥] 唐文：《正当程序在中国·行政诉讼中原则裁判理论与实践》，62页，北京，法律出版社，2018。

[⑦] 最高人民法院于2017年11月15日发布的第17批指导性案例中，第88号案例"张道文、陶仁等诉四川省简阳市人民政府侵犯客运人力三轮车经营权案"成为第一个于"本院认为"部分出现"程序明显不当"一词的指导性案例，这意味着最高人民法院通过指导性案例的方式对明显不当审查标准可用于审查行政程序问题予以了肯定。赵剑文：《法院如何判定行政程序"明显不当"——基于103份行政判决书的实证分析》，载《公法研究》，2019（19）。

1996年市政府实施经营权许可时，未告知经营者人力客运三轮车两年的经营权有偿使用期限，致使张道文等人误认为其获得了永久的三轮车经营权，市政府的行政行为存在瑕疵。法院认为，1999年市政府作出的两份公告与1996年的经营权许可存在承继关系，1996年行政许可行为的程序明显不当，直接导致1999年市政府的两份公告在程序上也属于明显不当。第三，判决撤销不具有实际意义。本案被诉行政行为虽然存在程序瑕疵，但考虑到本案市政府作出被诉的行政行为后，城区的交通秩序明显好转，道路通行能力上升；且本案纠纷已经持续近二十年，期间市政府进行了两次"惠民"行动，原三轮车经营者大多已分批置换，不再从事客运人力三轮车的经营，是否恢复经营权不具有实际意义。最终，最高人民法院作出确认违法判决。

最高人民法院在其公布的本案裁判要点中指出："行政机关在作出行政许可时没有告知期限……属于行政程序违法……应当判决撤销被诉行政行为。"并且本案在裁判理由中明确了被诉行政行为"存在程序瑕疵，属于明显不当"。但是，尽管指导案例的公报和最高人民法院提审的判决书中多次强调了"行政程序明显不当"，但在裁判理由中，却回避了这个问题，没有明确指向第70条。根据文义解释方法，行政审判裁判理由如果出现"明显不当"，其所指向的只能是《行政诉讼法》第70条第（6）项的规定，最高人民法院却没有直接引用该条款。最高人民法院的保守也体现出目前违法正当程序原则"依附法条"的困境，行政审判106号[①]和145号案[②]的裁判要旨倾向于将违反正当程序的行为定义为"滥用职权"，但是指导案例38号[③]将其定性为"违反法定程序"，指导案例88号又定性为"明显不当"。但是，无论是指导案例，公报案例都没有"应当参照"的资格，那么，判案依附法条的差异性仍会存在。[④]

法院将程序违法泛化适用滥用职权标准的情形在司法实践中常见。譬如，在曾庆华等诉汉寿县人民政府土地行政处理案中，法院认定，"太子庙国土所在曾庆华不具备申请涉案集体土地使用权资格，且申请报批程序严重违法的情况下，径行为其填发涉案土地证书，属于滥用职权的行为"。在该案中，法院明显将"违反法律规定"和"程序违法"的行政行为也认定为滥用职权。而在"周训洪与镇雄县牛场镇人民政府城乡建设行政管理案"中，与"路世伟案"的裁判逻辑一样，法院认为，被告镇雄县牛场镇人民政府"不具有对本案进行行政处罚及行政强拆的法定职权，其作出的被诉行政行为及实施的行政强拆行为，属超越职权和滥用职权的行政行为"。[⑤]

---

① 陈刚诉句容市规划局、句容市城市管理局城建行政命令案，"裁判要旨"中写道：在法律、法规没有明确规定的情况下，人民法院可以把正当程序原则作为判断行政行为合法性的依据。被诉行政行为存在明显违反正当程序原则情形的，可以按照《行政诉讼法》第54条第（2）项第3目作出判决。被告自行纠错后原告仍坚持诉讼的，应当判决确认违法。

② 临清市鲁信面粉有限公司诉山东省人民政府行政复议决定案。

③ 田永诉北京科技大学拒绝颁发毕业证、学位证案。

④ 唐文：《正当程序在中国·行政诉讼中原则裁判理论与实践》，62页，北京，法律出版社，2018。

⑤ 周佑勇：《司法审查中的滥用职权标准——以最高人民法院公报案例为观察对象》，载《法学研究》，2020（1）。

（三）"明显不当"的司法审查标准

有学者收集了截至 2018 年 5 月 20 日止，103 份于"本院认为"部分出现"程序明显不当"一词的判决书进行研究（其中 2014 年《行政诉讼法》生效之前 18 份），发现实践中法院并不仅仅针对程序裁量行为适用该标准，大部分判决书将"违反法定程序"与"程序明显不当"画等号，针对羁束行政行为适用该标准。103 份行政判决书中，有 41 份判决书针对程序裁量行为适用"程序明显不当"标准，占样本总数的 39.8%。[①]

1. 审查对象为程序裁量行为

（1）法律未对行政程序作出明文规定时法院裁判。[②] 如张道文、陶仁等诉四川省简阳市人民政府侵犯客运人力三轮车经营权案[③]中，被告未在作出行政许可时向被许可人告知许可的期限，使得张道文等人误以为其获得的经营权没有期限限制，并据此作出申请许可的选择。依据《行政许可法》第 30 条的规定："行政机关应当将法律、法规、规章规定的有关行政许可的事项、依据、条件、数量、程序、期限以及需要提交的全部材料的目录和申请书示范文本等在办公场所公示。申请人要求行政机关对公示内容予以说明、解释的，行政机关应当说明、解释，提供准确、可靠的信息。"可见，法律并未要求行政机关需将行政许可的期限明确告知相对人，行政机关在告知程序上享有裁量权。此时，无法以"违反法定程序"作为裁判依据。为保护相对人的合法权益，保障公共利益，最高人民法院于再审判决中认定该许可行为"程序明显不当"。高素萍与南通市通州区人力资源和社会保障局、南通市人力资源和社会保障局行政复议纠纷案[④]中，《工伤保险条例》与《工伤认定办法》等相关法律、法规或规章均未明文规定人力资源和社会保障局在工伤认定过程中须向当事人履行告知义务，因而即便该行为事实上剥夺了当事人的知情权与参与权，也不构成程序违法，法院认为该违反正当程序原则的行为属于"程序明显不当"。

（2）法律规定两种及以上行政程序供行政主体在实践中进行选择时的裁判。周银城不服被告揭阳市榕城区民政局、揭阳市民政局民政其他行政行为案[⑤]中，区、市两级民政局试图避开复议程序，选择权利救济功能相对较差的信访程序作出处理，不利于官民纠纷的有效解决，其在程序的选择上不具备合理性，法院认为该行为为"程序明显不当"。[⑥]

（3）法律允许行政主体在规定的时间跨度内凭借自身判断进行裁量时裁决。宁津县张大庄乡东生木器加工处与德州市人力资源和社会保障局行政确认纠纷案[⑦]中，被上诉人德州

---

① 参见赵剑文：《法院如何判定行政程序"明显不当"——基于103份行政判决书的实证分析》，载《公法研究》，2019（19）。

② 赵剑文：《法院如何判定行政程序"明显不当"——基于103份行政判决书的实证分析》，载《公法研究》，2019（19）。

③ 最高人民法院〔2016〕最高法行再81号。

④ 江苏省南通市中级人民法院〔2017〕苏06行终13号。

⑤ 揭阳市榕城区人民法院〔2015〕揭榕 法行初字第12号。

⑥ 参见赵剑文：《法院如何判定行政程序"明显不当"——基于103份行政判决书的实证分析》，载《公法研究》，2019（19）。

⑦ 德州市中级人民法院〔2015〕德中行终字第54号。

市人力资源和社会保障局于 2014 年 7 月 3 日向上诉人送达了限期举证通知书，要求上诉人于 2014 年 7 月 4 日前提交证据。法律虽然允许行政机关在具体的举证期限上进行程序裁量，但作出最终的裁量结果前仍应综合考虑实际情况，在期限的选择上应当符合人之常情。该案行政机关在举证期限的裁量上选择仅给予相对人一天时间，超出了行政机关的惯常做法，明显不符合常理，因而法院认为该行为未给上诉人预留合理的举证时间，事实上剥夺了上诉人的举证权利，程序上应属明显不当。[①]

（4）行政程序符合法律规定但却不合理。在铜陵市杰森玻璃有限公司与铜陵市人力资源和社会保障局劳动和社会保障行政管理纠纷案[②]中，被告将其作出的《认定工伤决定书》送达给原告公司的法定代表人黄小花，该行为符合民事法律有关送达的相关规定。但该案中，黄小花作为受害人的妻子，以个人名义申请工伤认定，其提交的材料同时反映其作为原告公司之股东与法定代表人的身份，发生了法人与法定代表人的人格混同。此时黄小花与原告公司存在利益冲突，双方在举证事项上甚至存在相互矛盾的意见，被告无法辨别黄小花在整个行政行为过程中，哪些行为是个人行为，哪些行为则代表公司。在这种情况下，将《认定工伤决定书》送达给黄小花不利于原告公司知情权等合法权益的保护，因而法院认定该送达行为"程序明显不当"。可见，即便行政行为在程序上完全符合法律法规的相关规定，法院亦有可能因该行为在现实中缺乏合理性而适用"程序明显不当"标准将其撤销。

2. 审查对象为羁束行政行为

除去 41 份针对程序裁量行为适用"程序明显不当"标准的判决书，剩余的 62 份判决书中，法院均以该标准审查非程序裁量行为，占样本总数的 60.2%。可见，学理上的观点与实践中的操作并不完全一致。在这些案例中，行政主体对于法院适用"程序明显不当"标准所裁判的行政行为并无程序上的裁量权。相反地，这些行为多是羁束行政行为，行政主体并无选择的余地。[③]法院适用"程序明显不当"标准所审查的羁束行政行为大多构成"违反法定程序"。[④]如爱尔迪有限两合公司等与国家工商行政管理总局商标评审委员会其他行政纠纷案[⑤]，在两原告均提起复审申请的情况下，被告仅就其中一个申请进行处理。根据《商标法实施条例》第 52 条的明文规定[⑥]，被告理应对两项申请均进行实质审理，被告对此并不享有程序裁量权，因而该行为应属"违反法定程序"，但法院以"程序明显不当"作出判决。

---

① 参见赵剑文：《法院如何判定行政程序"明显不当"——基于103份行政判决书的实证分析》，载《公法研究》，2019（19）。
② 铜陵市铜官区人民法院〔2017〕皖0705行初3号。
③ 参见赵剑文：《法院如何判定行政程序"明显不当"——基于103份行政判决书的实证分析》，载《公法研究》，2019（19）。
④ 赵剑文：《法院如何判定行政程序"明显不当"——基于103份行政判决书的实证分析》，载《公法研究》，2019（19）。
⑤ 北京知识产权法院〔2015〕京知行初字第1001号。
⑥ 《商标法实施条例》（2014年）第52条："商标评审委员会审理不服商标局驳回商标注册申请决定的复审案件，应当针对商标局的驳回决定和申请人申请复审的事实、理由、请求及评审时的事实状态进行审理。"

魏任凭与临湘市人民政府行政登记纠纷案 ①、曾素燕与连平县民政局民政行政管理（民政）纠纷案 ② 均属此类情形。

3. 司法实践审查方式

从我国的司法实践来看，法院通过适用"程序明显不当"标准加强对行政程序的司法审查这一趋势不会改变。通过对检索的案例进行归纳与分析可以发现，在实践中，法院对于该标准的适用事实上已经形成了相对固定的模式，将其归纳为以下三种 ③：

（1）附带适用式。法院于判决的说理部分将"程序明显不当"附于"违反法定程序"之后，并且裁判依据部分针对某一行为的程序问题同时适用 2014 年《行政诉讼法》第 70 条第（3）项与第（6）项，如何金友与南陵县国土资源局行政纠纷案 ④、集贤县市场监督管理局与宁玉芝等 38 人、集贤县人民政府、第三人王广德、陈志广等行政处罚及行政复议纠纷案 ⑤ 均能体现。此模式下，当审查对象事实上构成"违反法定程序"时，"程序明显不当"的表述以及以适用 2014 年《行政诉讼法》第 70 条第（6）项作为裁判依据均不是必需的，其作用仅在于对行政程序的违法性予以确认，增强判决的说服力。而当审查对象不构成程序违法时，则单独适用"程序明显不当"标准即可。⑥

（2）说理依据式。该模式下，法院于判决的说理部分以"程序明显不当"作为说理理由，同时以其他条款作为裁判依据，其中以 2014 年《行政诉讼法》第 70 条第（3）项"违反法定程序"和第 74 条"确认违法"为主。如许燕飞、章宝书等与绍兴市上虞区人力资源和社会保障局、绍兴市上虞区人民政府行政复议纠纷案。⑦

（3）说理依据＋判决依据式。该模式下，法院于判决的说理部分以"程序明显不当"作为说理理由，同时以 2014 年《行政诉讼法》第 70 条第（6）项为判决依据。该种适用模式与"附带适用"模式一样，需要根据审查对象的不同做进一步区分。如满朝钢与酒泉市公安局肃州分局治安管理处罚纠纷案 ⑧、陈栋林、黄美玲等与全南县卫生和计划生育委员会计划生育行政管理案。⑨

在法院适用"程序明显不当"标准的情形与模式逐渐明晰以后，法院所面临的问题就是如何评判行政程序上的"当"与"不当"，即适用"程序明显不当"标准时需要考虑哪些具体因素。一般包括：

---

① 湖南省高级人民法院〔2015〕湘高法行再终字第3号。
② 东源县人民法院〔2016〕粤1625行初48号。
③ 参见赵剑文：《法院如何判定行政程序"明显不当"——基于103份行政判决书的实证分析》，载《公法研究》，2019（19）。
④ 南陵县人民法院〔2016〕皖0223行初6号。
⑤ 黑龙江省双鸭山市中级人民法院〔2017〕黑05行终15号。
⑥ 参见赵剑文：《法院如何判定行政程序"明显不当"——基于103份行政判决书的实证分析》，载《公法研究》，2019（19）。
⑦ 新昌县人民法院〔2016〕浙0624行初57号。
⑧ 酒泉市肃州区人民法院〔2015〕酒肃行初字第26号。
⑨ 龙南县人民法院〔2017〕赣0727行初9号。

（1）公正与效率的辩证关系。司法实践中，法院关于该因素主要有以下三个方面的考虑：①不强人所难。如宁津县杜集兴隆木器厂与德州市人力资源和社会保障局、德州市人民政府行政纠纷案①，被告均在限期举证通知书中要求原告一天之内提供有关的证据材料。因而人民法院认定该行为属于"程序明显不当"。②获取必要的结论。如詹现方、东阳市公安局行政强制纠纷案，②原审被上诉人东阳市公安局在原审上诉人委托进行精神疾病鉴定的次日，即将其送入医院接受强制治疗，之后才获得原审上诉人为"偏执性精神病"的鉴定结论，再审法院认定该行为"程序明显不当"。③避免启动多余程序。穆冬梅与如皋市国土资源局政府信息公纠纷案，③被告经审查后认为相关信息与原告的特殊需要无关，因而作出不予公开相关信息的答复，不可能损害到第三方的合法权益。此时征询意见的程序已不具备实现立法意图之功能，被告依旧启动该程序不恰当地降低了行政效率，法院认为该程序显属多余，被告作出的涉诉答复"程序明显不当"。

（2）正当程序原则。在最高人民法院公布的典型案例中有7件涉及正当程序原则的适用④，且法院均以"违反法定程序"作为最终的裁判依据。

（3）基本程序规则。除正当程序原则以外，程序法则上还存在一些重要的基本程序规则，如资讯公开、抄阅卷宗、经调查后作出决定、以书面方式送达相关文书等。它们同正当程序原则一样，是判断行政程序运作状态合理与否的重要标尺。①经调查取证后作出决定，如辽宁省高速公路管理局因相对人不服其行政强制执行决定被上诉案。⑤原审被告无法向人民法院提交其如何认定"辽宁××药业有限公司违法建房占用公路控制线1837平方米"这一事实的证据，因而无法证明其是在行政程序中进行调查取证后再作出相应的行政行为，法院认定该行为属于"程序明显不当"。②对当事人提交的材料及提出的理由审慎审查后作出回应。孟昭有、孟宪恒诉哈尔滨市道外区人民政府房屋补偿决定案，⑥被告均未对原告提交的发证材料和证据进行审慎审查，导致其基于不真实的材料作出颁证行为，法院判决该行为"程序明显不当"。如茂名市电白区望夫镇民乐村了塘经济合作社、茂名市电白区人民政府资源行政管理纠纷案。⑦被告均未对原告提交的发证材料和证据进行审慎审查，导致其基于不真实的材料作出颁证行为，法院判决该行为"程序明显不当"。③向适当的主体送达书面决定书。郑州升升机械制造有限公司与郑州市人力资源和社会保障局劳动和社

---

① 宁津县人民法院〔2015〕宁行初字第19号。

② 浙江省高级人民法院〔2013〕浙行再字第1号。

③ 如东县人民法院〔2015〕东行初字第00087号。

④ 分别是"田永诉北京科技大学拒绝颁发毕业证、学位证行政诉讼案"；"宋莉莉诉宿迁市建设局房屋拆迁补偿安置裁决案"；"益民公司诉河南省周口市政府等行政行为违法案"；"张成银诉徐州市人民政府房屋登记行政复议决定案"；"陆廷佐诉上海市闸北区房屋土地管理局房屋拆迁行政裁决纠纷案"；"定安城东建筑装修工程公司与海南省定安县人民政府、第三人中国农业银行定安支行收回国有土地使用权及撤销土地证案"；"山西省安业集团有限公司诉山西省太原市人民政府收回国有土地使用权决定案"。

⑤ 铁岭市中级人民法院〔2013〕铁行终字第00015号。

⑥ 黑龙江省高级人民法院〔2017〕黑行终225号。

⑦ 广东省高级人民法院〔2016〕粤行终910号。

会保障行政管理纠纷案①，被告仅向第三人而非原告送达工伤认定决定书，并且未收回原决定书，法院认为被诉行为"程序明显不当"。④不对尚未受理的案件予以调查。陶能文与深圳市杰瑞表面技术有限公司、深圳市人力资源和社会保障局、深圳市人民政府其他行政纠纷案。②行政主体针对尚未受理的案件进行调查，同时不对已受理的案件展开调查，法院最终认定该行为"程序明显不当"。

（4）尊重既存行政行为与相关文书的效力。①不得随意变更政府文件的内容。殷万林、汪淑琴与石嘴山市惠农区人民政府、石嘴山市人民政府土地行政征收及行政补偿纠纷案③，被告惠农区政府于 2005 年 1 月 23 日召开的第十三次常务会议上形成《政府常务会议纪要（9）》，对原石嘴山市建材厂的农户和对应的耕地确定了补偿标准、安置办法。其又于 2005 年 8 月 5 日召开的第 27 次区长办公会议上形成《区长办公会议纪要（2005·第 27 次）》。后者所确定的补偿标准明显与《政府常务会议纪要（9）》所确定的补偿标准不同，法院认为该行为属于行政程序明显不当。②处理既存行政行为后再作出新决定，余克翠与巴东县金果坪乡人民政府、第三人高清汉林地行政确认纠纷案④，被告在颁发经营权证时，未对涉案土地以前的权属进行变更，即径行颁布新的经营权证，法院认为该行为"程序明显不当"。③不得超出生效裁判文书确定的期限作出行政行为。沈乃璋与义乌市国土资源局行政处罚纠纷案⑤，依据 2014 年《行政诉讼法》第 70 条之规定，法院判决撤销或部分撤销行政行为后，并可判决被告重新作出行政行为。同时，法院还可在判决书中写明重新作出行政行为的期限。基于行政判决的拘束力，行政主体对生效裁判所确定的内容应当予以承认和尊重。⑥如果行政主体超出该期限作出新行政行为，法院可将其认定为"程序明显不当"。

司法实践中，存在"明显不当"标准与其他审查标准混用的情形。在本文所查到的许多案例中，法官认定行政行为"明显不当"，并以《行政诉讼法》第 70 条第（6）项作出判决的，其实应以"主要证据不足""适用法律、法规错误""违反法定程序"等标准来认定为违法。⑦此时，"明显不当"标准的适用领域就超出了学理上和立法者所界定的行政裁量权范围，而进入了《行政诉讼法》第 70 条第（6）项规定的其他几种审查标准的领域。

---

① 郑州市金水区人民法院〔2017〕豫 0105 行初 15 号。

② 广东省深圳市中级人民法院〔2016〕粤 03 行终 765 号。

③ 石嘴山市中级人民法院〔2017〕宁 02 行初 39 号。

④ 巴东县人民法院〔2015〕鄂巴东行初字第 00005 号。

⑤ 浙江省金华市中级人民法院〔2013〕浙金行终字第 112 号。

⑥ 姜明安主编：《行政法与行政诉讼法》（第六版），512 页，北京，北京大学出版社、高等教育出版社，2015。

⑦ 西安市灞桥区人民法院〔2015〕灞行初字第 00030 号行政判决书、辽宁省普兰店市人民法院〔2015〕普行初字第 53 号行政判决书、贵州省习水县人民法院〔2015〕习行初字第 33 号行政判决书、天津市津南区人民法院〔2015〕南行初字第 22 号行政判决书、吉林省东辽县人民法院〔2015〕东辽行初字第 10 号行政判决书、浙江省平阳县人民法院〔2016〕浙 0326 行初 54 号行政判决书、广东省中山市第一人民法院〔2015〕中一法行初字第 272 号行政判决书、河南省淅川县人民法院〔2015〕淅行初字第 49 号行政判决书、吉林省长春市中级人民法院〔2016〕吉 01 行终 184 号行政判决书。

这是"明显不当"标准在司法实践中被误用的表现。①

4. 单行法法律原则的适用

有研究者总结判例②，在单行法中规定了法律原则的情况下，法官一般会引用一般法律原则来认定行政行为明显不当。在行政处罚类案件中，法官经常运用《行政处罚法》第4条规定的"过罚相当原则"认定行政处罚"明显不当"。③在行政强制类案件中，法官会运用《行政强制法》第5条规定的"比例原则"认定行政强制"明显不当"。④而在单行法中没有规定一般法律原则时，法官虽然认定行政行为"明显不当"，但是在判决理由的说明上往往略显不充分，甚至有的判决书中直接认定行政行为"明显不当"，既不能从法理上说明理由，也没有实体法依据。⑤

---

① 王东伟：《行政裁量行为的合理性审查研究》，载《北京理工大学学报（社会科学版）》，2018（6）。
② 王东伟：《行政裁量行为的合理性审查研究》，载《北京理工大学学报（社会科学版）》，2018（6）。
③ 江苏省南通市中级人民法院〔2015〕通中行终字第00255号行政判决书、北京市第三中级人民法院〔2015〕三中行终字第00636号行政判决书、河南省郑州市中级人民法院〔2015〕郑行终字第384号行政判决书、广西壮族自治区玉林市中级人民法院〔2016〕桂09行终17号行政判决书。
④ 成都市龙泉驿区人民法院〔2014〕龙泉行初字第41号行政判决书。
⑤ 浙江省平阳县人民法院〔2016〕浙0326行初19号行政判决书、山东省淄博市临淄区人民法院〔2015〕临行初字第209号行政判决书、浙江省平阳县人民法院〔2016〕浙0326行初81号行政判决书、广东省连州市人民法院〔2015〕清连法行初字第24号行政判决书等。

第五章

行政垄断的表现形式

第一节　行政垄断专章立法

一、《反垄断法》

行政垄断竞争损害效果多以经济垄断形式体现。即由行政机关强制、限定、规定、授权后，往往伴随着经营者滥用市场支配地位、签订垄断协议等行为。因此，行政垄断认定不能脱离反垄断法中经济垄断判定的基本路径和方法。但反行政垄断又具有自身的特征和构成要件。《反垄断法》第 8 条明确了行政垄断的概括性定义；第五章"滥用行政权力排除、限制竞争"从第 32 条至第 37 条列举了数种不同的行政垄断的表现形式。《反垄断法》第五章对行政性垄断行为进行了专门规定，列举了行政强制交易、地区封锁（包括限制商品在地区间流通、阻碍外地经营者参加本地招投标活动、以不公平方式设定市场准入等）、行政强制限制竞争等六类行政性垄断行为，其中第 32 条对行政强制交易行为作了规定；第 33 条、34 条、35 条对地区封锁的六种具体措施手段作了规定；第 36 条对行政强制经营者限制竞争的行为作了规定；第 37 条对抽象行政垄断行为作了明确规定。

反垄断法对行政性垄断的专章规定具有十分重要的意义，不但弥补了以往诸多行政法规立法层次低、权威性不够的缺陷，而且对具体行政性垄断行为和抽象行政性垄断行为均作了比较全面的规定，解决了以往不同法律、法规之间缺乏协调、彼此冲突的弊端，对于保障我国社会主义市场经济体制的发展将发挥积极的作用。特别是对抽象行政垄断作出禁止性规定具有一定的进步性，这对我国统一大市场的建设具有十分重要的意义。

二、《暂行规定》

《反垄断法》第 32 条至第 37 条明确列举了限定交易、妨碍商品自由流通、招投标中的不当限制、投资或设立分支机构限制、强制经营者从事垄断行为及制定含有排除、限制竞争内容的规定等滥用行政权力排除、限制竞争的行为，但规定得较为原则。为进一步提高法律的可操作性，在总结执法经验并充分吸收借鉴现有规则的基础上，《制止滥用行政权力排除、限制竞争行为暂行规定》（2019 年 6 月 26 日国家市场监督管理总局令第 12 号公布）（以下简称《暂行规定》）对《反垄断法》规定进行了逐一细化，既有利于指导市场监管部门依法办案，提高执法的透明度和可预见性，又有利于为行政机关和法律、法规授权的具有管理公共事务职能的组织依法行政提供指引，避免滥用行政权力排除、限制竞争。

以下对具体表现形式进行介绍。

第二节　行政强制交易

一、行政强制交易的规定

行政强制交易又称行政限定交易，限定交易行为是指根据《反垄断法》第 32 条规定的行政机关和法律、法规授权的具有管理公共事务职能的组织限定或变相限定单位或个人经营、购买、使用其指定的经营者提供的商品和服务（以下统称商品）的行为。限定交易行为通过限定只有特定经营者才能进入相关市场的方式，将其他经营者排除在市场之外，剥夺了市场主体公平参与市场竞争的权利，排除、限制了竞争，也损害了下游用户和消费者的自由选择权。根据《反垄断法》第 32 条的规定可以看出，行政性强制交易的实施主体主要是行政机关和法律、法规授权组织，违法行为主要是妨碍竞争，侵害消费者的自主选择权，令消费者按照其指定的企业购买商品和服务。行政性强制交易表现形式多样，政府职能单位为了强制他人购买和使用、经营其指定企业的商品和服务，往往乘人之危、威逼利诱，采用欺诈、差别待遇等各种方法来实现自身目的。[①]

二、行政强制交易的类型

《暂行规定》第 4 条对《反垄断法》规定的限定交易行为进行了细化，主要有三种类型：

一是通过行政手段限定或变相限定。包括采用明确要求或暗示下游用户与特定经营者交易的方式，采用对其他经营者拒绝或拖延行政审批、使其无法进入市场的方式，采用对其他经营者重复检查、对其进入市场设置障碍的方式，采用对其他经营者不予接入平台或网络、使其无法正常经营的方式等。如 2015 年原云南省工商局查处的云南查处西双版纳旅游客运汽车公司滥收费用案中，西双版纳旅游客运汽车有限公司于 2000 年 11 月 29 日成立，依据西双版纳州政府《关于对州内旅游客运汽车实行集中管理、统一调度的决定》中关于"凡

---

① 邵建东、方小敏、王炳、唐晋伟：《竞争法学》，321 页，北京，中国人民大学出版社，2009。

在我州内登记挂 T 牌的旅游车，应全部无条件由西双版纳州旅游客运汽车有限责任公司集中管理、统一调度，旅游客运业务由该公司专营"。2008 年 8 月 15 日，西双版纳州政府为全面投资、开发和建设旅游产业，招商引资了云南旅游产业集团有限公司并签订了《关于西双版纳傣族自治州人民政府与云南旅游产业集团有限公司旅游合作框架协议》，双方协议约定由乙方云南旅游产业集团有限公司投入西双版纳旅游的客运车辆数不低于200辆。

强制性交易在表现形式上和地区垄断、部门垄断并列存在，但在具体经济活动中其常常表现为地区垄断或者部门垄断的一种手段。这样的行政垄断行为较为常见，例如：2017年中国证券业协会在组织考试时，以"京东支付"作为指定收费平台；江苏省质监局指定特定的保险经纪公司作为电梯强制保险的买入公司；还有一些省份指定购买新建住宅小区供配电设施等一系列行为，均属于行政性强制交易。[①]

二是在招标投标中进行限定或变相限定。主要是在招标投标中，对经营者参与投标设置不合理限制，限定只有特定所在地、所有制形式、组织形式的经营者才能参与投标，使得许多潜在的投标人无法获得投标资格，只有特定的经营者才能够中标、提供商品。如深圳市教育局在中小学学生装管理工作中，滥用行政权力，统一价格，排除、限制竞争案，深圳市教育局在投标人资格要求和评审标准方面，设定了明显有利于本地企业的不合理条件，使得外地企业在竞争中处于不利地位。如 2011 年招标中要求"投标人必须为深圳注册的企业，或在深圳有经工商注册的分支经营机构的企业"，而按照相关规定，注册分支机构，必须具备消防、环保等相关证照，受投标有限时效所制，此条规定会将很多来不及办理相关证照的潜在外地投标企业排斥在投标范围之外。2011 年招标评分规则中将企业在深圳纳税额、本地学生装服务经验与分值挂钩，保护本地企业意图明显。其中，2011 年规定，"在深圳纳税年平均 50 万元以上，100 分，每年减少 5 万元，扣减 10 分""有深圳学生装服务经验的，100 分，有广东省（深圳除外）市级或区级以上经验的，50 分，有其他省份市级或区级以上经验的，20 分"；2014 年规定将近三年深圳纳税总金额作为评分标准等。

三是通过项目库、名录库等方式限定或变相限定。主要是在没有法律、法规依据的情况下，通过设置项目库、名录库等，将特定经营者纳入其中，规定只有入库的经营者才能向下游用户提供商品，使项目库、名录库以外的其他经营者无法参与市场竞争。利用项目库、名录库等方式限定或变相限定，目前在建设领域招投标、政府采购领域仍旧常见。

《政府采购法》第 5 条规定，任何单位和个人不得采用任何方式，阻挠和限制供应商自由进入本地区和本行业的政府采购市场。《政府采购法实施条例》第 20 条规定了七种以不合理的条件对供应商实行差别待遇或者歧视待遇的情形，包括以特定行政区域或者特定行业的业绩、奖项作为加分条件或者中标、成交条件，也包括非法限定供应商的所有制形式、组织形式或者所在地等。《政府采购货物和服务招标投标管理办法》（财政部令第 87 号）

---

① 蔡若愚：《国家发展改革委铁腕治理行政垄断，优化营商环境》，载《中国经济导报》，2018年2月8日，第1版。

第 17 条的规定则更加具体明确，投标人的注册资本、资产总额、营业收入、从业人员、利润、纳税额等规模条件，不得作为资格要求或者评审因素。进口货物之外，生产厂家授权、承诺、证明、背书等因素，也不得作为供应商的资格要求。这些规定从原则到细化，对差别待遇或者歧视待遇做了可操作性的规定。

需要说明的是，限定交易行为的表现形式具有多样性的特点，本条所列举的只是执法实践中发现的较为典型和常见的限定交易行为。为此，本条中也增加了兜底条款，以便对其他限定交易行为进行规制。

第三节　地区封锁

一、地区封锁立法

《关于开展和保护社会主义竞争的暂行规定》是国务院针对一些地方政府和部门分割市场的行为颁布的，是我国最早禁止地区封锁等妨碍和限制竞争行为所做出的规定，地区性垄断是一定地域范围内的行政主体为了维护和促进本地域内的经济效益，运用行政权力排除和妨碍竞争或者阻碍外地经营者进入本地市场、参与本领域竞争的行为，地区性垄断一般也被称作地区封锁。

妨碍商品自由流通行为是指《反垄断法》第 33 条规定的行政机关和法律、法规授权的具有管理公共事务职能的组织妨碍商品在地区之间的自由流通行为。商品的自由流通是构建统一开放、竞争有序市场体系的前提条件，是实现市场在资源配置中发挥决定性作用的基础。妨碍商品自由流通是一种典型的地方保护主义行为，造成地区封锁和地域分割，阻碍了全国统一大市场的形成。

《反垄断法》已经基本概括了这种垄断的表现形式，列举了行政主体滥用和超越职权实施的阻碍地区之间货物流通的行为，规定了行政主体的行为自由，但是不能滥用和超越行政权力设定歧视性的资质或评审标准排除或妨碍外地运营商参与当地招标投标活动，还规定了行政主体不得超越其职权范围设置区别于本地经营者的不公平的待遇，阻碍外地经营者在本区域的投资活动。《反垄断法》重点列举的行政性垄断以地方保护为最甚。这种行为大多是通过政府制定和发布不公平的文件实施的。地方政府采取贸易壁垒阻止外地商品进入本地市场进行竞争。以行政权力分割市场、设置障碍、利用税收、价格、信贷、工商管制、质量监督等行政手段，对商品流通的地域、资金、技术、人员的流动和企业跨地区联合进行限制。政府行政权力大量进入市场层面，使得原本并不利于企业自主经营的行政干预，这时却成了本地企业的保护神。政府机关以合法拥有的投资权、资源权、财政权限制外地经营者的活动，使其支持的企业得以垄断经营，并获取高额利润。① 《反垄断法》第 33 条到 35 条是对区域性垄断的规定。

二、妨碍商品自由流通行为的类型

《暂行规定》第 5 条对《反垄断法》规定的妨碍商品自由流通行为进行了细化，主要包括四种情况：

一是对外地商品在收费等方面进行歧视。主要包括对外地商品设定歧视性收费项目、实行歧视性收费标准，或规定歧视性价格、实行歧视性补贴政策。这些行为将导致外地商品无法具备与本地商品同等的竞争条件，从而会在竞争中处于不利地位。如河北省人民政府纠正交通运输厅等部门滥用行政权力排除、限制竞争行为案②，2013 年 10 月，河北省交通运输厅、物价局和财政厅联合下发《关于统一全省收费公路客运班车通行费车型分类标准的通知》（冀交公〔2013〕548 号），确定自 2013 年 12 月 1 日起，调整全省收费公路车辆通行费车型分类，并对本省客运班车实行通行费优惠政策。客运班车通过办理高速公路 ETC 卡或者月票，按照计费额的 50% 给予优惠。2013 年 10 月 30 日，交通运输厅下发《关于贯彻落实全省收费公路客运班车通行费车型分类标准有关事宜的通知》（冀交公〔2013〕574 号）进一步明确规定，优惠政策"只适用于本省经道路运输管理机构批准，有固定运营线路的客运班线车辆"。

二是对外地商品设置标准、技术等方面的壁垒。如对外地商品规定与本地同类商品不同的技术要求、检验标准，或对外地商品采取重复检验、重复认证等措施，从而阻碍、限制外地商品进入本地市场、参与竞争。

三是采用行政许可、备案手段设置障碍。具体是在没有法律、法规依据的情况下，通过对外地商品设置专门的行政许可、备案，或在实施行政许可、备案时，对外地商品设定区别于本地商品的条件等，使外地商品无法顺利进入本地市场。

四是采用设卡或信息化手段阻碍。如在没有法律、法规依据的情况下，在道路、车站、港口等地设置关卡，或在软件、互联网上设置屏蔽，直接导致外地商品无法进入本地市场，或本地商品无法运出。

此外，妨碍商品自由流通行为的表现形式也是多种多样的，除列举的典型表现形式外，

---

① 两个典型的例子就是：1998 年电信行业引入竞争后，由一家垄断变为多家企业相互竞争的局面。但垄断仍然存在。电信服务的定价权、市场分配权、消费方式指定权等仍由一两家国有独资的超大型公司决定，切断了其他公司进入市场的可能。这些权力是政府赋予它们的。尽管技术问题早就解决，单向收费的套餐已经比比皆是，但是该部门还是表示，单向收费要两年之后才能完成。2001 年国务院一个文件，中石化和中石油两大成品油集团垄断了全国的石油产品零售专营权，从此之后，油价只涨不跌，消费者被严重盘剥。见徐士英：《政府干预与市场运行之间的防火墙——〈反垄断法〉对滥用行政权力限制竞争的规制》，载《法治研究》，2008（5）。

② 《发改委：河北"通行费半价"违法》，http://www.gog.cn/sjb/system/2014/09/28/013823178.shtml，访问时间：2020 年 6 月 1 日。

本条也设置了兜底条款。

三、排斥限制外地经营者招投标

招投标中的不当限制行为是指《反垄断法》第 34 条规定的行政机关和法律、法规授权的具有管理公共事务职能的组织排斥或限制外地经营者参加本地招标投标活动的行为。招标投标的目的是通过公开竞争的方式遴选出优质的经营者中标，而限制外地经营者参与招标投标，将缩减竞争参与者的范围，不利于实现优胜劣汰，弱化了招标投标的作用，妨碍了市场的公平竞争。《暂行规定》第 6 条对《反垄断法》规定的招投标中的不当限制行为进行了细化，具体有四种行为：

一是不依法发布信息。不依法发布信息，外地经营者就可能无法获知招标投标的具体情况，从而错失了参与招标投标的机会。

二是直接拒绝外地经营者参与招标投标。具体方式是直接明确不接受外地经营者参与本地特定的招标投标活动，使外地经营者没有机会参与本地特定招投标中的市场竞争。如四川卫生和计划生育委员会药品集中采购中排除、限制竞争行为案。第一，2013 年印发《四川省医疗机构药品阳光采购管理暂行办法》，对医疗机构采购本省药品比例进行考核，对未达到比例要求的采取一定惩罚措施；第二，在 2014 年药品挂网采购中，禁止全国均未挂网 / 中标的外地药品挂网，而相同条件下的本地药品可以参与挂网，限制此类外地药品进入本省市场；第三，在 2015 年 8 月份公布的《2015 年四川省公立医院药品集中分类采购实施方案（征求意见稿）》中，通过经济技术标评审中给本地企业额外加分、本地企业可以不占指标单独入围商务标评审等方式，重点支持本地药品生产企业参加双信封招标。

三是在资质等方面歧视外地经营者。包括对外地经营者设定高于本地经营者的资质要求、评审标准等，使原本符合参与招标投标条件的外地经营者被排除在外。

四是变相限制外地经营者参与招标投标。如设置一些资格、技术和商务条件，使得外地经营者难以满足，而这些条件与招标项目的具体特点、实际需要并不相适应，与合同的履行也无关联，从而变相限制了外地经营者参与本地招标投标。

招投标中的不当限制行为还可能有其他的表现形式，因此本条也设置了兜底条款。需要说明的是，《暂行规定》第 4 条第 1 款第（2）项与第 6 条虽都是针对招标投标的规定，但所规制的行为有所区别。前者是针对招标投标领域限定交易情况多发的实际情况专门设定的条款，规制的是在招标投标中限定或变相限定特定投标人中标的情形，此种滥用行政权力行为排斥的对象不仅包括外地经营者，也可能包括本地经营者。后者主要是对《反垄断法》第 34 条的细化，规制的是滥用行政权力排斥或限制外地经营者参加本地招标投标活动的行为。

四、排斥限制外地经营者在本地投资

投资或设立分支机构限制行为是指《反垄断法》第 35 条规定的行政机关和法律、法规授权的具有管理公共事务职能的组织排斥或限制外地经营者在本地投资或者设立分支机构的行为。经营者在本地投资或设立分支机构，可以实现资金、技术、人员等要素的自由流动，而为保护本地企业，限制外地经营者投资或设立分支机构的行为，则限制了要素的自由流动，阻碍了市场机制发挥作用，妨碍了市场公平竞争。《暂行规定》第 7 条对《反垄断法》规定的投资或设立分支机构限制行为进行了细化，主要包括三种情况：

一是采用直接拒绝的方式。即明确外地经营者不得在本地投资或设立分支机构，从而无法实现要素自由流动。

二是采用设置限制的方式。包括在没有法律、法规依据的情况下，限制外地经营者以多大规模、采用何种方式进行投资，或限制外地经营者在何处、采用何种商业模式设立分支机构，从而阻碍经营者自主决策。

三是采用歧视性待遇的方式。如与本地经营者相比，对外地经营者在投资、经营规模、经营方式、税费缴纳上规定不同的要求，或在安全生产、节能环保、质量标准等方面实行歧视性待遇，从而导致外地经营者投资或设立分支机构后面临不公平竞争，对在本地投资或设立分支机构的意愿降低。如深圳市教育局承诺纠正中小学学生装管理中涉嫌滥用行政权力排除、限制竞争行为案 [1] 中，2011 年招标中的"投标人必须为深圳注册的企业，或在深圳有经工商注册的分支经营机构的企业"的要求。

此外，本条也采用兜底条款的形式，以全面覆盖各种可能的投资或设立分支机构限制行为。

第四节 行政强制限制竞争

一、行政限制竞争的规定

据原国家工商总局统计，1995 年至 2005 年，全国共查处垄断案件 6548 件。从查处限制竞争案件的行为来看，行政性垄断限制竞争和经营者滥用市场优势地位等是市场垄断的主要表现形式。[2]

强制经营者从事垄断行为是指《反垄断法》第 36 条规定的行政机关和法律、法规授权

---

[1] http://finance.sina.com.cn/roll/2016-12-29/doc-ifxzczsu6067290.shtml，访问时间：2020年6月2日。

[2] 黄庭满、罗博：《警惕行政垄断破坏市场公平》，载《经济参考报》，2006年6月19日，第4版。

的具有管理公共事务职能的组织强制经营者从事《反垄断法》规定的垄断行为。经营者作为市场主体，相互间的公平、自由竞争是实现优化资源配置的动力。强制经营者从事垄断行为，不但侵害了经营者依法享有的经营自主权，也会破坏正常的市场竞争秩序。与经营者自行从事垄断行为相比，由于行政权力的强制性，强制经营者从事垄断行为对市场竞争的危害性更大。《暂行规定》第8条对《反垄断法》规定的强制经营者从事垄断行为进行了细化，云南省通信管理局行政垄断案、安徽密码器行政垄断案和武威市道路运输管理局行政垄断案（该三件涉案经营者被处罚），上海市交通委黄浦江游览行业横向协议案、北京市住建委纠正混凝土行北横向协议案、深圳教育局中小学学生服装横向协议案等（三件涉案经营者未被处罚），均属于典型的行政强制案例。

（案例 8） 安徽信雅达等 3 家密码器公司垄断协议案

2010年10月20日，人民银行合肥中心支行牵头组织召开安徽省支付密码产品选型评审会议，从6家参选供应商中确定信雅达公司和北京兆日公司、上海海基业公司作为安徽省范围内推荐使用支付密码器的供应商。

2010年12月7日，信雅达公司、北京兆日公司、上海海基业公司与安徽省20家银行业金融机构共同参加人民银行合肥中心支行组织召开的安徽省支付密码推广工作会议，会议就安徽省支付密码器销售市场分配、产品型号、市场价格、推广宣传、销售措施、培训及相关费用等事项达成一致意见。会后，人民银行合肥中心支行下发了《关于安徽省支付密码推广有关工作的通知》和《关于安徽省银行业金融机构支付密码产品服务厂商分配方案的通知》，明确了三点事项。

一是确定在安徽省内20家银行业金融机构支付密码产品市场分配方案：农业发展银行安徽省分行、建设银行安徽省分行、交通银行安徽省分行、浦东发展银行合肥分行、浦东发展银行芜湖分行、光大银行合肥分行、中信银行合肥分行、中国邮政储蓄银行安徽省分行8家单位在安徽省内各营业网点，代售信雅达公司的支付密码器；国家开发银行安徽省分行、农业银行安徽省分行、招商银行合肥分行、民生银行合肥分行、东亚银行合肥分行、九江银行合肥分行6家单位在安徽省内各营业网点，代售北京兆日公司的支付密码器；工商银行安徽省分行、中国银行安徽省分行、兴业银行合肥分行、华夏银行合肥分行、汇丰银行合肥分行、徽商银行6家单位在安徽省内各营业网点，代售上海海基业公司的支付密码器。

二是确定支付密码器统一售价为520元/台。

三是确定支付密码器推广初期，信雅达公司和北京兆日公司、上海海基业公司在安徽省销售的产品型号以及开展集中推广宣传等事项。

从2010年12月至2012年12月，信雅达公司按照市场分配方案划分的销售对象，与其代理商安徽省某金融设备有限公司及相对应的8家安徽省银行业金融机构签订双方和三方协议，通过安徽省某金融设备有限公司向对应的银行业金融机构供货，信雅达公司销售给安徽省某金融设备有限公司的价格为 330 元/台，通过银行业金融机构销售给终端客户的价格统一为 520 元/台；自 2013 年起，信雅达公司直接向其相对应的安徽省银行业金融机构供货。实施过程中，信雅达公司与北京兆日公司、上海海基业公司向相对应的银行业金融机构不交叉供货，在安徽省分割了支付密码器销售市场。

2012 年 12 月 4 日，信雅达公司和北京兆日公司、上海海基业公司及 20 家银行业金融机构参加了人民银行合肥中心支行组织的会议，统一将支付密码器售价调整为 400 元/台。

自 2010 年 12 月至 2015 年 9 月，信雅达公司在安徽省区域内销售支付密码器的违法所得 4113690.09 元，其中 2014 年度在安徽省区域内销售支付密码器的销售额合计 952136.75 元；北京兆日公司在安徽省区域内销售支付密码器的违法所得 5380259.16 元，其中 2014 年度在安徽省区域内销售支付密码器的销售额合计 3231281.20 元；上海海基业公司在安徽省区域内销售支付密码器的违法所得 19854770.81 元，其中 2014 年度在安徽省区域内销售支付密码器的销售额合计 948923.08 元。

安徽省工商局指出，信雅达公司和北京兆日公司、上海海基业公司均在安徽市场销售支付密码器，经营同种业务，是具有横向竞争关系的独立法人，本应依据法律规定和市场经济规则，开展充分、有序的市场竞争，但与此相反，它们积极组织实施划分销售对象来分割支付密码器销售市场。虽然信雅达公司和北京兆日公司、上海海基业公司之间没有直接签订书面协议，但在实际经营活动中，共同参加了人民银行合肥中心支行组织召开的相关会议进行意思联络，一致按照分配方案划分的对象对应销售产品且不交叉供货，一致固定和调整销售价格，统一支付和取消代理服务费，共同开展宣传推广活动和应对媒体负面报道危机并承担相关费用等多项协同一致行为。上述 3 家公司实施垄断协议分割销售市场行为，排除、限制了竞争，扰乱了市场竞争秩序。在实施垄断行为期间，其支付密码器售价明显高于同期竞争状态下的市场价格，牟取了高额垄断利润。同时，3 家公司的行为在安徽省分割支付密码器销售市场持续时间长达 5 年，时间久、数量多、价格高、违法所得较大，致使消费者仅能以高价购买指定产品，既剥夺了消费者自主选择权，又加重了消费者负担，损害了消费者的合法权益。

安徽省工商局认为，上述 3 家公司采取协调一致的行为在安徽省分割支付密码器销售市场，违反了《反垄断法》第 13 条第 1 款第（3）项及《工商行政管理机关制止滥用行政权力排除、限制竞争行为的规定》第 5 条第（1）项之规定，构成达成并实施垄断协议行为。依据《反垄断法》第 46 条第一款之规定，该局对上述 3 家公司作出行政处罚。

2016 年 9 月 18 日处罚结果：责令三个当事人停止违法行为，没收信雅达系统工程股份有限公司违法所得 4113690.09 元，并处罚款 76170.94 元；没收北京兆日科技有限责任公司违法所得 5380259.16 元，并处罚款 258502.5 元；没收上海海基业高科技有限公司违法所得 19854770.81 元，并处罚款 75913.85 元。

二、行政限制竞争的类型

依据《暂行规定》第 8 条，行政限制竞争的行为主要有两种类型：

一是强制经营者从事垄断行为。即采用行政命令等方式，强制、组织经营者达成、实施垄断协议，从事滥用市场支配地位等《反垄断法》禁止的垄断行为。如深圳市卫计委承诺纠正公立医院药品集团采购改革试点中滥用行政权力排除限制竞争行为案中，深圳市卫计委下发的《深圳市公立医院药品集团采购规定（试行）》第 5 条规定，"本市各公立医院应当与集团采购组织签订药品委托采购供应合同"；《深圳市公立医院药品集团采购规定（试行）》第 26 条规定，对不按照规定采购、违反有关规定自行采购的公立医院，将采取诫勉谈话、责令改正等措施追究单位和相关责任人的责任。此举不仅限制了公立医院只能使用全药网药业的采购服务，也变相限定了药品生产企业只能通过全药网药业向深圳市公立医院销售目录内药品。

二是变相强制经营者从事垄断行为。即采用行政指导等方式，引导经营者达成、实施垄断协议，从事滥用市场支配地位等《反垄断法》禁止的垄断行为。如北京市公安局公安交通管理局（以下简称北京市交管局）在交通违章罚款管理中涉嫌滥用行政权力排除、限制竞争行为案中，1995 年北京市交管局从尽快建立交通管理信息化平台，以及便利驾驶人缴纳罚款角度出发，确定了当时网点较多、设施较好，且承诺出资建立交通管理信息化系统的工商银行北京市分行作为交通违章罚款唯一代收银行，具有一定合理性。但 2000 年《招标投标法》、2008 年《反垄断法》相继实施后，北京市交管局一直没有依照相关法律、法规的要求，通过公开正式的招投标等竞争性程序，向所有银行提供公平竞争的机会，遵循公开、公正、透明的原则选择合作银行。北京市交管局一直维持工商银行北京市分行作为唯一代收银行的做法，排除、限制了其他具有合格资质和服务能力的银行参与交通违章罚款代收务竞争。

目前，线下缴纳违章罚款仍然只能通过工行卡办理，驾驶人实际上必须办理工行卡成为工商银行客户后，才能接受工商银行的缴纳罚款服务。

此外，2015 年以后，北京市交管局未对社会广泛公示和宣传已不再强制将牡丹交通卡作为驾驶人信息卡使用，导致很大一部分驾驶人仍然保留牡丹交通卡，并通过其缴纳罚款，一定程度上减少了驾驶人选择办理其他银行卡通过线上缴纳罚款的可能性，从而排除和限制了其他银行参与相关市场竞争。北京市交管局在交通违章罚款管理中的相关规定和做法，一定程度上排除、限制了竞争，涉嫌违反《反垄断法》第 8 条"行政机关和法律、法规授权的具有管理公共职能的组织，不得滥用行政权力，排除、限制竞争"的规定，属于该法第 32 条所列"限定或者变相限定单位或者个人经营、购买、使用其指定的经营者提供的商品"。

第五节　其他限制竞争行为

一、其他限制竞争的规定

《反垄断法》第 37 条是对行政垄断的一个兜底性条款，行政垄断的主要表现形式有地区性垄断、部门性垄断和行政强制交易。但是社会是不断变化和进步的，行政垄断的表现形式同样也会发生变化，已经制定和实施的法律必然落后于社会经济发展，那么，法律对行政垄断的管制，也应当有一定的变化。为了使反行政垄断相关法律得以施行，并且不存在法律上的空白，《反垄断法》中这个条款的规定就把其他可能滥用行政权力实施的垄断都包括进来。

我国《反垄断法》除规定对若干类型的具体行政垄断行为进行规制外，也对抽象垄断行为的规制予以明确。该法第 37 条规定，行政机关不得滥用行政权力，制定含有排除、限制竞争内容的规定。制定含有排除、限制竞争内容的规定行为是指《反垄断法》第 37 条规定的行政机关制定含有排除、限制竞争内容的规定行为。制定含有排除、限制竞争内容的规定行为主要是一种抽象行政行为，具有以不特定的人或事为对象、效力具有普遍性、规定可以反复适用等特点，这种行为排除、限制竞争往往影响面更广、副作用更大。《暂行规定》第 9 条对《反垄断法》规定的制定含有排除、限制竞争内容的规定行为进行了细化。

二、其他限制竞争的类型

依据《暂行规定》第 9 条规定，其他限制竞争行为主要是：

一是明确了行为的具体形式。列举了包括规定、办法、决定、公告、通知、意见、会议纪要等常见的形式。

二是明确了此类规定的内容。主要是市场准入、产业发展、招商引资、招标投标、政府采购、经营行为规范、资质标准等涉及市场主体经济活动的内容。

三是明确规定的种类。具体包括规章、规范性文件和其他政策措施。如北京市发改委对北京市城乡和住房建设委员会（以下简称北京市住建委）在混凝土行业管理中，涉嫌滥用行政权力排除限制竞争行为案，2014 年 12 月 24 日，北京市住建委发布《关于发布预拌混凝土质量控制价的通知》，决定自 2015 年 2 月 1 日起，向社会公布各主要标号混凝土质量控制价标准。质量控制价先由北京市混凝土协会（以下简称"协会"）测定（实际根据协会全体会员自行报送的混凝土成本价简单算数平均后测定），后报北京市市住建委评估后确定。2016 年 6 月份，协会两次召开会议，在会长、秘书长、监事长、副会长范围内商定限定混凝土销售价格、稳定混凝土市场的具体措施，讨论形成了《关于执行"质量控制价"的决定》和《北京市混凝土行业诚实守信自律准则》，要求"自 2016 年 7 月 1 日起，新签订的预拌混凝土合同价格不得低于北京市住建委和协会网站 2016 年 5 月 5 日发布的质量控制价。已签订的合同不符合以上要求的，在 2016 年 7 月 15 日以前完成变更"。同时，对未执行质量控制价的混凝土企业，制定了开除会籍、提请建设主管部门重点检查、剔除保障房推荐名单等处罚措施。

实际上，要真正对抽象行政垄断行为进行有效规制，很大程度上还要依赖于我国行政法的发展，《行政诉讼法》《行政复议法》《国家赔偿法》相关规则的完善以及日后《行政程序法》的制定，这些都会对抽象行政垄断行为的有效约束起到积极的作用。

第六章
行政垄断的认定

第一节　行政垄断的构成要件

一、"四要件"说

我国《反垄断法》第 8 条和第 32 条至第 37 条属禁止性条款，采用"一般与列举相结合"的方式具备其合理性。在认定行政性垄断的具体操作中，有学者提出了"构成要件说"，该说认为认定行政性垄断须包含下列四方面要件：[1]（1）主体要件。标准在于是否运用行政权力去限制竞争，而不在于其身份是否为行政机关抑或企事业单位。（2）行为要件。具体而言是指主观方面表现为故意，行为方式包括具体和抽象行政行为。（3）结果要件。我国目前要求存在对市场竞争的实质限制，主要表现为包括既得利益减损和预期可得利益损失在内的财产损害。（4）因果关系。即行政性垄断行为与其造成的损害结果之间存在必然联系。

二、司法"三要件"说

在汕尾市真诚公共汽车运输有限公司与汕尾市人民政府排除、限制竞争纠纷上诉案[2]中，二审法院就"关于行政性限制竞争行为的认定"认为，《反垄断法》第 8 条规定："行政机关和法律、法规授权的具有管理公共事务职能的组织不得滥用行政权力，排除、限制竞争。"第 32 条规定："行政机关和法律、法规授权的具有管理公共事务职能的组织不得滥用行政权力，限定或者变相限定单位或者个人经营、购买、使用其指定的经营者提供的商品。"根据上述法律规定，可以认定构成反垄断法所规制的行政性限制竞争行为，一般应同时具备以下三个要件：一是主体要件。即应当是行政机关或者法律、法规授权的具有管理公共事务职能的其他组织。二是行为要件。即行政主体欠缺法律、法规、规章或者国家政策依据，或者违反法定程序，实施了限定或者变相限定单位或者个人经营、购买、使用其指定的经

---

[1]　郭登科、付荣：《行政垄断法律责任的界定及构成要件》，载《现代法学》，2003（2）。
[2]　广东省高级人民法院（2016）粤行终1455号。

营者提供的商品的行政行为。三是效果要件。行政机关指定经营者的行为产生了排除、限制同一市场其他同业竞争者竞争的客观效果，损害市场公平竞争秩序。据此，结合上述认定行政性竞争行为的三个法定要件，本院认为，在本案特许经营许可中的行政性限制竞争行为的基本认定规则是：政府或者实施机构严格按照上述《基础设施和公用事业特许经营管理办法》《市政公用事业特许经营管理办法》的规定，遵循法定程序，将特许经营权授予一家经营者或者投资者独家经营，虽然也会产生排除、限制其他同业竞争者的客观效果，但该行为不属于反垄断法所规制的行政性限制竞争行为。相反，政府或实施机构在实施许可过程中，违反上述法律、法规、规章的规定，未经公平、公开、公正的竞争机制，未按法定程序实施或者故意设置不合理的条件，指定特许经营者，从而排除、限制同一市场其他同业经营者的公平竞争权和参与权，损害消费者的自主选择权，则应认定其构成了行政性限制竞争行为。

再如上诉人广东省教育厅、广联达软件股份有限公司（以下简称广联达公司）与被上诉人深圳市斯维尔科技股份有限公司（以下简称斯维尔公司）侵犯公平竞争权行政纠纷案[①]中，如何认定"行政垄断行为"？广州中院在判决当中指出，根据《反垄断法》第 32 条规定："行政机关和法律、法规授权的具有管理公共事务职能的组织不得滥用行政权力，限定或者变相限定单位或者个人经营、购买、使用其指定的经营者提供的商品。"省教育厅"指定独家参赛软件"行为符合构成行政垄断的要素条件，即在主体上，省教育厅是"行政机关和法律、法规授权的具有管理公共事务职能的组织"；在行为上，其"指定独家参赛软件行为"符合"限定或者变相限定单位或者个人经营、购买、使用其指定的经营者提供的商品"；至于"滥用行政权力"，法院依据《行政诉讼法》的规定："行政机关应对自己的具体行政行为负有举证责任"，认定省教育厅对自己"指定独家参赛软件"行为不能提供证据证明其合法性，为此教育厅构成"滥用行政权力"。

二审法院认为，关于广东省教育厅在涉案赛项中指定独家使用由广联达公司免费提供的相关软件是否合法问题，《反垄断法》第 8 条规定："行政机关和法律、法规授权的具有管理公共事务职能的组织不得滥用行政权力，排除、限制竞争。"第 32 条规定："行政机关和法律、法规授权的具有管理公共事务职能的组织不得滥用行政权力，限定或者变相限定单位或者个人经营、购买、使用其指定的经营者提供的商品。"根据上述法律规定，行政机关滥用行政权力，排除、限制竞争应具备以下三个要件：一是主体是行政主体，即行政机关和法律、法规授权的具有管理公共事务职能的组织；二是行政机关及相关组织有限定或者变相限定单位或者个人经营、购买、使用其指定的经营者提供商品的行为；三是行政机关及相关组织在实施上述行为过程中滥用行政权力，并且产生了排除、限制竞争的效果，损害市场公平竞争秩序。本案中，经广东省教育厅审核通过后才予以公布的涉案赛

---

① 一审广州市中级人民法院于2015年2月2日作出的（2014）穗中法行初字第149号行政判决；二审广东省高级人民法院（2015）粤高法行终字第228号行政判决书。

项技术规范、竞赛规程均明确在涉案赛项中指定独家使用广联达公司的相关软件，该行政行为已符合上述法律规定的行政机关排除、限制竞争行为的前两个要件。至于该指定使用行为是否构成滥用行政权力，产生排除、限制竞争的效果，损害市场公平竞争秩序问题，根据《行政诉讼法》第32条："被告对作出的具体行政行为负有举证责任，应当提供作出该具体行政行为的证据和所依据的规范性文件"的规定，广东省教育厅应对其在涉案赛项中指定独家使用广联达公司相关软件的合法性负举证责任，包括其行为不仅合法且应当遵循正当程序，正当合理地行使行政权力负举证责任，如举证不能，理应承担败诉的结果。广东省教育厅在法律未有明确规定其指定使用行为应遵循何种法定程序的情况下，其应当经过公开、公平的竞争性选择程序来决定使用相关商家免费提供的软件，除非有正当理由，否则属于滥用行政权力。广东省教育厅在指定独家使用广联达公司软件的文件中，虽有专家组会议评议决定与国赛保持一致，但没有进行合法性以及合理性论证，其亦未能提供其他证据证明其经过公开、公平的竞争性选择程序指定使用广联达公司软件，且其指定使用该软件的目的是用于学生竞赛，并非从国家安全需要、保守国家秘密、突发事件等正当理由考虑。另外，广东省教育厅指定独家使用广联达公司软件的后果是排除了其他软件供应商包括斯维尔公司作为合作方参与竞争提供赛项软件的权利，影响了其他软件供应商包括斯维尔公司的公平竞争权；同时可导致形成参赛学校师生使用习惯，并且对于提高广联达公司的市场声誉有极佳效果，从而提高了广联达公司软件在市场的占有份额。因此，广东省教育厅指定使用广联达公司相关软件行为会导致参赛院校师生在使用习惯方面产生依赖，并且提升了广联达公司产品的知名度，从而导致广联达公司软件市场占有份额的上升，同时导致了斯维尔公司等同类竞争者的产品在市场占有份额方面的下降，进而损害了市场公平竞争秩序，产生了排除、限制竞争的效果。因此，广东省教育厅指定使用广联达公司相关软件属于滥用行政权力，排除、限制竞争的行为。广东省教育厅上诉主张，因教育部在国赛中先行指定使用广联达公司相关软件，其以教育部的指定使用文件为依据，是为了更好地与国赛对接，使得参赛选手尽快适应竞赛规则，有利于选手的发挥为由提出抗辩。但是，教育部下发的国赛赛项规程虽然明确要求在国赛中独家使用广联达公司相关软件，但该赛项规程并未强制规定各省选拔赛亦应独家使用广联达公司相关软件，因此，广东省教育厅以教育部在国赛中先行指定使用广联达公司相关软件为由提出抗辩，本院不予支持。原审判决确认广东省教育厅指定在涉案赛项中独家使用广联达公司相关软件的行为违法并无不当，本院予以维持。上诉人广东省教育厅和广联达公司上诉主张，广东省教育厅指定使用行为不产生排除、限制竞争的效果，不构成行政垄断，原审法院作合理性审查该指定使用行为错误，请求撤销原审判决，改判驳回上诉人全部诉讼请求等，因缺乏事实根据和法律依据，上诉理由不成立，本院不予采纳。

司法实务中，采取三要件认定是法院常用方法。

三、滥用行政权力与行政垄断

2015 年修法将"行政性限制竞争"的行为明确纳入行政诉讼的案件审理范围，规定在第 12 条第 1 款第（8）项中，使司法机关受理和裁判行政垄断案件有了直接的依据。在《反垄断法》沿用《反不正当竞争法》的规定的情况下，《行政诉讼法》采取了"滥用行政权力"的表述，亦是为了与《反垄断法》的规定保持一致，减少在行政垄断案件的审理过程中两部法律的矛盾和不适，但是却未考虑到与第 70 条"滥用职权"的关系问题。新《行政诉讼法》的出台与施行，并没有使对行政垄断的认定标准更加明朗，反而使滥用行政权力与滥用职权关系不清的问题更加突出。当然，明确滥用行政权力的具体内涵和情形本身并非《行政诉讼法》的职责，《行政诉讼法》已为更好地规制行政垄断开辟了崭新的路径，在行政垄断规制进程中具有里程碑式的重大意义。[①]

长期以来，我们一直认为滥用行政权力是行政垄断的行为标准，尽管有学者对滥用行政权力标准不易界定有过研究，但都认为滥用行政权力是行政垄断的唯一标准。直到魏琼副教授在《政治与法律》2010 年第 6 期发表的《行政性垄断新解》中提出滥用行政权力不是行政垄断的唯一标准，他认为，"如果将行政垄断看作是'滥用行政权力'的结果，那么大量的行政垄断行为将会因为不是'滥用行政权力'的结果而无法得到规制。'滥用行政权力'实际上应是'违法行使行政权力'的表现形式之一。由此可见，行政垄断不仅仅是'滥用行政权力'的行为，准确地讲，应是'违法行使行政权力'的行为。"[②]

第二节　行政垄断的认定规则

一、常用认定规则

（一）概况性认定

早在 1994 年，《反不正当竞争法》实施的次年，原国家工商部门在一次学习竞争法精神的讲座上指出，政府及其所属部门滥用行政权力，实施限制竞争的行为的关键要义是：法律有规定的，要严格按照法律规定办事；法律规定较为笼统或裁量余地较大的，应结合实际情况合理运用行政权力，符合法律授权的原则和目的；法律缺乏规定的，要按照中央精神行事，要有利于社会主义市场经济的繁荣。所谓滥用行政权力限制竞争行为，就是指

---

① 高杜鹃：《行政垄断案件中的滥用行政权力问题研究》，华东政法大学2019年硕士学位论文。
② 魏琼：《行政性垄断新解》，载《政治与法律》，2010（6）。

政府及其所属部门违反合法、合理原则，实施限制竞争行为。[①]

（二）两段式认定法

依据《反垄断法》第 8 条规定，行政机关和法律、法规授权的具有管理公共事务职能的组织不得滥用行政权力，排除、限制竞争。第 37 条规定，行政机关不得滥用行政权力，制定含有排除、限制竞争内容的规定。该两条条文属于二段式，即明确规定"不得滥用行政权力"和"排除、限制竞争"。第 32 条至第 36 条，规定"不得滥用行政权力"加"……"。但此两段式与前述有明确区别，区别在于后者第二段规范的内容具体明确，在实务中一般不会产生太多争议。

采取两段式认定时，第一段是认定行政垄断的基础，即实施的行政垄断行为必须是滥用其行政权力，而不管权力来源是否为授权或直接法定，如在再审申请人广东粤超体育发展股份有限公司（以下简称粤超公司）与被申请人广东省足球协会（以下简称广东省足协）、广州珠超联赛体育经营管理有限公司（以下简称珠超公司）垄断纠纷一案[②]中，最高人民法院认为，广东省足协 2009 年向珠超公司出具《批准书》时，广东省人民政府已取消所有省内足球赛事的行政审批，广东省足协无足球赛事的行政审批权，亦无须行使行政审批权。广东省足协虽具有一定范围的足球赛事公共事务管理职能，但《批准书》与行使其公共事务管理职能无关，其是作为赛事权利所有者和竞赛经营管理者授权珠超公司行使其相应赛事权利的商业授权。《批准书》中使用带有行政色彩的"批准"用语，虽有不妥或不确切之处，但并不因此改变"批准"系商业授权的本质属性。也正因为《批准书》非行使公共事务管理职能，当然也难以构成滥用行政权力，排除、限制竞争。粤超公司关于广东省足协滥用行政权力，违反《反垄断法》第 32 条规定的申请再审理由不能成立，本院不予支持。

（三）司法认定行政垄断之突破

《反垄断法》第五章明确列出的六种行政垄断情形，这六种明文列举的情形为实践中认定行政垄断提供了具体指引。但同时可以明确的是，这几种情形并不能涵盖所有的行政垄断情况，除了法定的六种情形外，实践中亦存在其他形式的垄断情形，如曾入选 2015 年最高院十大经济行政案件的"丹阳市鸿润超市案"中，被告市场监督局为原告设定了不平等的市场准入条件，进而使得原告在其所在领域从事相关经营活动的权利受到了不当限制，该案中的情形并非为法律明确列举的六种情形之一，但法院最终仍认定其构成行政垄断，并判决原告胜诉。因此，在这种没有明确的规定但却需要对其进行规制的情况下，滥用行政权力的总规定便成为认定是否构成行政垄断的兜底条款，为了可以使其规制垄断行为的作用得到更好发挥，其含义则需要进一步明确。

[①] 参见《工商行政管理》编辑部、国家工商局条法司合办实施《反不正当竞争法》学习讲座第十五讲"滥用行政权力限制竞争行为"，载《工商行政管理》，1994（9）。

[②] 中华人民共和国最高人民法院（2015）民申字第2313号民事裁定书。

二、行政垄断引发的经济垄断

（一）引发经济垄断时的处理

当行政主体滥用行政权力干预市场时，行政性垄断即告成立。无论行政主体的干预手段是《反垄断法》第32条规定的限定交易、第33条至第35条规定的限制外地商品交易、第36条规定的强制交易、第37条规定的抽象行政行为限制，还是仅违反《反垄断法》第8条规定的行政垄断一般条款，该行为性质的认定都会直接关系到经营者行为的定性。首先，认定行政性垄断是判断经营者行为合法性的重要因素。如果行政主体的行为不构成行政性垄断，经营者服从行政管理的行为则为合法。其次，行政性垄断是构成行政强制垄断的必要不充分条件。行政强制垄断行为依据其二元主体即行政主体和经营者的主观过错及其客观行为，可以分为三种情况：第一，行政主体强制经营者，但经营者反抗、不作为，此时行政机关构成行政性垄断；第二，行政主体强制经营者，经营者虽有反抗但最终服从，此时基于一个违法故意构成一个有关联的垄断行为，两者系共同违法行为，但由于经营者主观过错（相对于经济性垄断）较小，应当酌情减轻或免除其行政责任；第三，行政主体确有行政性垄断行为，但经营者的意志并未受到"强制"，此时行政机关、经营者各有违法意图，经营者的行为是独立的，构成纯粹的经济性垄断行为。例如，在安徽省密码器行政诉讼案中，海基业公司提出，其横向垄断行为是由中国人民银行合肥中心支行组织实施，其与竞争者之间的意思联络也是通过人行合肥支行组织召开的相关会议进行，其后续行为并非其自发的主动行为而是受人行要求而进行，不构成违法垄断行为。但这一理由并未被安徽省工商局或国家工商总局接受，也未被审理行政诉讼的法院接受。其中二审法院表示，涉案企业"作为独立企业法人，理应遵守法律法规相关规定，依法开展经营活动"，并且虽然涉案企业曾与"人行合肥支行及安徽省多家银行业金融机构达成一致意见"，但"本院不认为上述行为是中标后响应银行方面统一要求的正常市场经营行为，亦无从看出涉案三家企业在上述过程中始终处于被动性地位"，因此未接受海基业公司抗辩。此外，二审法院在判决书结尾处写道，对于建设公平竞争的市场体系，"不仅需要有效的监管以充分发挥法治体系下市场的资源配置作用，亦离不开经营者以及行政机关和法律、法规授权的具有管理公共事务职能的组织等各方主体的积极参与和共同努力"，由此可见，二审法院对于涉案政府机构行为合法性可能存在一定质疑，但即使如此，二审法院也并未以此作为海基业公司违法垄断行为的合理抗辩理由。

因此，无论行政性垄断行为是否存在，只要经营者从事了《反垄断法》禁止的行为，就属于应受法律规制的违法行为，这一理念受到行政执法机关和法院的共同认可。

行政行为的定性对于经营者行为的合法性判断有重要影响，故而在个案中如果发现存在具有行政性垄断影响因素的可能性，应当先行认定该行政行为是否构成行政性垄断，再对经济性垄断进行认定。[①]

（二）《反垄断法》第 36 条的适用

适用《反垄断法》第 36 条[②]的行为要件有以下几点需要特别注意。第一，只要行政主体有"强制"的行为即构成违法，至于经营者是否屈从于行政权力从事垄断行为，对于行政性垄断性质的认定并无影响。这是因为行政性垄断的危害性在于行政主体滥用市场管理权，妨碍了经营者的经济自主权，限制了经营者的经营意志自由。第二，强制行为的表现形式可以是抽象行政行为，如出台规范性文件，如北京市城乡和住房建设委员会（以下简称北京市住建委）在混凝土行业管理中，涉嫌滥用行政权力排除限制竞争案，北京市住建委发布《关于发布预拌混凝土质量控制价的通知》（京建法〔2014〕24 号）；也可以是具体行政行为，如安徽密码器案中的"组织会议"，又如在云南省通信管理局滥用行政权力排除限制案中的公告所认定的"牵头组织""制定争议解决规则"等。第三，强制的内容是经营者从事违反《反垄断法》的行为，具体可能包括达成和实施垄断协议、滥用场支配地位、违法的经营者集中。第四，强制是指"用法律或政治、经济力量强迫"，[③]因为基于行政行为的公权属性，行政主体与行政相对人之间的关系为命令与服从的关系，[④]行政主体得以向经营者施加压力使之服从。适用《反垄断法》第 36 条的前提是经营者与行政主体的意愿相左。故违反此处的"意愿"并非各自的目标，而是指是否从事某行为的意愿。比如，行政管理部门基于本行业或者本地区的利益，要求经营者共同提高商品价格，经营者达成并实施了垄断行为。此时行政机关的管理目的与经营者的营利目的并不一致，但在从事横向协议行为的意愿上是一致的，此种情形下就不能认定为"强制"，此时的"强制"一说只能被理解为经营者的辩解之词。[⑤]

三、对《反垄断法》第37条中"规定"的理解

行政性垄断的解释一直是比较含糊的，并无统一的认识。《反垄断法》第 37 条规定："行政机关不得滥用行政权力，制定含有排除、限制竞争内容的规定。"该条文未对其中的"规定"一词做更进一步的规范。因此，究竟什么是抽象行政性垄断，认识仍不太一致，最大的差异主要集中在对"规定"的理解上，它究竟包括些什么内容，众说纷纭。由此形成了广义与狭义的抽象行政性垄断概念。所谓广义的抽象行政性垄断，系指国家行政机关制定法规、

---

① 张晨颖：《行政强制垄断中经营者责任的认定》，载《政治与法律》，2019（3）。
② 行政机关和法律、法规授权的具有管理公共事务职能的组织不得滥用行政权力，强制经营者从事本法规定的垄断行为。
③ 中国社会科学院语言研究所词典编辑室编：《现代汉语词典》，1048页，北京，商务印书馆，2016。
④ 参见余凌云：《行政法讲义》，218页，北京，清华大学出版社，2014。
⑤ 张晨颖：《行政强制垄断中经营者责任的认定》，载《政治与法律》，2019（3）。

规章和有普遍约束力的决定、命令等行政规则的行为。[①] 但也有行政法学者认为,《反垄断法》第37条所指的"规定"仅指"行政规定",即规章以下的其他规范性文件,这是从《行政复议法》第7条中得出的结论,由此形成了狭义的抽象行政性垄断观点。行政复议附带、间接的审查只针对非立法性的抽象行政行为,即所谓"规定",它是不包括行政规章的"其他规范性文件"。行政机关制定这类行政规定,依据《反垄断法》应当追究其法律责任。从与行政复议等既有法律制度相衔接角度来看,这一狭义概念有一定的合理性,它侧重强调了现有反垄断法对行政性垄断的法律控制力度,并不拘泥于对具体行政性垄断的禁止,还宣示了反垄断法禁止抽象行政性垄断的法律态度。至于行政机关滥用行政权力,制定含有排除、限制竞争内容的行政法规、部门规章以及地方政府规章等行为,则应当依据《宪法》《立法法》及相关法律法规等,对这些立法性抽象行政行为(包括含有排除、限制竞争的立法性抽象行政行为)进行立法及行政监督,并由有权机关依照法定程序加以撤销、废止。对第37条"行政机关滥用行政权力"的法律适用,亟须解决以下两个认定问题:第一个问题,经立法机关批准而由行政机关滥用行政权力,或者党政机关联合滥用权力而制定含有排除、限制竞争的规定是否属于抽象行政性垄断?第二个问题,行政机关内部机构或政府职能机构滥用行政权力规定含有排除、限制竞争内容的行政措施是否属于抽象行政性垄断?比如,广东省政府办公厅2008年颁发的一份文件规定:"2008年秋季至2009年春季农村义务教育阶段免费课本的选用和政府采购工作,由广东省出版集团有限公司承担和统一供应"。这种以政府文件的形式确定供货方的做法,表明了省教育厅未依法向社会公布本省中小学教材招投标信息,排斥或者限制了外地教材供应商参加省中小学教材采购招标投标活动,是一种典型的限制跨地区招投标垄断行为,构成了实质意义的抽象行政性垄断。[②]

考虑到现实生活中此类行为大量存在,而且往往难以区分行政不作为是否具有排除限制竞争的目的,如果将此类行为视同行政垄断行为,通过《暂行规定》规定的举报和向上级机关发出行政建议书途径进行救济,势必大大增加执法成本;同时由执法机关认定不作为或乱作为行为构成行政垄断行为,难度也极高。因此建议不宜将此类不作为或乱作为的具体行政行为视为行政垄断行为。[③]

笔者认为,第37条之中的"规定",应当包括所有行政规范性文件,而无论是否具体行政文件还是抽象行政文件,即使没有文件规定,但只要通过滥用行政权力,排除或限制竞争的行为的,均应当认定构成行政性垄断。

---

① 时建中主编:《反垄断法——法典释评与学理探源》,375页,北京,中国人民大学出版社,2008。

② 参见魏琼:《反抽象行政性垄断之探析——以〈中华人民共和国反垄断法〉第37条为文本》,载《法学杂志》,2009(12)。

③ 潘志成:《是行政规章?还是隐藏在面具之下的卡特尔行为?——如何准确识别行政垄断行为》,https://www.sohu.com/a/339765008_100138309,访问时间:2020年3月1日。

第三节 反行政垄断违法判定的原则

在经济垄断查处过程中,经营者之间的协议、决议或者其他协同一致的行为,是否构成《反垄断法》所禁止的横向垄断协议,应该以该协议是否实质性地排除、限制竞争为标准。但是,如果在具体执法中要对经营者之间的协议都进行全面的调查和复杂的经济分析,以确定其对市场竞争秩序的影响,将增加执法成本。鉴于此,世界各国针对垄断协议的性质和对竞争秩序的影响程度,确立了两种判断垄断协议成立的原则,即本身违法原则和合理性分析原则。

一、本身违法原则

(一)本身违法原则概念

反垄断的核心问题是违法判定原则的正确确立。本身违法原则(perse rule)和合理原则(rule of reason)是反垄断司法的两大基本原则,也是反垄断违法判定的两大基本准则。它们是在美国反垄断司法实践中形成的、作为判断垄断及垄断行为违法与否的原则,后被各国反垄断法所采用。① 本身违法原则的思想来自1889年美国最高法院的"环密苏里案",1935年"索科尼案"中本身违法原则作为正式概念被提出。

本身违法原则是指经营者之间的协议、决议或者其他协同一致的行为,一旦形成,必然会产生排除或限制竞争的后果,因此对这类协议采取本身违法原则,即只要经营者之间的协议、决议或者其他协同一致的行为被证实存在,就构成垄断协议。从世界各国反垄断立法和执法经验来看,认定横向垄断协议成立,一般多适用本身违法原则,比如固定价格协议、划分市场协议等。适用本身违法原则确定是否构成垄断协议,不是固定不变的。

(二)本身违法原则执法实践

横向价格垄断协议被普遍认为是最具排除、限制竞争作用的垄断行为。横向价格垄断协议,又称价格卡特尔,是指竞争者之间达成的关于固定或者变更商品服务价格的协议。价格是市场竞争中的核心机制,价格卡特尔是"反垄断经济学中公认的最为核心的内容"。对于具体的横向垄断协议行为,根据行为的性质分别适用本身违法原则和合理原则。判断分析的核心应该从消费者利益、社会公共利益出发。我国《反垄断法》第13条规定的第一类至第三类协议因为损害竞争的程度非常严重,各国反垄断法一般将它们称为核心卡特尔或者恶性卡特尔,可以按照本身违法的原则加以认定。鉴于竞争者之间有些协议不会严重限制相关市场的竞争,并且能够使消费者分享由此产生的利益,如为改进技术和研究开发

---

① [美]理查德·A.波斯纳:《反垄断法》(第二版),北京,中国政法大学出版社,2003。

新产品进行的合作研发；为提高产品质量、降低成本、增进效率统一产品的规格、标准或者实行专业化分工而采取的共同行为；为提高中小经营者经营效率，增强中小经营者竞争力的企业间合作；为实现节约能源、保护环境、救灾救助等有利于社会公共利益而采取的共同行为；为缓解因经济不景气，销售量严重下降或者生产明显过剩而采取的共同行为；为保障对外贸易和对外经济合作中的正当利益而达成的协议等，则应以合理原则进行分析，《反垄断法》对此作出了豁免的规定。①

在五粮液限制其经销商低价出售白酒一案中，四川省发展和改革委员会（以下简称"四川省发改委"）作出的《行政处罚决定书》（以下简称"决定"）称，"根据《反垄断法》，本机关依法对你公司限定交易相对人向第三人转售白酒最低价格的行为进行了调查……本机关认为，你公司通过合同约定、价格管控、考核奖惩等方式，对经销商向第三人销售五粮液白酒的最低价格进行限定，对市场竞争秩序产生了不利影响，对消费者的合法权利造成了损害。本机关认定，你公司的上述行为违反了《反垄断法》第 14 条的规定……据此，本机关决定对你公司处以 2012 年度销售额百分之一的罚款二亿零二百万元"。

贵州省物价局发布的公告（以下简称"公告"）称，"2012 年以来，贵州省茅台酒销售有限公司通过合同约定，对经销商向第三人销售茅台酒的最低价格进行限定，对低价销售茅台酒的行为给予处罚，达成并实施了茅台酒销售价格的纵向垄断协议，违反了《反垄断法》第 14 条的规定，排除和限制了市场竞争，损害了消费者的利益"。

从决定的内容来看，四川省发改委似乎对于五粮液的行为所造成的反竞争效果进行了分析。但也有观点认为，从决定的逻辑上看，四川省发改委作出其决定并未基于五粮液行为所造成的反竞争影响，而只是附带论证了其决定的合理性；对于贵州省物价局作出的决定，业界倾向性意见认为贵州省物价局的决定似乎是认定只要存在限定转售价格的行为，即构成违反《反垄断法》。至于该行为是否必须被证明排除或限制了竞争，该决定似乎假定只要存在限定转售价格的行为，该行为就有排除或限制了竞争的结果。

因此，对于国家发改委的执法原则，有观点认为，国家发改委采用的是本身违法原则，而这种执法原则正是《反垄断法》中体现出的立法逻辑。纵向垄断协议不仅包括限定价格的协议，还有其他多种表现形式，如独家购买协议、独家销售协议和搭售等，但之所以《反垄断法》第 14 条明确禁止"固定向第三人转售商品的价格"和"限定向第三人转售商品的最低价格"，正是因为此两种形式为纵向垄断协议的典型。因此，无须再证明上述行为具有"排除、限制竞争"的效果。换言之，只要能证明经营者之间通过书面或口头形式约定"限定向第三人转售商品的最低价格"，并能证明该约定具有约束力，似乎就应当足以认定该约定构成了《反垄断法》第 13 条第 2 款意义上的"限制竞争"。

然而，另一种观点认为，反垄断司法解释规定对于《反垄断法》第 13 条规定的横向垄断协议，推定其具有排除、限制竞争的效果，因此不同于《民事诉讼法》中规定的"谁主张、

---

① 章永鸿：《工商行政管理机关规制横向垄断协议探讨》，载《中国工商管理研究》，2012（11）。

谁举证"原则，被告需要就其行为不具有反竞争效果进行举证，否则被告可能面临败诉的风险。而对于纵向垄断协议却无此规定，表明纵向垄断协议并不必然具有反竞争的效果，仍需结合具体情况进行分析。2013 年 8 月 1 日，上海市高级法院在锐邦诉强生案中正是持有的此种观点。

相比于上海市高级法院在锐邦诉强生案的判决书中明确的"合理原则"，国家发改委在处罚决定中的寥寥数语，并未对实务界提供更多的分析纵向价格垄断协议所需的帮助。价格垄断执法机关对于限定最低转售价格行为所采取的处理原则仍不明确。

通过茅台与五粮液被罚案看，茅台和五粮液均被认定通过合同约定、价格管控等方式，对经销商向第三人销售白酒的最低价格进行限定，违反了《反垄断法》第 14 条之规定，对市场竞争秩序产生了不利影响，对消费者的合法权益造成了损害。尽管上述执法机关对于茅台和五粮液的违法行为进行了分析，但是这分析都非常简单，并且都是结论性的语言，缺乏具体的数据和其他证据支持。因此，如果据此认为发改委在认定限定最低转售价格是否违反《反垄断法》采用的是合理分析原则，那么该结论有些过于牵强。发改委在茅台和五粮液案中所采取的原则更接近于本身违法原则，更准确地说是更接近于欧盟所采取的将限定最低转售价格认定为卡特尔行为。从目前有限的限定最低转售价格的案件中，我们可以看出目前我国在认定限定最低转售价格是否违反《反垄断法》同时存在本身违反和合理分析两种原则。

（三）司法对本身违法原则之认同

山东临沂 25 家会计师事务所垄断协议案中，涉案会计师事务所主张其实施业务收入统筹行为是为了打击开具虚假发票、低价争揽业务等不正当执业行为。对此，法院与执法机关采取一致态度，均是从涉案行为对市场竞争的实质影响对行为是否违法进行认定。其中，二审法院在判决中表示涉案会计师事务所"共同签订的《业务收入统筹及分配方案》虽其本意是为解决行业自律，但是实质上却将……相关业务收入进行整合并按市场份额等指标重新划分。该行为使得……具有竞争关系的经营者将原属各自独立的经营成果重新分配，无法实现行业内公平竞争的最终目的，同时也使得其他经营者不能通过公平竞争进入市场或者扩大各自的市场份额"。因此，即使企业自认为从事特定行为确是存在一定合理理由，除满足《反垄断法》第 15 条豁免规定之外，其余均不构成违法行为的合理抗辩。

海南裕泰行政诉讼案中，虽然一审法院沿袭了锐邦涌和诉强生案中上海市高级人民法院的合理分析原则，并以此认定涉案协议不构成纵向垄断协议并撤销了海南省物价局的处罚决定，但二审法院推翻了一审法院的判决，支持了执法机关所适用的本身违法原则。

在早期的行政处罚案件中，如东风日产汽车垄断案、山西省电力行业协会涉嫌以价格垄断协议等，行政执法机关对垄断协议均以本身违法为原则（主要适用"核心卡特尔"，如操纵价格、限产限售、划分市场等），合理分析为例外。

二、合理分析原则

（一）合理分析原则概念

合理分析原则是指经营者实施的某些反竞争的行为不被视为必然非法，而是需要通过对经营者行为本身及其相关因素进行合理分析，以实质上是否具有损害有效竞争的效果，是否增进社会公共利益为判断标准，从整体上对经营者实施行为的反竞争效果和积极效果作出平衡和选择。

具体而言，对某些限制竞争行为的案件，反垄断主管机构或法院应具体地、仔细地考察和研究相关企业的行为目的、方式和后果，以判断该限制竞争行为的合理与否，如果经调研认为该限制竞争行为属于"不合理"地限制竞争，则该限制竞争行为将因违法而被禁止；如果经调研认为该限制竞争行为属于"合理"地限制竞争，则该限制竞争行为属于合法的限制竞争行为，应当得到许可。合理原则和本身违法原则最重要的区别就在于，本身违法原则关注的是经营者实施行为本身，而合理原则更加关注行为所产生的综合效果。

（二）合理分析原则特征

合理分析原则的优点：（1）鼓励并促进市场竞争。在合理分析原则框架中，没有什么竞争行为是天然违法的，必须经过法院或竞争执法机关的合理性分析后，才能判断行为的合法性。这就有助于市场主体大胆采用各种各样新颖的竞争策略和组织形式，从而促进了市场竞争。（2）非常灵活，较能体现经济政策的要求。美国《反垄断法》本身具有极强的政策性，甚至可以说，《反垄断法》是美国竞争政策的一部分。作为国家经济政策的体现或组成部分，美国反垄断法的立法、司法、执法应当非常灵活，这样才能及时、充分地体现国家经济政策的要求。在这个方面，合理分析原则具有本身违法原则所无法比拟的优势，美国法院或竞争执法机关可以通过合理分析原则实现国家的经济政策。（3）有助于提高经济效率。合理分析原则主要以经济效率作为考量标准，在经济效率和中小经营者的保护以及消费者权益发生冲突时，比较倾向于前者，因此，使用合理分析原则有助于促进经济效率的提高，从而优化资源配置，最终改善提高消费者的整体福利水平。

合理分析原则的缺点：（1）成本太高。（2）对司法和执法人员的要求很高。合理分析原则要求对市场结构，当事人的市场地位，竞争行为的市场影响等方面进行全面的分析，这就要求司法和行政执法人员具有较高的经济学素养，在一般情况下，这个要求不容易实现。（3）合理分析原则的内容并不规范，没有统一的标准，往往因时而异，因地而异，因人而异，不能体现法律的安全性、稳定性和公平性。同时，合理分析原则赋予了法院和竞争执法机关以过大的自由裁量权，从而容易导致这种权力的滥用。

（三）合理分析原则的发展

美国在认定限定转售价格是否违反其反托拉斯法时适用合理分析原则。在 2007 年的 Leegin Creative Leather Products v.PSKS，INC.，（以下简称"Leegin 案"）[1]，美国法官确立了在认定限定转售价格是否违反其反托拉斯法时适用合理分析原则。而此前，美国在认定限定转售价格是否违反其反托拉斯法时适用本身违反原则。该原则在 1911 年美国最高法院通过 Dr.Miles Medical Co.v.John D.Park & Sons Co.[2] 案（以下简称"Dr.Miles 案"）中被首次适用。直到 2007 年，美国最高法院通过 Leegin 案推翻已经适用近百年的限定最低转售价格本身违法原则，而是采用合理性原则来重新认定和评价限定最低转售价格行为。1977 年，在具有里程碑意义的 ContinentalTV，Inc.v.GTESlyvania 案件中，美国最高法院推翻了"本身违法原则"在纵向非价格协议中的适用，而将"合理分析原则"树立为首先适用的反垄断分析规则。

这一变化主要是因为经济学对于限定转售价格是否存在有利于竞争的分析发生了变化。经济学家开始意识到限定转售价格并不完全是对竞争没有好处的。一些经济学家认为限定转售价格在一定程度上可以促进竞争。例如，限定转售价格可以促进品牌间的竞争，减少品牌内部的竞争，而保护品牌间的竞争正是反垄断法的首要目的。正是由于生产商的垂直价格限制减少了品牌内部竞争，因此经销商为了协助生产商与其他品牌生产商竞争，而努力地提高服务以提升品牌形象。垂直价格限制也在一定程度上给消费者提供了更多选择。

（四）合理分析原则之执法适用

反垄断法的合理分析原则是指市场上某些被指控为反竞争的垄断行为不被直接认定为非法，而需要通过对企业或经营者在商业领域的行为及其相关背景进行合理性分析，以是否在实质上损害有效竞争、损害整体经济、损害社会公共利益为违法标准的一项法律原则。合理原则究其实质是一种以经济利益比较为核心的原则，通过合理原则来判断垄断带来的负经济效应或正经济效应的大小，以便决定是否适用反垄断制裁，这使得合理原则具有很强的适应性和灵活性。中国正处于由计划经济体制向市场经济体制过渡的转轨时期，行政力量干预市场竞争的现象比较普遍，反垄断的主要任务之一在于反行政性垄断。由于行政性垄断的形成原因、表现形式和危害程度都具有特殊性，并且行政性垄断涉及部门利益、行业利益和地方利益，各个利益集团相互混杂，使得转轨时期反行政性垄断任务十分艰巨而复杂。这种艰巨性和复杂性首先表现在行政性垄断的认定上，关键在于违法判定原则的选择。具体言之，在转型时期，反行政性垄断中违法判定原则的选择基准是：（1）有利于形成有效竞争，保护公平竞争，保护消费者利益，严格禁止滥用行政力量干预市场竞争。（2）有利于市场发育，打击地方保护主义和市场分割行为，有利于形成全国统一

---

[1] Leegin Creative Leather Products，Inc. v. PSKS，Inc. 551 U.S. 877（2007）.

[2] Dr. Miles Medical Co v John D Park & Sons Co.，220 U.S.373（1911）.

市场。（3）有利于提高经济效率，保护社会整体利益，增强产业竞争力。总之，是要保持动态性，根据行政垄断程度和形式的变化而适当调整侧重点。如果将中国的经济转型分为转型前期和转型后期两个阶段，那么，在转型前期，行政性垄断比较普遍、危害程度较大，所以违法判定原则的选择应该以有利于形成有效竞争和有利于形成全国统一大市场为重点；在转型后期，行政性垄断仍然存在但不是反垄断的主要矛盾，所以违法判定原则的选择应该以有利于提高经济效率和增强产业竞争力为重点。作为反垄断的违法判定原则，本身违法原则和合理原则将在很长一段时间内并存，但在反行政性垄断的不同阶段应有所侧重。（1）本身违法原则为主、合理原则为辅的阶段。这一阶段属于经济转型和体制转轨的前期。其一，转型前期行政性垄断的特殊性；其二，转型前期反行政性垄断的价值目标。其三，反行政性垄断司法的直接和间接成本；其四，对反行政性垄断执法机关和人员的要求。（2）以合理原则为主、本身违法原则为辅的阶段。这一阶段属于经济转型和体制转轨的后期。[1]

纵观世界各国反垄断法执法与司法的主要趋势，对"滥用行为"的认定一般贯彻合理分析原则。合理分析的出发点包括经济效率的提高和消费者福利的增进。

（五）本身违法与合理原则的适用

本身违法原则和合理原则也是反行政性垄断中进行违法判定的基本原则，但是，在转型时期中国的具体司法实践中，由于行政性垄断在形成原因、表现形式、利益关系、危害程度等方面具有特殊性，两大原则的采用既不同于反经济性垄断，也不同于西方市场经济国家和其他转轨经济国家。在现有研究中，对于转型时期中国反行政性垄断的必要性、主管机关、实施程序和制裁措施都有讨论，但是对于反行政性垄断违法判定原则的选择还鲜有涉及。本身违法是指当垄断企业的规模占有市场的比例超过一定数额，或行为属法律禁止的范围之内时就判定其属于违法，无须考虑它们对市场竞争的影响。本身违法原则在法律上具有明确性，只要相应的行为符合法定的条件即属违法，这在条文上一目了然，具有法律与商业上的可预期性。其最大的优势就是节省反垄断制裁的成本。

有观点认为四川五粮液纵向价格垄断案体现了合理原则，在四川五粮液纵向价格垄断案的处罚公告中，四川省发改委主要从三方面对五粮液公司行为的违法性作出合理分析。[2]

第一，行为是否具有排除、限制品牌内竞争的效果。四川省发改委指出，五粮液公司通过限定转售白酒的最低价格实施品牌内部限制，制定实施了一整套严格的监督考核和惩罚措施，排除了经销商之间的价格竞争，损害了经济运行效率。

第二，行为是否具有排除、限制品牌间竞争的效果。四川省发改委指出，五粮液公司

---

① 参见余东华：《转型期中国反行政性垄断中违法判定原则的选择——从本身违法原则到合理原则》，载《天津社会科学》，2008（1）。

② 詹昊：《从锐邦诉强生案二审判决看中国纵向垄断案例的评判》，https://www.pkulaw.com/lawfirmarticles/bc16f8df431c55b39305d02b8eef22f8bdfb.html，访问时间：2020年9月1日。

的行为限制了白酒行业不同品牌之间的竞争。五粮液公司的价格垄断行为在行业内起到了负面的示范效应，已经有其他白酒品牌开始对经销商进行类似限制和处罚，进一步扩大了对竞争的限制和损害。

第三，消费者利益和福利是否受到损害。四川省发改委指出，五粮液公司设定最低限价，排除了消费者购买低价商品的机会。特别是五粮液在浓香型白酒中具有重要地位，产品可替代性低，严重制约了消费者的选择。

从四川省发改委的上述公告明显可以看出，其具体分析了相关垄断行为对市场竞争、经济效率、消费者福利的戕害，没有简单判定相关行为属于垄断协议行为即构成违法，应当是"合理分析原则"在行政执法实践中的具体适用。

三、行政执法原则的适用

（一）经济垄断与本身违法原则

美国对不同垄断行为的分析形成了本身违法原则和合理分析原则，对横向价格垄断协议主要适用本身违法原则，对纵向价格垄断协议和滥用市场支配地位行为以合理分析原则为主。我国则没有这两个原则，从垄断协议的第 13、14 和 15 条看，采用了一般禁止加例外豁免的规定，不管是横向垄断协议还是纵向垄断协议，只要符合第 15 条的要件，都有获得豁免的机会。能不能证明自己的行为符合豁免的条件，是经营者的责任。[①]

我国《反垄断法》在第 13 条规定了本身违法的卡特尔，其内容与美国、德国、日本以及我国台湾地区的《反垄断法》的相关规定基本相同。同时，该法还在第 15 条对适用合理原则的卡特尔——主要是可豁免的卡特尔的具体类型作了规定。我国的《反垄断法》第 14 条第 2 款规定禁止"限定向第三人转售商品的最低价格"，结合第 15 条的免责规定可以得出，我国在处理价格垄断行为时适用本身违法原则，即经营者违法主体一旦实施了纵向价格垄断行为就被认定为严重排除、限制了市场竞争，就构成违法行为，除非有证据证明其实施的限定价格行为不会严重限制相关市场的竞争，并且能够使消费者分享由此产生的利益。如茅台公司与经销商达成了最低转售价格的协议，直接排除了经销商通过价格促销手段进行竞争，从而消除了品牌内的竞争，消费者因而无法获得市场竞争带来的便利。反垄断法规定的维护消费者利益和社会公共利益，提高经济运行效率的立法目的也就无从实现，并且供应商规定了违反协议的惩罚措施，经销商为避免受到处罚间接的达成横向垄断的默契，共同提高商品的价格。但在"五粮液价格垄断案件"中，四川省发展和改革委员会在对宜宾五粮液公司进行反垄断调查时详细地对公司所处的行业竞争状况，以及保价行为对

---

① 卢延纯：《进一步做好反价格垄断工作》（2014年12月11日），载《中国价格监管与反垄断》，2015（1）。

竞争和消费者福利的影响进行分析，最终认定五粮液公司由于其品牌效应、区位优势、技术酿造工艺、消费者忠诚度等因素，其产品在白酒行业具有重要地位，产品可替代性低，公司的"保价"行为严重限制了市场的竞争，破坏了市场的公平竞争，损害了消费者的利益，具有排除、限制竞争的效果，符合反垄断法规定的构成要件。尽管在对茅台和五粮液的反垄断调查中适用了不同的原则，我国的反垄断案件的审查仍然实行本身违法原则。① 一国反垄断法的有效实施确实应当结合该国的国情。由于我国长期处于计划经济体制，商业传统缺乏，竞争文化薄弱，一旦引入市场竞争，不规范的竞争行为难以避免。加上市场经济处于初级阶段，《反垄断法》在立法时已经充分考虑了国情，第14条明确规定了"禁止"经营者与交易相对人达成固定向第三人转售商品的价格或限定向第三人转售商品的最低价格的垄断协议。除非经营者能够证明该垄断协议符合第15条的豁免规定条件，否则，就应该认定违反反垄断法。但是，法律仅仅规定了价格的纵向限制，并未规定其他的纵向限制行为，如限制销售区域、限制交易对象，等等。不过，由于价格限制是对市场竞争最直接最严重的危害，因此，法律严加规制。② 行政执法机关自2013年的白酒案至2016年的美敦力案，均未以"排除、限制竞争的效果"作为纵向垄断行为构成要件，因此，一般认为行政机关对纵向垄断协议适用本身违法原则。

《反垄断法》实施以来，我国反垄断执法机关从国家到地方层面查处了较多的转售价格维持行为。2019年6月，市场监管总局查处某汽车公司的固定或限制最低转售价格（RPM）行为。2017年，上海查处了伊士曼品牌航空涡轮润滑油、捷波朗品牌耳机RPM案，江苏查处了江苏百胜电子有限公司（VIVO手机江苏总经销）RPM案。以上案件，从总局到地方执法机关在对RPM的行政处罚决定中，采取的均是本身违法认定方法，即依据《反垄断法》第14条直接推定行为的违法性。这些案件的查处，有效震慑了实施相关违法行为的企业。

执法实践中，一般不区分采用何原则，许昆林认为，我国对纵向垄断协议的法律原则就是"禁止+豁免"，不一定非要贴上本身违法原则或者合理分析原则的标签。对反垄断执法机关而言，只能依法办案，而不能"造法"办案。因此，对纵向价格垄断协议的执法应该秉持"禁止+豁免"的原则。③

（二）反行政垄断行政执法原则适用

截至目前，共统计到59件行政垄断案件中，执法机关向其上级机关发出执法建议函，但只有4件案件建议函完整公开，从此4件案件执法分析，除1件适用本身违法原则以外，其他3件均趋向认定为合理性原则（见表6-1）。

① 杨正师：《案例八纵向价格垄断的法律规制——对"茅台酒"案的思考》，载《公司法评论》，2014。
② 徐士英：《从〈反垄断法〉看酒企"天价罚单"（下）》，载《上海法治报》，2013年5月8日，第9版。
③ 参见许昆林："对于宽大政策是否适用于纵向垄断协议，社会上有一些讨论。我们研究认为——宽大政策适用于纵向垄断协议"，《中国经济导报》，2013年10月31日，第A03版。

表 6-1 反行政垄断执法原则分析

序号	案件名称	被调查机关	调查机关	行业	分析方法
1	安徽省蚌埠市卫计委滥用行政权力排除、限制竞争行为案	蚌埠市卫计委等6部门（仅查处卫计委）	国家发改委	批发和零售业	合理分析
2	广东省发改委关于建议纠正中山市住房和城乡建设局滥用行政权力排除、限制竞争行为案	广东省中山市住建委、市燃气管理办公室（下级单位）	广东省发改委	电力、热力、燃气及水生产和供应业	本身违法原则
3	内蒙古自治区公安厅滥用行政权力排除限制竞争案	内蒙古自治区公安厅	市场监管总局	租赁和商务服务业	合理分析
4	江苏省工商局纠正苏州市道路运输管理机构滥用行政权力排除、限制竞争行为	苏州市交通主管部门及道路运输管理机构	江苏省工商局	租赁和商业服务业	合理分析

纵向垄断协议因其对竞争影响的两面性，对于其违法性如何认定，我国的行政执法机关与法院（民事诉讼）存在着不同的认定标准。在上述行政案件中，审理法院却未沿用法院既往案例中的审理标准，反而承认并维护了执法机关认定标准的合理性。

分析法院及执法机关的既往判决、决定可以看出，行政执法机关自2013年的白酒案至2016年的美敦力案，均未以"排除、限制竞争的效果"作为纵向垄断行为构成要件，因此，一般认为行政机关对纵向垄断适用本身违法原则。而在民事诉讼中，以锐邦涌和诉强生案为代表的司法判决均详细分析了纵向垄断协议的排除、限制竞争效果，并以此作为违法行为的必备构成要素，因此一般认为法院对纵向垄断行为适用合理分析原则。

四、经济垄断的司法审查标准

（一）民事诉讼采用合理原则

在北京锐邦涌和科贸有限公司诉强生（中国）医疗器材有限公司案、东莞横沥国昌电器商店诉东莞市晟世欣兴格力贸易有限公司案中，上海与广东地区法院均采取了合理原则。法院认为，限制最低转售价格协议必须具有排除、限制竞争效果才能被认定为垄断协议。《反垄断法》第13条第2款"本法所称垄断协议，是指排除、限制竞争的协议、决定或者其他协同行为"同样限定该法第14条的纵向协议行为。同时，构成排除、限制竞争的举证责任在于原告，原告承担举证不利的后果。仅证明被告采取了转售价格维持行为，并不足以认定其行为的违法性。这些案件的裁判结果体现了司法与行政执法标准的不同，但此前两者尚未在个案中直接发生冲突。

我国《反垄断法》采用对垄断协议的抽象特征作出一般性规定的同时，还对典型的垄断协议类型作出列举式规定，只要某种行为落入列举类型的范围，即构成垄断协议。如果该行为不落入列举类型的范围，则需进行依法认定的立法模式，该法第13条第1款第（1）项至第（6）项采用列举式立法，将成立垄断协议的本身违法行为一一列举，而该法第13

条第 2 款则采用一般性规定的方法,对成立横向垄断协议的一般抽象规则作出规定。从《反垄断法》第 13 条第 1 款第 1 项的规定来看,只要认定某种协议、决议属于固定或者变更商品的价格,即构成横向垄断协议。

在广东省深圳市惠尔讯科技有限公司与广东省深圳市有害生物防治协会垄断纠纷上诉案[①]中,原告因被告深圳市有害生物防治协会与会员单位签订《深圳市有害生物防治服务诚信自律公约》(以下简称《自律公约》),涉及在深圳市范围内、在有害生物防治协会招投标工程中、固定会员单位的除"四害"消杀服务的最低价格,从而引发横向垄断协议纠纷。我国《反垄断法》规定:"行业协会不得组织本行业的经营者从事本章禁止的垄断行为"。该规定表明,被告深圳市有害生物防治协会与会员单位签订的自律公约,受禁止横向垄断协议制度的约束,原告可以援引《反垄断法》规定的横向垄断协议条款,指控被告违反了该项规定,并要求其承担法律责任。

原告提起本案横向垄断协议纠纷诉讼的请求权基础为《反垄断法》第 13 条第 1 款第(1)项规定的"固定或者变更商品的价格"之规范。应当说,被告在与会员单位签订的上述《自律公约》中固定除"四害"消杀服务的最低价格,已满足该请求权基础规范所规定的固定或者变更商品的价格条件。依据确立横向垄断协议成立的本身违法原则,如果被告不能抗辩其符合《反垄断法》第 15 条第 1 款规定的排除反垄断法适用的豁免情形,则被告与其会员单位签订的上述固定最低价格条款,将被认定为横向垄断协议,并将依法被确认为无效条款。

广东省深圳市中级人民法院经审理认为,被告深圳市有害生物防治协会与其会员签订的《自律公约》第 5 条虽规定会员提供除"四害"服务的价格不得低于深物价〔1997〕55号规定的每平方米 0.1 元的 80%,但在已有政府规定的指导价基础上做出的限制过低折扣规定,并没有完全固定或统一除"四害"服务的市场价格,价格空间仍然有灵活调整的幅度。截至一审审判时,深圳市注册登记有除"四害"经营范围的企业共 838 户,被告深圳市有害生物防治协会的会员单位为 268 户,占全市提供该类服务的 32%。除深圳市有害生物防治协会之外,深圳市另有深圳市南山区有害生物防治协会为同一类别的行业协会,因此深圳市有害生物防治协会与 268 户会员在深圳市防治消杀市场的影响力是有限的。

根据民事诉讼"谁主张、谁举证"的举证责任分配规则,原告没有提供因《自律公约》的签订而导致深圳区域内提供同类消杀服务的组织减少或出现市场价格增加或者服务质量降低的证据,即未能证明因为《自律公约》的签订,产生了限制或排除市场竞争的目的与效果。根据深圳市有害生物防治协会会员的数量,也难以得出其具有限制市场竞争影响力的结论。原告主张因为《自律公约》的签订而致使其遭受损失,但其未能举证证明在深圳地区存在低于其签订的服务价格,因此原告认为其遭受损失的主张没有事实依据。

---

① 详见深圳市中级人民法院(2011)深中法知民初字第67号民事判决书,广东省高级人民法院(2012)粤高法民三终字第155号民事判决书。

即使因为《自律公约》的签订限制了市场竞争，被告深圳市有害生物防治协会的行为亦具有一定的正当性。反垄断法设立的目的在于保护公平竞争，维护社会公共利益和消费者利益。反垄断法并不支持为争取市场而牺牲社会公共利益的单纯低价行为。构成垄断协议的前提是排除、限制竞争，如果经营者之间的协议具有正当目的，则该协议不应被认定构成横向垄断协议。提供除"四害"消杀服务有别于普通服务，有害生物防治工作涉及大量的有毒有害药物，无论是消杀过程中药物的使用，还是消杀效果，都涉及人民群众的生命健康安全，同时对使用消杀服务的企业员工、周边居民的身体健康以及环境保护等具有重大影响，也与当地卫生防疫等紧密相关，是一项事关社会公共利益的服务。深圳市物价局出具的〔1997〕55号文对除"四害"服务的指导价格从1997年规定出台后一直未再出具新的指导性意见，而从1997年到本案起诉之日已过13年，这期间提供除"四害"服务的人工成本早已上涨。如果企业为争取市场而肆意降低收费标准，必定会在提供消杀服务的产品上降低成本，如此也只会导致提供的除"四害"服务达不到规定标准，从而影响环境和人体健康，并在卫生防疫方面产生负面影响。作为参考，广州市与深圳市属于同一消费水平的城市，广州市物价局2000年出台的除"四害"有偿服务收费的指导价格已远远高于深圳市有害生物防治协会与其会员签订的《自律公约》的价格。深圳市爱国卫生运动委员会办公室发布的深爱卫办〔2003〕31号关于建立有害生物防治有偿服务不正当竞争举报制度的通知，也明确禁止报价严重偏离深物价〔1997〕55号文的以低于市场成本价承揽除"四害"消杀业务。因此，被告深圳市有害生物防治协会与其会员签订自律公约对价格进行限定的目的，是为遵守深爱卫办〔2003〕31号的规定，以及保证会员向消费者提供消杀服务的质量，避免恶性竞争，具有合理性和正当性。

再如锐邦涌和诉强生案，司法判决均详细分析了纵向垄断协议的排除、限制竞争效果，并以此作为违法行为的必备构成要素，因此一般认为法院对纵向垄断行为适用合理分析原则。

（二）行政诉讼违法分析原则争议

1. 海南省高院采用违法原则

海南裕泰行政诉讼案中，虽然一审法院沿袭了锐邦涌和诉强生案中上海市高级人民法院的合理分析原则，并以此认定涉案协议不构成纵向垄断协议并撤销了海南省物价局的处罚决定，但二审法院推翻了一审法院的判决，支持了执法机关所适用的本身违法原则。二审法院认为，就行政执法而言，由于《反垄断法》第14条直接明令禁止固定转售价格的行为，因此纵向垄断协议并不以"排除、限制竞争的效果"为构成要件，并且《反垄断法》"明文赋予了国务院反垄断执法机关认定其他垄断协议的权力，表明在反垄断这一特殊领域中，反垄断执法机关在认定垄断协议上拥有一定的自由裁量权。"二审法院基于此认定执法机关在对纵向垄断协议进行处罚时，无须以竞争损害后果为违法行为构成要件，并据此撤销了一审判决，支持了海南省物价局的行政处罚决定。

2. 最高人民法院采用合理性原则

海南裕泰行政诉讼案中最高人民法院再审认为，《反垄断法》第 13 条第 2 款对垄断协议应是排除、限制竞争之限定原则也适用于该法第 14 条。《反垄断法》第 13 条第 2 款究竟只限定该法第 13 条横向协议行为，还是对垄断协议整体构成概括性限定，引发大量争论。此前二审法院从语义逻辑学上认为，《反垄断法》直接将"固定向第三人转售商品的价格"视为垄断协议并明令禁止，该法第 14 条规定的达成固定转售价格之垄断协议并不以该法第 13 条第 2 款规定为构成要件。最高人民法院在裁定中明确此观点为错误，认定判断纵向垄断协议的构成仍然以排除、限制竞争为要件。

最高人民法院未认定固定转售价格及限制最低转售价格行为本身违法，认为其属于较为典型的纵向垄断协议，往往具有限制竞争和促进竞争的双面效应。因此，最高人民法院对转售价格维持的违法性判定采取的是大概率判断，意味着本质上最高人民法院仍然认为 RPM 应适用合理原则。

五、特许经营与行政垄断

行政性垄断行为虽然在我国反垄断法中已被明令禁止，但实践中，如何认定一直是难题。特别是，当该行为与公用事业特许经营许可等特殊制度交织在一起时，认定难度更大。由于公用事业特许经营许可并不排除独家经营，因此如何区分作为公用事业管理人和许可人的政府的相关行为是属于合法的行政管理行为，还是滥用行政权力排除、限制竞争的行为，是司法实务中的一个难点。在汕尾市真诚公共汽车运输有限公司诉汕尾市人民政府排除、限制竞争纠纷案中，汕尾市人民政府在发布涉案 0～50 公里公共交通项目特许经营权许可招投标公告之前，已经事先通过会议纪要的方式将涉案特许经营权直接授予广东省汽车运输集团有限公司独家经营，存在排除市场原有同业竞争者的主观意图，二审判决据此撤销一审判决，并判决确认汕尾市人民政府的被诉行为违法。二审判决对特许经营许可领域的行政性垄断行为认定提供了司法标准，对于公平保护各类市场主体，营造良好的法治营商环境具有典型意义。①

再如葫芦岛市工商局纠正建昌县城乡规划建设局滥用行政权力排除、限制竞争行为案，反垄断执法部门在确定重点规制领域的过程中，应充分考察该行业的特殊背景和现实处境。

本案中，涉嫌行政垄断的行为主要发生在公用事业领域，具体是在供水行业。而从历史分析的角度来看，供水公司最初是由政府统管的事业单位，之后才慢慢转变为垄断经营的国企。虽然 2003 年和 2004 年出台的《关于加快市政公用行业市场化进程的意见》和《市政公用事业特许经营管理办法》逐渐将供水行业向市场化推进，但是供水行业的市场准入程度依旧不高，供水行业成为集稀缺性资源、自然垄断、国企独占和公共利益于一身的复

---

① 广东省高级人民法院（2016）粤行终1455号行政判决书，广东省2018年行政诉讼十大案例。

杂市场。在供水市场中，部分地方政府出于供水企业的市政性、公共性、国有性等原因，未能真正做到政企分离或者分离尚不到位。与此同时，随着市场化改革和国企改革的推进，供水企业一边进行市场化运作，以市场主体的形式参与市场生产、经营活动，面临自负盈亏、自担风险的压力；一边受限于公益类国企的身份，需要承担公共服务的职能，接受政府价格限制，遵循保本微利的原则。由此可知，政府部门与供水企业在行业中未能确定彼此边界，没能理顺关系，才导致当供水企业面临亏本压力之时，有的政府部门时常假借各种名义干预市场。

此类案件的涉案主体也常以用户安全、效率等作为抗辩理由。如供水企业认为当前市场上销售的产品质量良莠不齐，售后服务无保障，技术参数不统一，或者不能有效与相应系统软件兼容，给群众交费造成诸多不便等，要求用户必须使用经政府部门指定的公司产品，以此来有效保证产品质量和售后服务。反垄断执法部门在对供水企业这类抗辩理由进行分析时，应结合《反垄断法》和相关行业法律、法规综合考量。此外，《城市供水条例》第28条规定："用水单位自行建设的与城市公共供水管道连接的户外管道及其附属设施，必须经城市自来水供水企业验收合格并交其统一管理后，方可合作使用。"可见，行政法规赋予了城市自来水供水企业对户外管道及其附属设施进行验收、管理的职责，给予城市供水企业确保水表质量的正当合法手段。政府部门亦可加强水表质量检查执法，确保水表设施的质量、管理及维修服务，而非简单粗暴地干预正常的市场经营活动。[1]

六、行政垄断的例外和豁免

（一）例外

有学者将以通过行政权限制竞争、以维护社会公共利益为宗旨的行政垄断称为公益型行政垄断，而将滥用行政权，旨在谋求个人或集团（地区和行业也是私的表现）利益的行政垄断称为私利型行政垄断。在非行政权滥用也即公益型垄断的情况下，政府限制竞争的行为不仅合法、合理，而且有很大的必要性。例如，政府为维护社会经济秩序而依法进行正常的市场管理活动和为实现对经济的宏观调控而采取的产业政策、财政政策等经济和社会政策中可能采用的限制竞争措施：（1）国家在应对经济不景气或者经济、金融危机等情况下采取的一些限制竞争的措施，如为了控制房价过快上涨，而采取的财政、税收、金融等方面的限制竞争政策。（2）国家政府为了应对国际竞争，推动、组建大型国企的行为。（3）经法律、法规明文规定或授权的合法的限制竞争，比如《邮政法》规定的邮政专营，《烟草法》规定的烟草专卖，知识产权法规定的知识产权垄断，以及银行、证券、保险的专营，

---

[1] 孙晋、钟原、卫才旺：《从典型案例看制止滥用行政权力排除、限制竞争行为的难点及对策》，载《中国工商报》，2018年8月9日，第6版。

等等。（4）国家主管机关对计划经济向市场经济转化过程中出现的有些问题采取的行政措施。例如，为解决"蚕茧大战、棉花大战"中的问题而采取的一些行政措施。（5）政府及其所属部门为扶持少数民族地区、贫困地区发展经济而采取的一些行政措施，如西部开发或其他地区开发中可能涉及的限制竞争措施。（6）政府及其所属部门为保障人民的人身、财产安全或者生产安全、限定他人购买其指定企业（即能生产、销售符合安全、卫生标准的商品的企业）的商品或者其他限制的行为。如《四川省反不正当竞争条例》第23条第2款规定："根据法律、法规、规章和省人民政府有关规定，对涉及国计民生和人身财产安全的商品的购销进行限制；以及为防止疫情、病虫害传播临时限制特定商品在地区间的流动，不属前款规定禁止的行为。"①

由于政府管制行为来源于法律和法规的授权，从立法的层面排除了行政机关对于管制行业的管制行为演化为行政垄断的可能性。例如，对于烟草专卖制度，由《烟草专卖法》授权政府垄断烟草市场，此种垄断并不构成反垄断法意义上的行政垄断；同理，对于《对外贸易法》授权的进出口贸易中的国家贸易行为以及国务院价格主管部门②依据《价格法》规范的政府定价行为，也属于合法的政府管制范围。

（二）豁免

行政机关通过行政垄断行为造成了经营者具有支配地位的情形，同时经营者利用这一市场支配地位实施滥用行为，但是这一行为却有可能在极其特殊的情形下具有豁免情形，即经营者的相关行为排除、限制了竞争，但是如果该行为可能在相关市场产生巨大的效率，增进社会总产出，则会使得该行为具有了豁免情形，不应该受到《反垄断法》的规制。这类豁免理由主要包括如下几种：（1）效率抗辩。虽然该行为会限制竞争，但是其却可以产生效率，推动经济进步，且为产生效率必不可少的措施。（2）客观合理性抗辩。经营者施行该行为有其客观合理性，例如基于产品安全或健康考虑，企业采取限制竞争的行为，在此种情形下，企业的限制竞争行为可以得到豁免。需要注意的是，虽然并不明确排除出现抗辩理由的情形的存在，但是该类情形存在的可能性极小，因为倘若企业能够因为具有此种理由而得到了《反垄断法》的豁免，行政机关的行政垄断行为同样可能会因为产生了效率提高了社会总产出而得到《反垄断法》的豁免。而体现在山东省交通厅行政垄断案中，根据对该案的现有调查情况得知，九通公司的不公平交易价格在相关市场上并未产生某种效率，同时其实施此种行为也并未基于某种客观合理性的理由，没有关于健康、安全等因素的合理考量，因此该行为没有合适的抗辩理由。而九通公司的行政强制交易行为虽然客观上是由于山东省交通运输厅的相关文件所引起的，但是其行为依旧符合强制交易的要件，对于该行为的调查发现其已经在相关市场严格限制了车载终端型号，并没有明显改善产品

---

① 参见倪振峰：《公益型行政垄断初探》，载《法学杂志》，2011（4）。
② 参见发改委依据《价格法》于2018年1月1日起施行《政府制定价格行为规则》。

的生产和销售状况，推动技术的进步，反而却使消费者承担了过高的费用，因此该行为同样不具有豁免理由。

综上所述，九通企业在监控平台市场上滥用市场支配地位，实施了不公平交易价格行为；同时，在车载终端市场上滥用市场支配地位，实施了强制交易行为，并且没有合理的抗辩理由，违反了我国《反垄断法》第 17 条的规定。

第七章
排除和限制竞争的认定

反垄断的执法工作是一项技术性和专业性都比较强的工作，对行政机关或管理公共事务组织的行为是否构成行政垄断需要加以分析和判断。在反垄断执行的过程中，一个垄断行为是否确实排除和妨碍了公平竞争是准确界定垄断行为的关键，这个判断的标准又需要借助相关部门对市场的竞争情况的了解和其他一系列因素做综合评价。所以，相关机构应当定时调查和分析一定区域市场有关商品和服务等的总体情况，市场竞争是一种变化莫测和比较复杂的社会现象，需要从更加专业的角度来理解，这就对执法机关人员的专业水平、专业知识以及经验提出了更高的要求。我国反垄断执法机关的组成人员除了一些专业人士以外，还可以有一些相关领域的专家，从而更有效地面对和解决复杂的情形。

第一节 行政执法与司法裁判

一、行政执法中的排除限制竞争

在反垄断行政执法过程中，逻辑思路与行政诉讼司法裁判具有一定差异，在行政执法中，一般不考量和分析"滥用行政权力"，而是从行政机关有否"排除和限制竞争"的角度进行判断，如四川省卫计委和浙江省卫计委行政垄断案[1]，国家发改委认为，四川省卫计委在组织实施本省药品集中采购过程中，实施地方保护行为，损害了相关市场的公平竞争，具体包括：2013年印发《四川省医疗机构药品阳光采购管理暂行办法》，对医疗机构采购本省药品比例进行考核，对未达到比例要求的采取一定惩罚措施；在2014年药品挂网采购中，禁止全国均未挂网/中标的外地药品挂网，而相同条件下的本地药品可以参与挂网，限制此类外地药品进入本省市场；在2015年8月公布的《2015年四川省公立医院药品集中分类采购实施方案（征求意见稿）》中，通过经济技术标评审中给本地企业额外加分、本地企业可以不占指标单独入围商务标评审等方式，重点支持本地药品生产企业参加双信封招标。

---

[1] 万静：《发改委：四川、浙江两省卫计委涉嫌违反反垄断法》，载《法制日报》，2015年11月4日，第8版。

浙江省卫计委在 2014 年度两批药品集中采购中，实施地方保护和指定交易，排除和限制了相关市场竞争。在《浙江省 2014 年药品集中采购（第一批）实施方案》和《2014 年浙江省普通大输液集中采购方案》的经济技术标评审项目中，专门针对本地企业设定加分项目，外地企业无法获得此类加分，使外省企业无法获得与本省企业平等的加分机会，一定程度上限制了外省企业同本省企业的公平竞争。在第二批采购中，将招标范围限定为在药品集中采购平台上有历史交易记录的产品，导致之前未中标企业及其他药品生产企业和新产品无法参与此次采购。上述做法限制了相关市场的公平竞争，分别属于《反垄断法》第 34 条所列"以设定歧视性资质要求、评审标准或者不依法发布信息等方式，排斥或者限制外地经营者参加本地的招标投标活动"和第 32 条所列"限定或者变相限定单位或者个人经营、购买、使用其指定的经营者提供的商品"的行为。

二、司法裁判中的排除限制竞争

新昌中石油昆仑燃气有限公司诉绍兴市工商行政管理局工商行政处罚一案[①]中，二审法院认为，《反不正当竞争法》第 23 条规定："公用企业或者其他依法具有独占地位的经营者，限定他人购买其指定的经营者的商品，以排挤其他经营者的公平竞争的，省级或者设区的市的监督检查部门应当责令停止违法行为，可以根据情节处以五万元以上二十万元以下的罚款。被指定的经营者借此销售质次价高商品或者滥收费用的，监督检查部门应当没收违法所得，可以根据情节处以违法所得一倍以上三倍以下的罚款。"被上诉人依据该条对上诉人作出行政处罚决定，认定上诉人存在限制竞争行为和滥收费用两个行为。根据立法本意，存在限制竞争行为是前提。而一审法院对上诉人是否存在限制竞争行为未作审查和评论，直接以上诉人存在滥收费用的行为而判断其违反《反不正当竞争法》第 23 条的规定，属认定事实不清，证据不足。依照《行政诉讼法》第 61 条第（3）项之规定，裁定如下：（1）撤销浙江省绍兴市越城区人民法院（2013）绍越行初字第 48 号行政判决；（2）发回浙江省绍兴市越城区人民法院重审。

从该裁判分析，行政诉讼中，司法机关一般会将"排除限制竞争行为"审查作为基础行为审查。

（案例9）新昌中石油昆仑燃气有限公司诉绍兴市工商行政管理局工商行政处罚案

2002 年 12 月 18 日，无锡永大天然气集团有限公司与新昌县建设局签订《关于合作开发新昌县天然气利用项目的合同》，约定无锡永大天然气集团有限公司为新昌县管道天然气项目投资主体，进行新昌县天然气供气设施的建设，并向新昌县居民、企事业单位提供

---

① 浙江省绍兴市中级人民法院（2014）浙绍行终字第11号行政裁定书。

管道天然气。无锡永大天然气集团有限公司按照有关政策法规和临近城市管道燃气收费标准向用户收取天然气初装建设费,初装费分为管网建设费和开户安装配套费。合同签订后,无锡永大天然气集团有限公司在新昌县投资设立新昌天然气有限公司,后经数次股权变更,投资主体变更为中石油昆仑燃气有限公司,企业名称变更为新昌中石油昆仑燃气有限公司,即本案原告。

2007年1月1日至2012年6月30日期间,原告分别与浙江中成房地产集团有限公司新昌分公司等房地产开发企业签订天然气管道建设合同,工程内容为:(1)住宅小区红线外的中压干支管的建设安装工程;(2)住宅小区红线内到用户室内接口前的建设安装工程;(3)用户室内至灶阀前的低压管阀等;(4)调压器的配置、安装。价格为每户2600元至2800元不等;其中1900元为小区内天然气建设配套费。上述合同签订,双方当事人已履行,具体如下:(1)新昌县金泰房地产开发有限公司已支付给原告663000元,其中按每户1900元支付的小区内天然气建设配套费为484500元,其他费用178500元;(2)新昌县金城建设发展有限公司支付给原告286000元,其中按每户1900元支付的小区内天然气建设配套费为209000元,其他费用77000元;(3)新昌县新世纪房地产开发有限公司已支付给原告926200元,其中按每户1900元支付的小区内天然气建设配套费为659300元,其他费用266900元;(4)浙江金城控股有限公司已支付给原告3746600元,其中按每户1900元支付的小区内天然气建设配套费为2737900元,其他费用1008700元;(5)绍兴人和园房地产开发有限公司已支付给原告842400元,其中按每户1900元支付的小区内天然气建设配套费为618400元,其他费用224000元;(6)新昌县志生房地产开发经营有限公司已支付给原告223600元,其中按每户1900元支付的小区内天然气建设配套费为173400元,其他费用60200元;(7)新昌县恒丰置业有限公司已支付给原告156000元,其中按每户1900元支付的小区内天然气建设配套费为114000元,其他费用42000元;以上其他费用合计1857300元。被告认为原告的行为已构成限定他人购买自己提供的商品的限制竞争行为和作为被指定的经营者借此滥收费用的行为,所收取的其他费用1857300元扣除税费63705.39元后,余款1793594.61元属于违法所得,被告遂作出绍市工商新案字(2013)197号行政处罚决定,决定对原告没收违法所得1793594.61元,罚款1793594.61元。原告不服该处罚决定,向本院提起行政诉讼。

原审法院审理认为:根据《反不正当竞争法》第23条的规定,被告绍兴市工商行政管理局具有对辖区内不正当竞争行为进行查处的法定职权。本案的争议焦点主要为:

1. 原告新昌中石油昆仑燃气有限公司的行为是否构成限定他人购买自己提供的商品的限制竞争行为和作为被指定的经营者借此滥收费用。对此,本院认为,原告系城市供气经营企业,属于《反不正当竞争法》第6条规定的公用企业。根据《价格法》第18条第(4)项和第19条第1款的规定,原告所经营的管道天然气属于重要的公用事业,价格属于政府定价范围。《浙江省定价目录》(浙价法〔2002〕331号)规定,管道天然(煤)气属于政府定价范围。2003年2月27日浙江省物价局作出《关于进一步明确〈浙江省定价目录〉

有关政策问题的通知》，其中第11条规定，城市管道煤气等配套设施建设收费的定价范围，授权市人民政府定价。绍兴市发展和改革委员会作为绍兴市人民政府价格主管部门，于2006年12月18日作出《关于新昌县管道煤气配套设施建设费标准的批复》，规定：从2007年1月1日起，新昌县住宅小区管道燃气配套设施建设费，以小区为单位，实行按户和按面积计收两种办法。住宅建筑面积户平均在144平方米以下的小区，一律实行按户计收，标准为每户1900元；住宅建筑面积户平均在144平方米以上的，实行按面积计收，标准为每平方米13元；住宅小区管道燃气配套设施建设范围为小区红线到用户室内接口前的建设安装的材料费、安装费和调试费等全部费用；该项费用由燃气建设安装单位向住宅开发建设单位收取，住宅开发建设单位，一律记入房屋开发建设成本，不得在房价外收取；原实行的燃气初装费一律取消，同时转换为管道燃气配套建设费。根据上述规定，原告与有关房地产开发单位签订的天然气管道建设配套合同中约定的每户1900元的住宅小区管道燃气配套设施建设费为法定依据外，其余费用不在政府定价范围内，原告向有关房地产开发单位收取该部分费用，属于滥收费用。原告作为公用企业，利用独占地位，收取不该收取的费用，违反了《反不正当竞争法》第6条的规定，构成国家工商行政管理总局《关于禁止公用企业限制竞争行为的若干规定》第4条第（6）项所列"对不接受其不合理条件的用户、消费者拒绝、中断或者削减供应相应相关商品，或者滥收费用"的限制竞争行为，应当根据《反不正当竞争法》第23条的规定予以处罚。同时，根据全国人大法制工作委员会《对〈反不正当竞争法〉和〈价格法〉有关规定如何适用问题的答复》（行复字〔1997〕6号）的规定，被告绍兴市工商行政管理局对原告进行处罚并无不当。

2.被告作出的行政处罚决定有无超过处罚时效。我国《行政处罚法》第29条规定："违法行为在二年内未被发现的，不再给予行政处罚。法律另有规定的除外。前款规定的期限，从违法行为发生之日起计算；违法行为有连续或者继续状态的，从行为终了之日起计算。"《国务院法制办公室对湖北省人民政府法制办公室〈关于如何确认违法行为连续或继续状态的请示〉的答复》规定"《行政处罚法》第29条中规定的违法行为的连续状态，是指当事人基于同一违法故意，连续实施数个独立的行政违法行为，并触犯同一个行政处罚规定的情形"，本案中原告与多个房地产开发单位分别签订合同滥收费用，符合该答复规定的情形，故被告作出的行政处罚决定并未超过处罚时效。

3.被告作出的行政处罚决定的程序是否合法。《行政处罚法》第3条第1款规定："公民、法人或者其他组织违反行政管理秩序的行为，应当给予行政处罚的，依照本法由法律、法规或者规章规定，并由行政机关依照本法规定的程序实施。"被告作出的行政处罚决定符合国家工商总局《工商行政管理机关行政处罚程序规定》的规定，无明显违法之处。

综上所述，被告作出的行政处罚决定，认定事实清楚，适用法律正确，程序合法。原告的诉讼请求，理由不充分，本院不予支持。依照《最高人民法院关于执行〈中华人民共和国行政诉讼法〉若干问题的解释》第56条第（4）项之规定，判决驳回原告新昌中石油昆仑燃气有限公司的诉讼请求。

原审原告不服提起上诉,二审裁决:(1)撤销浙江省绍兴市越城区人民法院(2013)绍越行初字第48号行政判决;(2)发回浙江省绍兴市越城区人民法院重审。

第二节　排除、限制竞争的评估方法

一、经济学分析

(一)经济垄断经济学分析

实践中主要采用需求替代这一定性分析方法,虽然该《国务院反垄断委员会关于相关市场界定的指南》(以下简称《指南》)规定了假定垄断者测试(SSNIP)这样的定量分析方法,司法案例中也有做出尝试,[①] 但在目前的执法实践中尚无运用假定垄断者测试进行相关市场界定的案例,在分析市场结构时进行了定量分析的案例也较少,一方面是由于基准价格选取困难等可操作性问题,另一方面也与目前执法的经济分析供给不足有关。但经济学的加持本是现代反垄断法的应有之义,反垄断执法认定的科学化离不开运用经济学思维对竞争状况进行衡量,正如林平教授所言:"经济分析在反垄断执法活动中发挥的作用越来越大:早期在经营者集中领域,单边效应、协调效应、封锁效应、传导作用等理论已经得以运用。在滥用市场支配地位方面,2016年11月的利乐案处罚书中第一次用了理论模型。除了模型以外,整个利乐案的分析也体现了经济分析的思想。发改委对高通案的处罚分析,也包含了经济学分析。"[②] 因此,在考察执法效果对市场结构的认定是否科学合理可关注经济分析工具的运用情况,如是否借助了需求/供给替代分析、假定垄断者测试(SSNIP)、临界损失分析、市场集中度测试(HHI指数)等经济学分析工具,从而合理界定相关市场、准确识别竞争者和潜在竞争者,进一步判定经营者市场份额、市场集中度,进而确定经营者的市场地位,当然也要关注执法成本问题,根据案件的具体类型和复杂程度做出选择。

在美国,反托拉斯法分析模式有合理原则、本身违法原则等;在欧盟,竞争法分析模式被归纳为基于形式的方法与基于效果的方法。[③] 但我国应当选择何种分析模式,反垄断学界和实务界尚无定论。以对垄断协议的规制为例,立法方面,《反垄断法》条文更多地借

---

① (2013)民三终字第4号——奇虎公司与腾讯公司垄断纠纷上诉案:"即便在缺乏完美数据的实际情况下,本案依然可以考虑如果腾讯公司和腾讯计算机公司持久地(假定为一年)从零价格到小幅度收费后,是否有证据支撑需求者会转向那些具有紧密替代关系的其他商品,从而将这些商品纳入同一相关商品市场的商品集合。"

② 林平:《经济分析在反垄断中的作用以及数字经济和大数据》,载《竞争政策研究》,2017(5)。

③ 叶卫平:《反垄断法分析模式的中国选择》,载《中国社会科学》,2017(3)。

鉴了《欧盟运行条约》第 101 条第 1 款和第 3 款规定的禁止情形与例外规定的分析框架，具体在第 13—15 条体现了"禁止＋豁免"的认定原则，而对于实施机关的实际适用情况，叶卫平教授对《反垄断法》实施以来的案件处理情况进行了实证分析，发现我国执法和司法机关在分析模式的适用上存在着较大分歧——执法机关基本是遵从法律条文第 13 条、第 14 条的规定进行基于形式的方法认定；而法院在案件认定中则既有基于形式的方法，也有基于效果的方法。[①] 最高人民法院 2012 年出台的《关于审理因垄断行为引发的民事纠纷案件应用法律若干问题的规定》第 7 条 [②] 是针对《反垄断法》第 13 条第 1—5 项的横向垄断协议的举证责任倒置规定，但并未提及第 13 条最后一项以及第 14 条纵向垄断协议的举证责任分配方式，这让司法适用变得更加扑朔迷离。但是，作为法律实施机关而非立法机关，在认定违法行为时的基准不应突破现有的法律规定，合法性标准应当是评估一项执法行为的前置性标准，唯有符合法律要求的反垄断执法行为，才具有正当性进而产生相应的执法效果。因此，在现有的立法框架之下，除了观望立法修改进一步明确司法解释未尽的问题，从法律规定出发作出合理的解释和适用，更能保证立法和执法的有效性。事实上，无论是国家发改委执法官员早就做出过的直接表态 [③]，还是司法判例的明显转向 [④]，也更多地在体现这样的选择倾向。

（二）反行政垄断经济学分析

现行《反垄断法》对于经济性垄断的规制较充分地运用了经济学的分析路径，然而其对"滥用行政权力排除、限制竞争"的规制却在这一方面十分欠缺，这也是我国《反垄断法》亟待解决的问题之一。如山东省交通运输厅行政垄断案，发改委根据有关事实认定该行为属于行政垄断行为，违反了《反垄断法》第 8 条、第 32 条和第 37 条。发改委的处理结果虽然正确，但是在其发布的函件中并没有对山东省交通运输厅的行为进行足够的经济学分析。

除前述案件以外，查处的行政垄断案件中多数没有进行任何分析，这是我国行政垄断查处中面临的最大的困境，也是行政垄断建议函需要重点完善的地方。

---

① 叶卫平：《反垄断法分析模式的中国选择》，载《中国社会科学》，2017（3）。

② 《最高人民法院关于审理因垄断行为引发的民事纠纷案件应用法律若干问题的规定》（法释〔2012〕5号）第7条："被诉垄断行为属于反垄断法第13条第一款第（1）项至第（5）项规定的垄断协议的，被告应对该协议不具有排除、限制竞争的效果承担举证责任。"

③ "我们执法机关研究问题，法律的规定应该是逻辑起点，我国对纵向协议的法律原则就是'禁止+豁免'，不一定非要贴上本身违法原则或者合理分析原则的标签。对反垄断法执法机关而言，只能依法办案，而不能'造法'办案。"参见许昆林：《宽大政策适用于纵向垄断协议》，载《中国经济导报》，2013年10月31日，第8版。

④ （2017）琼行终1180号——海南省物价局诉海南裕泰科技饲料有限公司维持转售价格案："在无法条明确规定的情况下，不能得出反垄断执法机关所认定的纵向垄断协议必须以排除、限制竞争为构成要件这一结论。"

二、行政垄断效果的评估

行政垄断具有其自身特性，这使得对于行政垄断的规制方法不同于对传统的经济性垄断的规制方法，但是却又因为行政垄断依旧具有传统经济性垄断的一些特质，使得对于行政垄断的调整方法仍然需要以传统反垄断法规制方法为基础，并结合行政垄断自身特点对其采用新的方法进行调整。行政垄断经常通过经济垄断传导其危害后果，因此，需要分析行政垄断中受益经营者的垄断行为。

（一）相关市场界定

1. 相关市场界定是反垄断执法基础

2008 年 8 月开始正式实施的《反垄断法》是市场经济制度在中国逐渐成熟的标志。《反垄断法》的立法宗旨为：预防和制止垄断行为，保护市场公平竞争，提高经济运行效率，维护消费者利益和社会公共利益。针对执法操作，《反垄断法》明确指出，不论是滥用市场支配地位案件还是经营者集中案件，首先审查的是经营者在相关市场的市场份额和相关市场的竞争状况。由此可见，相关市场界定是现阶段中国反垄断执法的基础。《指南》将相关市场定义为：经营者在一定时期内就特定商品或服务进行竞争的商品范围和地域范围。因此，在中国的反垄断执法实践中，一般会对相关产品市场和相关地域市场进行界定。《指南》明确肯定了相关市场界定在反垄断执法中的重要作用，对相关市场界定的主要依据和技术方法都作出了明确指示，即以替代性分析作为界定相关市场的基本依据，根据实际情况从需求替代和供给替代两方面着手分析。这一指导思想基本沿袭了欧美国家反垄断分析的思路。同时，《指南》对替代性分析和假定垄断者检验法（如 SSNIP）都作出了具体的规定和说明。虽然中国反垄断执法机关主要习惯以传统功能分析法界定市场，但《指南》也明确提出：反垄断执法机关鼓励经营者根据案件具体情况运用客观、真实的数据，借助经济学分析方法来界定相关市场。

而考察行政行为是否符合"排除、限制竞争"这一结果要件，则应分析前述行政行为是否在相关市场内实质地排除、限制了竞争。相关市场应参照经济性垄断，即将相关市场划分为相关商品市场、相关地域市场与相关时间市场。而"实质地排除、限制了竞争"，则是指几乎不可能期待有效竞争的状态。

2. 相关市场界定指南

根据《反垄断法》第 17 条的规定，支配地位是指经营者在相关市场内控制商品价格、数量或其他交易条件的能力，所以对于支配地位的认定首先需要考察相关市场。而根据《反垄断法》第 12 条的规定，相关市场的界定需要考察三个因素：相关产品市场、相关地域市场和相关时间市场。为了给相关市场界定提供指导，提高国务院反垄断执法机关执法工作的透明度，我国反垄断委员会也在 2009 年发布了《关于相关市场界定的指南》，阐述了相关市场界定的基本原则，并且强调了其在反垄断执法工作中的重要性，"在有效识别竞者和潜在竞争者、判定经营者市场份额和市场集中度、认定经营者的市场地位、分析经营者的行为对市场竞争的影响、判断经营者行为是否违法以及违法情况下需要承担的法律责任等关键问题上，具有重要的作用。"而根据指南，界定相关市场的基本依据主要是对产品进行需求替代和供给替代。需求替代主要是从需求者的角度进行替代分析，而供给替代则是从经营者的角度出发，考察产品的可替代性，进而确定相关市场。

3. 相关市场界定的实践运用

在山东省交通运输厅行政垄断案中，界定相关市场需要对相关产品市场和相关地域市场进行考察。因为本案中山东省交通运输厅存在两方面行为，存在两个相关市场，需要对两方面行为所涉及的相关市场分别予以界定。对于第一方面行为的相关市场界定问题上，相关监控平台作用的范围有一定的地域限制，即主要涉及在山东省内的竞争，故将山东省作为其相关地域市场。而在监控平台的选择上，道路运输企业具有自主选择权：对于监控平台，"道路运输企业选择自建平台，也可以使用其他经营者建立的社会化监控平台"，而这些监控平台相互之间都具有替代性，因此可以将相关产品市场界定为监控平台市场。因此，该案的相关市场即为山东省监控平台市场。山东省运输厅的另一行为的相关市场的界定方法与此类似，根据上述方法将另一行为的相关市场界定为车载终端市场。因此，发改委在《国家发展改革委办公厅关于建议纠正山东省交通运输厅滥用行政权力排除限制竞争有关行为的函》中对该案中两行为所涉及的相关市场的界定正确。[①]

国内其他省份的相关市场的界定案例，可参见表 7-1。

表 7-1 相关市场界定案例

序号	案 件 名 称	产品市场	地域市场
1	山东省交通运输厅滥用行政权力排除限制竞争	监控平台市场	山东省
		车载终端	山东省
2	内蒙古自治区公安厅滥用行政权力排除限制竞争	印章系统软件市场	内蒙古
		章材和刻章设备市场	
3	苏州市道路运输管理机构滥用行政权力排除、限制竞争	驾驶培训市场	苏州市

（二）受益经营者支配地位的认定

在界定了相关市场之后，执法部门根据《反垄断法》第 18 条，综合考量多种因素，对当事人在相关市场占有社会总产出的比重、扩大产出能力、潜在竞争者进入市场的能力以及买方是否有对抗力量等因素进行考察，从而判断得出该经营者具有市场支配地位。但行政垄断不同，如山东省交通运输厅滥用行政权力一案，虽然九通公司无论是在监控平台市场还是车载终端市场都牢牢占据着市场支配地位，但这一市场支配地位的产生并不是其生产能力所带来的，而是由于行政权力的滥用所造成的，这种支配地位的产生和传统支配地

[①] 李兆阳：《对行政垄断规制的思考——以山东省交通运输厅滥用行政权力一案为视角》，载《天津商业大学学报》，2016（4）。

位的产生相比有其特殊性，但依然可以通过反垄断法的基本原理进行调整，并作出规制。在本案中，一方面，"两客一危"等车辆的卫星终端必须直接接入九通公司建设的监控平台，行政力量的介入使九通公司建设的平台具有唯一的垄断力，占据了整个市场，九通公司提高价格时，消费者不会发生大量转向的情形，其他经营者也无法提供足够多的产品来满足，因而消费者"别无选择"，九通公司可以"有利可图地提高价格"。[①]九通公司占据市场支配地位。另一方面，在车载终端市场上，车载终端必须经过九通公司的调试才能进入市场，山东省交通运输厅的行为直接赋予了其在相关市场的支配地位，和前述分析大同小异，在车载终端市场上，九通公司同样占据着市场支配地位。[②]

（三）受益经营者滥用行为判定

一方面，山东省交通运输厅发布文件，限制市场上的监控平台的选择，使得相关市场上仅存在九通公司，九通公司占有市场支配地位。然而九通公司并没有采取公平竞争的做法，反而违反了《反垄断法》第17条第1款规定，"以不公平的高价销售产品"，即不公平交易价格行为。对于该行为认定的关键则是确定该产品的合理价格。倘若占有市场支配地位的经营者的产品价格明显高于合理价格，则可以认定该行为为不公平交易行为。而对于产品合理价格的确定的方法主要有：成本加合理利润比较方法[③]、空间比较方法和时间比较方法。成本加合理利润比较方法是基于在竞争市场情形下，一个产品的合理价格应当接近于其成本与合理利润之和。空间比较方法是欧盟经常采用的一种确定产品合理价格的方法，即将占有市场支配地位的企业的产品与其他成员国的产品进行比较，从而确定产品的合理价格。时间比较则是将产品的在不同时期的价格进行纵向比较，进而确定其价格涨幅是否合理的行为。[④]而这几种方法在不公平交易行为的认定过程中可以单独使用，亦可以穿插使用，进而对相关产品的价格进行更好的评估。而在本案中，发改委对相关事实进行调查，运用空间比较的方法，发现在山东监控平台市场范围内的平台服务费明显高于其他省份的平台收费标准，属于不合理的高价。因此根据上述分析，得出九通企业的行为是一种不公平交易价格行为。另一方面，山东交通运输厅的相关做法也限制了车载终端市场的竞争，而导致这一现象的原因是其不合理的规定使得车载终端进入山东省市场前必须经过九通公司的统一调试，而这就赋予了九通公司实施强制交易的机会。道路运输企业原本具有独立选择车载终端的自由，而此时却因为山东省交通运输厅的文件使得相关企业只能从九通公司指定的车载终端型号中进行选择。而九通公司仅仅指定了22个可供选择的产品型号。九通公司的行为无形之中给道路运输企业施加了事实上的排他性义务，剥夺企业的产品选择

---

① 许光耀：《反垄断分析基本框架及其对相关经济学的基本需求》，载《价格理论与实践》，2015（11）。

② 李兆阳：《对行政垄断规制的思考——以山东省交通运输厅滥用行政权力一案为视角》，载《天津商业大学学报》，2016（4）。

③ Valentinek. Case and Materials on EC Competition Law［M］. London：Sweet & Maxwell，1997：11.

④ 时建中：《反垄断法——法典释评与学理探源》，210页，北京，中国人民大学出版社，2008。

权，并且大范围封锁了市场，使得车载终端的型号明显减少，削弱了下游市场范围内的竞争，据此认定九通公司的行为符合强制交易行为。[1]

（四）强制经营者达成垄断协议

2019 年 9 月 1 日起施行的《禁止垄断协议暂行规定》（国家市场监督管理总局令第 10 号）第 32 条规定，经营者因行政机关和法律、法规授权的具有管理公共事务职能的组织滥用行政权力而达成垄断协议的，按照前款规定处理。

云南省通信管理局在 2009 年 8 月组织四大电信运营商在云南的分公司达成了垄断协议就是此种案件的典型。由于四家电信运营商是电信市场上的主要经营者，相互之间为直接竞争关系。各电信运营商在市场营销中对消费者给予话费、充值卡等礼品赠送，直接影响到产品最终价格，是开展市场竞争的重要手段。云南省通信管理局牵头组织四家电信运营商达成协议，对赠送的范围、幅度、频次等进行约定，并通过下发整改通知书等手段强制执行，限制了电信运营商的竞争能力和手段。同时，云南省通信管理局制定争议解决规则，要求处于竞争关系的电信运营商，在对赠送行为出现争议时，首先进行逐级协调，并争取达成一致，实质上是要求电信运营商就相关问题达成垄断协议，排除和限制了相关市场竞争。

三、限定交易行为的反垄断法分析方法

（一）分析步骤

限定交易行为既然适用支配地位滥用行为的调整方法，则须遵循支配地位滥用行为的反垄断分析步骤：（1）认定行为人具有支配地位；（2）认定其行为构成对消费者的剥削，或对竞争者产生排斥，即构成"滥用行为"；（3）考察当事人的行为有无豁免理由。[2]

（二）限定交易行为中支配地位的认定

限定交易中市场支配地位的取得来源于行政权力，一个非常弱小的企业只要行政权力赋予它经营上的优势也能取得市场支配地位，所以限定交易中市场支配地位的认定不遵守《反垄断法》第 17 条的规定。在限定交易支配地位的认定中，原告只需要有证据证明行政机关滥用行政权力对原被告做了歧视性待遇，或者行政机关采取一个刻意迎合某企业并排斥其他经营者的不必需的标准，就可以认定原告具有支配地位。这种支配地位的认定和经

---

[1]　李兆阳：《对行政垄断规制的思考——以山东省交通运输厅滥用行政权力一案为视角》，载《天津商业大学学报》，2016（4）。

[2]　参见王文君、许光耀：《行政垄断中限定交易行为的反垄断法分析——对〈反垄断法〉第32条的解读》，载《中国物价》，2016（1）。

济性垄断行为支配地位认定相区别，是反垄断法中认定支配地位的第三个标准。①

（三）认定限定交易行为构成"滥用行为"

认定滥用行为的标准不仅要看其是否造成了"排除、限制"，而且要看这种"排除、限制"是否"有可能导致社会总产出减少"。如果排除、限制竞争并不会减少社会总产出，则不是滥用行为；如果排除、限制竞争可能减少社会总产出则构成滥用行为，需要予以制止。限定交易行为构成滥用行为有两种类型：限定出售和限定购买。②

（四）考察当事人行为有无豁免理由

限定交易行为适用反垄断法原理，理论上需要对其积极效果和消极效果进行比较。如果所产生的正面效果也就是效率不足以抵消负面的反竞争效果则不能豁免，反之则可以豁免，不予追查。限定交易行为并不满足市场支配地位滥用行为的任何一项豁免条件，而行为要得以豁免必须同时满足四个豁免条件，所以限定交易行为不能够在正负效果比较的过程中得以豁免，是一项必须得到惩戒的违法垄断行为。③

---

① 参见王文君、许光耀：《行政垄断中限定交易行为的反垄断法分析——对〈反垄断法〉第32条的解读》，载《中国物价》，2016（1）。
② 参见王文君、许光耀：《行政垄断中限定交易行为的反垄断法分析——对〈反垄断法〉第32条的解读》，载《中国物价》，2016（1）。
③ 参见王文君、许光耀：《行政垄断中限定交易行为的反垄断法分析——对〈反垄断法〉第32条的解读》，载《中国物价》，2016（1）。

第八章

行政垄断与受益经营者

第一节　受益经营者

一、受益经营者的法律规制

（一）1993 年《反不正当竞争法》

行政垄断受益经营者，这类主体不属于行政垄断主体，但与行政垄断具有密切联系。1993 年制定的《反不正当竞争法》对于行政垄断的制裁，在普遍层面上仅引入了针对行政主体的"责令改正"和针对相关行政人员的"行政处分"两种方式，但针对特定情形，也将制裁范围覆盖到了受益经营者身上。该法原第 30 条规定，"被指定的经营者借此销售质次价高商品或者滥收费用的，监督检查部门应当没收违法所得，可以根据情节处以违法所得一倍以上三倍以下的罚款。"

（二）《反垄断法》

2007 年出台的《反垄断法》未再纳入类似规定，使得《反垄断法》在规制行政性垄断时仅为行政主体规定了轻微的制裁方式，而未将受益经营者纳入制裁对象范围。然而，原国家工商行政管理总局在其于 2009 年发布的《工商行政管理机关制止滥用行政权力排除、限制竞争行为程序规定》（已废止）中却并未完全忽略行政性垄断的受益经营者。该规定第 5 条第 1 款宣示了反对经营者借行政垄断之机从事垄断行为的基本立场，同时在该条第 2 款规定："经营者从事垄断协议和滥用市场支配地位行为的，适用《工商行政管理机关查处垄断协议、滥用市场支配地位案件程序规定》。"[1] 该款规定其实是间接表达：经营者从事垄断行为的，即使存在行政垄断因素，也应受《反垄断法》制裁，也即，行政主体的"强制、指定、授权等"不能成为经营者免受《反垄断法》制裁的理由。这其实是将行政垄断的受

---

[1] 已于2019年9月1日废止。

益经营者等同于直接从事垄断行为的一般经营者，基本不考虑受益经营者从事相关垄断行为时受到行政主体干预的事由，忽视了行政垄断与经济性垄断之间存在的巨大差异，故而，此种规定是存在较大问题的。

在我国反垄断执法领域也出现了少量制裁行政垄断受益经营者的案例。如2015年，云南省发改委调查了云南通信管理局滥用行政权力排除限制竞争的案件。该案的基本案情是：云南省通信管理局在2009年8月组织四大电信运营商在云南的分公司达成了垄断协议，并通过下发整改通知书等手段，强迫这些电信企业执行这个协议。云南省发改委经调查认定，云南通信管理局的行为构成行政性垄断，违反了《反垄断法》。值得关注的是，云南省发改委不仅根据《反垄断法》的相关规定，督促云南省通信管理局对其限制竞争行为进行了整改，还对实施了垄断协议的四家电信运营商分别处以上一营业年度市场销售额2%的罚款。很显然，在该案中，行政垄断受益经营者也受到了执法机关的罚款制裁。

（三）新暂行规定

为了解决执法中的可操作性，国家市场监督管理总局吸收执法实践成果，对行政垄断引发的经济垄断进行明确规制。

2019年9月1日起施行的《禁止滥用市场支配地位行为暂行规定》（国家市场监督管理总局令第11号）第37条规定，经营者因行政机关和法律、法规授权的具有管理公共事务职能的组织滥用行政权力而滥用市场支配地位的，按照前款规定处理。经营者能够证明其从事的滥用市场支配地位行为是被动遵守行政命令所导致的，可以依法从轻或者减轻处罚。

2019年9月1日起施行的《禁止垄断协议暂行规定》（国家市场监督管理总局令第10号）（以下简称《暂行规定》）第32条规定，经营者因行政机关和法律、法规授权的具有管理公共事务职能的组织滥用行政权力而达成垄断协议的，按照前款规定处理。经营者能够证明其达成垄断协议是被动遵守行政命令所导致的，可以依法从轻或者减轻处罚。

《暂行规定》实际上与《行政处罚法》第27条规定是完全一致的，该法27条第2项规定，经营者受行政垄断主体胁迫而采取经济垄断行为的，应当依法从轻或者减轻行政处罚。

但此处适用时应当注意，《暂行规定》强调经营者的"被动"性质，否则不能获得"从轻"或"减轻"处罚。即使是"被动"，但仍不应免除行政处罚。

（四）受益经营者的抗辩

1.行政执法观点

宿迁中石油昆仑燃气有限公司滥用市场支配地位案，关于特许经营权的范围，该燃气公司认为，依据其与所在地区建设局签订的《城市管道燃气特许经营协议》，该公司就获得了该区域内天然气及相关业务的特许经营资格；该地区房地产开发项目内的天然气管道安装工程，也理应包括在特许经营范围内。该燃气公司的省、市两级行业主管部门也认为，特许经营范围包含房地产开发项目的天然气管道安装工程是行业惯例，并向办案机关出具正式公文证明。办案机关认为，依据《特许经营协议》，所在地市建设局授予该燃气公司的特许经营权，是指在特许经营期限内，独家在特许经营区域内运营维护市政管道燃气设施、以管道输送形式向用户供应燃气，提供相关管道燃气设施的抢修抢险业务等并收取费用的权利。协议中也明确规定，市政管道燃气设施是指市政规划红线内所有燃气管道设施，而庭院管道燃气设施是指市政规划红线外所有燃气管道设施。也就是说，以市政规划红线为界，城市燃气管道设施分为市政规划红线内的燃气管道设施和市政规划红线外的燃气管道设施。该燃气公司依据《特许经营协议》，仅仅取得市政规划红线内的燃气管道特许经营权，而房地产开发项目的庭院管道燃气设施是属于市政规划外的设施。因此，该燃气公司并未取得房地产开发项目中庭院管道燃气设施的特许经营权。但是，该公司凭借天然气供应的市场支配地位，通过要求房地产企业与其签订《燃气管道报装合同》等方式，介入该项业务，违反了公平竞争原则，严重扰乱了市场秩序，符合《反垄断法》第17条中规定的滥用市场支配地位的行为。办案机关的观点得到了专家们和省人大法工委的认同。①

2. 司法实务观点

另一个典型案例是，2016年9月原安徽省工商行政管理局被授权查处了上海海基业高科技有限公司、北京兆日科技有限责任公司及信雅达系统工程股份有限公司三家企业，认定这三家企业在合肥市场上销售银行密码器过程中存在分割销售市场等垄断行为，分别对三家企业给予了没收违法所得及行政罚款等制裁。被制裁企业在查处过程中提出抗辩，认为其相关行为系基于"人民银行合肥中心支行行政限定"，属于行政垄断行为，而非经济垄断行为。原安徽省工商行政管理局未接受此种抗辩，在《处罚决定书》中列举的处罚依据既包括《反垄断法》的相关条款，也包括《工商行政管理机关制止滥用行政权力排除、限制竞争行为程序规定》第5条第2款，并将相关行为归入"以行政机关和法律、法规授权的具有管理公共事务职能的组织的行政限定为由，达成、实施垄断协议和滥用市场支配地位"的行为范围。这实际上是将行政垄断的受益经营者等同于直接从事经济性垄断的经营者加以制裁。

被处罚经营者之一上海海基业高科技有限公司依法提起了行政诉讼，经一审和二审，人民法院支持了行政机关的处罚决定。北京市第二中级人民法院在其二审判决书中回应了上诉人上海海基业高科技有限公司的抗辩理由，指出："无论是行政机关和法律、法规授权的具有管理公共事务职能的组织，抑或是具有横向、纵向竞争关系的经营者，均不得在经营活动中从事垄断行为，一旦实施垄断行为，应令其各自承担相应的法律责任"；"行政性垄断因素是否存在并不影响对涉案三家企业前述行为的定性"；经营者应当"完善内控合规，将自身反垄断法律风险降到最低，即使行政性垄断因素确实存在，亦不应参与其

---

① 朱益俊、宗思言：《反垄断执法典型案例分析——某燃气公司滥用市场支配地位指定交易案》，载《中国市场监管研究》，2018（2）。

中谋取垄断利益。"在这个案例中，行政机关仅提出了制裁行政性垄断受益经营者的法律法规依据，未从法理和逻辑上回应被制裁经营者的抗辩；司法机关回应了被制裁经营者提出的"具有行政性垄断因素"的抗辩，给出了不接受此种抗辩的理由，包括：第一，即使存在行政性垄断因素，受益经营者也须与行政主体一道分别承担各自的法律责任；第二，行政性垄断因素不能阻却受益经营者相关限制竞争行为的违法性；第三，即使存在行政性垄断因素，受益经营者也应尽合规审查义务，即自行判断其行为是否违反《反垄断法》。这是迄今为止我国司法机关第一次也是唯一一次对于制裁行政性垄断受益经营者给出理据，具有显著的典型意义，值得我们高度关注。①

二、受益经营者的类型

（一）掩饰型受益经营者

经营者以行政性垄断为掩饰实施经济垄断行为，我们称之"掩饰型受益经营者"。此种行为并非经营者故意策划、游说行政主体采用相关行政垄断行为，而是在激烈的市场竞争中，相关经营者自发协商采取固定价格或者垄断协议等行为，为掩饰其经济性垄断的实质而寻求行政机关发布一份"红头文件"确认、体现相关垄断协议的内容。在这种情形下，行政垄断仅具有掩饰效果，相关限制竞争行为实质上应属于经济垄断。行政性垄断与经济性垄断存在显著的差异，在垄断主体、垄断成因、垄断力量、垄断手段及垄断性质等方面均有所不同。在一般情形下，行政权力对于行政性垄断的发生都起到了决定性或关键性作用，其所导致的限制竞争后果应归之于行政性垄断，但也有少数情形，行政性垄断仅仅是经济性垄断的掩饰，相关垄断行为基本上是由经营者策划、决定并推动实施的，只是在相关经营者的争取下，获得了行政权力的认可，或以行政机关制定规范性文件的形式来加以体现。例如，数个经营者通过自主协商已经达成了固定价格或分割市场的垄断协议，为掩饰其经济性垄断的实质而寻求行政机关发布一份"红头文件"确认、体现相关垄断协议的内容。在这种情形下，行政性垄断仅具有掩饰效果，相关限制竞争行为实质上应属于经济性垄断。对于这种情形下的行政性垄断受益经营者，我们可称之为"掩饰型受益经营者"。②

（二）协作型受益经营者

经营者积极推动、支持行政主体实施行政性垄断，称之协作型受益经营者。

经营者积极推动、支持行政主体实施行政性垄断。在实践中，经营者与行政性垄断的关联，大多表现为经营者推动或积极支持行政主体实施行政性垄断行为，表现为经营者与

① 李国海：《行政性垄断受益经营者可制裁性分析》，载《法学评论》，2019（5）。
② 李国海：《行政性垄断受益经营者可制裁性分析》，载《法学评论》，2019（5）。

行政主体之间的协作关系。根据"政府管制俘虏理论",行政性垄断往往包含着行政主体的"设租"与市场主体的"寻租",经营者希望通过"寻租"获得垄断地位,在市场上分得一杯羹,这样必然向行政机关开展各种公关活动。这种情况尤其有可能发生在国有企业身上,因为"利益相关性使行业主管部门在行业各种市场主体并存时,从部门利益出发,国企大量地'租用'行政权力为经营活动服务。"在这种情形下,经营者对于行政性垄断的发生所起的作用尚未达到前述那样高的程度,行政性垄断的决策及具体内容并非由经营者决定,而是由行政主体决定,但经营者采取积极主动的行为参与行政性垄断。在实践中,经营者的具体参与方式有所不同,包括:经营者主动向行政主体提出以行政权力限制市场竞争的动议,并以通过行贿或利益输送等方式,引诱行政主体实施行政性垄断行为,或以企业经营困难或行业不景气为由,请求行政主体实施行政性垄断行为;行政主体主动找到市场经营者表达"供租"意愿,经营者积极回应,允诺向行政主体或行政人员提供利益回报,以此助成行政性垄断行为的发生;行政主体主动单方面决定并实施行政性垄断,经营者在此之后积极配合行政性垄断行为的实施,如向行政主体积极反馈相关市场信息,主动向行政主体报告行政性垄断行为的实施状况、效果。此种情形下的受益经营者,对行政性垄断之发生发挥了推动、配合、支持等作用,我们可将之称为"协作型受益经营者"。[①]

(三)服从型受益经营者

行政性垄断由行政主体主动决策并实施,经营者是被迫地或被强制地参与、配合行政性垄断,实施限制竞争行为。

经营者被行政主体强制采取与行政性垄断相符的限制竞争行为。在实践中还存在一种情形,行政性垄断由行政主体主动决策并实施,经营者是被迫地或被强制地参与、配合行政性垄断,实施限制竞争行为,并因此而获得或强化其优势竞争地位,或者获得垄断利润,如此,经营者与行政性垄断的关联关系就属于被动的参与关系,此类受益经营者可归入"服从型受益经营者"。[②]

(四)间接关联型受益经营者

经营者未对行政性垄断之发生发挥任何影响,行政主体基于促进本地区经济发展的考量,出于地方保护目的,单方决策并实施行政性垄断行为,经营主体纯粹获利的情形。

经营者未对行政性垄断之发生发挥任何影响,也未借此实施限制竞争行为,纯粹因行政性垄断而受益。有时,行政主体基于促进本地区的 GDP 增长等目标的考量,单方决策并实施行政性垄断行为,某些经营者既没有同行政主体相互协作,也没有实施相应的垄断行为,只因行政主体行政性垄断行为的实施而纯粹获利。例如,行政机关限制外地商品流入本地

---

① 李国海:《行政性垄断受益经营者可制裁性分析》,载《法学评论》,2019(5)。
② 李国海:《行政性垄断受益经营者可制裁性分析》,载《法学评论》,2019(5)。

市场，会使得本地的经营者获得更多的交易机会，同时，也会因供需关系的变化而导致商品价格的上涨，这就会使得该地区的相关经营者被动受益。此类经营者与行政性垄断的关联性极为微弱，即使有所关联，也属于被动的间接关联，因而属于"间接关联型受益经营者"。[1]

反垄断法对前述的制裁应有所区别。第一，对第一类受益经营者的制裁力度应属最重，"揭开行政垄断的面纱"意味着执法者不再将披着行政垄断这层面纱的限制竞争行为视为行政垄断，而是将之视为经济性垄断，并按照规制经济性垄断的制裁制度来制裁行政垄断的受益经营者。这意味着反垄断执法机关可以对此类受益经营者适用行政罚款、没收违法所得、责令停止违法行为等行政制裁手段，也意味着受害者可以通过起诉要求受益经营者承担民事责任。在行政制裁标准上，也可与制裁从事经济垄断行为的经营者保持一致，同时也可适用宽免政策。第二，对第四类受益经营者可不予制裁，对于间接关联型受益经营者，反垄断法无须予以任何制裁。此类经营者与行政垄断不存在直接关联，他们对行政垄断是否发生不能产生任何影响，其受益纯粹是被动和间接的，对此类经营者予以制裁不会对规制行政垄断产生任何积极效果。第三，对其他两类受益经营者的制裁力度应处于上述二者之间，并使第三类受益经营者所受制裁轻于第二类。对于协作型受益经营者，可比照经济性垄断予以行政制裁，即可适用行政罚款、没收违法所得及责令停止违法行为等行政制裁手段，但行政罚款的制裁标准应有所下调。这是因为此类受益经营者对于行政垄断之成立具有直接关联关系，经营者在其中还存在某种过错，但在此种情形下，行政垄断之是否发生系由行政主体决定，而非由经营者决定，经营者对行政垄断之发生仅具辅助促成之效，这与经营者自主决定实施经济性垄断存在一定的差别，故在行政罚款之适用上，应区别于对经济性垄断行为之制裁。同时，对此类受益经营者，也可适用民事制裁，包括损害赔偿及排除侵害两种形式。第四，对于服从型受益经营者，可适用没收违法所得及责令停止违法行为等行政制裁手段，不宜适用行政罚款制裁。此类经营者参与行政垄断行为具有被动性甚至是被强制性，它们从事限制竞争行为系服从行政命令之结果，具有正当性，故不宜对它们适用行政罚款，只可针对其行为本身及它们的额外获益适用行政制裁手段。同时，也可对此类受益经营者适用损害赔偿及排除侵害等民事制裁方式。[2]

（五）行政限定型垄断行为分类

有学者建议，行政限定型经济垄断行为应当被划分为合意协同类、行政强制类、行为耦合类、人格混同类四种基本类型，在合意协同类的行政限定型经济垄断行为框架下，经营者并非纯粹意义上的行政垄断行为的被动接受者，而是与行政垄断主体之间具有意思协同与契合关系；在行政垄断主体的诱导、推动甚至邀请合谋的背景下，这些经营者主动与积极地利用行政垄断行为提供的不公平竞争优势，制定与实施经济垄断行为，从而固化、

---

[1] 李国海：《行政性垄断受益经营者可制裁性分析》，载《法学评论》，2019（5）。
[2] 参见李国海、彭诗程：《制裁行政垄断受益经营者：动因、范式与规则》，载《法学杂志》，2019（8）。

强化与放大行政垄断行为的负面效应。在此类案例中，行政垄断主体与实施经济垄断行为的经营者都具有主动性与可归责性，两者应当统一受到《反垄断法》专门性条款的规制。具体而言，如果行政垄断行为是经济垄断行为的主要诱因或主要促成因素，而经营者对行政垄断行为采取"片面配合""默示配合"或者"假反对真配合"的态度，那么行政垄断主体需要承担主要的否定性法律后果，而制定与实施经济垄断行为的经营者应承担次要的民事与行政法律责任。如果经营者自主制定与实施了经济垄断行为，行政垄断行为只是辅助、维持或强化了该经济垄断行为，那么经营者应当承担主要的民事与行政法律责任，而行政垄断主体只应承担次要法律责任。相关典型案例为安徽省信雅达等三家密码器企业垄断协议案（2016 年）。在行政强制类的行政限定型经济垄断行为框架下，经营者由于行政权力的强制束缚而完全缺乏自主裁量权与经营自由权，实质沦为行政权力主体实施行政垄断行为的工具，而经营者达成与实施的经济垄断行为属于相关行政垄断行为的作用"支点"、衍生效应与直接后果。基于现行《行政处罚法》第 27 条第 2 项规定，经营者受行政垄断主体胁迫而采取经济垄断行为的，应当依法从轻或者减轻行政处罚，但不应免除行政处罚。

　　制定与实施经济垄断行为的经营者若要免除法律责任，必须同时符合以下两项条件：其一，这类经营者在制定与实施经济垄断行为之前，必须明确表达对行政垄断行为的反对意见或实施其他抗争行为；其二，由于行政垄断行为的强制限定影响，这类经营者虽然采取了针对行政垄断行为的抗争行为但无效果，依旧被迫制定与实施经济垄断行为。涉嫌行政强制类行政限定型经济垄断行为的典型案例为上海市交通委黄浦江游览行业管理行政垄断案（2016 年）。在行为耦合类的行政限定型经济垄断行为框架下，行政权力主体与经营者不具有排除、限制竞争的共同意愿，两者分别与主动地实施垄断行为。譬如，在西双版纳旅游客运汽车有限公司垄断经营案（2015 年）中，西双版纳州政府通过出台"西政办发〔2000〕146 号"等文件的方式，赋予西双版纳旅游客运汽车有限公司垄断性经营权，构成不当限制当地旅游客运市场自由竞争机制的行政垄断行为；而西双版纳旅游客运汽车有限公司利用行政垄断行为所赋予的垄断性经营权，独自与主动作出排斥对手与滥收费用的行为，构成滥用市场支配地位的垄断行为。在这类案例中，虽然行政垄断行为与经济垄断行为不具有共同的行为目标，但在客观层面具有因果关联与协同一致性。因此，相关行政权力主体与经营者应当分别受到反垄断法律制度的规制；行政权力主体应当承担由行政垄断行为所导致的否定性法律后果，而经营者必须承担由经济垄断行为所导致的行政与民事法律责任。不容忽视的是：如果行政权力主体赋予经营者特殊经营权的行为本身构成合法行政行为，但经营者滥用该经营权，施行经济垄断行为，那么此类行为归属于纯粹经济垄断行为范畴，而非行为耦合类的行政限定型经济垄断行为。相关典型案例为 PPP 项目华衍水务滥用市场支配地位案（2016 年）。在人格混同类行政限定型经济垄断行为框架下，同一主体（譬如行政性公司）兼具行政管理者与企业法人的双重身份，该主体在前置阶段施行的行政垄断行为奠定其自身在后续阶段施行经济垄断行为的前提基础。此类案例多发生在政企分开改革之前公用事业领域。在法律责任认定标准层面，兼具行政管理者与企业法人身份的违法主体应当一体承担施行行政垄断行为与经济垄断行为的双重法律责任。[①]

以行政机关与第三人的关系进行分类，主要为协作关系与强制关系两种。协作关系常见于限定交易行为中，较为普遍的情况是行政机关与第三人互相协作，共享利益。即第三人为获得优惠政策等行政机关的保护和支持，通过"寻租"等方式拉拢政府官员，之后行政机关滥用权力，通过制定行政规范性文件等形式强迫行政相对人与自己指定的第三人进行交易。强制关系主要见于行政机关强制第三人从事反垄断法规定的垄断行为。在这类行为中，行政机关更倾向于采用以"合法形式掩盖非法目的"的形式，即其通过下发规范性文件等形式要求第三人从事某种行为，而该规范性文件实质是行政机关滥用行政权力作出的排除、限制竞争的规定。部分限定交易行为中也存在行政机关强制第三人的情况，即行政机关在限定单位或个人经营、购买指定第三人提供的商品之前，已强制要求第三人从事垄断行为。[②]

第二节　行政垄断引发经济垄断处罚

一、作为经济垄断处罚

发改委系统制裁经济性垄断行为时适用罚款以低数值（不超过5%）的比例居多。[③]云南省通信管理局滥用行政权力排除限制竞争案适用2%的罚款比例，符合这一统计结论，这表明云南省发改委在制裁行政垄断受益经营者时采行了制裁经济性垄断的一般规则，基本上没有考虑行政垄断受益经营者的特殊性。

另一个案例是安徽省工商行政管理局查处的分割销售市场垄断协议案。2016年9月安徽省工商行政管理局认定甲、乙、丙三家企业在合肥市场上销售银行密码器过程中存在分割销售市场等垄断行为，分别对三家企业给予了没收违法所得及行政罚款等制裁。在行政罚款方面，对被罚的三家经营者都适用了8%的罚款比例。而从工商系统适用反垄断罚款制裁的全部案例的统计结果看，对经济性垄断违法者的最高罚款比例即为8%。[④]可见，

---

① 翟巍：《行政限定型经济垄断行为的反垄断规制》，载《价格理论与实践》，2019（7）。
② 李舒：《行政垄断案件第三人法律责任探究》，载《中国物价》，2016（8）。
③ 李国海：《反垄断法律责任专题研究》，64页，武汉，武汉大学出版社，2018。2008—2015年，发改委行政处罚的175件非行业协会经营者经济垄断案件中，103件罚款比例在3%以下，占58.9%，按最高处罚标准10%的案件2件（分别为"东莞江海贸易有限公司达成并实施海砂价格垄断协议案"和"深圳东海世纪信息咨询有限公司达成并实施海砂价格垄断协议案"）。林文：《中国反垄断行政执法大数据分析报告（2008—2015）》，114页，北京，知识产权出版社，2016。
④ 李国海：《反垄断法律责任专题研究》，64页，武汉，武汉大学出版社，2018。

在该案中，执法机关也是直接套用了制裁经济性垄断的基本规则，未对行政垄断的受益经营者与从事经济性垄断的经营者予以区分，基本未考虑行政垄断受益经营者的特殊性。从以上两个案例可以看出，我国的反垄断执法机关偏向于直接套用制裁经济性垄断的基本规则来制裁行政垄断受益经营者，未考虑为行政垄断受益经营者创设一套特殊的制裁规则。

在内蒙古赤峰烟花爆竹垄断案中，原内蒙古工商局认为，"经营者在长达5年多的时间里，以行政机关的行政限定为由实施分割批发销售市场的行为。处以2013经营年度销售额8%和7%的罚款"。该案基本案情为，2006年，赤峰市松山区安全生产监督管理局以防范因恶意竞争导致产品质量下降引发安全事故和引导批发企业积极参与市场管理为由，对辖区内的烟花爆竹批发企业的批发销售区域实行划片管理。即每一指定区域由一个批发商负责供货，零售商只能从所在区域内的唯一批发商处购进商品，严禁批发商交叉供货，交叉设点。2009年红山区安全生产监督管理局也参照松山区的做法，对辖区内烟花爆竹批发企业的批发销售区域实行划片管理。两区的安全生产监督管理机关为保障划分批发销售区域管理制度的落实，除在烟花爆竹商品集中销售期间与当地公安、质监等部门联合发布《通告》，告知零售商必须从指定的供货商处购进烟花爆竹商品外，还通过委托烟花爆竹批发企业统一办理烟花爆竹零售商的专项许可申报手续的方式，强化零售商对指定批发商的依赖关系。由于这种批发销售区域的划分可以避免批发商间的价格竞争，保障其获取高额利润，各批发商都予以了一致的遵循性行动，并通过在自己批发销售的商品加贴防伪标识，联合公安、安监部门对本供货区域零售商经营的烟花爆竹商品进行检查，对未加贴本企业防伪标识的商品按照"私采、私运"行为予以没收处理的方式，保障划片批发供货规定的落实。同时，其中四家批发企业还借助安监部门授予的承办"安全生产知识培训与考核"及统一为划定区域内的零售商申办《烟花爆竹零售许可证》的条件，要求申办《烟花爆竹零售许可证》的零售商必须预交一定数额的订货款。对不按规定数额交纳订货款的，或不予办理《烟花爆竹零售许可证》，或通过限制供货数量的方式予以制裁。[①]

上海黄金饰品行业协会案，四家出口维生素C生产商的出口价格垄断案，都是在行业协会的指导下达成的隐形行政性垄断。[②]但当事人在行政处罚中没有抗辩或提出行政垄断问题。

依据《禁止滥用市场支配地位行为暂行规定》第37条和《禁止垄断协议暂行规定》第32条规定，经营者能够证明其滥用市场支配地位或达成垄断协议是被动遵守行政命令所导致的，可以依法从轻或者减轻处罚。

① 2014年5月17日，内蒙古自治区工商行政管理局《关于赤峰中心城区烟花爆竹批发企业以行政机关限定为由实施垄断行为的处罚决定》（内工商处罚字〔2014〕001号）。
② 徐士英：《竞争政策视野下行政性垄断行为规制路径新探》，载《华东政法大学学报》，2015（4）。

(案例10) 云南省通信管理局滥用行政权力排除限制竞争案[①]

2009年8—10月，云南省通信管理局牵头组织中国移动通信集团云南分公司、中国电信股份有限公司云南分公司、中国联合网络通信有限公司云南分公司和中国铁通集团有限公司云南分公司多次会议协商，于2009年底达成《云南基础电信运营企业规范各类赠送活动的协议》（以下简称《协议》），对四家电信运营商开展相关赠送活动的内容、额度、频次等进行了约定，包括各企业均不得采取"无预存话费""无保底消费"或"无在网时限"等方式开展赠送活动；赠送通信内产品的价值不得高于用户承诺在网期限内承诺消费总额的60%，赠送通信外产品的价值不得高于用户承诺在网期限内承诺消费总额的30%；赠送活动对同一用户每年不超过两次（含两次）；各电信企业制定的积分回馈方案中，用户消费价值与积分价值之比不超过1:1，积分价值与兑换服务的价值之比不超过1:0.05。

《协议》同时规定了有关执行措施。对电信运营商违反《协议》开展赠送的行为，其他电信运营商可以向云南省通信管理局申告。云南省通信管理局在确认后下发整改通知书，责令相关企业进行整改。2011年6月，云南省通信管理局组织召开第一次规范电信市场秩序工作会，进一步细化了违规行为的解决流程。"电信企业的县市级分公司发现违规行为时，应主动以函件形式通报对方，双方协商解决；协商解决不了的，发现方可报上级州市级分公司协调解决"，"解决不了再报省公司协调，省公司间协调仍解决不了的，最后报管局（即云南省通信管理局）依法解决。"

由于四家电信运营商是电信市场上的主要经营者，相互之间为直接竞争关系。各电信运营商在市场营销中对消费者给予话费、充值卡等礼品赠送，直接影响到产品最终价格，是开展市场竞争的重要手段。云南省通信管理局牵头组织四家电信运营商达成协议，对赠送的范围、幅度、频次等进行约定，并通过下发整改通知书等手段强制执行，限制了电信运营商的竞争能力和手段。同时，云南省通信管理局制定争议解决规则，要求处于竞争关系的电信运营商，在对赠送行为出现争议时，首先进行逐级协调，并争取达成一致，实质上是要求电信运营商就相关问题达成垄断协议，排除和限制了相关市场竞争。因此，上述行为违反了《反垄断法》第8条"行政机关和法律、法规授权的具有管理公共事务职能的组织不得滥用行政权力，排除、限制竞争"规定，属于第36条所列"滥用行政权力，强制经营者从事本法规定的垄断行为"的行为。

云南省发展改革委依法对参与垄断协议的四家电信运营商进行了处罚。其中，对参与达成并实施垄断协议的中国移动通信集团云南分公司、中国电信股份有限公司云南分公司、中国联合网络通信有限公司云南分公司，处以上一年度相关市场销售额2%的罚款；对参与达成但未实施垄断协议的中国铁通集团有限公司云南分公司，处以20万元罚款。罚款金额共计约1318万元。云南省发展改革委已督促云南省通信管理局进行整改，停止相关做法，

[①] 云南省通信管理局违反反垄断法滥用行政权力，http://finance.sina.com.cn/china/20150603/152022338511.shtml，访问时间：2020年3月20日。

恢复了公平竞争的市场秩序。国家发展改革委也就此与工业和信息化部进行了沟通。工业和信息化部将指导各省、自治区、直辖市通信管理局加强对《反垄断法》等法律法规的学习，提高依法行政能力，对辖区内类似行为进行清理规范。

二、对受益经营者未处罚

行政垄断的受益经营者未受到处罚的案例更为常见。例如，2014 年 4 月，甘肃省道路运输管理局为贯彻落实交通运输部、公安部、国家安全监管总局关于开展道路运输车辆动态监管工作文件精神，发文规定："在全省部署应用中寰卫星导航通信有限公司的'北斗物流云综合服务平台'。该平台接入全省范围的重型载货车辆终端数据，形成省级物流大数据中心，实现省运管局对重型货车的政府监管职能"，要求建设省级北斗卫星导航定位中心和市（州）级分中心，项目实施资金全部由中寰公司承担，"安装全省 7 万台重型载货汽车北斗兼容终端及北斗物流显控终端，统一接入'国家物流公共信息服务平台'及'甘肃省北斗物流云综合服务平台'"。省运管局与中寰卫星导航通信有限公司签订的"北斗物流云综合服务平台项目合作备忘录"中，议定了北斗兼容车载终端及物流显控终端限价并予以实施。省运管局的上述行为，致使省内部分市运管部门在道路运输车辆动态监管工作中，指定重型载货汽车和半挂牵引车车载终端由甘肃中寰卫星导航通信有限公司负责安装。虽然省运管局于 2015 年 5 月 28 日下发了《关于第一批提供道路运输车辆动态监控社会化服务的服务商名单的通知》（甘运科〔2015〕8 号），备案了 14 家卫星定位系统运营服务商，但未纠正上述做法，构成行政性垄断行为。但未对涉案经营者进行行政处罚。

再如原湖南省工商行政管理局纠正湖南省国税局滥用行政权力排除、限制竞争行为案。2017 年 2 月，在调查湖南百旺金赋科技有限公司、湖南航天信息有限公司涉嫌垄断协议案过程中，发现湖南省国家税务局下发的文件《关于做好增值税纳税人全面推行增值税发票管理新系统有关工作的通知》（湘国税发〔2016〕53 号）中"以区域为主、行业为辅，合理统筹分配划分服务单位的服务范围""税控收款机系统服务范围分配划分，比照新系统推行要求执行"等涉及划分区域市场和指定经营者等问题，违反了《反垄断法》相关规定，构成滥用行政权力排除、限制竞争行为，原湖南省工商行政管理局约谈了省国税局负责人，指出了文件存在的问题并提出了处理建议。省国税局领导高度重视，指示相关部门撤销原文件，进行修改后予以重新发布。这是原湖南省工商局在办理垄断协议案件中，通过行政指导的方式直接纠正省级行政机关滥用行政权力排除、限制竞争行为的首宗案例，但如此严重的垄断行为，没有对受益经营者进行行政处罚。

未受处罚的受益经营者还有很多案件，如北京市住建委行政性垄断案、上海市交通委行政性垄断案、深圳市教育局行政性垄断案、六安市安监局行政性垄断案等案件均未处罚受益经营者。

三、行业协会参与度高

因行政垄断而使得相关行业协会构成垄断较多。2018 年 7 月，广东省发改委在处置关于中山市住房和城乡建设局行政权力排除限制竞争案件时，在明确其属于行政垄断行为后，进一步阐明"你市住房和城乡建设局批准行业自律准则，使行业自律行为具有了行政强制性，剥夺了燃气经营企业的自主选择权，排除、限制了市场竞争，违反了《反垄断法》第 37 条"行政机关不得滥用行政权力，制定含有排除、限制竞争内容的规定"。并以此对中山市燃气协会作出"责令停止违法行为，并处人民币 150000 元罚款"的行政处罚决定。此案为可查案件中基于行政垄断事由处罚行业协会自律性行为的首例案件。

但同样因行政垄断引发行业协会实施垄断行为，但认定其违法性质和处罚明显不同。

如北京市发展和改革委员会调查的中国证券业协会（以下简称"协会"）滥用行政权力排除、限制竞争案。[1]经查，中国证券业协会指定网银在线（北京）科技有限公司运营的"京东支付"平台作为其唯一的考试费收取平台。考生报名该考试必须通过该平台缴纳考试费。且通过该平台缴费，必须先注册，填写个人信息并绑定银行卡，成为该支付平台的用户。协会是依据《证券法》和《社会团体登记管理条例》的有关规定设立的证券业自律性组织，属于非营利性社会团体法人，接受中国证监会和国家民政部的业务指导和监督管理，是法律、法规授权的具有管理公共事务职能的组织。证监会自 1999 年组织证券业从业人员考试。2002 年起，经证监会授权，协会开始组织该项考试。自 2007 年起，该考试报名采用第三方支付方式。2007 年至 2015 年，协会一直与讯付信息科技有限公司合作。2016 年起，协会采用询价方式选择新的服务机构。经对易宝支付、快钱支付和京东支付三家第三方支付机构进行询价后，经内部评审小组打分，最终选择了京东支付。协议期限为 2016 年 3 月至 2018 年 2 月。协会在《证券业从业人员资格考试公告》中规定：考试费为 61 元 / 科，通过网络在线京东支付平台缴费。

协会仅为考生提供"京东支付"这一唯一的报名费用支付工具，使得作为消费者的考生必须与"京东支付"之间形成资金支付结算服务关系，没有选择地注册成为"京东支付"的用户，破坏了提供资金支付结算服务的经营者之间的公平竞争环境，从而损害了消费者和其他经营者的利益。该行为涉嫌违反《反垄断法》第 32 条的规定：行政机关和法律、法规授权的具有管理公共事务职能的组织不得滥用行政权力，限定或者变相限定单位或者个人经营、购买、使用其指定的经营者提供的商品。

在调查过程中，协会对其在证券业从业人员资格考试中的上述作法涉嫌排除、限制竞争的问题有了充分的认识，并于 2017 年 12 月 12 日主动作出如下整改承诺：（1）采用第三方支付综合平台服务，综合平台包含支付宝、微信、银联等多种支付渠道，供考生选

---

[1] 北京市发改委：中国证券业协会涉嫌滥用行政权力，http://mini.eastday.com/mobile/171228092400500.html#，访问时间：2020 年 3 月 21 日。

择。（2）在有条件的地区增加现场报名方式，供考生现场报名、缴费。以上工作完成时间为 2018 年 3 月 31 日之前。

该案件是对行业协会唯一作为行政垄断进行执法，并没有被作为经济垄断进行处罚并罚款的案件。

而同是证券行业，陕西省证券期货业协会被反垄断执法机关顶格罚款 50 万元。陕西证券业涉嫌违反《反垄断法》的问题是固定证券交易手续费（业内人士称为"佣金"），与浙江保险业违法情况类似。不同的是，有监管机构参与其中，涉嫌滥用行政权力排除限制竞争。"此后，该案就再没有了下文，大量股民可能因为证券业涉嫌违反《反垄断法》，固定证券交易手续费而遭受大量损失，但至今也没有公开报道介绍是否依法获得了赔偿，执法机关最终也没有公开证券业涉嫌滥用行政权力排除限制竞争的调查进展。

在江苏两起驾校价格垄断案中，涉案驾校联合实施涨价的行为都有当地交通行政管理部门主导促成的背景。究其原因，除了有交通部门存在旧式管理思维和行业要求外，其下属单位所办的驾校参与其中，也是其重要的利益驱动因素。

其他类似案件可参见表 8-1。

表 8-1　因行政垄断引发经济垄断案件表

序号	案件名称	适用反垄断法条款	是否发布文件	行业协会是否参与	行政机关强制手段	行政主体责任	经营者违法类型	经营者责任
1	北京市住建委混凝土行业行政性垄断案	8、36、37	是	是	（1）引导经营者达成《自律准则》；（2）监督协调保障自律准则落实	积极整改，清查制度，纠正涉嫌违法行为	达成并实施横向价格协议	无
2	上海市交通委黄浦江游览行业管理行政性垄断案	8、36、37	是	是	（1）引导游船企业参加公共平台；（2）组织指导经营者达成具体的价格垄断协议；（3）监督价格协议的执行	作出整改；规范公共平台管理	达成并实施价格协议	无
3	深圳市教育局中小学学生装管理行政性垄断案	8、34、36	否	否	（1）引导经营者达成实施价格垄断协议；（2）对投标人资格和评审条款设置歧视性条件，本地注册公司或以纳税款项加分	整改	达成并实施横向价格协议	无

续表

序号	案件名称	适用反垄断法条款	是否发布文件	行业协会是否参与	行政机关强制手段	行政主体责任	经营者违法类型	经营者责任
4	甘肃省武威汽车维修服务行政性垄断案	8、36	否	是	（1）强制企业实施自律公约制定的垄断服务价格；（2）监督实施情况、考评；（3）备案合同、票据	责令改正，对责任人员给予处分	达成并实施横向价格协议	对其中的22家，根据第46条处上一年度销售额2%的罚款
5	云南省通信管理局行政性垄断案	8、36	否	否	（1）牵头组织行业协调会；（2）下发整改通知书；（3）负责经营者争议解决	整改	达成并实施横向垄断协议（价格、非价格）	对其中的3家，根据第46条处上一年度销售额2%的罚款；1家罚款20万元；均未没收违法所得
6	安徽人行合肥支行密码器行政性垄断案	8	是	否	组织会议、协调合同条款	建议上级对涉案机关的违法行为依法予以处理	达成并实施横向垄断协议（价格、非价格）	没收违法所得，处上一年度销售额8%的罚款

四、行政强制性违法特点

从表 8-1 中的六起案件来看，"强制"经营者违法的案件呈现出以下几个特点。第一，强制的重要手段之一是行政主体要求或者直接参与行业协会制定自律公约，限制本行业内企业的自由竞争行为，并在后续实施过程中进行监督，对违反公约的经营者予以惩处，行业协会与行政主体合作紧密。第二，强制的表现形式既有组织、协调会议等具体行政行为，又有同时出台规范性文件的抽象行政行为，目前尚无单独通过规范性文件实施强制的。第三，被强制实施的违法行为都是达成横向协议。第四，法律责任差异巨大。一方面，参与强制经营者违法的行业协会均未受到处罚，另一方面，有的经营者因达成并实施横向协议被处罚，如甘肃武威案、云南通信案中的经营者；有的经营者未予处罚，而在"行政建议书"中并未说明原因。第五，在行政主体具体行为的认定上，用词各有不同，譬如"引导"（深圳中小学学生装案、上海游船案）、"组织"（上海游船案）、"牵头组织"（云南通信管理局案）、"协调"等，从措辞上并不能分辨是否有"强制"行为或者其强度如何。[①]

---

① 张晨颖：《行政强制垄断中经营者责任的认定》，载《政治与法律》，2019（3）。

第三节　行政强制受益经营者的法律责任

一、违法处罚多样性

　　行政强制垄断中经营者责任认定存在的问题从表 8-1 中所分析的六个案件中，可以清晰地发现行政强制垄断中经营者责任认定所存在的问题。第一，经营者违法性认定规则不明。根据《反垄断法》第 36 条的规定，前述六个案件的分析思路，无一例外均对照"本法规定"，将经营者的行为简单等同于纯粹的、一般的经济性垄断行为，分析思路、判断要件完全相同，因而一旦增加"强制"这一要素，法律上的空白就会造成对经营者责任认识的模糊，同类案件处理规则并不清晰。在这六个案件中，有的认定经营者的行为是独立的经济性垄断（如第 6 号案）；有的认定为与行政垄断具有因果关系的经济性垄断（如第 4 号案、第 5 号案）；有的认定了行政垄断，同时也认定了经营者的违法事实，但最终未认定经营者行为构成违法（如第 1 号案、第 2 号案、第 3 号案）。从经营者的违法事实来看，都是横向协议行为，且都含有横向价格协议行为，属于最严重的反竞争行为即核心卡特尔。根据《反垄断法》第 13 条关于横向协议认定的分析思路，几乎没有被豁免的可能性。第二，经营者法律责任认定规则不明。不仅在同类案件中性质认定不同，即使在同一案件中，经营者的责任认定也有差异。譬如，在表 8-1 第 4 号案件中，共有 24 家经营者参与签订"自律公约"并遵照执行，但最终其中的二十二家经营者受到行政处罚，另外两家企业被免予处罚，其理由在行政处罚决定书中没有反映。第三，"行政强制"行为是否作为经营者责任判定的考量要素不明。根据前述案件事实，一方面，承认经营者违法确系存在"强制"要素，另一方面，对经营者的主观违法故意、客观违法行为未经特殊规则加以认定，而是等同适用一般的经济性垄断的判断规则。根据我国《行政处罚法》第 27 条的规定，当事人受"他人"胁迫从事违法行为的，属法定减轻或从轻的情形；此处强制经营者违法的主体是行政主体，其具有合法的管理公共事务的权力，其行为具有公定力，限制经营者意志的程度比其他主体胁迫他人的效果更强。举轻以明重，受"行政强制"从事垄断行为的经营者责任被减轻或者从轻的正当性更强。然而，在《反垄断法》第 36 条的适用上，"行政强制"是否是违法性的考量要素，规定不明，且适用情况迥异。第四，对"强制"的认定标准不明。根据《反垄断法》第 49 条的规定，"反垄断执法机关确定具体罚款数额时，应当考虑违法行为的性质、程度和持续的时间等因素"。意志是否自由是关乎违法行为性质认定的一个重要因素，那么，如何判断"强制"呢？从行政机关的视角来看，这种"强制"主要包括"引导""协调"或"牵头组织"达成协议，或者在协议的实施过程中采取监督、检查，甚至对不遵守协议的经营者予以处罚等措施。这些措施和手段的强制程度有所不同。从经营者的视角考察，所谓"强制"的潜台词是不同意，即反抗。反抗既有表面与实质的差别，也有程度轻重的差别。以前述安徽密码器案为例，中国人民银行合肥支行组织召开会议，经营者与会，并在会议上达成横向协议。中国人民银行合肥支行"组织召开"会议"协调"合同条款的行为是否构成强制行为，在此之外是否需要其他的强制力，经营者在收到通知后与会、达成协议的行为是否因行政机关的组织而应认定为被强制，上述一系列问题均是与"强制"有关的，是应该有明确认定标准的，然而，相关处理文件对此并无说明。①

二、行政强制的经营者举证

第一，作为义务应当以一般理性人标准进行判断。经营者应当采取积极措施以避免从事垄断行为，履行其作为义务，且经营者"作为"的积极程度应当符合"理性人"的行为标准。在不同的情境下反抗的表现形式不同，很难有一个统一的准则。在同一案件中，对不同经营者的行为进行比较是相对有效的做法。譬如，在云南通信横向垄断案中，云南省通信管理局确实采用了某种方式强制经营者从事垄断行为，相关四家公司都达成了垄断协议，其中有一家公司未予实施。由此可以初步判断，经营者反抗的程度有所不同，且经营者有可能通过更强烈的反抗方式不履行，从而最大限度地避免形成市场损害。故该案中对经营者做出不同的处罚决定是合理的。第二，不能直接否认强制的特殊情形。强制，即经营者不愿服从行政主体的意志，但被迫服从。然而，基于行政管理的手段多样性，其形式可能是行政契约或者是经营者服从行政指导、接受行政授权等。这些形式上的"合意"不能直接否认意志受限。第三，行政强制的方式既有强硬的，也有柔和性的。更多的是"引导""鼓励""组织"等，但如果要求经营者遵照执行并实施检查、监督、惩处等措施，可以认定为手段强硬，其强制性更大。第四，经营者受强制时反抗合格的认定以客观上有反抗行动并达到一般理性人标准为要求。被强制经营者可能基于不同的主观状态做出不同的客观行为。第五，由经营者承担"被强制"的举证责任。为了减轻或免除违法责任，经营者必须证明垄断行为并非出于其自由意志，这种举证责任只能由经营者承担。所谓"强制"，即经营者能够意识到其实施行为的违法性，但是迫于行政机关"卡脖子"的能力，或者合理救济措施的迟延性，经营者也会出于自身利益而尽可能地保留证据，以期将来为自己的行为辩护。为此，经营者可以举出行政机关要求强制其实施特定垄断行为的会议记录、谈话资料等作为证据。②

---

① 张晨颖：《行政强制垄断中经营者责任的认定》，载《政治与法律》，2019（3）。
② 张晨颖：《行政强制垄断中经营者责任的认定》，载《政治与法律》，2019（3）。

三、法律适用问题

（一）案件性质的判定

在内蒙古自治区工商局对六家烟花爆竹批发企业垄断案中，本案处罚决定书在证据四中有"当事人均依照安监部门的行政要求，在指定的区域内开展批发销售业务，且在指定区域内具有唯一供货商资格"；在证据七中有"财安、吉安、百众、庆典四家企业借助垄断地位为零售商设定了预先交纳订货款的不合理交易条件"等描述，则上述企业是否构成滥用市场支配地位？依据《反垄断法》第 17 条第 2 款的规定，市场支配地位，是指经营者在相关市场内具有能够控制商品价格、数量或者其他交易条件，或者能够阻碍、影响其他经营者进入相关市场能力的市场地位。依据《反垄断法》第 17 条第 1 款规定第（4）、第（5）项的规定，没有正当理由，限定交易相对人只能与其进行交易或者只能与其指定的经营者进行交易；没有正当理由搭售商品，或者在交易时附加其他不合理的交易条件，构成滥用市场支配地位。本案中部分经营者的行为构成滥用市场支配地位的行为，但行政机关未从此角度进行处罚，而是依据我国《反垄断法》第 13 条规定，认定为"达成并实施垄断协议"。从行政执法角度而言，滥用市场支配地位的认定难度大于垄断协议的认定难度，行政机关可能选择性适用垄断协议条款达到规制行政性垄断的目的。

（二）行政处罚的法律适用

对行政强制垄断而言，除了适用《反垄断法》中有关行政处罚的规定之外，我国《行政处罚法》也应当予以适用。根据我国《行政处罚法》第 27 条的规定，经营者的行为因系被行政机关强制而自由意志受限，应当从轻或者减轻其违法行为的法律责任，如果违法行为轻微并及时纠正，没有造成危害后果的，不予行政处罚。根据《反垄断法》的规定，行政强制垄断行为原则上违法、具有可责性，这种强制如果能够达到我国《行政处罚法》所要求的"受胁迫"的程度，则具有法定从轻或者减轻情节，甚至可以不予行政处罚。从目前实践看，在行政执法中无论是否对经营者予以行政处罚，在处罚决定书或者行政建议书、报道中均未说明经营者的垄断行为是否有被强制情节以及强制程度如何。[①]

---

① 张晨颖：《行政强制垄断中经营者责任的认定》，载《政治与法律》，2019（3）。

第九章

反价格垄断

机构改革前，涉价格垄断由发改委物价部门执法，但因为部分案件性质难以价格进行区分，导致执法实践中出现较多矛盾。现在机构改革执法机关统一后，但因为价格法与反垄断法之间，就涉及价格垄断规制的条文不统一，在执法实践中，仍将会出现法条竞合选择难题，以及垄断行为性质认定难题。鉴于价格法与反垄断法法条竞合、涉价格垄断行为性质认定标准的复杂性，以及行政建议书需要具体明确，行政垄断也会涉及价格领域，故本书专章对涉价格垄断进行阐述。

第一节 价格垄断的法律规制

一、价格垄断立法

（一）价格法对价格垄断的规制

目前有据可查的资料最早可以追溯到1987年。1987年9月11日，国务院颁布的《价格管理条例》（行政法规）明确规定：企业之间或者行业组织商定垄断价格的，属于价格违法行为。这是立法层面对价格垄断行为做出的最早规定。1995年1月，经国务院批准，国家计划委员会发布的《制止牟取暴利的暂行规定》（行政法规）规定，"生产经营者之间或者行业组织之间不得相互串通，哄抬价格"，非法牟利。1997年12月，八届全国人大常委会第二十九次会议审议通过的《价格法》明确规定，经营者不得"相互串通，操纵市场价格，损害其他经营者或者消费者的合法权益"。2003年6月，结合多年来价格主管部门在执法实践中积累的经验，国家发展改革委制定了《制止价格垄断行为暂行规定》（现已废止）。该《暂行规定》第2条明确指出："本规定所称价格垄断行为，是指经营者通过相互串通或者滥用市场支配地位，操纵市场调节价，扰乱正常的生产经营秩序，损害其他经营者或消费者合法权益，或者危害社会公共利益的行为。"可以说，这是在《反垄断法》出台前，关于价格垄断最全面、最直接的规定。

2008年8月1日《反垄断法》正式实施。根据国务院三定方案，国家发展改革委负责"查处价格垄断行为"。

《价格法》第 14 条以列举的方式规定了经营者不得实施的 8 类不正当价格行为，其中的第 2 项、第 5 项和第 7 项涉及价格垄断，第 2 项属于掠夺性定价行为，第 5 项属于价格歧视行为，第 7 项属于垄断价格行为。

（二）反垄断法对价格垄断的规制

《反垄断法》对于价格垄断行为的规制，分别见于第 13 条、第 14 条、第 17 条。第 13 条规定的横向垄断协议中的"固定或变更价格协议"；第 14 条规定的纵向垄断协议中的"固定转售价格协议"和"限定最低转售价格协议"；第 17 条规定的经营者滥用市场支配地位中的"垄断价格"（含垄断高价和垄断低价）、"掠夺性定价""价格歧视"，都是我国现实经济生活中比较典型的价格垄断行为。

《价格法》第 14 条列举的 8 类不正当价格行为，其规范内容和《反垄断法》的相应规定基本相同。两者之间的差异主要表现在处罚措施及计算方法上。[①]

（三）反价格行政垄断的重要意义

反垄断法被誉为"市场经济宪章"，这一定位，几乎将反垄断法与作为政治宪章的宪法并列。虽然对这样的称谓或定位可能会有不同的看法，但反垄断法在市场经济中发挥的作用有目共睹。各经济体都将反垄断法的立法和执法作为市场经济运行或改革的保障。任何竞争都有约束，反垄断法是对自由竞争的约束。由于反垄断法具有保障市场经济健康运行的基础性作用，且对各经济部门或产业都普遍适用，因此反垄断执法被视为一种普遍适用的管理措施。在价值层面，反垄断执法所具有的促进有效竞争的作用和价值，被置于一般的产业政策或贸易政策之上。反垄断法的目标，是通过预防和制止垄断行为，来保护市场公平竞争、提高经济运行效率从而最终维护消费者利益和社会公共利益。换言之，通过市场竞争，通过竞争产生的优胜劣汰，来提高产品性能、质量和供应，促进整体福利和经济增长，消费者从竞争中获得切切实实的好处。固定商品价格、限制商品数量、分割市场等垄断行为，显然不能实现这样的目标，应属反垄断执法查处行列。市场现实和执法实践告诉我们，如果经营者之间的竞争不受规范，经营者为了自己的生存和发展，可能会采取既损害竞争对手又损害竞争市场的行为，进而引起垄断行为的发生，并损害消费者利益。竞争者之间的固定价格协议、滥用市场支配地位实施价格歧视等，是这方面最具代表性的例子。政府承担着为社会提供公共产品的职责。这些公共产品可能是政府企业提供的，也可能是政府通过采购方式提供的。无论哪种方式，政府对这些公共产品的价格形成具有决定性影响。政府在制定产品价格时，要充分考虑并保持市场竞争性，可以通过政府采购或特许经营的方式，动态地、有竞争地确定产品价格，让竞争政策或竞争友好型政策贯穿于

---

① 参见《价格法》第40条、第41条和《反垄断法》第46条、第47条、第50条。

价格决策的全过程和全要素。政府制定促进产业发展的价格时，除非特别必要，不以制造垄断为前提或后果，这在政府管制市场准入的行业尤其如此。反垄断执法并不干预这种政府定价本身，但规制滥用行政权力排除、限制竞争的行为。这在很大程度上保障了竞争政策在政府定价中的应用。任何商品或服务，无论是作为消费品被最终消费还是为作生产投入被中间消费，都有一个定价问题。它贯穿于从概念形成、研发、生产、流通到消费的整个生产链或价值链，遍布于包括农业、制造业、采掘业、服务业等各类生产性经济活动，涉及政府、企业和消费者的利益。因此，价格问题是一个普遍性问题，价格调控是一个全局性问题。除少量的政府定价外，大量的定价由市场完成。而无论是市场定价还是政府定价，竞争以及竞争带来的经济效率和消费者福利，都是必不可少的。反垄断执法，是保证价格合理形成的有力手段和保障。①

二、反价格垄断执法现状

2008年以来，全国反价格垄断执法工作稳步推进，执法水平快速提高。截至2013年2月，全国反价格垄断执法机关共办结价格垄断案件36件。其中，国家发展改革委办结8件。五年间，全国反价格垄断执法机关共实施反垄断经济制裁8.38亿元，包括退还消费者及没收违法所得2.12亿元，罚款6.26亿元。其中，国家发展改革委实施经济制裁3.73亿元，省级价格主管部门实施经济制裁4.65亿元。已办结案件从违法行为类型看，横向价格垄断协议（价格串通）27件，纵向垄断协议2件、滥用市场支配地位案件5件，滥用行政权力案件1件，当事人程序性违法案件（提供虚假材料信息）1件。5件滥用市场支配地位案件涉及不公平高价、价格歧视、搭售、拒绝交易等类型。从被处罚的单位看，既有知名跨国公司，也有国内民营企业，还有大型国有企业和行业协会。②

自2008年8月《反垄断法》施行至2012年的4年多时间里，发改委价格监督检查与反垄断局对49起价格垄断案件开展了调查，对其中20起案件做出了行政处罚决定。发改委虽然已经做出了20多件行政处罚书，但是部分案件处罚的主要依据却是《价格法》，比如"浙江省富阳市造纸行业协会组织经营者达成价格垄断协议案"和"湖北省十堰市豆制品加工大户串通涨价案"。从一般法律效力的角度来说，《反垄断法》的适用要优先于《价格法》的适用。③ 物价部门这种优先适用《价格法》的做法显示了其对于运用《反垄断法》尚缺乏信心。④ 此外，发改委新近对于"六家境外企业实施液晶面板价格垄断案"的处罚决

---

① 韩立余：《充分发挥反垄断执法在价格机制改革中的独特作用》，载《中国价格监管与反垄断》，2016（S1）。

② 国家发展改革委价监局法制工作处：《2008年以来反价格垄断执法情况和分析》，载《中国价格监督检查》，2013（7）。

③ 李常青、万江：《〈价格法〉与〈反垄断法〉的竞合与选择适用问题研究》，载《中国价格监督检查》，2012（12）。

④ 侯利阳：《〈反垄断法〉不能承受之重》，载《交大法学》，2013（2）。

定也是依据《价格法》做出，但是此案的不同点在于其处罚的行为发生于 2001 年至 2006 年，那时《反垄断法》尚未颁布，因此不具有溯及既往的效果。此案适用《价格法》是合理的，因为本案的价格违法行为发生在 2001 年至 2006 年，而我国《反垄断法》在 2008 年 8 月才开始实施，按照法不溯及既往，以及在新旧法间从旧兼从轻的原则，需要依据《价格法》对案件进行定性处罚。①

从 2010 年初广西米粉涨价，到后来出现的绿豆涨价，价格部门在查处相关价格垄断行为过程中同样并未适用《反垄断法》的相关规定，而是适用《价格法》及其配套法律规范的规定。根据 2010 年 5 月《关于加强农产品市场监管维护正常市场秩序的紧急通知》，"生产成本和经营成本没有明显变化，大幅度提高销售价格，牟取暴利的行为"以及"相互串通，操纵市场价格的行为"等明显构成垄断高价和价格垄断协议的行为均应依据《价格法》和《价格违法行为行政处罚规定》进行查处，没有提及《反垄断法》及相关法规的适用。但 2011 年对山东潍坊顺通医药有限公司和潍坊市华新医药贸易有限公司非法控制复方利血平原料药、哄抬价格、牟取暴利行为的查处，2012 年对广东海砂开采企业结成联盟、统一提高海砂开采资源费行为的查处，价格部门都是依据《反垄断法》做出的，而这些行为又都无一例外地具有价格串通、牟取暴利等不正当价格行为的特征。这种或然性客观上能够增加执法部门处理案件时的灵活性，更有力地打击相关不法行为。然而，由于价格执法与反垄断执法在执法程序、执法手段以及制裁措施方面均有所不同，这种或然性会造成不法行为人法律责任的竞合，结果是相同违法行为受到不同的制裁。以价格串通/价格垄断协议为例：在价格执法中，执法部门会首先要求经营者配合提供相关证据，只有在经营者拒绝配合的情况下才会采取强制性调查措施，而且行政罚款的金额主要和经营者的违法所得挂钩；而在反垄断执法中，执法机关可以在不事先通知的情况下直接进入经营者的经营场所搜集证据，行政罚款的金额主要与经营者上一年度的营业额挂钩，经营者可以利用宽恕制度争取减轻处罚。②

三、不正当价格行为类型

根据《价格法》的规定，不正当价格行为包括以下七类。

（一）价格串通

价格串通是指某一行业的部分经营者，相互串通（如以合同、协议、决定等方式），操纵市场价格，消除或限制价格竞争，扰乱正常的生产经营秩序，损害其他经营者或消费者的合法权益的行为。价格串通行为在我国现阶段时有发生，呈缓慢增长趋势的特征，与

① 熊进光：《从液晶面板案看价格垄断协议的反垄断规制——国际执法实践比较与经验借鉴》，载《国际贸易》，2013（5）。
② 孙威：《浅析价格执法与反垄断执法的分工》，载《价格理论与实践》，2013（6）。

我国市场经济逐步形成、市场竞争逐步加剧的发展过程相吻合。价格串通的发生在行业分布、地域分布和主体分布上有一定的规律。认定经营者存在价格串通行为，需要把握以下三个要件：（1）经营者（两个以上）存在串通事实；（2）经营者通过串通，对市场价格进行了操纵；（3）损害了消费者或者其他经营者的合法权益。需要注意的是，价格串通行为，属于全国性的，由国家市场监督部门认定；属于省及省以下区域性的。由省、自治区、直辖市市场监督部门认定。[①]

（二）低价倾销

低价倾销是指经营者在依法降价处理鲜活商品、季节性商品、积压商品等商品之外，为排挤竞争对手或独占市场，以低于成本的价格倾销商品，迫使行业内的中小企业退出市场，形成垄断地位，再提高价格，获取高额利润，损害国家利益或者其他经营者的合法权益的行为。低价倾销行为本质上是一种掠夺性定价行为。当前，低价倾销行为主要有以下几种表现形式：（1）生产企业销售商品的出厂价格低于其生产成本，或经销企业的销售价格低于其进货成本；（2）通过采用高规格高等级充抵低规格低等级、折扣、补贴、多发货少开票或不开票、批量优惠、非对等物资串换、以物抵债等手段，变相降低价格，使生产企业实际出厂价格低于其生产成本，经销企业实际销售价格低于其进货成本；（3）在招投标中，采用压低中标价格等方式，使生产企业实际出厂价格低于其生产成本，经销企业实际销售价格低于其进货成本。判断经营者是否存在低价倾销，要把握以下几个要件：（1）经营者降低价格销售商品的目的性，即其目的是否是排挤竞争对手或者独占市场；（2）经营者的价格是否低于其自身成本；（3）其后果是否扰乱了正常的生产经营者秩序，是否损害了国家利益或者其他经营者的合法权益。需要注意的是，低价倾销行为，属于全国性的，由国家市场监督部门认定；属于省及省以下区域性的，由省、自治区、直辖市市场监督部门认定。[②]

（三）价格欺诈

价格欺诈行为是指经营者利用虚假的或使人误解的标价形式或价格手段，欺骗、诱导消费者或者其他经营者与其进行交易的行为。价格欺诈是现阶段各类不正当价格行为中表现较多的违法行为，主要集中于商品零售、通信及旅游等商业和服务业。价格欺诈行为主要包括以下两大类：（1）欺诈性价格手段的具体表现形式：①虚构原价；②不履行或不完全履行价格承诺；③谎称价格优势；④掺杂掺假、短斤缺两等；⑤谎称政府定价或政府指导价；⑥其他。（2）欺诈性标价行为的具体表现形式：①标价内容与实际不符；②低价表示、高价结算；③欺骗性语言、文字、图片等；④表示的最低价、特价等无依据、无比较；⑤标示折扣与实际不符；⑥处理商品不明示；⑦馈赠物品表示不清；⑧价格附加条件不明示；

① 陈志江：《市场价格监管执法情况和案例分析》，载《中国价格监督检查》，2012（7）。
② 陈志江：《市场价格监管执法情况和案例分析》，载《中国价格监督检查》，2012（7）。

⑨其他。认定价格欺诈行为，需要把握以下几个要件：（1）经营者适用欺诈性价格手段或标价行为即经营者利用的虚假的或使人误解的标价形式或价格手段；（2）诱导消费者或者其他经营者与其进行交易的行为。由于有关价格欺诈的法律法规较为完善细化。规定操作性强，易于定性查处，所以对该行为的查处工作最富有成效。[①]

（四）哄抬价格

哄抬价格是指经营者虚构、捏造、散布涨价信息，哄抬价格，引起消费者恐慌，推动价格过高（大幅度非理性）上涨的行为。经营者一般是在供不应求的市场条件下，为达到自己获取额外利润的目的，利用消费者信息不完全和不对称的弱势，一边囤积相当数量的商品，一边捏造并公开散布虚假的涨价信息，尽力夸大供不应求的情形，造成消费者心理恐慌，在短时间内推动商品价格过快过高上涨。哄抬价格的发生具有特定背景：（1）自然灾害；（2）突发公共事件；（3）国际输入型通胀。[②]

（五）价格歧视

价格歧视是指经营者在提供相同等级、相同质量的服务时，使同等交易条件的接受者在价格上处于不平等地位的行为。价格歧视往往发生在市场供求处于卖方市场的商品或者服务上，其内在实质就是经营者利用其市场优势地位，弱化买方与卖方之间的竞争，强化不同买方之间的竞争，以获取更大的利润。价格歧视分为明显的价格歧视和隐蔽的价格歧视：（1）明显的价格歧视指经营者对交易条件相同的若干接受者，因利害关系、亲疏关系等不同，公开以不同的价格实行不同的交易待遇；（2）隐蔽的价格歧视则通过间接地提供回扣、服务或设备等，以达到实质性价格差别的目的。[③]

（六）变相提价、压价

变相提高或压低价格是指经营者采取抬高等级或者压低等级等手段改变商品或服务的质或量，销售、收购商品或者提供服务，变相提高或者压低价格的行为。表面上看，经营者没有改变明码标示的商品或服务的价格，但实际上，经营者已经暗中改变了商品或服务的质或量，造成了实际结算价格与标示价格不一致、价格水平实际上涨或下降的事实结果。变相提价一般在商品供不应求时发生较多，变相压价一般发生在商品供过于求的情况下。变相提价、压价行为长期存在，主要表现在粮食、棉花、烟叶等农产品、农业经济作物的收购环节，究其原因主要有以下几种：（1）这类商品本身在确定等级上有一定弹性，存在变相提价、压价的客观条件；（2）销售方或收购方具有相对优势，如经营者在向农民收购相关产品时，就具有明显的信息、资金、技术优势，农民对等级、品质有疑问，也很难有

---

① 陈志江：《市场价格监管执法情况和案例分析》，载《中国价格监督检查》，2012（7）。
② 陈志江：《市场价格监管执法情况和案例分析》，载《中国价格监督检查》，2012（7）。
③ 陈志江：《市场价格监管执法情况和案例分析》，载《中国价格监督检查》，2012（7）。

能力去维护自身权益；（3）购买方对变相提价的销售方有一定的依赖性，难以重新选择购买来源或替代品，或者重选的成本过大，而销售方对变相压价的收购方也有一定的依赖性，难以重新选择收购方。①

（七）牟取暴利

牟取暴利是指经营者利用不正当手段在短时期内获取超常利润的行为。对于"超常利润"的内含，1995年原国家计委制定的《制止牟取暴利的暂行规定》（2011修订）第5条规定：（1）某一商品或者服务的价格水平不超过同一地区、同一期间、同一档次、同种商品或者服务的市场平均价格的合理幅度；（2）某一商品或者服务的差价率不超过同一地区、同一期间、同一档次、同种商品或者服务的平均差价率的合理幅度；（3）某一商品或者服务的利润率不超过同一地区、同一期间、同一档次、同种商品或者服务的平均利润率的合理幅度。但是，生产经营者通过改善经营管理，运用新技术，降低成本，提高效益而实现的利润率除外。第6条，商品或者服务的市场平均价格、平均差价率、平均利润率以其社会平均成本为基础测定。商品或者服务的市场平均价格、平均差价率、平均利润率的合理幅度，按照其与国民经济和社会发展的关系或者与居民生活的密切程度，市场供求状况和不同行业、不同环节、不同商品或者服务的特点规定。

因价格随着市场变化而变化，法律法规规制存在一定的滞后性。因此，除前述七种行为以外，实务中应当还存在除法律、法规禁止的其他不正当价格行为。

四、《价格法》与《反垄断法》的差异

《价格法》第14条第1款规定，禁止经营者"相互串通，操纵市场价格，损害其他经营者或者消费者的合法权益"。当这种操纵市场价格的行为表现为串谋涨价、集体囤积、哄抬价格时，它就既是一种哄抬价格违法行为，又与我国《反垄断法》禁止经营者达成垄断协议的规定存在法律竞合。具体来讲，各种经营者串谋直接或变相涨价的行为普遍发生在具有竞争关系的经营者之间，是一种被《反垄断法》和《禁止垄断协议暂行规定》严格限制的横向垄断协议。但是，哄抬价格违法行为与横向垄断协议的构成要件略有不同，主要表现在是否需要考查行为的社会后果方面。依照《反垄断法》和《禁止垄断协议暂行规定》，只要经营者之间达成哄抬价格上涨的协议，除法定不适用情形外，依据"本身违法"原则，他们的行为已经形成垄断协议，具有非法性质，并不要求实际产生价格上涨的后果。经营者的串谋涨价行为造成哄抬价格，引起市场价格快速上涨，扰乱社会经济秩序，只是在处罚时的酌量情节，而非违法行为的构成要件。正如《反垄断法》第46条规定，"经营者达成并实施垄断协议的，由反垄断执法机关责令停止违法行为，没收违法所得，并处上

---

① 陈志江：《市场价格监管执法情况和案例分析》，载《中国价格监督检查》，2012（7）。

一年度销售额 1% 以上 10% 以下的罚款；尚未实施所达成的垄断协议的，可以处 50 万元以下的罚款"。但是，根据《价格法》第 14 条第 1 款，经营者相互串通，操纵市场价格，只有出现"损害其他经营者或者消费者的合法权益"的后果才是不正当价格行为。[①]

第二节　价格欺诈行为

一、价格欺诈行为定义

根据《禁止价格欺诈行为的规定》第 3 条的规定，价格欺诈行为是指经营者利用虚假的或者使人误解的标价形式或者价格手段，欺骗、诱导消费者或者其他经营者与其进行交易的行为。

在实践中，价格欺诈行为与哄抬价格违法行为竞合的情形，主要出现在《禁止价格欺诈行为的规定》第 7 条第 1 款中规定的经营者谎称将要提价，诱骗他人购买的情况。例如，2011 年，珠海港华侨实业公司在贵州茅台集团并未调整茅台酒供货价格的情况下，向家乐福、沃尔玛等超市发出函件，宣称因"酒厂调整茅台酒价格"，所以对茅台酒供货价格进行涨价调整。随后，该实业公司被广东省价格主管部门以捏造散布虚假信息，肆意哄抬茅台酒价格，违反《价格法》第 14 条第 3 款、《价格违法行为行政处罚规定》第 6 条第 1 款关于哄抬价格行为的规定，给予 50 万元罚款的行政处罚。

二、价格欺诈和价格垄断认定

珠海港华侨实业公司案认定欺诈更加符合价格法律规定。但如果涉嫌共谋，进行欺诈之故意，应当属于反垄断法管辖的垄断协议行为。一方面，在一般市场条件下，不管是捏造、散布涨价信息、囤积居奇，还是其他任何一种哄抬价格的行为，要产生导致市场价格过快过高上涨、扰乱社会经济秩序的后果，必然要求行为人具备相当的市场影响力。如果是多个竞争者串谋涨价或囤积居奇哄抬价格则落入《反垄断法》对横向垄断协议的规制范畴；如果是一个或几个具有市场支配地位的经营者通过捏造、散布涨价信息哄抬价格则也可以落入《反垄断法》对滥用市场支配地位行为的规制范畴。事实上，在实行市场定价的竞争性领域，一家具有绝对市场支配地位的企业，由于它可以对市场价格施加足够大的影响，它的价格波动必然引起市场反馈，没有必要通过捏造、散布涨价信息，哄抬价格的行为来实施涨价行为。因此，采用捏造、散布涨价信息这种方式的大企业往往可能是寡头市

[①]　刘燕南：《对哄抬价格违法行为的法律分析》，载《价格理论与实践》，2015（1）。

场中的企业。至于囤积居奇的情况则稍微复杂些。因为我国现行《反垄断法》及相关配套法规并没有明确将具有市场支配地位的经营者的囤积居奇扰乱市场竞争秩序的行为，明确列入滥用市场支配地位的行为中。但是，反垄断经济学研究表明，囤积居奇行为通常是具有市场支配地位企业的主动行为，一般发生在企业具有一定买方势力的上游原材料市场中，涉及中间原料市场以及成品市场。其行为目的一般有二：在上游原料市场上获得或保持买方势力（掠夺性的囤积居奇），或者是获得下游成品市场的卖方势力（提高竞争对手成本性囤积居奇）。因此，从理论上讲，这样的行为由《反垄断法》进行调整和规制更为妥当。有鉴于此，可以通过修订我国《反垄断法》的相关配套法规将之明确纳入。至于其他不具有市场影响力的经营者的哄抬价格行为，因为不可能产生扰乱市场价格的后果，法律不必要干涉。对于个别经营者捏造涨价信息的行为，如果损害了市场中特定个体的合法利益，可以通过《反不正当竞争法》或作为价格欺诈行为等通过《价格法》的其他条款进行管理和处罚。另一方面，当某种特定事件或情况的发生导致市场情况发生重大变化，哄抬价格行为可能变得极具破坏力，但这时已经无法适用诸如《反垄断法》等市场监管法律进行规制了。因为此时市场已经变得非常敏感，任何的风吹草动都可能引发价格剧烈波动，扰乱社会秩序，甚至引发社会动荡。因此，各国法律大多授权政府保有在特殊情况下对价格进行直接干预的权力，不少国家还保有了在这种特殊情况下对严重的哄抬价格行为追究刑事责任的规定。在我国，当发生前述特定情况时，由价格主管部门直接对市场中的哄抬价格行为进行处罚，是最为快速有效的平抑价格的手段之一，必须予以保留。《价格法》关于哄抬价格违法行为的规定，具有在特定紧急情况下快速平抑物价，稳定社会的重要作用，是国家管理经济活动必不可少的后备工具，但其适用应有严格的限制。在一般正常的市场经济条件下，可以凭借《反垄断法》《反不正当竞争法》等更为科学有效地对市场经济活动进行监管，无须通过适用关于哄抬价格违法行为的《价格法》规定来实施市场监管活动。否则，不恰当地适用哄抬价格违法行为的法律规定，不仅无助于市场监管，更可能扭曲市场价格和资源配置，扼杀市场活力、抑制经营者的经营热情。[1]

三、价格协同行为的认定

（一）反垄断法对协同行为的规定

依据中国《反垄断法》的规定，垄断协议除了包括典型的协议、决定之外，还包括协同行为。随着反垄断执法机关的能力不断增强，在重大疫情期间，哄抬物价中的经营者，"赤裸"的协议型卡特尔和决议型卡特尔被发现的风险日益增高，竞争法规避意识逐渐增强的经营者更"青睐于"具有隐蔽性和多样性的协同行为。"反托拉斯消灭了正式卡特尔，

---

[1] 刘燕南：《对哄抬价格违法行为的法律分析》，载《价格理论与实践》，2015（1）。

但是，这没有解决问题，一些卡特尔转入地下，变成一个固定价格的秘密共谋；另一些情况下，互相竞争的销售者也许不需要进行通常意义上的共谋就能在定价方面进行合作。"[1]与划分市场、限制产量等内容相比，限制价格更容易形成以及维持协同行为。2016 年 7 月，国家发改委认定华中药业股份有限公司等 3 家企业在艾司唑仑原料药市场和艾司唑仑片剂市场达成并实施了垄断协议并依法作出了处罚决定。[2]该案中，经营者之间并没有达成任何书面协议或存在任何决议，但发改委调查认定，3 家企业通过会议、见面、电话和短信等方式进行了沟通交流，达成了联合限制竞争的共识并实施了相应行为。[3]该案可谓是中国反垄断执法机关认定经营者存在协同行为并予以处罚的第一案（简称"艾司唑仑药品案"）。依照该案的认定标准和规制逻辑，此前备受公众关注的惠氏奶粉涨价案、联合利华涨价案、航空公司涨价案、国有银行涨价案等似乎都披有"协同行为"的外衣，但在当时都是依据《价格法》来予以处罚的。该案的认定也昭示着往后诸多的疑似价格协同行为很有可能被纳入反垄断法的规制范畴，由此也产生了反垄断法和价格法之间的衔接、分工与协调的问题。[4]

根据全国人大法工委的学理解释，协同行为是指企业之间虽然没有达成书面或者口头协议、决议，但相互进行了沟通，心照不宣地实施了协调的、共同的排除、限制竞争行为。[5]从中可以提炼出两个核心要件：其一为实施了联合一致行为的客观要件，其二为进行了"心照不宣"的沟通交流的主观要件。我国《反垄断法》未对协同行为进行定义，根据《禁止垄断协议暂行规定》第 6 条，认定其他协同行为，应当考虑下列因素：（1）经营者的市场行为是否具有一致性；（2）经营者之间是否进行过意思联络或者信息交流；（3）经营者能否对行为的一致性作出合理解释；（4）相关市场的市场结构、竞争状况、市场变化等情况。该条款将"经营者进行过意思联络"作为构成要件之一，体现了"主观说"的进步性。从立法技术学的角度，条文中"行为一致性"和"意思联络"是两个先后排列的可选择性要件，是"或"的关系，不尽合理。在认定价格协同行为时，两项都是不可或缺的构成要件，是"且"的关系。应将二者捆绑在一起，缺一不可。

（二）价格法协同行为的间接规定

《价格法》第 14 条中规定经营者不得"相互串通，操纵市场价格，损害其他经营者或者消费者的合法权益"。从文义解释的角度，"相互串通"的语义边界已经涵盖了协同行为之合意，甚至涵摄到诸多横向及纵向的垄断协议之合意。事实上，在《反垄断法》颁布

① 波斯纳：《反托拉斯法》（第2版），孙秋宁译，60~61页，北京，中国政法大学出版社，2003。
② 国家发改委价格监督检查与反垄断局网站：国家发展改革委依法查处艾司唑仑药品垄断协议案[EB/OL].（2016-07-27）[2016-11-09].http://jjs.ndrc.gov.cn/gzdt/201607/t20160727_812589.html.
③ 宁宣凤、尹冉冉、吴涵、赵泱地：《协同行为反垄断处罚第一案评析》，载《中国工商报》，2016年9月7日，第6版。
④ 孙瑜晨：《反垄断中价格协同行为的认定及其规制逻辑》，载《北京理工大学学报》，2017（5）。
⑤ 全国人大常委会法制工作委员会经济法室：《中华人民共和国反垄断法条文说明、立法理由及相关规定》，67页，北京，北京大学出版社，2007。

之前，一些价格垄断协议的规制都依赖于该条款。尽管"观察信息流动对于发现共谋是有用的，但是我们在理解这些信息流动也会出现偏差，就像在理解经济学数据时会犯错误一样。因此，用高的标准，用一切可获得的证据可能是发挥反托拉斯法功能的最好方式。"①执法机关掌握的证据不充分时，可以选择改变策略，依据《价格法》进行规制。由此，在价格协同行为的规制体系中，《价格法》第14条发挥的更像是一种兜底和保障功能，不让"疑似价格协同行为"成为漏网之鱼；而《反垄断法》第13条则是一把威力巨大的达摩克利斯之剑，对满足主观和客观方面要件、证据充分的协同行为严惩不贷，做到责罚相称。《价格法》第40条明确规定，"有关法律对本法第14条所列行为的处罚及处罚机关另有规定的，可以依照有关法律的规定执行。"该规定也为协同行为的反垄断法和价格法的分工衔接、联合规制打开了方便之门。当穷尽各种方法也无法证明协同合意之存在时，对于主动传递和释放价格信息的一方，可以依据《价格法》第14条"捏造、散布涨价信息"的不正当价格行为予以惩处。例如，美国联邦贸易委员会就适用《联邦贸易委员会法》第5条来打击共谋邀请行为，与反托拉斯局形成一种互补。②唐要家（2011）指出，"在某些情况下，如果反垄断执法机关在证据认定上仍然存在执法障碍，则也可以依据《价格法》的有关条款来直接查处。如在美国反垄断执法中，对于各种便利合谋措施有时是由联邦贸易委员会依据《联邦贸易委员会法》第5条关于'不正当竞争方法'来起诉，从而避开关于是否存在'限制竞争的协议'的执法障碍。"③何国华（2015）指出，"如果将《价格法》与《反垄断法》的关系进行彻底的剥离……所有的价格垄断都不是《价格法》管辖的范畴……不利之处在于忽视了两法调整关系中可能存在某些'灰色地带'"。他建议从可追责性、社会影响等方面建立《价格法》的补充作用。

第三节　不公平要价

一、不公平要价的立法规制

我国起初没有从反垄断法角度对具有市场支配地位经营者的不公平要价（超高定价）④行为的明确规范，只是在《价格法》等法律、法规中主要从维护消费者利益出发禁止"违反法律、法规的规定牟取暴利"。我国2007年出台的《反垄断法》最终对不公平要价（超

---

① KUHN K. Fighting collusion by regulating communication between firms[J]. Economic Policy, Blackwell Publishing, 2001, 16（32）: 169-198.
② 刘旭：《中欧垄断协议规制对限制竞争的理解》，载《比较法研究》，2011（1）。
③ [英]斯密：《国民财富的性质和原因的研究（上卷）》，郭大力、王亚南译，122页，北京，商务印书馆，1972。
④ 不公平要价包含超高定价行为。

高定价）作出了规定，该法第 17 条规定禁止具有市场支配地位的经营者从事的滥用行为中，包括"以不公平的高价销售商品或者以不公平的低价购买商品"。这里包括以不公平的高价销售商品（垄断高价）和以不公平的低价购买商品（垄断低价）两种情况，其实质都是具有支配地位的经营者凭借该地位索取不公平的价格，也就是经营者在正常竞争条件下所不可能获得的远远超出公平标准的价格，可统称为不公平要价。《禁止滥用市场支配地位行为暂行规定》第 14 条还对认定"不公平的高价"和"不公平的低价"应当考虑的因素做了进一步的规定。

二、不公平要价的判定方法

在反垄断法的框架中有四种判断不公平要价（超高定价）的方法，分别是成本加合理利润、同类产品比较、同一企业相同产品的空间比较和同一企业产品的时间比较。第一种方法是观察实际发生的成本与实际索取价格之间的差距，从而判断是否公平，但其不足是如何确定企业的成本以及合理利润的范围。第二种方法将一个垄断企业或者占市场支配地位企业的产品或者服务的价格与具有可比性的同类产品或者服务的价格进行比较，但其不足在于超高定价案件要求超高定价的实施者在相关产品市场上是市场支配地位者，这实际上也往往意味着产品本身的替代性比较低，而在产品缺乏替代时，则往往难以找到所谓"同类"产品来比较。第三种方法将一个企业的产品或者服务的价格与外国市场上同类产品或者服务的价格进行比较，但其不足是需要对各种影响价格的因素进行全面衡量。第四种方法将一个企业在过去某个时刻的产品或者服务价格作为一个参考点来评价该企业以后的涨价行为，但其不足是要求市场上的多个因素保持稳定。可见，每一种判断方法都有其不足，这给执法机关和法院在实际适用时带来了困难。[①]

第一，超高定价或低价是滥用市场支配地位比较普遍和典型的表现形式，是具有市场支配地位的经营者剥削消费者、获取垄断利润的形式之一。理论和实践都表明，处于市场支配地位的经营者非常可能向市场提供比其实际可能的生产数量少得多的产品，而索要与其生产成本相比不合理的高价。尤其是在我国目前的市场上，一些具有市场支配地位的经营者大肆盘剥消费者，严重扭曲了市场竞争机制，如任其泛滥，消费者利益将会受到更大的危害。而现代反垄断法恰恰特别强调对消费者利益的保护。虽然市场机制也可以调节这一问题（它吸引新的竞争者加入这一行业），但是这一过程可能很漫长。而且，可以实行超高定价的市场往往存在进入障碍（事实上的或者法律上的），潜在竞争者的进入要么不可能，要么成本太高、时间太长。第二，虽然超高定价可以受到专门价格法律的管制，但是反垄断法在规制滥用市场支配地位的过程中，对作为这种滥用表现之一的超高定价行为进行规制也有必要，而且可能更有效。"因为反垄断法的任务是要代替缺少了的竞争机制，

---

① 王先林：《超高定价反垄断规制的难点与经营者承诺制度的适用》，载《价格理论与实践》，2014（1）。

这就使合同活动与竞争下的交易条件相一致。"反垄断法规制超高定价就是要使被垄断行为扭曲了的交易条件得以矫正。第三，虽然证明超高定价并不容易，但是这种情况在反垄断法中是比较普遍的。例如，市场支配地位的认定就不容易，但不能就因此放弃或者取消这一制度。事实上，通过时间比较、空间比较以及成本与利润比较等方法是可以在一定程度上判定出超高定价的。

三、不公平要价判定考量因素

《反垄断法》第 17 条第 1 款和《禁止滥用市场支配地位行为暂行规定》第 14 条均明确规定，具有市场支配地位的经营者不得以不公平的高价销售商品或不公平的低价购买商品。而认定"不公平的高价"和"不公平的低价"应当考虑下列因素：（1）销售价格或者购买价格是否明显高于或者明显低于其他经营者在相同或者相似市场条件下销售或者购买同种商品或者可比较商品的价格；（2）销售价格或者购买价格是否明显高于或者明显低于同一经营者在其他相同或者相似市场条件区域销售或者购买商品的价格；（3）在成本基本稳定的情况下，是否超过正常幅度提高销售价格或者降低购买价格；（4）销售商品的提价幅度是否明显高于成本增长幅度，或者购买商品的降价幅度是否明显高于交易相对人成本降低幅度；（5）需要考虑的其他相关因素。

认定市场条件相同或者相似，应当考虑销售渠道、销售模式、供求状况、监管环境、交易环节、成本结构、交易情况等因素。

此外，具有市场支配地位的经营者也可能出于打击弱小竞争对手、独占市场的目的，超出正常存储数量或者存储周期的大量囤积物品，从而导致市场供应紧张、价格发生异常波动。不过这种行为目前在我国《反垄断法》上没有被明确规定为滥用市场支配地位的行为，而是作为囤积居奇行为落入哄抬价格违法行为的适用范围，由《价格法》进行调整。①

第四节　反垄断法与价格法的适用

一、反垄断法与价格法适用现状

2008 年《反垄断法》实施以来至 2011 年的执法力度并不大，虽然也调查和处理了一些案件，但是所公布的几起案件多数是认为其违反了《价格法》，并且也主要是依据《价格法》和《价格违法行为行政处罚规定》进行处罚的，例如,2010 年 3 月公布的广西米粉串通涨价案，

---

① 刘燕南：《对哄抬价格违法行为的法律分析》，载《价格理论与实践》，2015（1）。

2010年4月公布的厦门餐具消毒行业串通涨价案，2011年1月公布的富阳市造纸行业协会垄断协议案。因操纵液晶面板价格涉嫌违法，国家发改委于2013年1月4日对这六家企业处以总金额为3.53亿元的罚款，并提出了整改要求。六家企业在支付罚款后，表示会遵纪守法，承诺公平供货，并进一步承诺对所提供液晶面板延长一倍的无偿保修期，增至36个月。虽然从被处罚企业的规模、数量到处罚力度，都是《反垄断法》出台以来前所未有的，可谓"重磅出击"。但对发改委的处罚金额，民众普遍认为"不够重"，因为3.53亿元的罚款有1.72亿元是应当退还的彩电企业所支付的多付价款，剩下的1.81亿元才是没收和罚款。相比于美国、欧盟、韩国的处罚，实在过轻。对此，发改委特别予以解释：因本案涉及的违法行为主要在2006年以前发生，《反垄断法》是2008年才开始实施，而且法不溯及既往，因此对这六家企业操纵液晶面板价格的违法行为，只能适用《价格法》予以处罚。《反垄断法》与《价格法》的处罚基数不同，《价格法》的处罚较低。

据国家发展改革委价监局《2008年以来反价格垄断执法情况和分析》，截至2013年年底，从全国已办结的36件价格垄断案件的类型看，价格串通（横向价格垄断协议）行为案件共27件，占查处的价格垄断案件75%的比例之多。由此表明了查处价格垄断案的实际在于查处价格串通（横向价格垄断协议）案件，也突显了反价格串通执法的重要性和必要性。[①]

二、反垄断法和价格法的差异性

一项完整的法律规范，通常由事实规范与法律后果两部分构成，不同法条的事实规范适用于同一具体事实，产生不同的法律后果，即可称为法律规范的竞合。[②] 事实规范通常包含地域、时间、主体、事项四要素，通过对四要素的分别比对，可以确定不同法条事实规范之间逻辑关系。如果其中一项或两项存在特殊性，也就是包含与被包含的关系，而其他项重合，则该两个法条的事实规范可视为包含关系。这种事实规范具有包含与被包含关系的竞合法条，我们又称之为一般法与特别法的关系。[③]

《价格法》与《反垄断法》的竞合关系如何呢？比较两部法律可以看到，《价格法》第14条第（1）项与《反垄断法》第13条第（1）项及第14条的规定均涉及价格垄断协议，产生竞合关系；而价格法第14条第（2）、（5）、（6）项与《反垄断法》第17条第（1）、（2）、（6）项产生竞合，分别规定了掠夺性定价、价格歧视和价格挤压等行为。

《价格法》与《反垄断法》的差异性主要表现在以下方面：

---

① 蒋凯辉：《查处"价格串通"行为的实践与思考》，载《中国价格监督检查》，2013（12）。
② 如果法律后果相容，则不同法条可以同时适用，不存在法条的选择适用问题；如果法律后果相互排斥，则称之为法律冲突，引发法律的选择适用问题。引自李常青、万江：《〈价格法〉与〈反垄断法〉的竞合与选择适用问题研究》，载《中国价格监管与反垄断》，2012（12）。
③ 李常青、万江：《〈价格法〉与〈反垄断法〉的竞合与选择适用问题研究》，载《中国价格监管与反垄断》，2012（12）。

1. 法律渊源不同。由于反价格垄断执法和普通价格执法所调整的法律关系不同，所以它们的法律渊源也不相同。反价格垄断的执法依据主要是《反垄断法》等；普通价格执法的执法依据主要是《价格法》等。

2. 执法主体不同。《价格法》中对执法主体是这样规定的：县级以上各级人民政府价格主管部门依职权享有执法权。而《反垄断法》中却明确了"国务院反垄断执法机关负责反垄断执法工作，并可授权省一级政府相应机构负责有关反垄断执法工作"。因此，如果省级以下的价格主管部门以自身名义调查垄断案件，是不符合规定的。①

3. 强制措施的审批制度不同。反价格垄断执法的执法措施必须书面报告并获得批准；普通价格行政执法则不需如此。《反垄断法》第 39 条赋予了反垄断执法机关"进入被调查的经营者的营业场所或者其他有关场所进行检查"，"询问被调查的经营者、利害关系人或者其他有关单位或者个人"，"查阅、复制被调查的经营者、利害关系人或者其他有关单位或者个人的有关单证、协议、会计账簿、业务函电、电子数据等文件、资料"，"查封、扣押相关证据"，"查询经营者的银行账户"等执法措施。同时，明确规定"采取前款规定的措施，应当向反垄断执法机关主要负责人书面报告，并经批准"。《价格法》第 34 条赋予了价格主管部门"询问当事人或者有关人员，并要求其提供证明材料和与价格违法行为有关的其他资料"，"查询、复制与价格违法行为有关的账簿、单据、凭证、文件及其他资料，核对与价格违法行为有关的银行资料"等四项执法职权，但没有其他约束性规定，可见这些职权可由执法人员依法自行行使。②

4. 规制对象的差异性。通过比较可以看出，在规制对象上，《价格法》不正当价格规制的对象只有经营者，而《反垄断法》规制的对象除此之外，还有行业协会以及行政机关和法律法规授权的具有管理公共事务职能的组织。③

5. 排除适用的范围不同。《价格法》和《反垄断法》排除适用的范围存在冲突。比如《价格法》第 47 条第 2 款明确规定"利率、汇率、保险费率、证券及期货价格"不适用价格法。《反垄断法》第 56 条中"农业生产者和农村经济组织在农产品生产、加工、销售、运输、储存等经营活动中实施的联合或者协同行为，不适用本法。"④

6. 强制措施不同。普通价格行政执法中价格主管部门有权责令经营者"暂停相关营业"，反价格垄断执法中价格主管部门无此权力。"责令停产停业"是行政处罚法设定的多种行政处罚中的一种，执法机关在执法过程中能否行使该项行政处罚权取决于其在执法过程中所依据的法律是否赋予了它此项权力。《价格法》第 8 条规定，政府价格主管部门

① 李常青、万江：《〈价格法〉与〈反垄断法〉的竞合与选择适用问题研究》，载《中国价格监管与反垄断》，2012（12）。
② 吴峰：《普通价格行政执法程序和反价格垄断执法程序的异同》，载《中国价格监督检查》，2012（2）。
③ 李常青、万江：《〈价格法〉与〈反垄断法〉的竞合与选择适用问题研究》，载《中国价格监管与反垄断》，2012（12）。
④ 李常青、万江：《〈价格法〉与〈反垄断法〉的竞合与选择适用问题研究》，载《中国价格监管与反垄断》，2012（12）。

进行价格监督检查时，"检查与价格违法行为有关的财物，必要时可以责令当事人暂停相关营业"。《反垄断法》中没有此类规定。

7. 法律责任不同。普通价格执法程序有"责令退还多收价款"，反价格垄断执法程序中没有"责令退还多收价款"的规定。《价格法》第 41 条规定，"经营者因价格违法行为致使消费者或者其他经营者多付价款的，应当退还多付部分"，由此，"责令退还多收价款"，成了普通价格行政执法的法定程序。《反垄断法》中没有责令经营者退多收价款的规定，而是直接作出了"没收违法所得"，并处或者单处罚款等规定。①

8. 罚款计算不同。《价格法》第 40 条、41 条关于价格违法行为（包括价格垄断行为）的法律责任，以及《反垄断法》第 46 条、47 条关于垄断协议、滥用市场支配地位行为的法律责任，虽然都规定了"责令停止违法行为，没收违法所得"的法律后果，但在并处罚款的计算依据和乘数方面存在冲突，《价格法》规定为处违法所得五倍以下的罚款，而《反垄断法》规定对经营者处上一年度营业额 1% 至 10% 的罚款，处罚更加严厉。②

9. 执法程序的差异性。针对违法行为，两部法律启动的执法程序不同，《价格法》启动的是价格监督检查程序，而《反垄断法》则是反垄断调查程序。反垄断案件在线索追踪、案件调查和信息披露、案件进展报告以及案件的处理等方面都不同于价格监督检查程序。不仅如此，《价格法》中并没有关于反垄断调查中的中止调查、宽大处理等制度。③反价格垄断执法，需要遵循《反垄断法》规定的案件调查、处理和裁决等程序，在很多种情况下，进入反垄断调查程序显得过于僵硬，缺乏灵活性，最终对价格垄断行为的处罚也较难以实现。且实施反垄断调查，一般调查程序较复杂，投入的人力、物力较大，耗时较长，往往使执法机关应接不暇、不堪重负。省级以下执法机关无反垄断执法权，也造成基层对反垄断法执法积极性不高。

反价格垄断执法程序有"中止调查"程序，普通价格行政执法程序没有"中止调查"的程序。《反垄断法》第 45 条规定，"对反垄断执法机关调查的涉嫌垄断行为，被调查的经营者承诺在反垄断执法机关认可的期限内采取具体措施消除该行为后果的，反垄断执法机关可以决定中止调查"，"反垄断执法机关决定中止调查的，应当对经营者履行承诺的情况进行监督。经营者履行承诺的，反垄断执法机关可以决定终止调查"。如果经营者有"未履行承诺"，"作出中止调查决定所依据的事实发生重大变化的"，"中止调查的决定是基于经营者提供的不完整或者不真实的信息作出的"情形之一的，"反垄断执法机关应当恢复调查"。普通价格行政执法，一旦进入程序，就需要按部就班的进行到底，不存在"中止调查"及"终止调查"的问题。

---

① 参见吴峰：《普通价格行政执法程序和反价格垄断执法程序的异同》，载《中国价格监督检查》，2012（2）。
② 李常青、万江：《〈价格法〉与〈反垄断法〉的竞合与选择适用问题研究》，载《中国价格监管与反垄断》，2012（12）。
③ 李常青、万江：《〈价格法〉与〈反垄断法〉的竞合与选择适用问题研究》，载《中国价格监管与反垄断》，2012（12）。

普通价格行政执法程序没有"宽恕制度"。"宽恕制度"也叫"坦白从宽制度",指参与非法垄断的行为人主动、充分地向反垄断执法机关披露自身参与非法垄断的情况,或者检举其他卡特尔成员的情况,依法可以取得行政或刑事责任减免的一种制度。《反垄断法》第46条款规定,"经营者主动向反垄断执法机关报告达成垄断协议的有关情况并提供重要证据的,反垄断执法机关可以酌情减轻或者免除对该经营者的处罚"。

10. 管辖地域存在差异。《价格法》第2条明确规定,"在中华人民共和国境内发生的价格行为,适用本法。"而《反垄断法》第2条规定,"中华人民共和国境外的垄断行为,对境内市场竞争产生排除、限制影响的,适用本法。"从而明确了《反垄断法》的域外管辖效力。

11. 行政处罚后的救济渠道不同。普通价格行政执法实行"行政复议"前置,反价格垄断执法由管理相对人自愿选择。在普通价格行政执法程序中,是实行行政复议前置的。如果当事人不服行政处罚,在法定期限内,没有申请行政复议,而是向人民法院直接提起诉讼,法院将依法裁定不予受理。《反垄断法》第53条规定,对反垄断执法机关作出的除"禁止经营者集中的决定"和"决定附加减少集中对竞争产生不利影响的限制性条件"以外决定不服的,"可以依法申请行政复议或者提起行政诉讼"。当然,这其中就包括了反价格垄断执法中依据《反垄断法》作出的行政处罚决定。当事人选择行政复议或是诉讼,由当事人自行决定。[①]而对"禁止经营者集中的决定"和"决定附加减少集中对竞争产生不利影响的限制性条件"不服的,先依法申请行政复议后再提起行政诉讼。

《价格法》与《反垄断法》的差异性,可见表9-1中的对比。

表9-1 价格法与反垄断法差异

垄断行为类型 / 法律规定	价 格 法	反 垄 断 法
横向垄断	第14条 经营者不得有下列不正当价格行为:(一)相互串通,操纵市场价格,损害其他经营者或者消费者的合法权益	第13条 禁止具有竞争关系的经营者达成下列垄断协议:(一)固定或者变更商品价格;……
纵向垄断		第14条 禁止经营者与交易相对人达成下列垄断协议:(一)固定转售价格;(二)限定向最低转售价格;(三)其他垄断协议
掠夺性定价	第14条 经营者不得有下列不正当价格行为:(二)在依法降价处理鲜活商品、季节性商品、积压商品等商品外,为了排挤竞争对手或者独占市场,以低于成本的价格倾销,扰乱正常的生产经营秩序,损害国家利益或者其他经营者的合法权益	第17条 禁止具有市场支配地位的经营者从事下列滥用市场支配地位的行为:(二)没有正当理由,以低于成本的价格销售商品

① 参见吴峰:《普通价格行政执法程序和反价格垄断执法程序的异同》,载《中国价格监督检查》,2012(2)。

垄断行为类型 / 法律规定	价　格　法	反 垄 断 法
价格歧视	第 14 条　经营者不得有下列不正当价格行为：（五）提供相同商品或者服务，对具有同等交易条件的其他经营者实行价格歧视	第 17 条　禁止具有市场支配地位的经营者从事下列滥用市场支配地位的行为：（六）没有正当理由，对条件相同的交易相对人在交易价格等交易条件上实行差别待遇
价格挤压	第 14 条　经营者不得有下列不正当价格行为：（六）采取抬高等级或者压低等级等手段收购、销售商品或者提供服务，变相提高或者压低价格	第 17 条　禁止具有市场支配地位的经营者从事下列滥用市场支配地位的行为：（一）以不公平的高价销售商品或者以不公平的低价购买商品
限制转售价格	无具体规制	明文禁止
掠夺性定价	企业规模的限制	市场支配地位的企业
差别对待	限于价格	不仅包括价格差别对待，还包括配件供给、供货速度等交易条件的差别对待
价格卡特尔	一定要有损害后果发生，要达到其 14 条规定的损害了经营者或消费者合法权益	本身违法原则
罚款数额计算	是以违法所得为计算标准	以营业额为计算标准
调查取证	《价格法》第 34 条　赋予了价格主管部门"询问当事人或者有关人员，并要求其提供证明材料和与价格违法行为有关的其他资料"，"查询、复制与价格违法行为有关的账簿、单据、凭证、文件及其他资料，核对与价格违法行为有关的银行资料"等四项执法职权，但没有其他约束性规定，可见这些职权可由执法人员依法自行行使	《反垄断法》第 39 条　赋予了反垄断执法机关"进入被调查的经营者的营业场所或者其他有关场所进行检查"，"询问被调查的经营者、利害关系人或者其他有关单位或者个人"，"查阅、复制被调查的经营者、利害关系人或者其他有关单位或者个人的有关单证、协议、会计账簿、业务函电、电子数据等文件、资料"，"查封、扣押相关证据"，"查询经营者的银行账户"等执法措施。同时，明确规定"采取前款规定的措施，应当向反垄断执法机关主要负责人书面报告，并经批准"
法律依据	普通价格执法的执法依据主要是《价格法》	反价格垄断的执法依据主要是《反垄断法》
强制措施	普通价格行政执法中价格主管部门有权责令经营者"暂停相关营业"，《价格法》第八条规定，政府价格主管部门进行价格监督检查时，"检查与价格违法行为有关的财物，必要时可以责令当事人暂停相关营业"	反价格垄断执法中价格主管部门无此权利。《反垄断法》中没有此类规定
责令退赔	《价格法》第 41 条规定，"经营者因价格违法行为致使消费者或者其他经营者多付价款的，应当退还多付部分"	《反垄断法》中没有责令经营者退还多收价款的规定，而是直接作出了"没收违法所得"，并处或者单处罚款等规定。反价格垄断执法程序中没有"责令退还多收价款"的规定

续表

垄断行为类型 / 法律规定	价 格 法	反 垄 断 法
中止程序	普通价格行政执法，一旦进入程序，就需要按部就班的进行到底，不存在"中止调查"及"终止调查"的问题	《反垄断法》第45条规定，"对反垄断执法机关调查的涉嫌垄断行为，被调查的经营者承诺在反垄断执法机关认可的期限内采取具体措施消除该行为后果的，反垄断执法机关可以决定中止调查"，"反垄断执法机构决定中止调查的，应当对经营者履行承诺的情况进行监督。经营者履行承诺的，反垄断执法机关可以决定终止调查"。如果经营者有"未履行承诺"，"作出中止调查决定所依据的事实发生重大变化的"，"中止调查的决定是基于经营者提供的不完整或者不真实的信息作出的"情形之一的，"反垄断执法机构应当恢复调查"
宽恕制度	普通价格行政执法程序没有"宽恕制度"	《反垄断法》第46条规定，经营者主动向反垄断执法机关报告达成垄断协议的有关情况并提供重要证据的，反垄断执法机关可以酌情减轻或者免除对该经营者的处罚
救济渠道	普通价格行政执法实行"行政复议"前置。《价格违法行为行政处罚规定》第20条规定，"经营者对政府价格主管部门作出的处罚决定不服，应当先依法申请行政复议；对行政复议决定不服的，可以依法向人民法院提起诉讼"。可见，在普通价格行政执法程序中，是实行行政复议前置的。如果当事人不服行政处罚，在法定期限内，没有申请行政复议，而是向人民法院直接提起诉讼，法院将依法裁定不予受理	反价格垄断执法由管理相对人自愿选择。《反垄断法》第53条规定，对反垄断执法机关作出的除"禁止经营者集中的决定"和"决定附加减少集中对竞争产生不利影响的限制性条件"以外决定不服的，"可以依法申请行政复议或者提起行政诉讼"。当然，这其中就包括了反价格垄断执法中依据《反垄断法》作出的行政处罚决定。当事人选择行政复议或是诉讼，由当事人自行决定
行业协会处罚	无	专门条款，可建议登记机关注销

三、《反垄断法》与《价格法》的适用原则

（一）新法优于旧法

《价格法》和《反垄断法》比较，应优先适用《反垄断法》，原因如下。

1. 从法律冲突选择适用的法定原则方面，优先选择适用《反垄断法》。法律选择适用的三项基本原则是：特别法优于一般法；上位法优于下位法；新法优于旧法。《反垄断法》与《价格法》属于同位法，效力层级相同，均由全国人大常委会表决通过，因此，"特别法优于一般法"和"新法优于旧法"是分析法律冲突问题的两项基本原则。其中，各法条事实规范的逻辑关系，是区分特别法与一般法的关键；而"新、旧法"的判断通常以法律

的生效时间先后作为划分。基于此，反垄断执法优先适用《反垄断法》，具有必然性，可以依据以下两个原则进行分析。从"特别法优于一般法"的角度进行分析。特别法优于一般法的理论根源是：立法机关基于对社会生活或者某些利益的考量，会设定一些例外规定来修正和补充一般原则。在《反垄断法》中有许多对价格违法行为的特别性规定，都体现了这一原则。例如，对某些价格违法行为的危害性判断作出修正，价格垄断协议范畴的缩小化规定，掠夺性定价、价格歧视等行为主体的特殊性规制等。从"新法优于旧法"的角度进行分析。因为《反垄断法》的实施时间晚于《价格法》，根据时间先后，《反垄断法》应优先适用。①

2. 从执法效率优先原则方面，优先选择适用《反垄断法》。首先，《反垄断法》比较详细的规定了价格垄断行为，在启动执法程序时，可以更加准确地对价格垄断行为进行定性。例如，《价格法》对价格垄断协议的规定为是"互相串通，操纵市场价格"，但是法律术语中的要求比较严格，"串通"和"操纵"没有揭示违法行为各项构成要件，谈不上法律术语，因此在执法和司法过程中对其准确含义很难把握。而从另一方面看，《反垄断法》不仅准确阐述了价格垄断协议的"协议"是什么含义，而且清楚地规定了"垄断协议"的主客观要件。因此，《反垄断法》能帮助执法人员在查处价格垄断行为时，准确判断和定性违法行为。其次，制裁价格垄断行为时适用《反垄断法》，是立法、执法的要求。《价格法》明确的几项行为，包括政府定价行为、价格干预行为、价格调控行为以及价格监管行为等。因此，《价格法》是政府对价格违法行为的宏观调控，从根本上对政府价格行为进行规范，它体现了"稳定市场价格总水平"宏观调控的目标，对于更好地维护消费者和经营者合法的经济权益，不断促进市场经济秩序的健康发展，具有重要意义。而价格垄断行为损害了消费者和其他经营者的利益，破坏了市场公平竞争的环境和秩序，本质上具有反竞争性。现代市场经济环境下，《反垄断法》的许多执法配套程序和处罚标准也在不断完善，它更加专业地对价格垄断行为进行了监管，有利于提高监管效率和打击力度。最后，《反垄断法》的适用，对于节约行政成本，不断促进执法水平，规避执法风险具有重要意义。垄断案件具有以下特性：覆盖范围大、社会影响力强、关注度较高，但是案件数量通常不会很多、对执法的要求比较高。因此，省级以上的执法部门是反垄断案件的执法主体，由他们启动执法调查后，有序地推进后续的执法程序，从根本上对反垄断案件的解决提供法律保障。

黄勇教授观点正好与前述相反，他认为，诊断《反垄断法》与《价格法》之间的关系也不能用新法与旧法的关系来简单概括。原则上来讲，法学理论上所谈论的"新法"与"旧法"以及因此而派生出的"新法优于旧法""从新""从旧"等问题，应当严格限定于同一部法律的"新"与"旧"之间。如我国 1979 年刑法与我国 1997 年刑法之间是一种典型的新法与旧法的关系。而《价格法》与《反垄断法》之间，如前所述，它们在调整对象上

---

① 李常青、万江：《〈价格法〉与〈反垄断法〉的竞合与选择适用问题研究》，载《中国价格监管与反垄断》，2012（12）。

不具有完全意义的重叠性。因此，《价格法》与《反垄断法》之间，不是同一部法律前后用了不同的法律名称；相反，他们是两部具有不同调整对象的彼此具有交叉关系的同等级的基本法律，不具有"新"与"旧"的可替代性。所以，它们之间的关系并不完全符合我国法理学对于"新法"与"旧法"关系的界定。①

从法律法规修订来看，一般颁布新法或重新修订法律法规时，均明确适用重新修订的法律法规，或者废止旧法，故"新法"与"旧法"一般不可能指代同一部法律。

（二）特别法与一般法

《反垄断法》与《价格法》是特别法与一般法的关系。《价格法》在纵向和横向协议等方面，都有禁止"价格串通"的规定。《反垄断法》在第13条第（1）项、第14条分别规定了横向价格垄断协议和固定或限制最低转售价格的纵向协议。其中纵向协议包括了固定协议、限制最低和最高转售价格协议。但从法条可以看出，其并未对是否包括限制最高转售价格协议进行明确规定。《禁止垄断协议暂行规定》第12条同样没有对限制转售最高价格进行规定。②《价格法》第14条第（1）项规定经营者不得"相互串通，操纵市场价格，损害其他经营者或者消费者的合法权益"。《中华人民共和国价格法释义》的解释认为，这一项规定禁止联合固定价格行为和限制转售价格行为。③因此，就"价格串通"内容而言，《价格法》的范围比《反垄断法》价格垄断协议的更广，与《反垄断法》是一般法和特别法的关系。④与《价格法》第14条第（2）（5）（6）项的规定对应的，《反垄断法》第17条第（1）（2）（6）项，对于禁止掠夺性定价、价格歧视、价格挤压等行为进行明确规定，但前提是垄断行为的实施者是必须是"具有市场支配地位的经营者"，由此可以看出，在主体要素上《价格法》比《反垄断法》的规定更宽，《反垄断法》的规定属于特别法。⑤

黄勇教授认为，两者之间不宜简单定性为一般法与特殊法的关系。《价格法》与《反垄断法》同为我国基本法律，均由全国人民代表大会常委会制定和颁布，在法律位阶上属同一等级。我们认为，这一问题的讨论不能离开不同国家经济体制的大背景。在以市场经

① 黄勇、刘燕南：《〈价格法〉与〈反垄断法〉关系的再认识以及执法协调》，载《价格理论与实践》，2013（4）。
② 《禁止垄断协议暂行规定》第12条　禁止经营者与交易相对人就商品价格达成下列垄断协议：
　　（1）固定向第三人转售商品的价格水平、价格变动幅度、利润水平或者折扣、手续费等其他费用；
　　（2）限定向第三人转售商品的最低价格，或者通过限定价格变动幅度、利润水平或者折扣、手续费等其他费用限定向第三人转售商品的最低价格；
　　（3）通过其他方式固定转售商品价格或者限定转售商品最低价格。
③ 马凯主编：《中华人民共和国价格法释义》，27页，北京，经济科学出版社，1998。
④ 《价格法》中的"价格串通"在"事项"要素方面包含了《反垄断法》的"价格垄断协议"，而在地域、时间和主体三要素上两者没有差异，从而可以认定在价格垄断协议方面，《价格法》系一般法，《反垄断法》系特别法。
⑤ 李常青、万江：《〈价格法〉与〈反垄断法〉的竞合与选择适用问题研究》，载《中国价格监管与反垄断》，2012（12）。

济体制为基础或主体的国家中，反垄断法被视作"市场经济的宪法"。宪法者确立的是最基本的制度框架。因此，在这些国家中，当某些领域不可避免地存在对价格的限制性法律规范时，我们可以说《反垄断法》是一般法，而这些特殊的价格限制性法律规范是特殊法。适用时，"特殊法优于一般法"。但是，我国转型期经济体制的特点却使这一问题变得复杂起来。比如，这两年社会舆论议论的一个热点问题，几家商业银行对手续费联合涨价的行为是否违反我国《反垄断法》。考查这一问题，逻辑思维的起点并不是我国的《反垄断法》如何规定，而是《价格法》如何规定。我们必须首先确定，商业银行联合涨价的那些收费项目是否属于按规定实行企业自由定价的收费项目。因为我国银监会和发改委在 2003 年依据《价格法》和《商业银行法》制定了《商业银行服务价格管理暂行办法》。其中，对于哪些收费项目实行市场调节价，哪些收费项目实行政府指导价作出了明确的规定。因此，如果几家商业银行的联合涨价行为是依照政府行政主管部门的统一规定，对那些属于实行政府指导价的收费项目进行的普涨价格活动，则不属于我国《反垄断法》应当规范的范畴——这里必须说明，即使是落入政府指导价的收费项目，如果商业银行联合一致通过共谋一律按指导价的最上线价格收费，则依然可能落入《反垄断法》的适用范围。而如果银行联合涨价的那些收费项目属于按规定应当由银行实行市场调节价的收费项目，则联合涨价行为就涉嫌构成《反垄断法》中的横向垄断协议行为。这里，《价格法》的作用反而看上去是更具一般性意义的。《价格法》的存在和实施，为《反垄断法》在价格领域发挥作用划定了大致的边界：凡是实行市场调节价的领域，《反垄断法》充分发挥作用；凡是实行政府指导价的领域，《反垄断法》发挥有限的作用；凡是实行政府定价的领域，反垄断法暂时不发挥作用。所以，在我国这样的从计划经济向市场经济过渡的转型期国家中，《反垄断法》与《价格法》的关系，不能套用以市场经济为基础或主体的成熟市场经济国家，规范经济活动的一般性法律认识。但是，这并不意味着在我国这样的转型期国家中，《反垄断法》与《价格法》的关系可以倒过来看——《价格法》是一般法，《反垄断法》是特殊法。这是因为虽然《价格法》在现阶段为我国《反垄断法》在价格领域的适用划定了发挥作用的边界，但这只局限在与价格有关的领域。除此之外，《反垄断法》所规范和调整的内容还包括很多非价格领域，如划分市场、以搭售等各种非价格方式实行的滥用市场支配地位、经营者集中事前申报领域等；而这些领域，《价格法》并不发挥作用。另一方面，即使是完全依照《价格法》实行政府定价的行业或领域，当经营者之间从事非价格的排除、限制竞争行为时（如划分市场、联合抵制等）依然可能落入《反垄断法》的管辖。可见，从调整对象上来讲两法之间呈现出的是一种交叉关系，而非如民法与合同法一样，是完全的包含与被包含关系。因此，我们不能简单地说《价格法》与《反垄断法》之间谁是一般法，谁是特殊法。①

---

① 黄勇、刘燕南：《〈价格法〉与〈反垄断法〉关系的再认识以及执法协调》，载《价格理论与实践》，2013（4）。

（三）《反垄断法》优于《价格法》的补充理由

当《价格法》与《反垄断法》因法律竞合而出现法律冲突时，应当优先选择适用《反垄断法》，在《反垄断法》没有规定的情况下，可以适用《价格法》。具体适用规则如下。

（1）对于横向和纵向价格垄断协议，应当适用《反垄断法》。此处，应理解横向和纵向价格垄断协议的含义。横向价格垄断协议的理解是相互之间存在竞争关系的经营者彼此达成的协议，比如在生产或销售过程出于同一阶段的生产商之间、零售商之间或批发商之间达成的协议；而纵向价格垄断协议的内涵是：经营者与交易相对人达成固定或限定最低转售价格的协议。

（2）在限定最高转售价格的纵向协议方面，可以适用《价格法》。《反垄断法》排除限定最高转售价格的纵向协议是垄断协议，但是，市场秩序的健康有序发展需要监管，这就需要执法机关依据《价格法》来有效维护。

（3）当经营者占据市场支配地位，要分情况适用。当经营者支配市场的发展时，并存在价格挤压、价格歧视、掠夺性定价等垄断行为时，应适用《反垄断法》；当经营者没有支配市场的发展时，对于经营者的价格挤压和价格歧视等行为，可适用《价格法》。[①]

（四）互相完善和补充

黄勇教授认为，《价格法》与《反垄断法》的关系是互相完善和补充。

（1）《反垄断法》为《价格法》提供分析和判断价格违法行为的工具和方法。比如，《价格法》第14条中规定的各种价格违法行为，包括操纵价格、价格倾销、价格歧视等，只有原则性的禁止性条款，缺乏具体的分析和界定标准；《价格法》第14条简单地规定"经营者不得有下列不正当价格行为"。在《价格法》实施早期，执法机关曾经依照此规定采用"一刀切"的方式来严格执法。即，经营者只要从事了任何符合某种价格违法行为外部特征的行为，就一概定性为非法，一概采取禁止性措施。但是，随着人们对市场经济认识的加深，执法观念发生了变化。执法机关已经认识到，很多外部表现一样的行为，由于市场结构不同、经营者地位不同、价格形成机制中复杂的各种要素的组合变化，会对市场竞争秩序产生完全不同的效果。因此，不应当采用"一刀切"的武断方法。但对这些问题，《价格法》本身及其各种配套行政法律规范没有能提出具有可操作性的解决方法。2008年《反垄断法》正式实施后，这一问题得到了有效解决。我国《反垄断法》充分借鉴了国外的先进经验，以先进的反垄断经济学和反垄断法学理论为基础，为我国价格行政执法机关分析和判断市场竞争环境下价格行为是否具有排除和限制竞争效果，提供了可操作的分析工具和思维方法。如，《反垄断法》对于涉及价格的违法行为进行了更为准确的类型学划分，分为价格垄断协议和涉及价格的滥用市场支配地位行为，价格垄断协议又进一步细分为横向垄断协

---

① 李常青、万江：《〈价格法〉与〈反垄断法〉的竞合与选择适用问题研究》，载《中国价格监管与反垄断》，2012（12）。

议和纵向垄断协议。《反垄断法》对每一种价格垄断行为适用不同的分析方法和判断标准也进行了具体的规定。这些都有助于价格执法机关科学分析和判断某一种价格行为是否会对市场竞争产生危害。

（2）《价格法》为《反垄断法》在价格领域适用划定边界并补充《反垄断法》的不足：①《价格法》使各项价格活动有法可依。如前所述，《价格法》除了对实行市场调节价的领域进行规范，还对实行政府指导价和政府定价的领域进行了规定。此外，《价格法》还对一些特殊产品和特殊情况，如国家的重要商品储备制度、粮食等重要农产品的保护收购价格制度、各种紧急情况下的价格干预措施等各项国家基本价格制度进行了规范。上述各项规定，把我国国民经济生活中的各类价格问题基本纳入了有法可依的轨道。对任何一个国家而言，总存在某些关乎国计民生和国家安全的领域是要实行或多或少的价格管制的，总存在某些特殊的情况是需要行政部门干预重要物资的价格（如地震等自然灾害的发生、"非典"等紧急情况的出现等）。而这些领域都是《反垄断法》没有触及的领域。《反垄断法》只在通常实行市场竞争机制的领域中才充分发挥作用，即：凡是依《价格法》实行市场调节价的领域，《反垄断法》充分发挥作用；凡是依《价格法》实行政府指导价的领域，《反垄断法》发挥有限的作用；凡是依《价格法》实行政府定价的领域，《反垄断法》暂不发挥作用。②《价格法》在微观程序层面补充反垄断法的不足。任何法律的制定和实施都会存在疏漏，如执法程序有待细化以及法律实施后社会现实情况发生变化等情形。一般情况下，这些问题可以采用修改法律（针对比较重大的原则性问题）或制定实施细则（进一步解释法律和制定具体实施方法和步骤等）的方式来加以解决。而目前我国《价格法》与《反垄断法》两法共存的状态，使得某些情形下，《反垄断法》及其配套法律规范中被忽略的或新出现的问题可以通过在后制定的《价格法》相关配套法律规范来获得解决。例如，国家发改委颁布并实施的《价格行政处罚程序规定》，明确规定了《反垄断法》为其制定时的上位法之一。且在第 55 条中更明确规定"对价格垄断行为实施行政处罚的程序，按照《反价格垄断行政执法程序规定》执行。《反价格垄断行政执法程序规定》未作规定的，参照本规定执行。"因此，由国家发改委价格监督与反垄断局负责调查的反垄断案件的行政执法活动亦属于此"规定"的管辖范围。[①]

四、法律冲突的协调

（一）一事不再罚

我们认为，上述两法之间存在的各种冲突是客观存在的，但并不是没有解决的方法。

---

① 参见黄勇、刘燕南：《〈价格法〉与〈反垄断法〉关系的再认识以及执法协调》，载《价格理论与实践》，2013（4）。《反价格垄断行政执法程序规定》已于2019年9月1日废止，《价格行政处罚程序规定》已于2019年4月1日废止。

第一种可能出现冲突的情形是：经营者的一个价格行为已经明确既构成对《反垄断法》的违反，也构成对《价格法》的违反。我们认为，这种情况下，行政执法机关应当坚持"一事不再罚"的基本原则。即，经营者不能因为自己的一个价格违法行为，同时分别受到执法机关依《反垄断法》进行的处罚和依《价格法》进行的处罚。此时，通常情况下，在行政执法中被经常采用的原则是"从重处罚"，即依照对法律责任规定较重的那部法律进行处罚。当然，证据的充分性也是进行法律适用选择的一个考虑因素。为维护行政执法机关的权威性，一般行政机关倾向于选择所掌握的证据更符合相应规定的那部法律进行行政裁决和处罚。具体到《价格法》与《反垄断法》这两部法律，一般而言，《反垄断法》规定的罚责比《价格法》规定的要重。并且《价格法》明确规定"有关法律对本法第 14 条所列行为的处罚及处罚机关另有规定的，可以依照有关法律的规定执行。"而《反垄断法》没有类似的规定。因此，当两部法律发生竞合时，《反垄断法》有更多的可能被适用。

第二种可能出现冲突的情形是：当出现一个行为依一部法律可能被认定为非法，而依照另一部法律规定可能不被认定为非法时，是否要依照前一部可以被认定为非法的法律进行处罚。必须要说明的是：这里的情形不能适用"从重原则"直接认定为非法。具体到《价格法》与《反垄断法》的情况，可能的情形往往是经营者的某一价格行为，依照《价格法》的相关规定，符合价格违法行为的构成要件，可以被认定为非法；而依《反垄断法》却需要合理分析，其结果更倾向于不被认定为非法。这时行政执法机关如何作为？我们以为，这是行政执法机关行使行政裁量权的问题，行政执法机关有权通过运用自己的裁量权来决定适用哪一部法律。但是，行政执法机关在做出决定时，应当考虑立法的背景、社会生活的实际情况、法学和经济学的最新发展、主流社会观念等方面的因素，综合决定。制定法特有的稳定性，使它可能与社会现实情况发生偏离，这时，行政执法机关往往通过科学运用自由裁量权，选择性执法，选择那些更反映社会经济发展状况的法律来适用。正如前文已经谈到的，在具体的价格行为是否非法的问题上，《反垄断法》为《价格法》提供了科学的分析和判断方法。因此，即使适用《价格法》做出裁决，也不影响在行政分析和判断过程中借鉴《反垄断法》的分析和判断方法。这虽然在效果上仿佛是《反垄断法》为新，《价格法》为旧，但绝不是新法优于旧法的机械理论适用，而是执法机关对自己可以依法享有的行政裁量权的科学合理使用。①

《价格法》着眼于价格的形成和监督，其中既涉及经营者的价格行为、市场价格秩序以及消费者和经营者的利益等微观层面的问题，也涉及价格总水平等宏观层面的问题。其中，保持价格总水平基本稳定，始终是经济社会发展工作的一项重要任务，也始终是价格主管部门的首要任务。《价格法》兼具市场监管法和宏观调控法的双重属性，价格执法在规范

---

① 黄勇、刘燕南：《〈价格法〉与〈反垄断法〉关系的再认识以及执法协调》，载《价格理论与实践》，2013（4）。

价格行为的同时负有稳定市场价格总水平的职责。有学者指出，由于《价格法》对经营者价格行为的规范旨在实现物价稳定这一宏观经济目标，所以《价格法》的宏观调控属性处于主导地位。与《价格法》不同，《反垄断法》作为市场监管法，专注于制止经营者价格垄断行为、减少滥用行政权力的价格垄断行为以及维护市场竞争秩序等微观目标的实现。反垄断执法通过对某些特定的价格行为加以规制和调整，表面上是对价格体系的干涉，实质上是为了保护市场竞争格局不受破坏，或者在遭受破坏后让市场秩序恢复到竞争的状态之下，从而创造公平竞争的市场环境，保障价格机制正常发挥作用。这即是说，反垄断执法所关注的价格是经营者竞争的方式和竞争行为的载体，而不是宏观调控的手段。综上可见，《价格法》与《反垄断法》功能、属性的不同决定了价格执法与反垄断执法在面对双重特征行为时，各自关注的重点和执法目标也不尽相同。①

　　价格执法将其职责范围内反价格垄断的部分移交给反垄断执法，其他职责仍由价格执法负责。换言之，反价格垄断的工作交接是实现价格执法与反垄断执法科学分工的出发点。从表面上看，完成反价格垄断的工作交接，需要价格执法放弃对价格垄断行为的规制。然而，前述执法实践表明，双重特征行为除具有《反垄断法》意义上的违法性之外，还具有《价格法》意义上的违法性，单凭反垄断执法的力量不足以有效遏制双重特征行为，并消除其不良影响。本书认为，要在实现双重特征行为所具有的反垄断意义的违法性受到反垄断执法有效规制的同时，实现其《价格法》意义上的违法性受到价格执法的规制，一种可行的方法是对双重特征行为的构成要件和法律责任重新加以界定。违法行为的构成要件是认定一个具体行为构成该种违法行为所应当达到的一系列客观和主观的标准。这些标准不仅应当使我们能够判断一个行为是否具备该种违法行为的主要特征，能够判断该行为的违法性是否达到了应当受到处罚的程度，还应当能够将该种违法行为与其他违法行为相区别。本书所说的重新界定构成要件，首先，要对双重特征行为的违法性进行全面的总结，找出其《反垄断法》意义以外《价格法》上的其他违法性；然后，准确概括出《价格法》上违法性所具有的，区别于《反垄断法》意义违法性的特征；最后，依据违法性的不同，修改现行法律中关于双重特征行为构成要件的文字表述，消除价格执法与反垄断执法的重叠。

　　具体而言，《反垄断法》根据双重特征行为对竞争的影响，分析规制对象在主观意图、客观要件以及实际效果等方面的详细特征，充实完善构成要件的规定；《价格法》则以是否影响价格总水平稳定为标准从双重特征行为中筛除不影响价格总水平的不法行为移交给反垄断执法规制，总结剩余的影响价格总水平的不法行为的特征，补充到现行法律关于该等行为构成要件的规定中。同时，在重新界定构成要件的基础上，《价格法》应修改法律责任的相关规定，去除其中针对限制竞争违法性的制裁，保留针对影响价格总水平稳定违法性的制裁。②

① 孙威：《浅析价格执法与反垄断执法的分工》，载《价格理论与实践》，2013（6）。
② 孙威：《浅析价格执法与反垄断执法的分工》，载《价格理论与实践》，2013（6）。

价格执法与反垄断执法的具体差异，可参见表9-2。

表9-2　价格执法与反垄断执法程序和责任差异

名　称	执法程序	行政法律责任	民事责任
反垄断法	《反垄断法》规定市场监督管理局，并可授权省一级机构负责有关具体反垄断案件的执法工作	《反垄断法》对于垄断协议的处罚规定在第46条第1款：经营者违反本法规定，达成并实施垄断协议的，由反垄断执法机关责令停止违法行为，没收违法所得，并处上一年度销售额1%以上10%以下的罚款；尚未实施所达成的垄断协议的，可以处50万元以下的罚款。对于行业协会组织本行业的经营者达成垄断协议的，《反垄断法》第46条第3款规定可以对其处50万元以下的罚款；情节严重的，社会团体登记管理机关可以依法撤销登记。同时，《反垄断法》还对主动向反垄断执法机关报告达成垄断协议的有关情况并提供重要证据的经营者做出酌情减轻或者免除处罚的规定。对于滥用市场支配地位的处罚规定在第47条：经营者违反本法规定，滥用市场支配地位的，由反垄断执法机关责令停止违法行为，没收违法所得，并处上一年度销售额1%以上10%以下的罚款	《反垄断法》第50条规定：经营者实施垄断行为，给他人造成损失的，依法承担民事责任
价格法	《价格法》第33条规定：县级以上各级人民政府价格主管部门，依法对价格活动进行监督检查，并依照本法的规定对价格违法行为实施行政处罚	《价格法》第40条规定：经营者有本法第14条所列行为之一的，责令改正，没收违法所得，可以并处违法所得五倍以下的罚款；没有违法所得的，予以警告，可以并处罚款；情节严重的，责令停业整顿，或者由工商行政管理机关吊销营业执照。有关法律对本法第14条所列行为的处罚及处罚机关另有规定的，可以依照有关法律的规定执行	《价格法》第41条规定：经营者因价格违法行为致使消费者或者其他经营者多付价款的，应当退还多付部分；造成损害的，应当依法承担赔偿责任

（二）价格串通与反价格垄断

《价格法》禁止的相互串通，操纵市场价格行为和《反垄断法》规制的横向价格垄断协议行为的规范方面存在竞合，这既是《价格法》禁止的一般价格违法行为，也是《反垄断法》规制的价格垄断行为，均为反价格串通执法的实践工作。

（1）价格串通行为的效果。《价格法》和《反垄断法》所规制的目标有所区别，《价格法》所禁止的一般价格违法行为，不关注行为的效果，而主要关注行为的本身；《反垄断法》主要是从维护有效的市场竞争的角度，规制具有排除、限制竞争的价格垄断行为，除了关注经营者的价格行为的本身外，还关注该行为所产生的效果。对于一个具体的价格串通行为是构成相互串通，操纵市场价格行为，还是构成横向价格垄断协议行为，关键是看该行为是否具有排除、限制市场竞争的效果。

（2）价格串通行为的影响。从价格违法行为的社会影响来看，一般的相互串通，操纵市场价格行为影响范围比较小，只是对一定范围内的消费者和其他经营者的权益产生损害，同时由于市场竞争的存在，其行为一般难以长时间持续，产生的损害相对较小，社会影响一般限于一定的范围内；横向价格垄断协议行为是对市场机制的破坏，对相关市场的整体竞争产生不利影响。如不及时发现、有效规制，其持续的时间可能会很长，往往严重损害广大消费者和其他经营者的利益。其行为产生的损害较大，范围较广，社会影响也较大，并将严重破坏经济社会的健康、平稳发展，甚至影响社会的安全稳定。

（3）反价格串通执法的实效。作为《价格法》赋予的价格监督检查手段，相应地可以更加快捷、及时、有效制止和处理一般性的涉嫌价格串通等不正当价格行为，且对当事人实施行政处罚的方式相对也比较灵活、实效。有利于各级价格主管部门，特别是基层价格主管部门遏制各种不正当价格行为，提高执法效率，节约执法成本，尽可能低成本、高效率实现反价格串通执法的目的。

因此，在价格执法实践中，对于查处价格串通（横向价格垄断协议）行为，作为不正当价格行为适用《价格法》，还是作为价格垄断行为适用《反垄断法》，应根据调查情况，依据《价格法》或者《反垄断法》规定有机结合、甄别处理，做到认定违法事实清楚、定性准确、处理恰当。对于构成一般相互串通，操纵市场价格行为的价格串通行为，根据《价格法》规定予以处罚；对凡是构成横向价格垄断协议的价格串通行为，则根据《反垄断法》进行调查处理。①

（三）《价格法》与价格行政管制

《价格法》赋予行政机关价格管制的权力，而《反垄断法》则禁止行政机关非法运用价格管制权力限制价格竞争。厘清合法价格管制与非法行政垄断之间的界限，将成为反垄断执法的重要命题。

价格管制的正当性来源于法律的授权。1997 年全国人大常委会通过的《价格法》第 18 条规定，政府价格主管部门在必要时候可以对"与国民经济发展和人民生活关系重大的极少数商品价格""资源稀缺的少数商品价格""自然垄断经营的商品价格""重要的公用事业价格""重要的公益性服务价格"实行政府定价或者政府指导价。价格管制的合理性则来自均衡价格条件下的市场失灵，价格管制本质上是政府根据形势需要和既定政策，运用行政权力对某些产品直接规定的偏离均衡价格的价格。从这个意义上讲，不论市场经济条件下对垄断性产品的价格限定，还是对竞争性产品的价格干预；不论是计划经济下政府直接规定产品价格，还是计划经济向市场经济转型过程中政府对产品价格控制的延续，只要具有法律正当性和经济合理性都可以称为有效的价格管制。

相对于正当有效的价格管制，行政垄断则属于滥用行政权力的行为。虽然《反垄断法》未对滥用作出定义，但可以认定它是一种缺乏法律依据的行为。因此，与政府价格管制相比，行政垄断虽然也是行政权力对市场经济的一种干预行为，但前者是政府依据法律和行政法

---

① 蒋凯辉：《查处"价格串通"行为的实践与思考》，载《中国价格监督检查》，2013（12）。

规的规定对经济运行的合法干预，后者干预经济运行则缺乏法律和行政法规的依据，亦即前者是一种合法行为，后者则是一种违法行为。政府价格管制是行政权力依据法律的授权对市场进行的合法干预。政府价格管制的范围虽然涉及行政权力与市场之间的交叉，在表征上与行政垄断有着相似之处，但因为存在合法授权，政府价格管制并不属于行政垄断。只有符合：①违反法律规定的价格干预行为；②造成了排斥限制市场竞争的后果等两个要件，政府价格干预行为才构成限制价格竞争的行政垄断。而对于政府价格管制本身的不合理之处，只能通过对相关授权的法律、法规进行修改和完善，而不能纳入反垄断法对行政垄断的规制体系予以解决。①

---

① 邓志松、黄勇：《限制价格竞争的行政垄断与政府价格管制之间界限》，载《价格理论与实践》，2010（5）。

第 十 章
行政垄断法律责任

第一节　行政垄断的行政责任的立法

反垄断执法机关通过落实垄断行政法律责任，实现制裁和纠正的目的。[①]根据《反垄断法》，垄断违法行为主体主要承担两类行政法律责任，一是行政处罚，如没收违法所得（第46、47条）和罚款（第46、47、48条），二是行政责令（第46、47、48条）。因此，司法能否对反垄断行政执行进行全面审查和规范，取决于反垄断行政处罚、行政责令是否具有行政可诉性。《行政处罚法》第8条明确将没收违法所得和罚款规定为行政处罚的种类，《行政诉讼法》第12条明确规定没收违法所得和罚款可诉，和《反垄断法》对行政处罚的设定吻合。

反垄断法规定及其修订

（一）行政垄断法律责任与经济垄断法律责任的差异

在我国《反垄断法》第7章（法律责任）中，第46条至第50条是关于经济性垄断法律责任的规定，而第51条专门规定了行政垄断的法律责任。根据上述条款的规定，对经济垄断行为可适用罚款、没收违法所得、拆分企业、责令停止违法行为等行政制裁方式，同时还规定了民事责任。对于行政垄断行为，仅能够对行政主体适用责令改正及行政处分等软性制裁方式。总之，在我国《反垄断法》中，"行政垄断行为的法律责任明显不同于一般经济垄断行为的法律责任。"[②]《反垄断法》第51条中规定了"上级机关责令改正""给予行政处分""反垄断执法机关向有关上级机关提出处理建议"三种行政责任。根据《反垄断法》第51条的规定，行政垄断行为的法律责任表现形式为行政责任。该法律责任的主体有两类：行政机关、法律法规授权的具有管理公共事务职能的组织和行政机关的工作人员，责任模式有责令改正、给予处分和向上级机关提出依法处理的建议等。

[①] 参见丁国峰：《我国反垄断法律责任体系的完善和适用》，载《安徽大学学报》，2012（2）。

[②] 王晓晔主编：《中华人民共和国反垄断法详解》，264页，北京，知识产权出版社，2008。

根据《反垄断法》第51条的规定，由上级机关责令改正，并对负责的主管人员和其他责任人员给予相应的处分，同时提出合理的整改意见，以开放市场，维护竞争，促进效率，使消费者能享受到福利；另一方面则是分析与该行政垄断行为密切相关的企业行为，倘若通过分析，发现企业滥用其市场支配地位，则根据《反垄断法》第47条"责令停止违法行为"，并且"没收违法所得，并处上一年度销售额1%以上10%以下的罚款"。到底何谓"改正"，且需要到达什么样的程度，"行政处分"到底是何种程度的行政处分，法律规定不是十分明确。

（二）"另有规定"的适用

《反垄断法》第51条同时还规定，法律、行政法规对行政机关和法律、法规授权的具有管理公共事务职能的组织滥用行政权力实施排除、限制竞争行为的处理另有规定的，依照其规定。应当充分发挥其他法律法规的作用。第一个层次是，可根据国务院303号令《国务院关于禁止在市场经济活动中实行地区封锁的规定》（2001年4月21日颁布的行政法规），明确行政性限制竞争的法律责任和上级政府、执法机关的处理权责。另外还可以参照《国家工商行政管理总局、国家发展和改革委员会、公安部等关于做好制止滥用行政权力排除限制物流业竞争规范物流市场秩序工作的通知》（工商竞争字〔2009〕226号），制定各反垄断执法机关对于行政性限制竞争执法的具体分工办法。该文规定：工商、发展改革（物价）和商务部门要依法制止限定单位或个人只能接受本地物流企业提供服务、设置歧视性市场准入门槛、收取歧视性费用等限制物流业跨地区、跨行业服务的行为，促进企业公平竞争。①

第二个层次是，依据《反垄断法》《禁止滥用市场支配地位行为暂行规定》和《禁止垄断协议暂行规定》，明确反垄断执法机关可以直接处罚行政机关限定的经营者垄断行为。如《禁止滥用市场支配地位行为暂行规定》第37条，经营者因行政机关和法律、法规授权的具有管理公共事务职能的组织滥用行政权力而滥用市场支配地位的，按照前款规定处理。经营者能够证明其从事的滥用市场支配地位行为是被动遵守行政命令所导致的，可以依法从轻或者减轻处罚。《禁止垄断协议暂行规定》第32条，经营者因行政机关和法律、法规授权的具有管理公共事务职能的组织滥用行政权力而达成垄断协议的，按照前款规定处理。经营者能够证明其达成垄断协议是被动遵守行政命令所导致的，可以依法从轻或者减轻处罚。

第三个层次是，根据行政复议和行政诉讼法可以对行政性限制竞争提起行政复议和行政诉讼。实践中也已经有这方面的案例。如广东省河源市政府限额使用指定产品案，2011年广东省政府作出行政复议，处理河源市政府在推广汽车定位工作中的行政限制竞争行为。又如江苏法院处理过的《吉德仁等诉盐城市人民政府行政决定案》（最高法院《公报》2003.4）。它能够立案是依据行诉法和最高人民法院2000年3月8日颁布的关于执行《中华人民共和国行政诉讼法》若干问题的解释（法释〔2000〕8号）。该解释第13条规定，

---

① 戴冠来：《我国〈反垄断法〉反行政垄断的效果评析》，载《中国物价》，2013（12）。

被诉的具体行政行为涉及公民、法人或者其他组织相邻权或者公平竞争权的，其可以依法提起行政诉讼。虽然围绕"公平竞争权"的内涵还有争议，但司法实践中已经出现盐城这样的行政诉讼的案例。2002 年 8 月 20 日，盐城市人民政府作出第 13 号《专题会议纪要》（以下简称《会议纪要》）。内容包括：城市公交的范围界定在批准的城市规划区内，为保证城市公交车在规划区内开通的老干线路正常运营，要继续免交公交车有关交通规费。因为原告吉德仁等人经营的私人客运线路与公交总公司的 5 路、15 路客运线路存在重叠，盐城市人民政府《会议纪要》规定使公交总公司客运线路免交有关交通规费，导致与私人客运线路的不平等竞争。这一行政行为被法院依法予以撤销。另外还有北京 4 家企业起诉原质检总局涉嫌行政垄断的案例。2008 年 8 月 1 日，北京 4 家防伪企业将国家质检总局诉至北京市第一中级人民法院，认为国家质检总局在推广"中国产品质量电子监管网"的过程中，涉嫌行政垄断。北京一中院以超过了法定起诉期限为由不予受理。这 4 家企业中的 3 家认为没有超期，又向北京市高级人民法院提起上诉，要求撤销一中院此前作出的"不予受理"的裁定，最终也未被受理。这一案例也说明对于行政性限制竞争可以进行行政诉讼。[①]

（三）《反垄断法》的修订与行政垄断法律责任

《反垄断法》第 51 条规定，行政机关和法律、法规授权的具有管理公共事务职能的组织滥用行政权力，实施排除、限制竞争行为的，由上级机关责令改正；对直接负责的主管人员和其他直接责任人员依法给予处分。反垄断执法机关可以向有关上级机关提出依法处理的建议。法律、行政法规对行政机关和法律、法规授权的具有管理公共事务职能的组织滥用行政权力实施排除、限制竞争行为的处理另有规定的，依照其规定。

市场监管总局发布的《〈反垄断法〉修订草案（公开征求意见稿）》将其调整为第 58 条，删除原文第 2 款，并修订为：行政机关和法律、法规授权的具有管理公共事务职能的组织滥用行政权力，实施排除、限制竞争行为的，反垄断执法机关可以责令改正，并向有关上级机关提出依法处理的建议，对直接负责的主管人员和其他直接责任人员由上级机关依法给予处分。行政机关和法律、法规授权的具有管理公共事务职能的组织应当在反垄断执法机关规定的时间内完成改正行为，并将有关改正情况书面报告反垄断执法机关。

修订稿的变化在于：一是增加反垄断执法机关可以责令改正的权力，原来仅是"建议"由其上级机关责令改正；二是限定应当在规定的时限内改正；三是要求应当向执法机关书面报告的义务。

建议权毕竟只是一种提出建议的权力，这对行政垄断行为不具足够的威慑力。而《反垄断法》及其修订稿也没有规定，在违法者的上级机关或违法者本身不接受反垄断执法部门的建议时，反垄断执法部门可以采取何种法律措施。可见，《反垄断法》在这方面的规定并没有多大的效力。

---

① 戴冠来：《我国〈反垄断法〉反行政垄断的效果评析》，载《中国物价》，2013（12）。

反行政垄断实务中,执法机关依法行使建议权,促使相关上级机关纠正滥用行政权力排除、限制竞争的行为,首例应当是原广东省工商局适用《反垄断法》,建议广东省人民政府制止了河源市人民政府的相关行为,这是中国第一个适用《反垄断法》依法制止滥用行政权力排除、限制竞争的案例。①

第二节　执法建议权

一、建议权立法的争议

(一)反对建议权立法的观点

《反垄断法》第51条有以下三个要点:(1)行政垄断由上级机关责令改正,反垄断执法机关无直接处罚权而只有建议权;(2)直接负责的主管人员和其他直接责任人员承担行政责任;(3)"法律、行政法规另有规定时",适用其他规定。

在《布莱克本法律词典》中,法律责任是指"因某种行为而产生的受惩罚的义务及对引起的损害予以赔偿或以其他诉讼法予以补偿的义务"。②

有关行政垄断法律责任散见于多层次的立法之中,上至全国人大及其常委会制定的法律,下到国务院各部委的规章。我国对行政垄断的规制始于国务院在1980年发布的行政法规——《关于开展和保护社会主义竞争的暂行规定》。当我国反垄断执法机关对行政垄断行为只享有对有关上级机关提出依法处理的建议权时,由于《反垄断法》对行政垄断行为的处罚是重复了《反不正当竞争法》第30条规定的"由上级机关责令改正"的规定,而从我国《反不正当竞争法》实施近20年的实践活动来看,"上级机关"对其"下级机关"滥用行政权力排除、限制竞争的违法行为进行监督检查的成功案例极为少见,这样的法律责任条款较难有效地遏制行政垄断行为。

该法律责任设计自产生以来,就一直备受质疑,人们普遍认为这会影响反垄断法规制行政性垄断的效果,无法有效威慑敢于实施行政性垄断行为的行政机关及有关公共组织,有可能成为一只"无牙的老虎"。③反垄断执法机关的建议权形同虚设。如2011年1月,广东省某市易流科技有限公司等3家汽车GPS运营商联名向广东省工商局投诉,反映该市政府在强制推广汽车GPS工作中的行政行为涉嫌滥用行政权力排除、限制竞争,广东省工商局向广东省政府正式作出"依法纠正该市政府上述滥用行政权力排除、限制竞争行为"

---

① 参见《工商系统立案查办一批垄断案件》,载《中国工商报》,2013年1月4日,第6版。
② 《布莱克本法律词典》,1197页,美国西部出版社公司,1983。
③ 参见黄勇:《当行政垄断遭遇法律"挑战"》,载《中国报道》,2008(8)。

的建议。2011 年 6 月，广东省政府作出复议决定，认为该市政府上述行政行为违反《反垄断法》第 8 条、第 32 条和《道路交通安全法》第 13 条的规定，属于滥用行政职权，其行为明显不当，决定撤销其具体行政行为。该市政府根据省政府决定，纠正了其滥用行政权力排除、限制竞争的行为，恢复了该市汽车 GPS 运营市场的竞争格局。虽然是所谓省级政府处理，但其适法路径其实并不是靠反垄断机构建议上级机关处理，而是投诉人同时走了行政复议的渠道，最终是以省政府作出复议决议的形式给予解决。

也少有对直接负责的主管人员和其他直接责任人员依法给予处分。以四川成都交委的案子为例，省工商局只是向成都市交委提出了工作建议，并没有见到交委的上级来处理这一违法行为。之后成都市交委也没有撤销原违法文件，只是表示，今后在制定新增出让方案时，将积极采纳省工商局提出的工作建议。

（案例11） 成都市交委排除限制竞争案

2010 年，成都市交委部署民营公交公司公交线路运营权置换为出租汽车经营权工作，制定了《成都市中心城区 2010 年至 2012 年新增客运出租汽车特许经营权出让方案》（以下简称《出让方案》），报经成都市人民政府特许经营权管理委员会批准实施。《出让方案》中虽然未明确规定必须使用指定的车型，但是在实际操作过程中，要求出租汽车经营的申请方在《承诺书》上必须填写速腾车型，否则不予审批，事实上排除了其他车型的选择权。2010 年 12 月，成都中心城区 8 家民营公司委托四川英济律师事务所向省工商局竞争执法处投诉。四川省工商局认为，成都市交委作为具有管理出租车行业职能的行政机关其行为构成行政机关滥用行政权力排除、限制竞争，于是向成都市交委提出了工作建议。之后成都市交委表示，今后在制订新增出让方案时，将积极采纳省工商局提出的工作建议。针对出租汽车公司的实际情况和市民群众不同的出行需求，在车辆选型上既规定较高档次的车辆，也规定普通档次的车辆。

（二）支持建议权立法的观点

关于滥用行政权力，大家现在对滥用行政权力说得最多的是只设置建议权不好，对滥用行政权力应该有直接的调查、调查完了直接处置，相反我认为，我们这个建议权是非常精准的制度设计。在我们国家的行政体制下，行政机关之间的组织构架，是上级指挥下级，没有横向的权力。竞争这个目标是市场经济中非常重要的一个目标，但是我们社会中还有其他重要的目标，有安全的目标，有社会公共福利的目标。建议权如果改成直接处理权，从法理上讲不通，现实中也不可能。[①] 作为当年这部立法的主要推动者，时任国务院法制办主任曹康泰认为："从行政体制上看，对于包括地方各级政府及其相关部门在内的行政机

---

① 李青：《反垄断不应限于中央事权》，中国世界贸易组织研究会竞争政策与法律专业委员会主办的"2019中国竞争政策与法律年会暨新时期中国反垄断立法和执法研讨会"发言。

关和公共组织的行为，由同样作为行政机关的反垄断执法机关去处理，是不顺的，不符合行政权力运行的基本轨道，很可能将反垄断执法机关置于和各级地方政府及其有关部门对立的地位，引发行政架构内部的矛盾。"①

从国情出发，我国《反垄断法》确立的执法者向上级机关建议处理的方式虽然是一种微弱的授权，但在一定程度上符合我国目前的行政管理体制，为上级机关规制下级行政部门的限制竞争行为提供了可能性，其实上级部门比反垄断执法机关更有威慑力，因为它们可能会担心承担政治责任。当然，我们也可以采用一些较具有威慑力的辅助措施，如执法者可以根据已有的调查结果，将行政垄断实施者的名称、主要负责人、垄断事实、证据等相关事项进行公布，这种公开的披露方式可能会具有更强的约束力。因为实施机关的上级机关会基于已公开的压力要求其改正，实施机关本身也会害怕承担政治责任自行改正；更为重要的是，它也为私人诉讼的执行提供了良好的激励机制与证据材料。② 这说明我国绝大部分行政性垄断案件未启动追责程序，只要在反垄断执法机关启动调查、提出依法处理的建议之前，行政机关或具有管理公共事务职能的组织主动纠正，案件便告结束。这些主动纠正的案件涉及的原因有多种：有些只是简单说主动纠正或者调查过程中/后主动纠正，有的则是进一步说明了主动纠正的原因，包括调查过程中指出问题后主动纠正、督促整改/提出整改建议（要求）后主动纠正、反馈相关情况后主动纠正、约谈后主动纠正、调查过程中主动提出整改方案并加以纠正。分析这些原因可见，有些主动纠正是较为积极的，有些主动纠正是较为被动的，需要指出问题、督促整改、提出整改建议、反馈相关情况甚至约谈后才"主动纠正"。严格意义上说，这种"主动纠正"其实是"被动纠正"，属于迫不得已而为之，对于这类案件，反垄断执法机关理应向"上级机关"提出依法处理的建议。

二、建议权的上级机关

我国《反垄断法》第51条将"上级机关"作为行政垄断法律责任的追责主体，只有"上级机关"才可以"责令改正"和"行政处分"。"上级机关"不是法定的《反垄断法》的执法主体，与行政垄断的行为人通常有利益趋同性，而且又缺乏对下级机关的有效监督，使得该责任条款形同虚设。在大多数行政性垄断案件中，"上级机关"实际上采取了不作为的消极做法。③

"上级机关"的定位是模糊的。首先，"上级机关"就是"上一级机关"吗？依文义解释难以得出此结论。层级越低的行政机关其"上级机关"就越多。其次，即使将"上级机关"

① 曹康泰：《中华人民共和国反垄断法解读——理念、制度、机制、措施》，226页，北京，中国法制出版社，2007。
② 邵亚雄、卢文涛、王若宇：《论行政垄断的主体区分及规制路径选择——以〈反垄断法〉为视角》，载《当代经济》，2011（10）（上）。
③ 参见王健：《行政垄断法律责任追究的困境与解决思路》，载《法治论丛》，2010（1）。

理解为"上一级机关",在我国现行体制下,除了海关、外汇管理等实行垂直领导的行政机关其"上级机关"就是"上一级主管部门",地方人民政府的"上级机关"就是"上一级人民政府"外,大多数行政机关内部存在着双重领导关系。对于地方政府部门会存在两个上级机关,一个是作为组织、人事、财政领导的本级人民政府,另一个是作为业务领导的"上一级主管部门"。在反垄断执法机关公布的行政性垄断案件中,"上级机关"就是"上一级机关",而且地方政府组成部门的行政机关的"上级机关"基本上指向了本级地方人民政府。例如,在"都江堰市财政局行政性垄断案"中,都江堰市财政局的上级机关是都江堰市人民政府。但也有案件将"上级机关"指向了"上一级业务主管机关",例如,在"湖南经信部门行政性垄断案"中,湖南省工商局查办的行政性垄断的实施机关均是各市州经信部门,但没有向各市州的人民政府提出依法处理的建议,而是统一向湖南省经济和信息化委员会提出。还有个别行政性垄断案件将"上级机关"指向了多个机关。例如,在"房山燃气开发中心行性垄断案"中,北京市发改委向房山区政府办、区国资委、区城管委、区燃气开发中心等相关部门通报了排除、限制竞争行为的事实,并提出立即全面纠正的建议。此外,"具有管理公共事务职能的组织"的"上级机关"如何界定也是一个问题。在"中国证券业协会行政性垄断案"中,北京市发改委认定中国证券业协会接受中国证监会和国家民政部的业务指导和监督管理。一个是"业务指导"的上级机关中国证监会,还有一个是"监督管理"的上级机关民政部,那究竟该向哪一个"上级机关"提出依法处理的建议呢?因该案在调查过程中采取主动纠正而结案,故尚未能展示一个明晰的答案。上述案例显示,"上级机关"的法律定位是模糊的、不清晰的,实践中尚无一个统一的解释,也无一个约定俗成的做法。虚化的概念导致了"上级机关"自身也无法正确认知,到底谁是行政性垄断案件的追责主体?难道反垄断执法机关行政建议指向的主体就是依法承担行政性垄断追责的主体?当自身都无法准确认知时,行政性垄断的追责势必走向虚化。①

所谓"上级机关"应当是实施行政垄断行为主体的上级机关,在绝大部分情况下,"上级机关"是行政机关,而上下级行政机关之间是领导与被领导的关系,实践中大多为利益共同体,发生包庇纵容等现象也不在少数,甚至在个案中,下级机关的行政垄断行为就是奉上级命令执行的,这样就陷入了"自己责令自己改正"的怪圈。因为这里的"上级机关"不是一个确定的机关,更不是一个确定的行政执法机关。但现实情况中,反垄断法没有明确对省部级违法单位的上级机关,可否提出建议。由于"法无明文授权不可为",导致上级机关不好管或者不愿管,反垄断执法部门管不了或不好建议,尤其不便对自己的直接上级送达提出建议的执法文书。这就导致行政管理权和行政执法权横向配置出现漏洞,司法权出现真空,这是《反垄断法》第51条反行政垄断的效果不大的根本原因。②

但笔者认为,没有明确上级机关(除查处省部级以外),对于执法机关在实务中更加

① 王健:《我国行政性垄断法律责任的再造》,载《法学》,2019(6)。
② 戴冠来:《我国〈反垄断法〉反行政垄断的效果评析》,载《中国物价》,2013(12)。

具有可操作性，因为上级机关的范围存在可选择性，以政府部门机关为例，即可以选择政府作为其上级部门，也可以选择其部门的上级业务指导单位作为上级机关，也可以同时给前述两个上级机关发出建议。实务中，此种做法也得到了执法实践的认可。

三、建议权的适用

（一）建议权不应放弃

《反垄断法》第51条虽然确认"上级机关"是行政性垄断法律责任追究的主体，但同时也为反垄断执法机关参与行政性垄断的责任追究提供了路径，即"可以向有关上级机关提出依法处理的建议"。"可以"的表述是否意味着反垄断执法机关能够随意选择不提出依法处理的建议？此处的"建议权"是一项公权，关涉重大公共利益，不能被任意放弃或给自己设定条件，更不能据个案情况决定是否放弃建议权。即使在行政性垄断违法主体主动纠正违法行为后，反垄断执法机关虽可不提出"责令改正"的建议，但仍该提出"对直接负责的主管人员和其他直接责任人员依法给予处分"的建议。

在已披露的82起行政性垄断案件中，通过启动反垄断执法机关建议权追究责任的案件只有19起，其余63起案件皆是通过行政性垄断实施机关或具有管理公共事务职能的组织主动纠正解决的。这些主动纠正的案件，反垄断执法机关一般不会向"上级机关"提出处理建议，自然也就不触动"责令改正"的责任形式，行政机关工作人员也就不会因此而受到处分。[①]《反垄断法》实施后，若无反垄断执法机关提出依法处理的建议，我们很少人能听到有哪个政府"上级机关"对其"下级机关"滥用权力限制竞争的违法行为进行过监督和检查，也鲜能听到有对违法行为的直接责任人员作出处分决定的案件。[②]

（二）整改与建议权关系

从名称上看，反垄断执法机关拥有对行政垄断的执法权，然而依据《反垄断法》第51条的规定，反垄断执法机关仅仅可以向上级机关提出"建议权"。另一方面，从性质上看，反垄断执法机关的"建议权"究竟是一种"权利"还是一种"权力"尚不明确：若其为一种"权利"，则反垄断执法机关享有是否提出建议的自由裁量权；若其为一种"权力"，则法律赋予反垄断执法机关向上级机关提出建议的"职责"，从法理的角度来看，这种"职责"是不允许放弃的。不管这种"建议权"是一种"权利"还是一种"权力"，若上级机关对反垄断执法机关的"建议"不予采纳，那么在实际规制行政垄断的过程中，这种"建议权"

---

① 王健：《我国行政性垄断法律责任的再造》，载《法学》，2019（6）。
② 参见王晓晔：《反垄断法》，320页，北京，法律出版社，2011。

往往会流于形式，起不到多大的作用。①

如安徽省物价局纠正涡阳县人民政府滥用行政权力排除、限制竞争行为案中，安徽省物价局认为：开展调查期间，你单位高度重视，于 2017 年 8 月 10 日下发了《涡阳县人民政府办公室关于撤销涡政办秘〔2017〕14 号文件的通知》（涡政办秘〔2017〕110 号），并在门户网站予以公示，主动纠正了滥用行政权力排除、限制竞争行为。同时你单位向我局提交了《承诺函》，表示将按照国务院、省政府关于在市场体系中建立公平竞争审查制度的要求，对已出台的政策进行梳理审查，切实规范政府行为，维护市场公平竞争，避免类似情况再次发生。鉴于你单位能及时、主动整改，积极消除滥用行政权力排除、限制竞争行为的影响，经国家发展改革委同意，我局决定不再向你单位的上级机关提出依法处理的建议，并结束调查。②

梳理现有的行政性垄断案例可以发现，反垄断执法机关将"是否主动整改"作为行使建议权的前提条件。若主动整改了，便不再提出依法处理建议；若不主动整改或未开展实质性整改工作，则提出依法处理建议。例如，"台州市住建局行政性垄断案"中，浙江省物价局称："鉴于台州市住建局能及时、主动整改，积极消除滥用行政权力排除、限制竞争行为的影响，省物价局决定不再向有关上级机关提出依法处理的建议，并终止调查。"

"内蒙古公安厅行政性垄断案"则证明，只有在提醒后不积极整改的情况下，反垄断执法机关才提出行政建议书，向上级机关提出依法处理建议。对此，国家市场监管局认为："我局在调查结束后，向内蒙古自治区公安厅反馈了案件定性依据和结论，以及相关整改建议。内蒙古自治区公安厅表示完全接受并积极整改，但至今未向我局报送具体的整改方案，也未开展实质性整改工作。依据《反垄断法》第 51 条关于'反垄断执法机关可以向有关上级机关提出依法处理的建议'的规定，现建议内蒙古自治区政府责令公安厅改正相关行为。案件主要事实和具体整改建议附后。"

只要在调查过程中问题得到纠正，反垄断执法机关通常不会再向"上级机关"提出责令改正和提出处分的建议。

前述做法实际上与《暂行规定》第 19 条规定是相符的，根据《暂行规定》，对于在调查期间，当事人主动采取措施停止相关行为，消除相关后果，滥用行政权力排除、限制竞争行为已得到制止的，可以不再向有关上级机关提出依法处理的建议。这有利于给予被调查单位明确的预期，促使其配合反垄断执法机关的调查，及时纠正滥用行政权力排除、限制竞争行为，减少对市场公平竞争的损害，降低执法成本，实现《反垄断法》的立法目标。同时，对于违法情节较为严重或其他必要的情形，反垄断执法机关仍可以根据《暂行规定》向有关上级机关提出依法处理建议。

---

① 沈飞：《试论我国行政垄断法律责任体系的重构与完善——兼评我国〈反垄断法〉第51条》，载《广西社会主义学院学报》，2011（5）。

② 安徽省物价局反垄断调查结论书（皖价结论〔2017〕1号）。

（三）建议权适用与行政垄断类型

许光耀教授认为，行政垄断行为可以分为具体和抽象行政垄断行为。具体行政垄断行为主要是依托具体行政行为来实施的排除限制竞争的垄断行为，抽象行政垄断行为主要是依托抽象行政行为来实施的排除限制竞争的垄断行为。《反垄断法》第 51 条规定，行政主体"滥用行政权力，实施排除、限制竞争行为的，由上级机关责令改正；对直接负责的主管人员和其他直接责任人员依法给予处分。反垄断执法机关可以向有关上级机关提出依法处理的建议。"从该规定可见反垄断法执法机关对行政垄断行为具有建议权。但是这种建议权并不适用于所有的行政垄断行为。对于具体行政垄断行为，反垄断执法机关拥有处罚权。如限定交易行为中，行政相对人由于行政机关的权力施压不得不与第三人进行交易，该第三人取得市场支配地位，与因为市场份额而取得市场支配地位的主体无异，从事的行为属于支配地位滥用行为。对于这一具体的滥用行为，因为具体行政行为的可诉性，反垄断执法机关当然享有处罚权，行政相对人也可以就行政行为提起行政诉讼。抽象行政垄断行为，诸如行政机关颁布的一些规章、命令等文件因为不可诉，执法机关只能对此提出建议。而限定交易属于具体和抽象行政垄断行为并存的行政垄断行为，要分情况考虑反垄断执法机关对其的管辖权。[①]

（四）建议权应当具体明确

依据《暂行规定》第 20 条，垄断执法机关向有关上级机关提出依法处理建议的，应当制作行政建议书。行政建议书应当载明以下事项：（1）主送单位名称；（2）被调查单位名称；（3）违法事实；（4）被调查单位的陈述意见及采纳情况；（5）处理建议及依据；（6）反垄断执法机关名称、公章及日期。前款第（5）项规定的处理建议应当具体、明确，可以包括停止实施有关行为、废止有关文件并向社会公开、修改文件的有关内容并向社会公开文件的修改情况等。

但目前行政执法中，建议书的内容过于简单和形式，需要进一步的完善。

第三节　其他行政责任

一、行政处分

《反垄断法》第 51 条作出了"对直接负责的主管人员和其他直接责任人员依法给予处分"的规定。从性质上讲，"给予处分"属于行政责任的一种，除此之外，第 51 条并未对

---

① 参见王文君、许光耀：《行政垄断中限定交易行为的反垄断法分析——对〈反垄断法〉第32条的解读》，载《中国物价》，2016（1）。

其他责任形式作出明确的规定。而且，如果细究的话，这种"行政处分"属于内部行政行为的一种，其并不具有对外的效力。在我国的反垄断法中，对于经济垄断等典型的垄断行为，《反垄断法》规定了没收违法所得、罚款、恢复竞争状态以及承担民事责任等责任形式；同时，《反垄断法》第52条和第54条对刑事责任也作出了明确的规定，即"构成犯罪的，依法追究刑事责任"。反观行政垄断的责任形式，只有"给予处分"这种单一的形式，事实上，行政垄断较之其他形式的经济垄断危害更甚，也更难根除，如果仅仅科以"行政处分"这一种责任形式，从威慑力的角度来看，不及刑事责任的震慑力大，从经济补偿的角度来看，不及经济性行政处罚和民事赔偿的效果好。值得注意的是，《反垄断法》第51条第2款规定了"法律、行政法规……另有规定的，依照其规定"，这实际上是从立法的技术层面上为行政垄断的其他责任形式留有了余地。①

2008年8月1日至2019年2月18日期间公布的行政性垄断案件，共计82件，在已披露的82件行政性垄断案件中，在反垄断执法机关提起反垄断执法建议的19件案件中，只有1件案件明确提出"对直接负责的主管人员和其他直接责任人员依法给予处分"，即在"苏州市运管局行政性垄断案"中，原江苏省工商局在调查核实后向苏州市人民政府提出如下建议：（1）责令改正上述滥用行政权力排除、限制竞争行为；（2）对直接负责的主管人员和其他直接责任人员依法给予处分；（3）建立健全公平竞争审查保障机制，及时纠正滥用行政权力排除、限制竞争行为。其余18件案件皆只提出"责令改正"，均不涉及"行政处分"的建议。②

二、责令改正

（一）责令改正的性质

《反垄断法》将行政责令设置于行政处罚及民事、刑事责任之前，但《行政处罚法》第23条"行政机关实施行政处罚时，应当责令当事人改正或者限期改正违法行为"的行文结构与此相反，体现两者对行政责令的地位、适用顺序存在立法理念上的不一致。行政责令行为是否可诉，则需要考量其是否属于《行政诉讼法》第2条所规定的"行政行为"。

作为竞争法中较为常见的责任形式，"责令改正"的本质是要求停止和消除违法行为，使市场秩序恢复至竞争状态。不同的行政性垄断案件应有不同的"责令改正"方式，有人认为，行政性垄断属于具体行政行为的，直接责令停止、纠正即可；属于抽象行政行为的，上级机关应当责令下级机关撤销有关规定，或者修改、删除其中涉及滥用行政权力排除、限制

---

① 沈飞：《试论我国行政垄断法律责任体系的重构与完善——兼评我国〈反垄断法〉第51条》，载《广西社会主义学院学报》，2011（5）。

② 参见王健：《我国行政性垄断法律责任的再造》，载《法学》，2019（6）。

竞争的相关内容。[1]有人认为,责令改正的内容因具体违法行为的不同而分为停止违法行为、责令退还、责令赔偿、责令整顿、限期治理等情形。[2]可见,"责令改正"有着丰富的内涵,实践中应结合具体个案提出具体的改正要求。也有学者认为,从法律责任的本质看,责令改正并非是法律责任形式。责令改正既不是行政处罚,也不是行政赔偿,更不是行政强制,故认为责令改正具备制裁或者补偿乃至强制等作用,实属牵强附会。责令改正是行政确认权的结果。责令改正是一种依职权或授权的具体行政行为,其目的在于维护行政管理秩序,具有法定性、强制性、主动性等特征。因各种具体违法行为不同,责令"改正"的方式也是有所不同的,分别表现为停止违法行为、限期拆除、限期纠正违法行为、消除不良后果、限期治理等形式。各执法机关在法律法规规定的幅度内,可以根据违法行为的不同类型,给当事人限定一个"合理"的改正期限。责令改正本身具有独立的法律意义,可以单独适用。也可以成为行政处罚、行政强制等的前置措施。因此,责令改正是一种行政行为,绝非法律责任。《反垄断法》将"责令改正"这一针对滥用行政权力的违法行为确认权赋予行政性垄断主体的上级机关,这一做法是不妥的。[3]

在再审申请人山东省淄博市人民政府(以下简称淄博市政府)与被申请人王元和行政复议一案中,存在责令改正或限期改正违法行为是否属于行政处罚的问题。最高人民法院在行政裁定书中认为[4],首先,责令改正(或者限期改正)与行政处罚概念有别。行政处罚是行政主体对违反行政管理秩序的行为依法定程序所给予的法律制裁;而责令改正或限期改正违法行为是指行政机关在实施行政处罚的过程中对违法行为人发出的一种作为命令。

其次,两者的性质、内容不同。行政处罚是法律制裁,是对违法行为人的人身自由、财产权利的限制和剥夺,是对违法行为人精神和声誉造成损害的惩戒;而责令改正或者限期改正违法行为,其本身并不是制裁,只是要求违法行为人履行法定义务,停止违法行为,消除不良后果,恢复原状。

再次,两者的规制角度不同。行政处罚是从惩戒的角度,对行政相对人科处新的义务,以告诫违法行为人不得再违法,否则将受罚;而责令改正或者限期改正则是命令违法行为人履行既有的法定义务,纠正违法,恢复原状。

最后,两者形式不同。《行政处罚法》第8条规定了行政处罚的种类,具体有:警告,罚款,没收违法所得、非法财物,责令停产停业,暂扣或者吊销许可证、执照和行政拘留等;而责令改正或者限期改正违法行为,因各种具体违法行为不同而分别表现为停止违法行为、责令退还、责令赔偿、责令改正、限期拆除等形式。

---

① 参见曹康泰主编:《中华人民共和国反垄断法解读——理念、制度、机制、措施》,228页,北京,中国法制出版社,2007。
② 参见魏琼:《追究行政性垄断法律责任的对策——从"责令改正"谈起》,载《政治与法律》,2009(11)。
③ 参见魏琼:《追究行政性垄断法律责任的对策——从"责令改正"谈起》,载《政治与法律》,2009(11)。
④ 中华人民共和国最高人民法院(2018)最高法行申4718号行政裁定书。

据此，最高人民法院认为，责令改正或限期改正违法行为是与行政处罚不同的一种行政行为，二审法院认为本案不适用行政处罚相关规定，其不属于审查范围，不予审理的观点并无不当。

（二）责令改正应当具体明确

在实践中，行政机关作出责令改正行为时往往仅要求相对人改正，而不指明改正的方式与要求，因而导致相对人不能理解行政机关究竟对其设定了何种义务，更无法履行该义务。从行政行为明确性的审查标准来看，这种责令改正行为无疑是不明确的，因为其既不具有可理解性也不具备可审查性。正因为如此，我国台湾地区行政法学者许宗力教授明确指出，只要求责令改正而不指明如何改正与只要求恢复原状不指明如何恢复，都是不明确的行政行为。[①] 尤其在实务中，有涉案当事人不认可建议函的情况发生，如国家发改委向安徽省人民政府办公厅发函，建议责令蚌埠市卫计委改正相关行为，并对安徽省药品集中采购中是否还存在其他违反《反垄断法》禁止的排除、限制竞争行为，从总体上予以清理规范。蚌埠市卫计委方面回应称，目前正在组织回复材料，来函部分情况属于片面论断。[②]

根据依法行政原理，任何行政行为都应当是有法律依据的，责令改正行为亦是如此。行政机关之所以对相对人作出责令改正的行政行为，必然是因为相对人的行为造成了一种违法状态的出现，而责令改正无非是要求其将这种违法状态消除，恢复至合法状态。而什么才是合法状态，往往在行政行为的法律依据中能够找到。因为只有相对人的行为符合了法规范的构成要件，行政机关才可以选择法律效果，作出行政行为。因此，在行政决定书中已经载明了法律依据的情况下，行政机关即使没有指明改正的方式与要求，相对人也应当知道如何改正。例如，行政机关对某相对人作出了一个责令改正上述违法行为的决定，该行政决定书中已经载明了决定的依据的，此时，即应认为该行政行为是明确的。如果责令改正的行政行为没有指明改正的具体要求，那么该行为的明确性可以分为两种情形：如果其依据的法规范中的构成要件是明确的法律概念，那么该行为就是明确的，如果其所依据的法规范中的构成要件是不确定法律概念，那么该行为就是不明确的。[③]

反垄断执法机关在提出"责令改正"建议时，很多建议过于原则，缺乏对如何改正的具体指引和措施。[④] 例如，"中山市住建局行政性垄断案"中，广东省发改委向中山市人民政府发出的行政建议书只是建议"责令中山市住房和城乡建设局及其下级单位中山市燃气管理办公室深刻认识并改正相关违法行为，认真学习《反垄断法》，不再发生违反《反垄

---

① 参见翁岳生主编：《行政法》，667页，北京，中国法制出版社，2009。
② 发改委责令蚌埠卫计委整改　当地回应：来函片面论断，http://ah.sina.com.cn/news/wltx/2015-09-01/detail-ifxhkpcu4921339-p2.shtml，访问时间：2020年4月9日。
③ 王留一：《论行政行为明确性原则的司法适用与制度实现》，载《行政法学研究》，2019（5）。
④ 但也有"责令改正"建议是较为具体明确的案例，如"内蒙古公安厅行政垄断案"和"山东省交通运输厅行政垄断案"等。

断法》的行为。在"苏州市运管局行政性垄断案"中，只是原则性建议"责令改正上述滥用行政权力排除、限制竞争行为"。显而易见，这些过于原则的"责令改正"建议不能说是一个合格的建议，它可能会令"上级机关"无所适从，不足以有效制止行政性垄断行为，从而大大降低"责令改正"形式的效用。①

"'责令改正'一般适用于行政不当和行政程序违法的救济。从理论上看，改正虽然可适用于对违法行为的处理，但是并非对所有的违法行为都适用。行政垄断属于严重的行政违法行为，不属于行政不当行为，也不是行政程序违法行为，故对行政垄断适用'责令改正'于法无据，于理不通。从法律上讲，行政垄断行为显然是严重地违反法律法规，应属于无效行政行为。有权机关应当宣告行政主体行政垄断行为无效，而不是责令行政主体改正行政垄断行为。"②

（三）责令改正的执行

在《反垄断法》中规定行政垄断行为是中国特有的垄断规制制度。该法第51条规定，行政垄断"由上级机关责令改正"，并对直接负责的主管人员和其他直接责任人员依法给予处分。由于主体和适用范围的特殊性，前述文中并未讨论该条行政法律责任的执行问题。传统的行政诉讼法理论认为，内部行政行为有别于外部行政行为，并不通过行政诉讼而是通过行政机关内部程序加以救济。《行政诉讼法》第13条规定，人民法院不受理行政机关对行政机关工作人员的奖惩、任免的决定；《最高人民法院关于适用〈中华人民共和国行政诉讼法〉的解释》第1条规定，上级行政机关基于内部层级监督关系对下级行政机关作出的督促履责等行为不属于行政诉讼受案范围。《反垄断法》对三种经济性垄断行为规定了行政和民事责任，对行政垄断仅仅规定了以行政处分为主的责任模式，已经"造成'同罪不同罚'的极不合理现象"。③如果认为行政垄断法律责任的执行属于内部行政处分行为，则受其影响的社会主体更将完全失去司法救济的机会。另外，由于内部行政责令行为并不属于《公务员法》所列举的处分类型，亦未规定相应的申诉控告程序，更不属于行政诉讼受案范围，对于行政垄断责任主体而言，同样不具备司法救济的途径。

执行"由上级机关责令改正"的行为应当属于行政诉讼受案范围，进而为被害主体获得司法救济提供途径，理由有二：第一，《反垄断法》第53条并未排除相关主体就第51条有关行为起诉的权利，作为特殊法，应当优先适用；第二，《反垄断法》第51条规定适用"由上级机关责令改正"的情形是"行政机关和法律、法规授权的具有管理公共事务职能的组织滥用行政权力，实施排除、限制竞争行为"，应当认为该行政垄断行为已经产生外部法律效力，则执行相应的行政责令同样产生外部法律效力和影响，根据《行政诉讼法》第2条，认为合法权益受到侵犯的公民、法人或者其他组织有权提起行政诉讼。基于相同

---

① 王健：《我国行政性垄断法律责任的再造》，载《法学》，2019（6）。
② 丁国峰：《我国〈反垄断法〉规制行政性垄断之不足及完善建议》，载《江淮论坛》，2010（2）。
③ 孙晋：《反垄断法——制度与原理》，188～189页，武汉，武汉大学出版社，2010。

的理由，对直接负责的主管人员和其他直接责任人员给予相应处分的行为是否属于不可诉的内部处分行为，同样值得商榷，并有待于立法进一步明确、完善。[①]

（四）《反垄断法》修订与责令改正

市场监管总局发布的《〈反垄断法〉修订草案（公开征求意见稿）》第58条：行政机关和法律、法规授权的具有管理公共事务职能的组织滥用行政权力，实施排除、限制竞争行为的，反垄断执法机关可以责令改正，并向有关上级机关提出依法处理的建议，对直接负责的主管人员和其他直接责任人员由上级机关依法给予处分。行政机关和法律、法规授权的具有管理公共事务职能的组织应当在反垄断执法机关规定的时间内完成改正行为，并将有关改正情况书面报告反垄断执法机关。

如前所述的最高人民法院观点，涉嫌违法的行政机关或法律、法规授权的具有管理公共事务职能的组织拒不执行行政责令行为，究竟由谁请求执法机关责令改正，应在多长时间内责令改正，不予改正的法律责任是什么等都缺乏明确的规定。[②]修订后的《反垄断法》同样将面临此问题。

也有法官持不同观点，并对反垄断行政责令的属性进行如下归纳：第一，通说认为责令行为属于行政行为。反垄断法意义上的行政责令行为是依据《反垄断法》所预设的行政责令法律规范，适用于特定行政相对人即各类型垄断行为人的行政行为，因此，和抽象行政行为具有明显区别，应当属于具体行政行为范畴。第二，主流观点认为其属于行政命令行为。即对外产生行政效力，并对行政相对人设立义务，从而产生新的权利义务法律关系。第三，无论从哪一角度论述，均无法否认反垄断行政责令本质上是对行政相对人科以的一种法律上的不利益即设立义务。这和《反垄断法》将行政责令和行政处罚并列但有所区别地共同作为法律责任形式的立法模式和精神也是契合的。基于上述三点属性，反垄断执法机关决定和执行行政责令行为具有行政诉讼法意义上的可诉性。这和《反垄断法》的规定是一致的，根据该法第53条，对反垄断执法机关作出的行政责令决定不服的，可以依法提起行政诉讼。[③]

其理由在于：（1）立法允许提请司法监督反垄断行政执行行为。《行政处罚法》第8条规定，罚款、没收违法所得属于行政处罚；《行政处罚法》第23条规定"行政机关实施行政处罚时，应当责令当事人改正或者限期改正违法行为"，反映出立法者认为行政责令可以作为行政处罚的补充或附随行为；[④]该法第6章专章规定"行政处罚的执行"，第51条规定，当事人逾期不履行行政处罚决定的，作出行政处罚决定的行政机关可以采取申请人民法院强制执行的措施，实现了《行政处罚法》和《行政强制法》非诉行政执行制度的

---

① 杨军：《反垄断行政执行的司法规制途径》，载《法律适用》，2018（15）。
② 参见孙晋：《反垄断法——制度与原理》，189页，武汉，武汉大学出版社，2010。
③ 杨军：《反垄断行政执行的司法规制途径》，载《法律适用》，2018（15）。
④ 王虹玉：《处罚法语言中的"责令"文化》，载《民主与法制》，2014（12）。

衔接，因此，反垄断执法机关可以申请司法审查强制执行。（2）邻近法律部门的判例支持司法审查行政执行。在"中国裁判文书网"以"行政案件"为案由和"公平交易局"为当事人关键词输入查询，可以发现2013年至2017年间至少有11件工商行政管理局公平交易局基于反不正当竞争执法向人民法院提出强制执行申请的既判裁判文书。从法律责任内容看，有4件申请人民法院同时准予执行行政责令和行政处罚；① 从法律责任依据看，4件依据《反不正当竞争法》②，2件依据《商标法》③，1件依据《欺诈消费者行为处罚办法》④，说明反不正当竞争执法中已依据多部法律适用非诉执行。

三、行政垄断与国家赔偿

　　行政垄断对相关经营者的利益造成了侵犯，应当属于《国家赔偿法》第4条规定的"造成财产损害的其他违法行为"，这是对于行政垄断实施国家赔偿的法律基础。对于赔偿损失的范围，笔者认为应当针对直接财产损失进行赔偿，而不应当包括间接损失，比如说市场主体本应获得而因行政垄断未获得的商业机会与利润。国家赔偿的资金来源于行政部门的财政，而我国行政部门的财政来源于纳税人缴纳的税费。由于间接损失的计算弹性较大，再加上行政垄断受害对象数量众多的特性，如果将受害者的间接损失划入赔偿范围，极易出现巨额赔偿的情形。这样既会使得行政机关陷入财政危机，又会出现将巨额赔偿转嫁给纳税人的不公平现象。因此说，必须只能针对市场主体因行政垄断导致的直接损失给予国家赔偿。

　　负有直接责任的行政公务人员也应当受到追责，主要可以通过行政追偿与行政处分的形式进行。行政追偿是指国家向行政赔偿请求主体支付赔偿费用后，有故意或重大过失的行政公务人员应当依过错程度承担全部或部分赔偿费用。这种追偿责任使得行政公务人员的个人利益也牵涉其中，能够促使他们更为谨慎地执行职务。行政处分是对公务人员职务身份的制裁，包括警告、记过、记大过、降级、撤职以及开除的处分。行政处分责任是公务人员非财产责任的主要形式，该种责任通过影响公务人员的政治前途的方式，发挥指引和规范其行为的作用，从"人"的方面防止行政垄断的发生。

　　除《国家赔偿法》外，我国《行政诉讼法》第68条也确立了追偿制度，但其适用范围仅限于具体行政行为，并不包括抽象行政行为。但现实中很多行政垄断行为往往以发布规范性文件的方式作出，不属于具体行政行为的范畴，这样就导致很多行政垄断行为因不属

---

① （2016）赣0925行审01号、（2016）鲁0112行审118号、（2017）赣0925行审1号、（2016）鲁1425行审63号，载中国裁判文书网。

② （2016）赣0925行审01号、（2016）鲁0112行审118号、（2017）赣0925行审1号、（2016）鲁0112行审75号，载中国裁判文书网。

③ （2017）鲁0782行审45号、（2016）鲁1425行审63号，载中国裁判文书网。

④ （2015）鄂云梦行非审字第00048号，载中国裁判文书网。

于《行政诉讼法》第 68 条的适用范围而无法被追偿。

四、实行地区封锁的行政责任

（一）地区封锁行为

国务院《关于禁止在市场经济活动中实行地区封锁的规定》（2011 年修订）（以下简称《禁止地区封锁的规定》）是目前现行有效的行政法规中，明确行政限制竞争的法律责任和上级政府、执法机关的处理权责。[①] 该行政法规主要条文为第 6 条至第 27 条，主体包括省、自治区、直辖市人民政府、地方各级人民政府及其所属部门，行政垄断类型涉及广泛，如第 6 条至第 9 条为"实行地区封锁或者含有地区封锁内容的"、第 10 条"以任何方式限定、变相限定"、第 11 条"在道路、车站、港口、航空港或者在本行政区域边界设置关卡，阻碍外地产品进入和本地产品运出的"、第 12 条"歧视性收费或价格"、第 13 条"歧视性技术措施"、第 14 条"歧视性待遇"、第 15 "歧视性招投标"、第 16 条"企业歧视性待遇"。并规定"地方各级人民政府及其所属部门不得以任何名义、方式阻挠、干预依照本规定对地区封锁行为进行的查处工作"。

（二）检举程序

《禁止地区封锁的规定》第 20 条还规定了详细的检举程序，任何单位和个人均有权对地区封锁行为进行抵制，并向有关省、自治区、直辖市人民政府或者其经济贸易管理部门、工商行政管理部门、质量技术监督部门或者其他有关部门直至国务院经济贸易管理部门、国务院工商行政管理部门、国务院质量监督检验检疫部门或者国务院其他有关部门检举。

有关省、自治区、直辖市人民政府或者其经济贸易管理部门、工商行政管理部门、质量技术监督部门或者其他有关部门接到检举后，应当自接到检举之日起 5 个工作日内，由省、自治区、直辖市人民政府责成有关地方人民政府在 30 个工作日内调查、处理完毕，或者由省、自治区、直辖市人民政府在 30 个工作日内依照本规定直接调查、处理完毕；特殊情况下，调查、处理时间可以适当延长，但延长的时间不得超过 30 个工作日。

国务院经济贸易管理部门、国务院工商行政管理部门、国务院质量监督检验检疫部门或者国务院其他有关部门接到检举后，应当在 5 个工作日内，将检举材料转送有关省、自治区、直辖市人民政府。

接受检举的政府、部门应当为检举人保密。对检举有功的单位和个人，应当给予奖励。

依据目前的机构改革所属职责，接受检举的部门主要是各级市场监督管理局。

---

① 2001年4月21日中华人民共和国国务院令第303号公布根据2011年1月8日《国务院关于废止和修改部分行政法规的决定》修订。

（三）行政责任

《禁止地区封锁的规定》对于行政责任的规定主要在第 21 条至第 27 条，对阻挠、干预查处地区封锁的，给予通报批评。对直接负责的主管人员和其他直接责任人员，给予降级或者撤职的行政处分；构成犯罪的，依法追究刑事责任。地方人民政府或者其所属部门制定实行地区封锁或者含有地区封锁内容的规定的，对该地方人民政府或者其所属部门的主要负责人和签署该规定的负责人，给予降级或者撤职的行政处分。

接到检举地区封锁行为的政府或者有关部门，不在规定期限内进行调查、处理或者泄露检举人情况的，对直接负责的主管人员和其他直接责任人员，给予降级、撤职直至开除公职的行政处分。地方人民政府或者其所属部门的工作人员对检举地区封锁行为的单位或者个人进行报复陷害的，给予降级、撤职直至开除公职的行政处分；构成犯罪的，依法追究刑事责任。

另外还可以参照《国家工商行政管理总局、国家发展和改革委员会、公安部等关于做好制止滥用行政权力排除限制物流业竞争　规范物流市场秩序工作的通知》（工商竞争字〔2009〕226 号），制定各反垄断执法机关对于行政性限制竞争执法的具体分工办法。该文规定，工商、发展改革（物价）和商务部门要依法制止限定单位或个人只能接受本地物流企业提供服务、设置歧视性市场准入门槛、收取歧视性费用等限制物流业跨地区、跨行业服务的行为，促进企业公平竞争。并规定各部门要在当地各级人民政府的统一领导下，建立联络工作制度，按照统一协调、各司其职、各负其责和横向配合、纵向顺畅的原则，密切部门协作与配合，努力形成制止滥用行政权力排除、限制物流业竞争行为的合力。

综上可以看出，《禁止地区封锁的规定》明显比反垄断法具有可操作性，行政垄断类型均有对应的具体行政处分，不足之处是它的法律效力较弱。

第四节　行政垄断信息公开

一、信息公开立法

美国 1966 年制定的《信息自由法案》最早确立了"以公开为原则，不公开为例外"的信息公开标准，并逐渐为世界各国所借鉴。[①] 我国《政府信息公开条例》第一章第 8 条规定："行政机关公开政府信息，不得危及国家安全、公共安全、经济安全和社会稳定。"该条款被称为"三安全一稳定"。但对于何为"三安全一稳定"，却找不到统一明确的定义，这些信息包括哪些因素、其判定标准如何都缺乏具体规定。又如《政府信息公开条例》第二章

---

① 杨伟东：《政府信息公开主要问题研究》，144页，北京，法律出版社，2013。

第 14 条规定："行政机关不得公开涉及国家秘密、商业秘密、个人隐私的政府信息。但是，经权利人同意公开或者行政机关认为不公开可能对公共利益造成重大影响的涉及商业秘密、个人隐私的政府信息，可以予以公开。"我国《保密法》曾对国家机密作出解释，《反不正当竞争法》第 10 条第 3 款 ① 则对"商业机密"作出规定，但迄今为止我国没有一部法律或法规对"隐私"作出明确规定；此外，对于何为"公共利益"也缺乏统一明确的法律表述。"粗糙"的规定对公民信息公开申请和相关案件的司法认定都造成了很大的困扰。概念界定模糊的另一个后果就是例外项目规定的滥用，"国家安全""国家秘密"和"社会稳定"等概念常被政府作为其逃避公开义务的"挡箭牌"，导致政府公信力倍受质疑。2009 年上海律师严义明向国家发改委和财政部申请公开国家 4 万亿扩大内需资金去向，却被有关部门以"不宜公开"为由断然拒绝，一时间成为舆论焦点。② 《人民日报》2010 年 5 月 13 日发布的一项网络调查结果显示：有 76% 的网友认为目前我国政府信息公开最大的问题在于"行政机关以各种名义拒绝公开"。③

《政府信息公开条例》第 33 条第 2 款规定："公民、法人或者其他组织认为行政机关在政府信息公开工作中的具体行政行为侵害其合法权益的，可以依法申请行政复议或者提起行政诉讼。"这表明行政复议和行政诉讼是政府信息公开救济的主阵地。但《行政诉讼法》对其受案范围的肯定性列举中没有出现政府信息公开案件的内容。

在行政垄断查处公开方面，目前除部分重大的案件公开以外，众多的行政垄断案件没有公开，如 2020 年 2 月 20 日，《中国市场监管报》发表署名吴振国撰写的《致力公平竞争服务改革发展——2019 年反垄断工作综述》④，披露 2019 年度"立案调查行政性垄断案件 24 件，纠正滥用行政权力排除限制竞争行为 12 件"，但截至 9 月 20 日，仍没有公布行政性垄断案件具体信息。建议函完整公开的仅 4 件。这种现状对于行政垄断查处和理论研究，均是不利的。

二、信息公开的例外

政府信息公开中的"例外事项"是指在公开信息为原则的基础之上，政府信息公开相关法律所规定的免于公开的事项。"例外事项"是政府信息公开的界限，它从反向界定和落实政府信息公开制度，其本质在于协调公民知情权与其他法律权益间的冲突，以保证政府信息公开制度的运作。⑤ 根据法理和世界各国的实践，政府信息公开例外事项可以概括性地划分为五类：国家安全信息、个人信息、商业秘密、公共安全信息和政府内部管理等信息。

① 已修订为第9条第5款。
② 王珏磊：《上海律师再上书：4 万亿哪儿去了》，载《畅谈》，2010（3）。
③ 吕艳滨、王锡锌：《信息公开积跬步以至千里》，载《人民日报》，2010年5月13日，第4版。
④ http://www.cicn.com.cn/zggsb/2020-02/20/cms123961article.shtml，访问时间：2020年5月30日。
⑤ 常宏宇、张劲：《论政府信息公开的"例外"》，载《中国行政管理》，2011（8）。

（一）国家安全信息

国家安全信息，顾名思义是指涉及国家安全、国防和外交等方面的信息，具体包括国家安全、防卫、国际交往和对外承担保密义务的信息，类似的表达还有国家秘密、国家机密等。[①] 我国当前的保密法律体系主要由《宪法》《档案法》《保守国家秘密法》《国家安全法》《档案法实施办法》《保守国家秘密法实施办法》和《国家安全法实施细则》等法律法规构成，因受到传统保密文化的影响，我国政府信息公开与保密关系明显失衡。

（二）个人信息

个人信息多指公民个人隐私等方面的信息，因其涉及公民的私密信息关系到公民的切身利益。

（三）商业秘密

商业秘密从其特征而言是指不为公众所知、具有一定使用价值且能为权利人带来经济利益的信息，因其对于信息所有者而言具有很大的财产价值，在本质上属于私人财产。政府作为市场经济的重要主体，为发挥其宏观调控职能需要掌握并管理大量的商业秘密，如果随意公开势必干扰市场公平竞争，损害政府公信力，也有碍于获取真实信息以有效行使其职权。因此，目前通过民商法等私法将商业秘密列入政府信息公开例外事项加以保护的做法在世界各国都十分普遍。

（四）公共安全信息

公共安全通常是指多数人生命、健康和公私财产的安全，是公众最基本的利益。[②] 出于对维护公共安全的考虑，政府通常会将涉及公共安全的信息纳入例外范围之内。不过在信息公开的实际过程中，政府极有可能以"维护社会稳定"为由，滥用自由裁量权，将原本应当公开的信息纳入免于公开的公共安全信息范围之内，从而影响信息公开应有效果的发挥。

（五）政府内部管理等信息

国务院办公厅 2010 年 1 月 12 日发布的《关于做好政府信息依申请公开工作的意见》（以下简称《意见》）明确指出："行政机关在日常工作中制作或者获取的内部管理信息以及处于讨论、研究或者审查过程中的信息，一般不属于《条例》所指应公开的政府信息"。这一类信息一般包括：（1）行政机关内部人事档案、规则和制度，"对于公众而言并无知

---

① 孙泽湘：《论政府信息公开与国家机密保护的冲突与平衡》，广西师范大学2011年硕士论文。
② 石国亮：《国外政府信息公开探索与借鉴》，144页，北京，中国言实出版社，2011。

晓的必要，且知晓之后会对行政机关的运转造成严重的干扰，因而有必要豁免公开"[1]。（2）尚未形成的文件，包括行政机关内部调查、咨询、商议等行政过程中产生的文件；它们并非行政机关的最终决策，其最终内容形式均不确定，公开反而容易造成误导。（3）涉及行政机关的内部联系，主要是为了保证行政机关内部讨论程序不受干扰。（4）行政机关以保密为前提从他人处获得的信息，公开则违反行政机关保密义务，也会对信息提供者造成不良影响，损害政府公信力。[2]

---

[1] 常宏宇、张劲：《论政府信息公开的"例外"》，载《中国行政管理》，2011（8）。
[2] 黄志辉：《我国政府信息公开中的例外事项及其完善》，载《天水行政学院学报》，2019（5）。

第十一章
反行政垄断行政诉讼

第一节　反行政垄断行政诉讼的概念

一、行政诉讼法对行政垄断的规制

　　根据我国《反垄断法》第 50 条，"经营者实施垄断行为，给他人造成损失的，依法承担民事责任"，以及第 3 条的规定，"本法规定的垄断行为包括：（1）经营者达成垄断协议；（2）经营者滥用市场支配地位；（3）具有或者可能具有排除、限制竞争效果的经营者集中"。鉴于我国《反垄断法》中所称的垄断行为并不包括行政垄断行为，经营者是很难依据第 50 条提起针对行政垄断行为的反垄断民事诉讼，而应当根据《行政诉讼法》所规定的提起行政诉讼的条件对涉嫌从事行政垄断行为的行政主体提起行政诉讼。

　　反行政垄断的司法救济主要通过行政诉讼来实现。我国《反垄断法》中涉及的行政诉讼有两类。一种是因行政垄断而提起的行政诉讼，即第 32 条至第 37 条。另一种是因执法机关实施行政处罚而提起的行政诉讼，即第 53 条。由于但凡有行政执法，就有可能有当事人对行政执法决定不服，当事人就被赋予了提起行政诉讼权，这不仅在反垄断法里是如此，在其他法律中也是如此。

二、早期的反行政垄断诉讼

（一）新《行政诉讼法》实施前

　　在新《行政诉讼法》出台之前，也有少量的反行政垄断案件诉至法院，当时司法机关审理该类案件的依据主要是 2000 年《最高人民法院关于执行〈中华人民共和国行政诉讼法〉若干问题的解释》第 13 条，从公平竞争权的角度出发。如今，上述解释已由 2018 年《最高人民法院关于适用〈中华人民共和国行政诉讼法〉的解释》所代替，公平竞争权的规定在第 12 条予以延续。

（二）《反垄断法》实施后

早在 2008 年 8 月 1 日我国《反垄断法》实施之日，北京兆信信息技术有限公司、东方惠科防伪技术有限责任公司、中社网盟信息技术有限公司、恒信数码科技有限公司就将原国家质检总局起诉至法院，成为了中国反垄断法第一案，自然也是反行政垄断第一案。四家防伪企业认为，原国家质检总局在推广"中国产品质量电子监管网"的过程中，违反了《反不正当竞争法》第 7 条和《反垄断法》第 8 条、第 32 条、第 37 条的规定，涉嫌行政垄断。四家企业认为，从 2005 年 4 月开始，原国家质检总局不断推广一家名为"中信国检信息技术有限公司"（下称中信国检）的企业经营的中国产品质量电子监管网（下称电子监管网）的经营业务，在实际上确立了电子监管网的经营者——中信国检的垄断地位。国家质检总局的行为违反了《反不正当竞争法》和《反垄断法》中有关反行政垄断的条款。[1] 北京市第一中级人民法院在 2008 年 9 月 4 日以"超过法定起诉期限"为由，对四家北京防伪企业起诉原质检总局一事裁定"不予受理"。

原国家质检总局的行为，是属于针对不特定的相对管理人而作出的抽象行政行为。按照原有的《行政诉讼法》的规定，抽象行政行为是不在其受案范围之列的。这使得四家防伪企业无法按照当时的《行政诉讼法》获得司法救济。因此很长的一段时间内，反行政垄断的司法救济仍处在人们的梦想中。

我国 2015 年《行政诉讼法》修改之前，行政垄断一直处于司法审查的真空地带，即便在行政垄断已经渗透到公共管理事务的各个方面，严重损害市场自由竞争的状况下，司法权在行政垄断行为审查中依旧缺位。

根据行政诉讼法的具体规定，行政相对人可以针对行政机关作出的涉及垄断行为的行政行为，提起相应的行政诉讼。近年来国家机关主动进行反垄断调查的案件不断出现，但是北京市司法辖区内行政相对人针对行政行为提起行政诉讼的案件并未出现，行政行为的稳定性与预期性较强。北京法院审理的涉及反垄断纠纷案件仍以民事纠纷为主。[2]

笔者在撰写本书过程中，发现有部分案件的当事人，虽然在事实与理由方面依据了反行政垄断法律条文，但案件不是行政诉讼，而是民事诉讼。典型的如再审申请人广东粤超体育发展股份有限公司（以下简称粤超公司）与被申请人广东省足球协会（以下简称广东省足协）、广州珠超联赛体育经营管理有限公司（以下简称珠超公司）垄断纠纷一案[3]，最高人民法院指出，"本案系民事诉讼，而对于'滥用行政权力排除、限制竞争'的行政行为本应提起行政诉讼"。

近年来发生的典型行政垄断诉讼可参见表 11-1。

---

[1] 李亮、廖晓丽：《"反垄断法第一案"追问电子监管网背后的利益格局》，载《法制日报》，2008年8月3日，第6版。
[2] 陶钧：《从2011年到2016年 北京法院审理的垄断纠纷案件调查研究都说了些什么》，https://www.pptree.com/a171032787，访问时间：2020年3月20日。
[3] 中华人民共和国最高人民法院（2015）民申字第2313号民事裁定书。

表 11-1　近年发生的典型行政垄断诉讼

序号	起诉时间	原告	被告	第三人	受理法院	诉讼方式	案由、涉嫌违反法律条文、诉讼请求	诉讼阶段/结果	其他救济方式
1	1994 年 11 月	永春照相馆等 38 家照相馆业主、承包人、负责人	某市教育局	某市教育实业公司（市教育局开办的经济实体）	某市法院	私人共同诉讼	限制竞争，违反反不正当竞争法，赠礼道歉、赔偿损失	不属受理范围、裁定驳回	起诉前向江都市工商局信访、人大反映情况被驳回
2	—	三家家用轿车企业	某地方政府部门		该地区法院	私人共同诉讼	以发文形式强制要求缴纳解困资金、抽象行政垄断	抽象行政行为不受理	—
3	2000 年 11 月	刘工超	北京市环保局、市交通局、公安交通管理局	—	海淀区人民法院	私人诉讼	以发文形式限制购买指定的商品、抽象行政垄断	抽象行政行为不受理	1998 年 12 月向国家环保总局申请行政复议
4	2008 年 8 月	四家防伪企业	国家质检总局	质检总局在中信国检信息公司占 30% 股份	北京市第一中级人民法院	私人共同诉讼	限制竞争、违反反不正当竞争法和反垄断法	超过诉讼期限，不予受理	—
5	2008 年 8 月	名邦律所	余姚市政府	阳明税务事务所（余姚国税局创办、现任所长是原税务局长）	宁波市中级人民法院	私人诉讼	违反反不正当竞争法和反垄断法，确认被告违法	和解后撤诉	2008 年 5 月向宁波市政府申请行政复议
6	2008 年 8 月	上海中网网络公司、江苏南大数据科技公司	国家质检总局	中信国检	北京市第一中级人民法院	私人共同诉讼	涉嫌行政垄断、主张停止违法行为、消除影响	未进入实体审理	—
7	2008 年 8 月	深圳市倍诺通讯技术公司、贵阳高新华美龙技术公司	国家质检总局	中信国检	北京市第一中级人民法院	私人共同诉讼	涉嫌行政垄断、主张停止违法行为、消除影响	未进入实体审理	—
8	2014 年 4 月	广东深圳市斯维尔科技公司	广东省教育厅	广联达	广州市中级人民法院	私人诉讼	滥用职权、指定产品、违反反垄断法	确认违法	2014 年 4 月向教育部申请行政复议

三、不作为行政垄断

行政垄断行为模式包含积极的作为与消极的不作为。"滥用"一词系《反垄断法》对行政性垄断定义的行为模式，从词性上来说是动词，且《反垄断法》还列举了行政性垄断的几种具体表现形式，均使用了"采取""实施"等词汇，容易被片面地理解为行政性垄断都是以"积极作为"的方式实施，而忽视实践中存在的以"不积极作为"的方式排除、限制竞争的行政行为。后者包括行政主体对要求查处他人不正当竞争行为的请求不予答复或拖延履行以及拒绝履行相应的法定职责。2015 年 10 月 22 日，最高人民法院首次发布的十件经济行政典型案例中，"既包括行政机关主动作为与乱作为，也包括行政机关不履责或拖延履责的不作为"[1]，其中丹阳市珥陵镇鸿润超市诉丹阳市市场监督管理局行政登记一案，就是一起针对行政机关拒绝履行相应法定职责的反行政性垄断诉讼案件。该案原告鸿润超市起诉被告丹阳市市场监督管理局对其申请在原营业执照核准的经营范围内增加蔬菜零售项目的变更申请不予进行登记的行政行为，被告丹阳市市场监督管理局下达的不予登记的驳回通知书即为明示的拒绝，或者说是一种否定的作为。

我国 1989 年制定的《行政诉讼法》赋予行政不作为行为的可诉性，包括对申请行政许可拒绝履行或者不予答复的行为、对申请保护合法权益拒绝履行或者不予答复的行为可诉；2014 年修改的《行政诉讼法》保留了上述的规定，另外还增加了行政机关不依法履行政府特许经营协议的行政不作为行为具有可诉性。行政行为根据其表现形式可以分为作为、不作为两类，这一分类标准涵盖了法律行为的全部范畴，任何一部法律都不可能只以"作为"方式预设了一般行为模式，除非作出了特别规定。在行政诉讼法已明确将行政性垄断纳入受案范围且未对行为模式作出特别规定的情形下，不作为的行政性垄断具有可诉性。因此，"滥用行政权力"中的"滥用"作为一个法律术语，不能仅作一般语言学上的动词定性和字面意义理解，其内涵应该既包含了以作为的方式不当使用行政权力而违法，也包含了以不作为方式怠于行使行政职责和义务而违法的含义；[2] 其外延是一切适格行政主体排除、限制竞争以致应当受到《反垄断法》第 8 条[3] 否定评价的一切外化表现。[4]

---

① 沈荣：《最高人民法院首次发布经济行政典型案例》，载《人民法院报》，2015年10月23日，第3版。

② 唐华丹：《我国行政性垄断司法规制研究》，江西财经大学2019年硕士学位论文。

③ 《反垄断法》第8条：行政机关和法律、法规授权的具有管理公共事务职能的组织不得滥用行政权力，排除、限制竞争。

④ 参见杨军：《以不作为方式实施的行政垄断及其规制》，载《判解研究》，2016（1）。

第二节　反行政垄断诉讼主体及举证

一、起诉与案由

（一）提起行政诉讼条件

我国《行政诉讼法》第12条规定，"人民法院受理公民、法人或者其他组织提起的下列诉讼：……（8）认为行政机关滥用行政权力排除或者限制竞争的；……"对于行政机关作出的具体行政行为，其利害关系人如认为受到损害的，可以向人民法院提起行政诉讼主张其权利，例如被限制产品进入的外地企业、被限制投标的企业，等等。

1. 损害公平竞争权

反行政垄断诉讼并不是一个学理概念，甚至也不属于法律概念，但根据我国《行政诉讼法》第12条第（8）项的规定并结合反垄断行政诉讼概念，可以将反行政垄断诉讼初步定义为：针对行政机关滥用行政权力排除或者限制竞争的行为提起的诉讼。①

我国将公平竞争权作为一种法律权利加以行政诉讼的救济和保护的制度始于2000年3月施行的《行政诉讼法解释》，该解释第13条第1项规定，"被诉的具体行政行为涉及其相邻权或者公平竞争权的，公民、法人或其他组织可以依法提起行政诉讼"，从而明确承认被诉行政行为涉及公民、法人或其他组织的公平竞争权的，可以提起行政诉讼，以诉权的形式赋予竞争者对抗行政主体不正当地干涉经济行为的权利。

我国第一例公平竞争审查诉讼，于2018年1月25日在江西省南昌市铁路运输法院正式立案受理。斯维尔公司针对江西省住建厅和江西省建设工程造价管理局，向南昌铁路运输法院提起关于公平竞争审查的行政诉讼，原告提起12项诉讼请求。原告认为，江西省住建厅和江西省建设工程造价管理局以软件测评名义限定江西省工程计价软件市场仅5名经营者进入，涉嫌变相设置江西省计价软件市场进入障碍。在江西省人民政府《关于在市场体系建设中建立公平竞争审查制度的实施意见》规定的期限内不履行对其颁布的违反公平竞争的存量规范性文件进行公平竞争审查，该存量规范性文件为《关于加强建设工程计价软件管理的通知》（赣建价〔2005〕10号）和《江西省建设工程计价管理办法》（赣建字〔2010〕3号）第56条。同时，还依据上述文件以计价软件测评名义实施限定江西省工程计价软件市场进入的政策措施，不依法履行公平竞争审查的法定程序与职责。江西省住建厅和其授权单位造价局无法律、法规依据以测评计价工程软件为由，涉嫌滥用行政权力变相设定江西省工程计价软件市场的准入障碍，不履行公平竞争审查法定程序和职责，涉嫌

---

① 廖丽环：《反行政垄断诉讼的解构与重构——以〈行政诉讼法〉第12条第（8）项为切入点》，载《经济法论坛》，2011（18）。

严重违反《反垄断法》第 32 条和第 37 的规定，严重违反《国务院关于在市场体系建设中建立公平竞争审查制度的意见》和《公平竞争审查制度实施细则》有关市场准入和影响生产经营成本的规定，损害了原告深圳市斯维尔科技股份有限公司的公平竞争权利。

2. 与具体行政相对人的权益有关

另外，从我国《行政诉讼法》第 2 条和相关条款的规定来看，只要某一个具体行政行为与某个公民、法人或其他组织的权益有关，该公民、法人或其他组织就具有行政诉讼的原告资格。由此可见，我国《行政诉讼法》对原告资格的界定是非常宽泛的，有利于充分保护公民、法人或其他组织的合法权益。

3. 消费者作为原告

我国《反垄断法》第 1 条也规定了其立法宗旨之一就是要维护消费者利益和社会公共利益。消费者对行政垄断行为的诉讼权是最主要和最有效的权利救济渠道与手段。

《消费者权益保护法》规定，消费者在购买商品和接受服务时，享有自主选择权和公平交易权，行政垄断虽然没有直接违反有关保护消费者权益法律的明确规定，但因行政垄断导致消费者选择商品范围的缩小，品种单调，价格上升，质量下降等，都会对消费者权益造成损害，消费者理应享有诉权来维护自己的合法权益。

4. 行政垄断民事赔偿的立法缺陷

《反垄断法》第 50 条规定，"经营者实施垄断行为，给他人造成损失的，依法承担民事责任。"经济垄断受害者可以借此规定寻求司法救济，行政垄断受害者获得司法救济的权利在《反垄断法》上却没有依据，《反垄断法》在维护市场竞争秩序时并未平等对待经济垄断和行政垄断。

（二）原告主体资格

原告适格是法院受理案件的前提。反行政垄断诉讼中原告的范围总体可以分为两类，分别为受害者、代言人。2000 年实施的《行政诉讼法解释》对原告资格认定标准重新进行了概括，确立了利害关系人标准，从行政相对人扩大到相关人，最直接的表现就是允许公平竞争权人提起行政诉讼，这一点对行政垄断而言，无疑是个大突破，实际上承认了反行政垄断诉讼的存在，也实际上公允了客观诉讼的存在。2015 年 4 月新修改的《行政诉讼法解释》废除了原本的关于利害关系人以及公平竞争权人的规定。[①]

1. 受害者。行政垄断主体实施的是限制、排除、阻碍市场竞争的行为，其受害群体较于一般行政行为的相对人，具有以下性质：非可识别性，行政垄断不仅损害当下竞争者、消费者，还将损害未来进入该市场的参与者；开放性，不仅包括已经感受到损害的受害者，还包括潜在的尚不知情的受害者；间接性，损害的是整个市场的竞争秩序，而非个人权利，受害者往往因为竞争秩序被破坏而间接受到损害。因此，提起诉讼的受害者既可以是直接

---

① 廖丽环：《反行政垄断诉讼与行政诉讼的客观化》，载《中山大学法律评论》，2016（3）。

受害者，也可以是间接受害者；既可以是当下受害者，也可以是潜在受害者。这些受害者往往以自益形式提起公益诉讼。

2. 代言人。主要是具有公益职能的社会团体或组织、检察机关。它们不是行政垄断行为的受害者，只是囿于私人力量的有限性和反行政垄断的专业性，往往需要它们作为受害者的代言人，为被代言人争取利益。首先，承认公益组织的原告资格，可以弥补私人诉讼的一些弊端。个体的利益偏好会影响其对公益的选择，一般会选择那些与自身经济保障和身体健康最密切相关的公益，而不会选择普遍意义上的公益。相反，公益性的团体和组织都是非营利性的，在其活动中除了"公共利益"以外，并不存在自己特殊的利益追求，客观上更接近公共利益的代表。① 不仅如此，私人诉讼很可能因为诉讼成本难以负担而放弃，这一点团体公益诉讼能弥补。我国目前的团体的公益诉讼资格在民事诉讼法、环境保护法、消费者权益保护法、海洋环境保护法② 中得到确定。

也有学者认为，在行政垄断私人诉讼当中，经营者、消费者、行业协会或消费者协会应当具有原告资格。

1. 经营者的原告资格。经营者在反垄断法私人诉讼中的原告地位是较为明确的。在行政垄断中，地域保护之外的经营者、行业垄断之外的竞争者所受到的损害都是直接而且明显的。因此经营者作为直接受害者对行政垄断行为提请诉讼是适格的。

2. 消费者的原告资格。行政垄断不仅会损害经营者的利益，还会间接损害消费者的权益。地区封锁和行业垄断是消费者的选择权和公平交易权受到极大损害，此外行政强制买卖行为更是将这两项权利损失殆尽。③ 公法之设在于保护私权，反垄断法作为经济宪法，其应不可推卸地承担起保护消费者权益的责任。甚至有学者认为保护消费者的利益是反垄断法的终极或核心目标。④ 赋予消费者原告资格，积极鼓励消费为维护自身权利而斗争，是建立行政垄断私人诉讼制度的必然要求。

此外，关于行业协会或者消费者协会的原告资格，当代经济法反对将个人利益与国家

---

① 参见 ［美］理查德·B.斯图尔特：《美国行政法的重构》，沈岿译，134页，北京，商务印书馆，2002。

② 我国《民事诉讼法》第55条规定，对污染环境、侵害众多消费者合法权益等损害社会公共利益的行为，法律规定的机关和有关组织可以向人民法院提起诉讼。《环境保护法》第58条规定，具备环境公益诉讼资格的团体必须在设区的市以上人民政府登记，专门从事环保公益活动连续5年以上。《消费者权益保护法》第47条规定，对侵害众多消费者合法权益的行为，中国消费者协会以及在省、自治区、直辖市设立的消费者协会，可以向人民法院提起诉讼。《海洋环境保护法》第89条规定，造成海洋环境污染损害的责任者，应当排除危害，并赔偿损失；完全由于第三者的故意或者过失，造成海洋环境污染损害的，由第三者排除危害，并承担赔偿责任；对破坏海洋生态、海洋水产资源、海洋保护区，给国家造成重大损失的，由依照本法规定行使海洋环境监督管理权的部门代表国家对责任者提出损害赔偿要求。

③ 2010年12月铁道部修订的《铁路旅客运输规程》和《铁路旅客运输办理细则》为例：新出台的规定要求，普通列车火车票改签须在开车前办理。这意味着，消费者如果赶不上普通列车，车票将作废，无法退票或改签。这一规定一经出台立即引起了轩然大波，消费者高呼："铁老大只许火车晚点，不许百姓迟到。"铁道部凭借去对铁路运输的垄断经营权严重损害消费者的公平交易权，本就位处弱势的消费者，在强大的行业垄断面前连最基本的公平和平等都无法维持。参见刘欣东：《反行政垄断私人诉讼机制研究》，载《公民与法》，2014（7）。

④ 颜运秋：《反垄断法应以保护消费者权益为终极目的》，载《消费经济》，2005（5）。

利益绝对分野的倾向，学者们认为有必要从"市民社会—政治国家"的二元结构中分离出一个独立的领域，以形成"个人利益—社会利益—国家利益"三分的格局。经济法以社会本位作为自己的价值取向，强调应将社会公共利益作为思考法律对策的出发点和终结点，既不将国家这一抽象的主体凌驾个人之上，也不将个人利益放在第一位。要实现社会利益，就要将分散多元的社会力量整合，扩大社会权力的影响力。由经营者群体组成的行业协会和由消费者群体成立的消费者协会的出现，恰恰成为了对社会本位价值理念最好的诠释。因此，赋予此类社会团体原告的资格，加强社会权力的影响力，可以为反行政垄断私人诉讼制度提供不竭的动力。[①]

（三）原告资格的扩充

有的学者将行政诉讼原告仅理解为具体行政行为的相对人，排除了其他利害关系人。新行政诉讼法扩大了行政诉讼原告的范围。行政行为的相对人以及其他与行政行为有利害关系的公民、法人或者其他组织，均有权提起诉讼。公民、法人或者其他组织同被诉行政行为有利害关系但没有提起诉讼，或者同案件处理结果有利害关系的，可以作为第三人申请参加诉讼，或者由人民法院通知参加诉讼。也就是说，抽象行政行为所致行政垄断案件的原告不限行政相对人，还包括其他与行政行为有利害关系的公民、法人和其他组织。

（四）利害关系人

《行政诉讼法》第25条第1款规定："行政行为的相对人以及其他与行政行为有利害关系的公民、法人或者其他组织，有权提起诉讼。"确定"行政行为的相对人"较为容易，而确定"其他与行政行为有利害关系的公民、法人或者其他组织"则较为复杂。一则"利害关系"本身即为不确定法律概念；二则行政诉讼原告资格判定受到多重冲突的价值相互"牵制"：权利救济的广泛性和及时性、行政行为的稳定性和效率性、司法救济的必要性和可裁判性、社会政治经济与法治文化的成熟性，等等。

《行政诉讼法解释》曾确立"法律上利害关系"标准。[②] 其第12条规定："与具体行政行为有法律上利害关系的公民、法人或者其他组织对该行为不服的，可以依法提起行政诉讼。"

但何为"法律上的利害关系"，是法律明确规定保护的权利、法律应当保护的权益、还是值得法律保护的权益？是只有直接利益还是包括反射利益？现有行政法理论和审判实践始终未能形成共识。《行政诉讼法》修改时，既未采《行政诉讼法解释》中"法律上利害关系"的表述，也未采《民事诉讼法》第119条"直接利害关系"的表述，而是采用了

---

① 刘欣东：《反行政垄断私人诉讼机制研究》，载《公民与法》，2014（7）。

② "法律上利害关系"意指被诉行为对自然人和组织的"权利义务已经或将会产生实际影响"。这种利害关系，包括不利的关系和有利的关系，但必须是一种已经或者必将形成的关系。参见最高人民法院行政审判庭编：《关于执行〈中华人民共和国行政诉讼法〉若干问题的解释释义》，27页，北京，中国城市出版社，2000。

"利害关系"标准。立法人员采用"利害关系"表述的主要原因在于："法律上的利害关系"可能会限制公民的起诉权利；"直接利害关系"又可能会被解释成行政行为的相对人；但立法人员也承认"利害关系"并非漫无边际，需要在实践中根据具体情况作出判断。[①]立法人员还认为："将'利害关系'作为确定原告资格的标准，有利于法院根据实践的需要，将应当通过行政诉讼解决的争议纳入诉讼解决。"[②]显然，立法机关用一个粗线条的、不确定的法律概念，将原告资格交由司法机关判断和裁量，又强调"利害关系"不能失之过宽而将反射利益纳入进来；并且认为"利害关系"仅是考量判断因素，需要在个案具体分析，只有在具体案件中通过说理方式才能确定是不是具有利害关系。[③]因此，夸张地说，对于复杂案件的原告资格问题而言，《行政诉讼法》"利害关系"表述，简直相当于"空白授权"。法律条文的模糊性，加剧了法学理论的似是而非。

被视为最高法院首个明确援引保护规范理论论证原告资格的刘广明案，[④]引发了行政法学界的关注和研讨，[⑤]本案中，张家港市发改委作出823号通知即使涉及刘广明依法使用的土地，刘广明也不能仅以影响其土地承包经营权为由申请行政复议。张家港市政府以再审申请人的行政复议申请不符合《实施条例》第28条第2项的规定为由，作出驳回其申请之决定，符合法律规定。一、二审法院判决并无不当。再审申请人刘广明如认为项目建设过程中行政机关的土地征收与补偿等行为侵犯其合法权益，应当通过其他法定途径解决。"

2019年1月30日，北京市高级人民法院送达裁定书，维持了下级法院对广州柏赛罗药业有限公司（柏赛罗）起诉国家市场监管总局行政不作为一案的裁判，驳回了柏赛罗的上诉。[⑥]2018年4月10日，柏赛罗请求国家市场监管总局调查深圳卫计委和全药网的行政垄断行为。在诉讼中，柏赛罗声称，国家市场监管总局至今没有履行其法定义务，要求法院颁布强制令以使国家市场监管总局展开调查。北京市第一中级人民法院此前曾对此诉讼作出裁决，认为柏赛罗不具备起诉资格，裁定驳回起诉。在上诉中，北京市高院认为，公民、法人或者其他组织提起行政诉讼，应以其与行政行为有利害关系为前提条件。根据《行政诉讼法》第49条第（1）项规定，提起行政诉讼的原告应是符合本法第25条规定的公民、法人或者其他组织。《行政诉讼法》第25条第1款规定，行政行为的相对人以及其他与行政行为有利害关系的公民、法人或者其他组织，有权提起诉讼。《行政诉讼法解释》第69条第1款第（1）项规定，不符合《行政诉讼法》第49条规定的，已经立案的，应当裁定驳回起诉。前述法律所述有利害关系的公民、法人或者其他组织，是指其合法权益可能直接受到行政行为侵害的特定利害关系人，而非不特定的社会公众。

---

① 参见信春鹰主编：《〈中华人民共和国行政诉讼法〉释义》，69页，北京，法律出版社，2015。
② 童卫东：《行政诉讼法修改的几个具体问题》，载《中国法律评论》，2014（4）。
③ 童卫东：《行政诉讼法修改的几个具体问题》，载《中国法律评论》，2014（4）。
④ 最高人民法院（2017）最高法行申169号行政裁定书。
⑤ 王心禾：《保护规范理论：学术、司法的互动与接纳》，载《检察日报》，2019年8月14日，第4版。
⑥ 北京市高级人民法院（2018）京行终6353号行政裁定书。

根据《反垄断法》第 1 条的规定，为了预防和制止垄断行为，保护市场公平竞争，提高经济运行效率，维护消费者利益和社会公共利益，促进社会主义市场经济健康发展，制定本法。但对于垄断行为的监管并不直接对个别生产或经营企业等主体所涉及的权利冲突和市场纠纷进行考量和处理，其保护应当是所有不特定消费者和各市场主体的集合性权益。市场监管总局通过对整个市场依法实施有效的监管，维护有序的市场秩序，保障所有的市场主体能够公平地参与市场竞争，从而实现对所有消费者和市场主体共同权益的平等保护。参照《工商行政管理机关查处垄断协议、滥用市场支配地位案件程序规定》第 5 条规定，任何单位和个人均有权向工商行政管理机关举报涉嫌垄断行为，但只有在举报人与所举报的事项存在法律上利害关系的情形下，举报人方能针对行政机关职责履行行为提起行政诉讼。因此本案中，柏赛罗公司以所主张的作为参与 2016 年深圳市公立医院药品集团采购的药品生产企业的受害者地位，其并不具有要求市场监管总局为其企业利益而履行监管职责的请求权。柏赛罗公司要求市场监管总局履行监督查处深圳市卫计委和全药网垄断行为的职责，但市场监管总局是否就深圳市卫计委和全药网构成市场垄断、是否开展调查或处罚，并非对柏赛罗公司的合法权益产生直接影响。因此，柏赛罗公司与请求市场监管总局履行上述职责之间不具有行政法律上的利害关系，其不具备提起本案诉讼的原告资格。故维持了原审裁定。①

再审申请人段彦龙与山西省太原市人民政府再审审查行政裁定案②中，最高人民法院再审审查裁定认为：《行政诉讼法》第 25 条第 1 款规定，行政行为的相对人以及其他与行政行为有利害关系的公民、法人或者其他组织，有权提起诉讼。《行政诉讼法解释》第 12 条第 1 款第（5）项规定："有下列情形之一的，属于行政诉讼法第 25 条第 1 款规定的'与行政行为有利害关系'：（5）为维护自身合法权益向行政机关投诉，具有处理投诉职责的行政机关作出或者未作出处理的"。据此，对于不涉及自身合法权益，仅是基于公益、公民的监督权或者无证据证明其举报的事项对其自身权益产生实际影响的，没有行政诉讼法上的请求履行法定职责的事实根据和法律依据。

根据原审查明的事实，段彦龙近年来反复购买同一类型的产品，并以所购买的产品存在问题而进行举报，进而在山西省范围内提起了数百件行政诉讼。段彦龙认为"瑞司特"牌月饼礼盒包装标识不符合《食品安全法》的规定进行举报，并未依据消费者保护的相关法律规范寻求救济。段彦龙举报信中也没有要求保护其自身合法权益的相关内容，段彦龙在类似案件中还自认"提起诉讼的目的是监督食药局是否对举报事项的合法处理，也能获得奖励"。综合以上事实，可认定段彦龙向食药局进行举报并不属于普通消费者为维护自身合法权益而进行的投诉举报，不具备行政复议及行政诉讼的主体资格。原审法院考虑段彦龙反复大量提起同类型案件以及其明显不属于行政复议范围的情况，为减少司法资源的浪费，裁定驳回段彦龙的起诉并无不当。

---

① 北京市高级人民法院行政裁定书（2018）京行终6353号。
② 最高人民法院（2019）最高法行申11770号行政裁定书。

在原告杨金柱不服被告中国证券监督管理委员会（以下简称证监会）作出的〔2019〕76号行政复议决定（以下简称被诉复议决定）行政诉讼案①中，法院认为，《行政复议法》第2条明确规定了公民、法人或者其他组织认为具体行政行为侵犯其合法权益，可以依据该法申请行政复议。因此，行政复议制度具有救济个人合法权益的属性，行政复议的申请人能够主张个人具有法律上值得保护的合法权益，应为《行政复议法实施条例》第28条第（2）项所规定的"具有利害关系"的要件之一。首先，行政机关履行法定职责，其首要任务在于维护公共利益。为此，行政机关需要对多元利益进行综合考量和权衡，并在此基础上合理配置和使用行政资源，以确保其监管职责能够得以全面有效的行使，公共利益能够得到有效的保护。不特定相关公众基于行政机关对行政管理秩序的维护而客观上获得的利益，属于"公共利益的片断"，即所谓"反射利益"，尚不足以构成行政复议法上所指的合法权益。只有当行政机关不仅有为不特定相关公众的共同利益，更有为特定个人利益而启动行政程序的法定义务时，行政机关履行职责才具有保护个人合法权益的功能，特定主体方有资格基于个人利益而请求行政机关履行职责。其次，证券监管机关应当且仅应当为整个证券市场之秩序及所有投资者之共同利益而依法全面履行其监管职责。根据《证券法》第1条的规定，证券监管机关履行监管职责，毋庸置疑具有保护投资者合法权益的功能，此亦为证券监管的核心功能之一。但证券监管并不直接对个别投资者所涉及的权利冲突和市场纠纷进行考量和处理，其保护的投资者合法权益，应当且仅应当是所有不特定证券投资者的集合性权益。证券监管机关通过对证券市场依法实施有效的监管，维护有序的市场秩序，保障所有的投资者能够公平地参与市场竞争，从而实现对所有投资者共同权益的平等保护。证券监管机关不负有基于个别举报投诉而启动行政调查程序的法定义务。因此，个别投资者并不具有要求证券监管机关为其个人利益而履行监管职责的请求权。个别投资者与其他市场主体之间的具体权利冲突和纠纷，则应当通过相应的法律救济途径予以解决。本案中，原告针对湖南证监局对其举报进行查处监管的事项，认为湖南证监局未履行处罚职责，向被告提起行政复议。原告并非湖南证监局查处决定所针对的相对人，原告所主张的投资利益及举报奖励也不能构成《行政复议法实施条例》第28条第（2）项所规定的"具有利害关系"，故被告据此驳回其行政复议申请并无不当。

二、被告主体资格

行政垄断是行政机关或经授权的组织滥用行政权力，排除或限制竞争的行为。行政垄断的主体除了行政机关外，还包括经法律、法规授权的具有管理公共事务职能的组织。然而原《行政诉讼法》将被告限定为行政机关及其工作人员，使经授权的组织不在其列。但随着行政方式由管理向治理的转变，以及行政管理向公共行政和公共治理方向的转变，行

---

① 北京市第一中级人民法院（2019）京01行初1053号行政判决书。

政主体也由单一的行政机关向多元的社会主体转变。

新《行政诉讼法》第 2 条增加了第 2 款："前款所称行政行为，包括法律、法规、规章授权的组织作出的行政行为"，这就意味着，行政机关不再是反行政垄断诉讼的唯一被告，行使公共事务管理职能的组织，也有可能成为行政诉讼的被告。这一规定更加有利于实现对有关组织所进行的行政垄断受害人的司法救济。

反垄断法规定的行政垄断主体是行政机关和法律、法规授权的具有管理公共事务职能的组织，与新《行政诉讼法》相比，新《行政诉讼法》增加了"规章授权"，被告主体范围增大了。

三、行政诉讼第三人

公民、法人或者其他组织同被诉行政行为有利害关系但没有提起诉讼，或者同案件处理结果有利害关系的，可以作为第三人申请参加诉讼，或者由人民法院通知参加诉讼。也就是说，抽象行政行为所致行政垄断案件的原告不限行政相对人，还包括其他与行政行为有利害关系的公民、法人和其他组织。如汕尾市真诚公共汽车运输有限公司诉汕尾市人民政府排除、限制竞争纠纷案，汕尾市人民政府提前指定了本案第三人为涉案公共交通的独家特许经营者的行为，故汕尾市粤运汽车运输有限公司作为第三人参加诉讼。

四、反行政垄断公益诉讼

（一）公益诉讼立法

我国目前的团体的公益诉讼资格在《民事诉讼法》第 55 条、《环境保护法》第 58 条、《消费者权益保护法》第 47 条、《海洋环境保护法》第 90 条得到确定。从四个条文表述可以得出法律对于团体起诉资格的限制较大，团体诉讼的范围较窄，能够代表起诉的团体，都要符合极高的要求。①

截至目前，我国还没有出现反行政垄断公益诉讼案例，反垄断民事公益诉讼已经多件。

---

① 《民事诉讼法》第55条规定：对污染环境、侵害众多消费者合法权益等损害社会公共利益的行为，法律规定的机关和有关组织可以向人民法院提起诉讼。

《环境保护法》第58条规定：具备环境公益诉讼资格的团体必须在设区的市以上人民政府登记，专门从事环保公益活动连续5年以上。

《消费者权益保护法》第47条规定：对侵害众多消费者合法权益的行为，中国消费者协会以及在省、自治区、直辖市设立的消费者协会，可以向人民法院提起诉讼。

《海洋环境保护法》第90条规定：造成海洋环境污染损害的责任者，应当排除危害，并赔偿损失；完全由于第三者的故意或者过失，造成海洋环境污染损害的，由第三者排除危害，并承担赔偿责任。

对破坏海洋生态、海洋水产资源、海洋保护区，给国家造成重大损失的，由依照本法规定行使海洋环境监督管理权的部门代表国家对责任者提出损害赔偿要求。

（二）公益诉讼实践

最高人民检察院第八批5件指导性案例（28—32号）中有3件是行政公益诉讼案件（30—32号）。其中，有2个是检察机关以行政机关没有充分履行后续督促监管、申请法院强制执行职责为由，认定其"不依法履行职责"并提起公益诉讼，法院判决支持全部诉讼请求。

在高检院第30号指导案例中，郧阳区人民法院判决确认林业局在作出行政处罚决定后，未依法履行后续监督管理和申请法院强制执行之法定职责的行为违法，责令林业局继续履行相应监督管理职责。在高检院第32号指导性案例中，环保局作出了立即停止生产和罚款决定，但是这些决定都没有执行到位。对此，福泉市人民法院判决确认锦屏县环保局怠于履行监督管理职责的行为违法。实质上，这两个案例都是检察机关通过行政公益诉讼对行政处罚、责令停止生产等行政决定执行情况的监督。除这两个指导性案例以外，法院判决支持检察机关通过公益诉讼监督行政机关督促执行或申请法院强制执行各类生效行政决定的现象也较为普遍。

而实践中，检察机关提起行政公益诉讼已在保护环境等公共利益方面得到了有效实施。按照《行政诉讼法》第25条第4款规定，对于生态环境和资源保护等领域负有监督管理职责的行政机关，若其违法行使职权或者不作为，致使国家利益或者社会公共利益受到侵害，并且在收到检察建议后仍不依法履行职责，人民检察院有权对不依法履行职责的行政机关向人民法院提起诉讼。根据最高人民检察院发布的第十三批指导性案例，以陕西省宝鸡市环境保护局凤翔分局不全面履职案（检例第49号）为例，人民检察院在该起公益诉讼中胜诉。该案中，凤翔县人民检察院经查明，陕西省宝鸡市环境保护局凤翔分局在履行环境保护监管职责时，虽有责令企业限期改正和做出行政处罚等履职行为，但未依法全面运用行政监管手段督促企业整改和制止企业继续超标排放。在做出检察意见但未实现应有效果后，人民检察院向有管辖权的人民法院起诉，请求确认凤翔分局未依法全面履职的行为违法，并且判令凤翔分局依法全面履行职责，督促企业采取有效措施，确保颗粒物排放符合标准。人民法院支持了全部的诉讼请求。[①]

上述反行政垄断诉讼的原告都是私人，包括企业或者公民个人。这直观地反映出我国过去行政诉讼的诉讼构造仍囿于传统型，即排除国家机关，尤其是检察机关等的原告资格。

五、反行政垄断诉讼举证

（一）行政诉讼原告举证

行政垄断案件不同于一般的民事案件，原告要提供被告已经构成"地区封锁""行业

---

① 参见《陕西省宝鸡市环境保护局凤翔分局不全面履职案（检例第49号）》，http://www.songyuannj.jcy.gov.cn/yasf/201904/t20190423_2549615.shtml，最后访问日期：2018年12月26日。

垄断""滥用市场支配地位""限制或者排除竞争"之类事实的证据几乎是不可能完成的任务。这意味着私主体提起反行政垄断诉讼获胜的概率微乎其微。行政垄断私人诉讼应该借鉴我国《行政诉讼法》的举证规则，更合理的分配当事人的证明责任。在反行政垄断私人诉讼中，原告应该承担损害后果的证明责任。有损害才有赔偿，损害的存在是原告提起反垄断诉讼的依据，损害后果由原告举证是公平合理的。此外，原告还应当承担行政机关违法行为的初步证明责任。在实践中，行政垄断行为具体表现多种多样，例如限制外地或外行业的经营者进入本地区或本行业；限制本地区资金、技术的输出；在税费负担、质检、环境标准检测等方面对外地区或外行业实行差别待遇……原告应该承担这些行为存在的证明责任，并且证明自己的损害后果与这些行为存在因果关系。至于这些行为是否构成行政垄断以及行为的合法性问题则不需要原告举证。

（二）行政诉讼被告举证

1. 滥用行政权力由被告举证

首先，被告应该证明自己的行为不构成行政垄断。判断一种行政违法行为是否构成行政性垄断的标准就在于非法行为所侵害的是不是竞争关系，只有侵犯竞争关系的行政非法行为才是行政垄断。[①] 行政垄断行为性质的确定若由原告举证证明，难度是很大的。而在国家行政管理活动中，行政主体处于主导地位，行政主体的举证能力显然强于普通民众。此外，行政行为应当遵循"有证在先"的原则，由行政主体证明自己行为的性质最为恰当。其次，被告应该证明自己的行为具有合法性。依法行政是国家行政管理的一项最基本原则。行政主体在进入诉讼程序之前、作出具体行政行为之时，就应当具有事实根据和法律依据，否则行为就是非法或者无效的。[②]

在深圳市斯维尔科技有限公司（以下简称斯维尔）诉广东省教育厅涉嫌行政垄断一案中，针对如何认定"滥用行政权力"，广州中院在判决当中指出，"行政机关应对自己的具体行政行为负有举证责任"，认定省教育厅对自己"指定独家参赛软件"行为不能提供证据证明其合法性，为此，教育厅构成"滥用行政权力"。

2. 行政诉讼中的专家证人

因反垄断涉及经济学分析，以及法学等众多专业，近几年较多出现专家证人出庭作证。如前述斯维尔诉广东省教育厅涉嫌行政垄断一案，由于这是司法领域第一次受理行政垄断的行政诉讼，涉及专业问题很多，广州中院为了高水平审理，专门允许反垄断法领域和行政诉讼法领域的知名专家发表专家证言。北京大学法学院教授盛杰民作为该案的反垄断法专家发表了自己的看法。他认为，省教育厅在省赛的相关规程、通知中明确指定所有参赛者只能使用广联达公司的软件，这种具体限制的交易行为是通过直接方式给相对人设定了

① 郑鹏程：《行政垄断的法律控制》，48页，北京，北京大学出版社，2002。
② 刘欣东：《反行政垄断私人诉讼机制研究》，载《公民与法》，2014（7）。

具体的权利义务，直接对参赛单位施加了影响，因此这种行为属于限定交易中滥用行政权力排除、限制竞争行为。而这种独家指定行为又使广联达产品依靠行政权力扩大市场份额，通过滥用行政权力将其他具有竞争关系的经营者排除、限制出相关市场，影响了合理有效的竞争关系。

3. 政府信息不存在与行政诉讼的证明

"政府信息不存在答复"案件是指申请人申请信息公开，行政机关答复"政府信息不存在"，申请人提起诉讼，要求行政机关公开所申请信息的案件。罗元昌诉重庆市彭水苗族土家族自治县地方海事处政府信息公开案[1]中的证明规则被最高院认可并将其作为指导性案例发布。该案的裁判要点首次指出原告需承担"提出初步证据"义务以及被告需承担"充分、合理的查找、检索义务"。

法院认为，在政府信息公开案件中，被告以政府信息不存在为由答复原告的，人民法院应审查被告是否已经尽到充分合理的查找、检索义务。原告提交了该政府信息系由被告制作或者保存的相关线索等初步证据后，若被告不能提供相反证据，并举证证明已尽到充分合理的查找、检索义务的，人民法院不予支持被告有关政府信息不存在的主张。

从此案中可以发现，法院在判断被告是否尽到检索义务是通过以下路径进行的：一是认为被告的检索关键字不正确，机械、单一地回应原告的诉讼请求；二是被告应当知道相关缴费凭证的名称仍以"缴费凭证"为关键字进行检索，没有满足检索工作的一般要求。因此认为被告的检索方式不当。此案的判决理由孕育着法院司法审查的实践智慧，在一定程度上能够证明被告是否尽到了该义务。回归到罗元昌案中，本案被告仅有尽到充分、合理的检索义务的自述，但没有展开说明是如何查找相关信息的。结合上述分析以及学界的讨论，审查标准可从以下几个方面构建：第一，用以检索的载体（如数据库、信息目录）包含的信息资料全面与否。第二，检索方法是否妥当。第三，检索工作是否满足一般的注意要求。另外还要结合涉案信息的类型、所涉事项、行政机关的找范围、行政机关的信息管理水平等诸多因素，由法官采用自由心证的原则判断。新《政府信息公开条例》第36条第4款也正式将"检索义务"纳入法条之中。相信在诸方的努力下，行政机关对此类答复、司法机关对此类案件的处理将会更加成熟。[2]

---

[1] 罗元昌诉重庆市彭水苗族土家族自治县地方海事处政府信息公开案（最高人民法院审判委员会讨论通过2018年12月19日发布）。

[2] 陈姿君：《政府信息不存在答复的证明规则刍议——以最高院指导性案例101号为背景》，载《天水行政学院学报》，2019（6）。

第二节 反行政垄断的受案范围

一、具体行政行为

（一）反行政垄断行政诉讼

一般认为，反行政垄断的案件是很少的，其原因在于，现行行政诉讼法规定，法院只受理对具体行政行为的诉讼，不受理对抽象行政行为的诉讼，而行政垄断往往又是行政机关以红头文件或规章的形式出现，并不是针对某一个企业的具体行政行为，所以，行政垄断往往难以进入诉讼渠道。另外，反垄断执法机关对滥用行政权力排除、限制竞争的行政行为并没有直接处理的权力。《反垄断法》规定，"行政机关和法律、法规授权的具有管理公共事务职能的组织滥用行政权力，实施排除、限制竞争行为的，由上级机关责令改正；对直接负责的主管人员和其他直接责任人员依法给予处分。反垄断执法机关可以向有关上级机关提出依法处理的建议。"反垄断机关对行政垄断只有建议权，而违法机关的上级与反垄断机构并不具有直接隶属关系，是否按照有关建议去办，存在较大余地。违法机关是否能够落实，反垄断机构都没法参与或控制。[①]

例如《反垄断法》第七章第 51 条："法律、行政法规对行政机关和法律、法规授权的具有管理公共事务职能的组织滥用行政权力实施排除、限制竞争行为的处理另有规定的，依照其规定"。根据法理学上的理论，新法的一般规定和旧法的特殊规定相冲突的时候，依据旧法的特殊规定，因此反垄断法对行政垄断的特殊规定，效力远远低于旧法的特殊规定。观察行政垄断司法解决机制，这些措施更加大了将行政垄断纳入司法解决范围的难度。[②]

但笔者经全面分析后发现，反行政垄断诉讼案件明显多于反行政垄断行政执法案件。尤其是近几年案件增速明显，只是因为关注较少，没有针对性的统计和分析，且裁判后果没有反行政垄断行政执法影响大，媒体较少披露。

（二）《行政诉讼法》修订

1. 2014 年修订情况

2014 年 11 月 1 日我国《行政诉讼法》作出较大的修订，其中有以下几点修订有利于推动行政垄断诉讼：

---

① 万静：《反垄断之难在于"反行政垄断"业内认为首例行政垄断判决意义重大》，载《法治周末》，2015年3月4日，第9版。
② 李颖：《试论行政垄断的司法救济》，载《学理论》，2012（11）。

（1）明确扩大受案范围。将滥用行政权力排除、限制竞争的行政行为纳入到受案范围中。《行政诉讼法解释》①第 13 条第 1 款规定的受案范围是："被诉的具体行政行为涉及其相邻权或者公平竞争权的"。《行政诉讼法》的修改直接把"认为行政机关滥用行政权力排除或者限制竞争的"纳入受案范围中。这样行政垄断行为就可以进入行政诉讼的范围。

（2）将具体行政行为扩大到"行政行为"，对规范性文件（规章除外）可以进行合法性审查。在受案范围的规定上有了较大的进步，将可诉对象的"具体行政行为"改为"行政行为"，并明确列明：行政机关滥用行政权力排除、限制竞争的可以提起行政诉讼。但在规定人民法院可以对规范性文件进行审查时，明确排除了"规章"。而行政垄断的产生，往往以行业规章、地方规章、命令或者决定等规范性文件的形式出现，以规章为表现形式的行政垄断行为，仍然不能予以审查，难以通过行政诉讼程序予以撤销，使该行为得不到有效制止，受害人得不到应有的救济。

《反垄断法》第五章明确规定了行政机关不得滥用行政权力，制定含有排除、限制竞争内容的规定。然而，由于旧行政诉讼法仅受理具体行政行为，不受理抽象行政行为，含有排除、限制竞争内容的抽象行政行为无法被起诉。《行政诉讼法》修改后，取消了"具体行政行为"的限制，把规范性文件（规章除外）等抽象行政行为也纳入行政诉讼和审查的范围。这样，《反垄断法》第五章规定涉及行政垄断的规范性文件（规章除外）就可以通过行政诉讼的方式来解决。规章和规章以上的行政法规和法律尚未进入行政诉讼审查的范围。

（3）立案登记制度及相应处分规定有利于行政垄断案件受理。行政诉讼立案难是现实的问题，行政垄断诉讼立案更是难上加难。《行政诉讼法》本次修法专门规定了系列的内容确保法院依法受理。例如，出具注明收到日期的书面凭证，并在七日内决定是否立案。不符合起诉条件的，作出不予立案的裁定。还有一次性释明制度："起诉状内容欠缺或者有其他错误的，应当给予指导和释明，并一次性告知当事人需要补正的内容。不得未经指导和释明即以起诉不符合条件为由不接收起诉状。还有相应的处分制度："对于不接收起诉状、接收起诉状后不出具书面凭证，以及不一次性告知当事人需要补正的起诉状内容的，当事人可以向上级人民法院投诉，上级人民法院应当责令改正，并对直接负责的主管人员和其他直接责任人员依法给予处分。还有上级法院受理制度："人民法院既不立案，又不作出不予立案裁定的，当事人可以向上一级人民法院起诉。上一级人民法院认为符合起诉条件的，应当立案、审理，也可以指定其他下级人民法院立案、审理。"

（4）跨行政区管辖行政案件制度有利于减少地方政府的干涉。很多行政案件法院不敢立案和不能公正审理，相当部分原因是受制于地方政府的人财事等方面的制约，跨行政区域管辖行政案件以及四中全会司法改革其他配套制度的落实有利于减少地方政府对司法的干预。本次《行政诉讼法》修法明确规定："经最高人民法院批准，高级人民法院可以根

---

① 已废止。

据审判工作的实际情况，确定若干人民法院跨行政区域管辖行政案件。"事实上，在该法没修改前已有部分法院开始试点跨行政区管辖行政案件。

2. 2017年修订情况

《行政诉讼法》2017年修订时具体受案范围由8项扩充为12项，其中特别是增加了第（8）项："认为行政机关滥用行政权力排除或者限制竞争的"。该项是当前抽象行政行为所致行政垄断受害人，最为盼望、最为迫切地需要得到司法救济的。简言之，《反垄断法》第五章第32条至第37条规定的"限定或变相限定购买""妨碍商品在地区之间自由流通的各种行为""排斥、限定招投标""排斥或者限制外地经营者在本地投资或者设立分支机构"等行为都能成为原告提起行政垄断诉讼的依据。这一新规定将《反垄断法》与《行政诉讼法》有机地衔接起来，既有助于法院判断案件性质和类型的确定性，也有助于提高法院的立案效率。

依据修订后的《行政诉讼法》第12条的规定，以下四类最可能会被公民、法人或者其他组织提起反行政垄断行政诉讼，分别是该条第1款第（7）、（8）、（11）、（12）项，以及第2款规定。（1）认为行政机关侵犯其经营自主权的；（2）认为行政机关滥用行政权力排除或者限制竞争的；（3）认为行政机关不依法履行、未按照约定履行或者违法变更、解除政府特许经营协议、土地房屋征收补偿协议等协议的；（4）认为行政机关侵犯其他人身权、财产权等合法权益的；（5）除前款规定外，人民法院受理法律、法规规定可以提起诉讼的其他行政案件。第（5）项为保底条款。

尽管新修订的《行政诉讼法》将抽象行政行为纳入了可诉范围——抽象行政行为主要是指行政主体对不确定的行政相对人制定的能够反复适用的规范性文件，这一修改使得扩大了行政诉讼的受案范围，是一种较大的进步。但是新的《行政诉讼法》[①]并未对其原《行政诉讼法》中关于抽象行政行为不属于人民法院审理行政诉讼受案范围的相关内容作出修改。抽象行政行为的行政垄断依然不具有可诉性，这也就是说司法机关对该行为的司法审查是缺位的，法院在司法实务中，发现存在规范性文件和上位法相冲突的情况时，自身并没有对于规范性文件的审查权，只能将问题移交给有权机关。由于缺少有效的司法审查，会导致了有些行政机关出于自身利益的考虑，作出限制、排除市场竞争的决定、命令。

行政诉讼法两次修订涉及行政垄断的条款可参见表11-2。

---

① 第13条 人民法院不受理公民、法人或者其他组织对下列事项提起的诉讼：

（1）国防、外交等国家行为；

（2）行政法规、规章或者行政机关制定、发布的具有普遍约束力的决定、命令；

（3）行政机关对行政机关工作人员的奖惩、任免等决定；

（4）法律规定由行政机关最终裁决的行政行为。

表 11-2 《行政诉讼法》两次修订涉及行政垄断的条款

2014 年修订第二章 受案范围	2017 年修订第二章 受案范围
第 12 条 人民法院受理公民、法人或者其他组织提起的下列诉讼： （一）对行政拘留、暂扣或者吊销许可证和执照、责令停产停业、没收违法所得、没收非法财物、罚款、警告等行政处罚不服的； （二）对限制人身自由或者对财产的查封、扣押、冻结等行政强制措施和行政强制执行不服的； （三）申请行政许可，行政机关拒绝或者不予答复，或者对准予、变更、延续、撤销、撤回、注销行政许可等决定不服的； （四）申请行政机关履行保护人身权、财产权等合法权益的法定职责，行政机关拒绝履行或者不予答复的； （五）认为行政机关侵犯其依法享有的土地、矿藏、水流、森林、山岭、草原、荒地、滩涂、海域等自然资源的所有权或者使用权的； （六）认为行政机关侵犯其经营自主权或者农村土地承包经营权的； （七）认为行政机关滥用行政权力排除或者限制竞争的； （八）认为行政机关违法集资、征收征用财产、摊派费用或者违法要求履行其他义务的； （九）认为行政机关没有依法发给抚恤金或者支付最低生活保障待遇、社会保险待遇的； （十）认为行政机关侵犯其他人身权、财产权等合法权益的。除前款规定外，人民法院受理法律、法规规定可以提起诉讼的其他行政案件	第 12 条 人民法院受理公民法人或其他组织提起的下列诉讼： （一）对行政拘留、暂扣或者吊销许可证和执照、责令停产停业、没收违法所得、没收非法财物、罚款、警告等行政处罚不服的； （二）对限制人身自由或者对财产的查封、扣押、冻结等行政强制措施和行政强制执行不服的； （三）申请行政许可，行政机关拒绝或者在法定期限内不予答复，或者对行政机关作出的有关行政许可的其他决定不服的； （四）对行政机关作出的关于确认土地、矿藏、水流、森林、山岭、草原、荒地、滩涂、海域等自然资源的所有权或者使用权的决定不服的； （五）对征收、征用决定及其补偿决定不服的； （六）申请行政机关履行保护人身权、财产权等合法权益的法定职责，行政机关拒绝履行或者不予答复的； （七）认为行政机关侵犯其经营自主权或者农村土地承包经营权、农村土地经营权的； （八）认为行政机关滥用行政权力排除或者限制竞争的； （九）认为行政机关违法集资、摊派费用或者违法要求履行其他义务的； （十）认为行政机关没有依法支付抚恤金、最低生活保障待遇或者社会保险待遇的； （十一）认为行政机关不依法履行、未按照约定履行或者违法变更、解除政府特许经营协议、土地房屋征收补偿协议等协议的； （十二）认为行政机关侵犯其他人身权、财产权等合法权益的。 除前款规定外，人民法院受理法律、法规规定可以提起诉讼的其他行政案件

上诉人广东省教育厅、广联达软件股份有限公司因与被上诉人深圳市斯维尔科技股份有限公司侵犯公平竞争权行政纠纷一案①中，对于本案争议的焦点问题"赛项通知指定独家参赛软件"，到底是属于"不可诉"的抽象行政行为，还是"可诉"的具体行政行为，作为案件的行政法律领域专家证人，北京大学法学院教授湛中乐发表了自己的观点。他认为，省级选拔赛的通知涉及对象虽然涉及三十多个参赛学校及学生，以及参赛过程中使用软件的生产经营公司，人数众多，但是却是特定的；抽象性文件的特点是可以反复适用，而此次赛项的通知规定只能是针对 2014 年广东省工程造价基本技能选拔赛来适用。因此，"指定独家参赛软件"的通知，只具备了抽象性文件的"外壳"，其实质是可诉的具体行政行为。

---

① 一审广州市中级人民法院于2015年2月2日作出的（2014）穗中法行初字第149号行政判决；二审广东省高级人民法院（2015）粤高法行终字第228号行政判决书。

　　二审法院认为，《行政诉讼法解释》第1条规定："公民、法人或者其他组织对具有国家行政职权的机关和组织及其工作人员的行政行为不服，依法提起诉讼的，属于人民法院行政诉讼的受案范围……"第13条规定："有下列情形之一的，公民、法人或者其他组织可以依法提起行政诉讼：（1）被诉的具体行政行为涉及其相邻权或者公平竞争权的……"本案中，"2014年全国职业院校技能大赛"高职组广东省选拔赛"工程造价基本技能"赛项组委会制定了赛项技术规范和竞赛规程，要求在涉案的工程造价基本技能赛项中独家使用广联达公司的相关软件。涉案的工程造价基本技能赛项系由广东省教育厅主办，且上述赛项技术规范和竞赛规程经广东省教育厅审核通过后才予以公布。

　　此外，根据粤发〔2009〕8号《广东省人民政府关于印发〈广东省人民政府机构改革方案〉的通知》规定，广东省教育厅的主要职责之一是："负责职业技术教育工作的统筹规划、综合协调和宏观管理，承担职业技术教育和成人教育相关管理工作，指导全省成人文化教育、社区教育、职工教育和农民文化技术教育工作。"广东省教育厅具有对职业技术院校举办赛事活动进行管理的职责。因此，在涉案的工程造价基本技能赛项中指定独家使用由广联达公司免费提供相关软件的行为系广东省教育厅行使行政职权的行政行为。斯维尔公司以广东省教育厅上述指定使用行为侵犯其公平竞争权提起的诉讼，属于上述司法解释规定的行政诉讼受案范围。广东省教育厅上诉主张，举办涉案赛项不是广东省教育厅的法定职责，不属于行政行为，据此认为不属于行政诉讼受案范围，因缺乏事实根据和法律依据，本院不予采纳。

二、抽象行政行为

（一）《行政诉讼法》第13条

　　反观抽象行政垄断行为，《行政复议法》明确排除在没有具体行政行为时仅针对行政法规和规定申请复议，而《行政诉讼法》第13条和《行政诉讼法解释》第2条[①]明确规定，人民法院对公民、法人提起的"行政法规、规章或者行政机关制定、发布的具有普遍约束力的决定、命令"的诉讼不予受理。这决定了抽象行政垄断行为在我国现行行政法律体系下事实上具有"不可诉性"。因此，当作为市场活动主体的公民或法人因为具有行政垄断性质的政策措施（例如各地政府多如牛毛的"红头文件"）而权益受损时，实践中只能面对"束手无策"的窘境。除非制定政策措施的上级主管部门或反垄断行政执法机关主动介入（实践中极少发生[②]），这些抽象行政垄断行为事实上处于法律监管的空白地带。

[①]　《行政诉讼法》第13条第（2）项规定的"具有普遍约束力的决定、命令"，是指行政机关针对不特定对象发布的能反复适用的规范性文件。

[②]　在上诉人广东省教育厅、广联达软件股份有限公司因与被上诉人深圳市斯维尔科技股份有限公司侵犯公平竞争权行政纠纷一案，斯维尔公司称：针对"国赛"组委会指定使用广联达软件程序的做法，其曾在起诉广东省教育厅之前，于4月16日向教育部提起了行政复议。据介绍，教育部曾专门邀请相关专家对于指定参赛软件的做法是否违法进行论证。专家们给出的意见是，该做法违反了反垄断法等法律规定。为此，原定于6月13日举办的工程造价技能的"国赛"没有举行。基于此，斯维尔公司在6月18日撤回了行政复议申请。

2019 年 9 月 1 日开始实施的《制止滥用行政权力排除、限制竞争行为暂行规定》第 4 条至第 9 条所列举的各项抽象行政行为中，例如第 9 条规定的政府机关发布行政规章排除限制竞争的行为，如果提起行政诉讼一般不受理，但如果先因公平竞争审查不服提起行政诉讼，法院是否受理，目前不得而知。[①]

前述斯维尔诉广东省教育厅涉嫌行政垄断一案中，行政机关发布的各种"文件""通知"能否作为行政诉讼的起诉对象？省教育厅认为，省赛组委会等发布的各种"赛项通知""赛项技术规范""竞赛规程"等都属于内部文件通知，不属于行政诉讼的受案范围。对此，法院判决阐述了自己的理解：本案中的广东省工程造价基本技能省级选拔赛，是由广东省教育厅主办的，而省赛组委会发布的各种"赛项通知""赛项技术规范""竞赛规程"，也都是经过省教育厅审核通过方才对外公布的。因此"指定独家参赛软件"行为，是广东省教育厅作出的具体行政行为。因此该案件属于行政诉讼的受案范围。

（二）代表人诉讼

因抽象行政行为所致行政垄断案件，往往牵涉面广、当事人人数众多。那么多人分别提起诉讼，不仅会增加当事人的诉讼成本，也会浪费大量的司法资源，故新《行政诉讼法》[②]规定了代表人诉讼制度。依据新法的规定，当事人一方人数众多的共同诉讼，可以由当事人推选代表人进行诉讼。代表人的诉讼行为对其所代表的当事人发生效力，但代表人变更、放弃诉讼请求或者承认对方当事人的诉讼请求，应当经被代表的当事人同意。这一制度在很大程度上方便了当事人诉讼，便于抽象行政行为所致行政垄断案件的当事人获得司法救济，并尽可能地降低当事人的诉讼成本，使当事人不致为诉讼所累。[③]

三、程序性行政行为

（一）程序性行政行为一般不可诉

《行政诉讼法解释》第 1 条第 2 款第（6）项规定了"准备、论证、研究、层报、咨询等"不属于受案范围，但是，通过对"等"字的解释，可知程序性行政行为在实践中的存在形式远不止司法解释中规定的情形。在倪前雷与扬州市江都区人力资源和社会保障局行政确认案[④]中，法院认为被告作出的《认定工伤中止通知书》虽是工伤认定过程中的程序性

[①] 潘志成：《是行政规章？还是隐藏在面具之下的卡特尔行为？——如何准确识别行政垄断行为》，https://www.sohu.com/a/339765008_100138309，访问时间：2020 年 3 月 10 日。

[②] 第 28 条　当事人一方人数众多的共同诉讼，可以由当事人推选代表人进行诉讼。代表人的诉讼行为对其所代表的当事人发生效力，但代表人变更、放弃诉讼请求或者承认对方当事人的诉讼请求，应当经被代表的当事人同意。

[③] 刘丹：《反抽象行政行为所致行政垄断的司法救济》，载《经济法研究》，2016（2）。

[④] （2019）苏 1084 行初 41 号。

行政行为，但该行为具有终局性，已对其权利义务产生实际影响，因此属于可诉行政行为。然而，在杨凡正与郴州市人力资源和社会保障局工伤认定案[①]中，法院认为被告郴州市人力资源和社会保障局作出的《工伤认定中止通知书》属于程序性行政行为，不涉及终局性问题，尚未达到成熟阶段，不具有可诉性。同样是工伤认定中止通知书，不同法院的裁判结果却大相径庭，正是由于缺乏统一的标准才会出现此种情形。

（二）程序性行政行为的可诉要件

2016年9月19日，最高人民法院发布了原告王明德与被告乐山市人力资源和社会保障局申请工伤认定案（第69号指导案例），在裁判要旨中确立了程序性行政行为可诉性的标准，回应了长期以来司法实践中程序性行政行为可诉与否的问题。法院认为，行政机关作出的程序性行政行为侵犯相对人合法权益，明显影响其权利义务，且相对人无法起诉相关实体行政行为，因不服而起诉该程序性行政行为的，属于人民法院受案范围。

第69号指导案例确立了程序性行政行为是否具有可诉性的一般标准，对地方各级法院审理程序性行政行为案件都具有参照意义，具体到本案中，根据指导案例的裁判要旨，该类案件需要满足对"权利义务明显的实际影响"且"无法对相关实体性行政行为提起诉讼"这两个标准，若未对相对人产生明显的实际影响，此时并不符合《行政诉讼法》第12条12款之规定，不属于行政诉讼受案范围，若满足第一个标准，则进一步考量是否满足第二个标准，考量最终的实体性行政行为能否将该程序性行政行为吸收一并提起诉讼。[②]

有学者研究后认为，最终的程序性行政行为的作出，过程中必然伴随着大量的有关程序性行政行为，比如行政许可补齐相关材料的通知、行政强制措施的事先催告与通知、行政处罚中的违法告知等，一般情况下，对该类行为提起行政诉讼并不属于人民法院的受案范围。理由在于，并非所有有关程序的行为都是程序性行政行为，法律规定某些程序可能是基于决策民主科学、规范权力运转的考量，比如某政府为了某项决策的科学性向下属部门征求意见的行为，就非程序性行政行为。解决程序性行政行为可诉性的基础条件便是判断该行为是否属于程序性行政行为，随后才有讨论其可诉性标准的必要。在满足基础条件后，倘若程序性行政行为符合下列标准之一，便具有可诉性，属于人民法院的受案范围，相对人对此提起行政诉讼的，人民法院应当予以受理。

（1）对相对人权利义务产生实际影响标准，根据《行政诉讼法》第12条之规定，判断某一行政行为是否可诉的重要标准便是审查其是否侵犯相对人的人身权、财产权等合法权益，是否对其权利义务产生了实际影响。但在适用此标准时，需注意以下两点：首先，行政行为产生的影响是清晰的、具体的，而非模糊的、抽象的。其次，行政行为产生的影响是存在于现实中的，具有现实性，而非预测的、不可探知的。

---

① （2017）湘1021行初245号。
② 宋烁：《论程序行政行为的可诉标准》，载《行政法学研究》，2018（4）。

（2）终局性标准。所谓终局性标准是指法院是否应当对某一程序性行政行为进行审查，取决于该程序性行政行为的发展状态，即该程序性行政行为是否导致该行政过程在事实上已无法进行。

（3）内部程序外部化标准。这些程序性行政行为既有对内也有对外的，单纯的只关乎行政机关内部的组织、计划安排，比如会议纪要、上级机关对下级机关的批复等，这些对内的程序性行政行为将其认定为内部程序行为。① 不管是实质上还是形式上，都没有外部因素的掺入，并不产生对外效力，是《行政诉讼法》明确排除在受案范围之外的，但是，在某些情形下，这些内部程序行为会为外部化，对外也产生效力，比如马应堂诉宁夏人社厅、教育厅、同心县人民政府会议纪要案，二审法院认为，会议纪要作为行政机关内部会议的文字载体，一般属内部行政行为，只对内生效，属于不可诉的行为。会议纪要不可诉是原则，然而例外情况下具有可诉性，在此案中，会议纪要作出后，对相对人的法律地位直接产生影响，此时会议纪要已经具有外部拘束力，具有可诉性。

（三）不产生实际影响的行为

《行政诉讼法解释》第1条中规定了不属于人民法院受案范围的10种情形，其中第（10）项规定，"对公民、法人或其他组织不产生实际影响的行为"。通过对相关案例进行分析，我们发现第（10）项兜底性规定存在一定程度被滥用的情况。在渭南市秦矿业有限责任公司与华阴市国土资源局一案②中，法院认为被告作出的《责令停止国土资源违法行为通知书》只是一个程序性行政行为，未对相对人权益产生实际影响，因此根据《行政诉讼法解释》第1条第2款第（10）项规定驳回起诉，并未援引第6项关于五种不可诉的程序性行政行为的规定。该案中，法院适用第（10）项并非个案，笔者统计的100件案例中80件驳回起诉的情形中，有37件是依据此兜底条款驳回相对人起诉，该条款显然已成为"万能之条款"，司法解释设置兜底条款的初衷是由于立法无法囊括所有的不可诉情形，因此设立第（10）项之规定，然而地方法院在审判实践中却将其滥用，有滥用自由裁量权的嫌疑。③

四、公平竞争审查的救济

针对不受理的行政诉讼，救济方式依据《关于在市场体系建设中建立公平竞争审查制度的意见》规定，赋予了针对抽象行政垄断行为的一种新的救济手段，即针对涉嫌违反公平竞争审查标准的政策措施，直接向有关部门进行举报并要求及时对此进行处理。《关于在市场体系建设中建立公平竞争审查制度的意见》将有权举报的主体界定为"任何单位和个人"，无论其自身与该等政策措施是否存在利害关系。这一规定，无疑将为可能遭受排

① 参见李超：《论程序性行政行为的可诉性》，载《东南大学学报（哲学社会科学版）》，2019（21）。
② （2018）陕0582行初6号。
③ 李超：《论程序性行政行为的可诉性》，载《东南大学学报（哲学社会科学版）》，2019（21）。

除和限制竞争的政策措施"不公平"对待的市场经济主体提供一种有效的救济途径。

对于涉及市场经营主体活动与利益的重大行政决策，在其决策作出过程中是否依法履行了公平竞争审查程序，是否按标准进行了审查，这对重大决策程序的完善具有重要价值，也直接影响了决策的合法性。行政机关若在作出涉及市场经营主体活动的重大决策时未按照《公平竞争审查制度实施细则（暂行）》的要求进行公平竞争审查，或未按审查标准进行审查，导致含有排除、限制竞争的重大决策得以出台和实施，将因为违反决策出台的法定程序属于行政机关决策不合法。

《行政诉讼法》第 53 条建立了抽象行政行为附带审查的规范，将行政诉讼中事实上长期存在的针对作出行政决策的行政规范性文件的司法审查予以制度化。第 53 条规定，"公民、法人或者其他组织认为行政行为所依据的国务院部门和地方人民政府及其部门制定的规范性文件不合法，在对行政行为提起诉讼时，可以一并请求对该规范性文件进行审查。"涉及市场经营主体经营活动的重大行政决策无论是针对具体行政行为还是抽象行政行为，如果其没有履行公平竞争审查程序，或者即使履行了形式上的公平竞争审查标准，但是没有达到要求的标准的，都应该属于不合法，对其排除限制市场公平竞争造成的损害，可以被诉。

如 2018 年 1 月 25 日，江西省南昌市铁路运输法院正式立案受理，原告深圳市斯维尔科技股份有限公司诉江西省住房和城乡建设厅、江西省建设工程造价管理局，涉嫌滥用行政权力，变相设定江西省工程计价软件市场的准入障碍，不履行公平竞争审查法定程序和职责，损害了斯维尔公司的公平竞争权利。据悉，这是国务院发布《关于在市场体系建设中建立公平竞争审查制度的意见》之后，首例行政机关被诉以违背公平竞争审查精神的案例。

五、行政诉讼的审查范围

（一）司法审查范围

我国现行《行政诉讼法》第 6 条① 规定，在行政诉讼中进行合法性审查，主要包括两方面：（1）实体合法。即行政机关作出行政行为是否有法律依据，是否符合法定职权，适用法律、法规是否正确等；（2）程序合法。

在修订前的《行政诉讼法》中，原告只能就行政机关的具体行政行为提起诉讼。就反垄断案件来讲，行政诉讼案件大致可以分为反行政垄断诉讼和对反垄断行政执法机关决定不服的诉讼。后者包括对反垄断执法机关做出的行政许可（如经营者集中）、行政处罚、行政强制措施等。此处，仅讨论反行政垄断诉讼。2014 年修法之后，原规定中的"具体行政行为"变为了"行政行为"，也就是抽象行政行为进入了行政诉讼法的视野。

2017 年修订的《行政诉讼法》第 53 条规定，"公民、法人或者其他组织认为行政行

---

① 第6条　人民法院审理行政案件，对行政行为是否合法进行审查。

为所依据的国务院部门和地方人民政府及其部门制定的规范性文件不合法，在对行政行为提起诉讼时，可以一并请求对该规范性文件进行审查"。新《行政诉讼法》在审查行政行为的同时，首次明确了人民法院可以一并审查据以作出行政行为的行政规范性文件的合法性。根据该新法的规定，公民、法人或者其他组织认为行政行为所依据的国务院部门和地方人民政府及其部门制定的规范性文件不合法，在对行政行为提起诉讼时，可以一并请求对该规范性文件进行审查。人民法院在审理行政案件中，经审查认为上述规定的规范性文件不合法的，不作为认定行政行为合法的依据，并向制定机关提出处理建议。与对具体行政行为的审查不同，人民法院在认为行政规范性文件违法的情况下，虽不能直接宣告其违法，但有提出处理建议的权力，这有利于加强对行政规范性文件的合法性进行监督。

这样一来，广泛存在的地方政府及其部门制定的"红头文件"，终于进入了被法院审查合法性的范围。研究表明，这些红头文件是地方政府及其部门实施行政垄断行为的主要载体，现实危害尤甚。毫无疑问，《行政诉讼法》的新规定将对各级政府继续颁布涉及行政垄断的"红头文件"构成压力，并通过合法性审查达到规范干预微观经济、破坏竞争的"红头文件"的目的。

例如丹阳市珥陵镇鸿润超市诉丹阳市市场监督管理局行政登记案中，丹阳市市场监督管理局以珥陵镇鸿润超市申请不符合丹阳市人民政府丹政办发（2012）29号《关于转发市商务局的通知》中的规定为由对其变更登记申请予以驳回。在认定该不予登记的行为是否合法时，丹阳市人民法院就附带对丹阳市人民政府发布的29号《通知》的合法性进行了司法审查，最后判决认为，该规定与商务部《标准化菜市场设置与管理规范》不一致，与《商务部等13部门关于进一步加强农产品市场体系建设的指导意见》有关规定不相符，也违反市场平等准入、公平待遇的原则，依法不能作为认定被诉登记行为合法的依据。[①]

该案司法判决切实贯彻了行政诉讼法的修改精神，适用了新修改的《行政诉讼法》第64条规定，对行政主体作出的不予登记行为的依据——规范性文件一并予以了审查，明确指出了该规范性文件不能作为行政行为合法性依据的理由。然而丹阳市市场监督管理局的不予登记行为被确认违法，但丹阳市人民政府29号《通知》中涉嫌行政性垄断的问题依旧存在，也体现了抽象行政性垄断司法规制的不足。

（二）行政规范性文件审查标准

2014年修订的《行政诉讼法》其第53条、第64条规定了法院在行政诉讼中附带审查规章以下的行政规范性文件（以下简称规范性文件）的制度，即规范性文件的司法审查制度。经过多年的实践，特别是在《行政诉讼法解释》公布后，相关审查规则已经较为健全。尽管法院既可以参考现行《立法法》所列明的情形进行判断，也可以依据《行政诉讼法解释》第148条所列明的情形进行审查。

---

① 参见江苏省丹阳市人民法院（2015）丹行初字第52号行政判决书。

现行法列举了广义的规范性文件的五类不合法情形：一是《立法法》第96条第（1）项与《监督法》第30条第（1）项规定的广义的规范性文件超越权限的情形；二是《立法法》第96条第（2）项规定的立法性文件违反上位法规定的情形；三是《立法法》第96条第（5）项规定的立法性文件违背法定程序的情形；四是《监督法》第30条第（1）项规定的非立法性的决议、决定或命令无依据减损权益或增加义务的情形；五是《宪法》第5条第3款、《立法法》第87条、第97条、第99条以及《监督法》第30条第（2）项规定的广义的规范性文件同上位法相抵触的情形。由于具有这些情形的文件就是不合法的文件，因此，前列情形在规范性文件的司法审查中能起到某种评判参照的作用，通常被当作规范性文件的司法审查标准。

在《行政诉讼法解释》出台前，前列情形也是法院在规范性文件的司法审查中直接参照的审查标准。2018年颁布的《行政诉讼法解释》的第148条明文规定了在规范性文件的司法审查中可直接被作为裁判依据的审查标准。该条第1款指明，法院可以从规范性文件的制定机关是否超越权限、是否违反法定程序以及行政行为所依据的相关条款是否合法等方面对规范性文件进行司法审查。该条第2款明确列举了规范性文件的五类不合法的情形，一是超越制定机关的法定职权或者超越立法性文件的授权范围的；二是与立法性文件等上位法的规定相抵触的；三是没有立法性文件依据，违法增加公民、法人和其他组织的义务或者减损公民、法人和其他组织的合法权益的；四是未履行法定批准程序、公开发布程序，严重违反制定程序的；五是其他违反立法性文件规定的情形的。

最高人民法院发布的第5号指导性案例载明：地方政府规章违反《行政许可法》的禁令所设定的新行政许可不合法，违反《行政处罚法》的禁令所设定的行政处罚不合法。[①]

在规范性文件的司法审查制度实施后的2015年9月，在安徽华源医药股份有限公司诉国家工商行政管理总局商标局商标行政纠纷案（以下简称华源公司案）中，北京知识产权法院从四个方面——制定主体是否合法、制定主体是否超越权限、文件内容是否合法以及制定程序是否合法，审查了被诉的《新增服务商标的通知》。该案判决书载明：判断制定主体是否合法，关键在于审查所涉事项是否属于制定主体的主管范围；判断制定主体是否越权，关键在于审查制定主体是否行使了他方的法定权限；判断文件内容是否合法，应当从其具体规定是否符合上位法、是否符合法律的基本原则、是否有事实根据以及制定目的是否正当等角度进行审查。华源公司案被认为是"规范性文件附带审查第一案"。[②]

2018年10月30日，最高人民法院行政审判庭在规范性文件的司法审查典型案例中指出，有的法院已经能够在审查中"围绕该规范性文件与法律法规的规定是否存在冲突，制定主体、

① 参见最高人民法院指导性案例5号：鲁潍（福建）盐业进出口有限公司苏州分公司诉江苏省苏州市盐务管理局盐业行政处罚案，最高人民法院2012年4月9日发布。
② 参见北京知识产权法院（2015）京知行初字第177号行政判决书。有学者认为，该案"第一次提出合法性构成要件为主体、权限、内容和程序四项"。参见朱芒：《规范性文件的合法性要件——首例附带性司法审查判决书评析》，载《法学》，2016（11）。

制定目的、制定过程是否符合规范，是否明显违法等情形进行审查"。① 其中，被应用到的情形标准有："不符合上位法依据"，"内容并不与《治安管理处罚法》第39条之规定相抵触"，"违反法律法规规章及上级行政机关的规范性文件的规定"，"与相关法律法规规章并不抵触"，与《妇女权益保障法》等"上位法规定精神不符"，以及"并未违反上位法的规定"。②

六、行政诉讼时效制度

（一）诉讼时效

我国《行政诉讼法》第46条规定，公民、法人或者其他组织直接向人民法院提起诉讼的，应当自知道或者应当知道作出行政行为之日起6个月内提出。法律另有规定的除外。因不动产提起诉讼的案件自行政行为作出之日起超过20年，其他案件自行政行为作出之日起超过5年提起诉讼的，人民法院不予受理。如果依据此规定，则"知道"之日非常重要。由于行政行为没有进行充分的信息公开，则"知道"之日难以确定。

《行政诉讼法解释》第64条规定，行政机关作出行政行为时，未告知公民、法人或者其他组织起诉期限的，起诉期限从公民、法人或者其他组织知道或者应当知道起诉期限之日起计算，但从知道或者应当知道行政行为内容之日起最长不得超过1年。复议决定未告知公民、法人或者其他组织起诉期限的，适用前款规定。第65条规定，公民、法人或者其他组织不知道行政机关作出的行政行为内容的，其起诉期限从知道或者应当知道该行政行为内容之日起计算，但最长不得超过《行政诉讼法》第46条第2款规定的起诉期限。第66条规定，公民、法人或者其他组织依照《行政诉讼法》第47条第1款的规定，对行政机关不履行法定职责提起诉讼的，应当在行政机关履行法定职责期限届满之日起6个月内提出。

即"行政机关做出具体行政行为时，未告知公民、法人或者其他组织诉权或者起诉期

---

① 最高人民法院发布9起行政诉讼附带审查规范性文件典型案例之六：上海苏华物业管理有限公司诉上海市住房和城乡建设管理委员会物业服务资质行政许可案。https：//wwwchinacourtorg /article /detail /2018 /10 /id /3551939shtml，2019年8月14日访问。

② 最高人民法院发布9起行政诉讼附带审查规范性文件典型案例之六：上海苏华物业管理有限公司诉上海市住房和城乡建设管理委员会物业服务资质行政许可案；最高人民法院发布9起行政诉讼附带审查规范性文件典型案例之一：徐云英诉山东省五莲县社会医疗保险事业处不予报销医疗费用案；方才女诉浙江省淳安县公安局治安管理行政处罚案，https：//wwwchinacourtorg /article /detail /2018 /10 /id /3551932shtml，2019年8月14日访问；袁西北诉江西省于都县人民政府物价行政征收案，https：//wwwchinacourtorg /article /detail /2018 /10 /id /3551936shtml，2019年8月14日访问；大昌三昶（上海）商贸有限公司诉北京市丰台区食品药品监督管理局行政处罚案，https：//wwwchinacourtorg /article /detail /2018 /10 /id /3551931shtml，2019年8月14日访问；郑晓琴诉浙江省温岭市人民政府土地行政批准案，https：/ /wwwchinacourtorg /article /detail /2018 /10 /id /3551934shtml，2019年8月14日访问；孙桂花诉原浙江省环境保护厅环保行政许可案，https：//wwwchinacourtorg /article /detail /2018 /10 /id /3551938shtml，2019年8月14日访问。

限的，起诉期限从公民、法人或者其他组织知道或者应当知道诉权或者起诉期限之日起计算，但从知道或者应当知道具体行政行为内容之日起最长不得超过 1 年"。就四防伪企业诉原质检总局案而言，原告何时"知道或应当知道"了自己的"诉权"，或者何时"知道"了国家质检总局的"具体行政行为的内容"属于主观概念，需要法官审理该案或者通过询问原告，给原告"听取陈述和申辩的机会"后才能做出判断。而且至起诉时，原国家质检总局的违法行政行为造成的后果（非法垄断状态）一直处于持续状态，尚没有结束。人民法院不能轻率地以"超过法定期限"为由而裁定不予受理，致使问题本身不能得到解决。

（二）行政处罚追诉时效

行政处罚法中规定的时效是指：对违法行为人的违反行政管理秩序的行为追究行政责任，给予行政处罚的有效期限。《行政处罚法》第 29 条规定："违法行为在 2 年内未被发现的，不再给予行政处罚。法律另有规定的除外。""前款规定的期限，从违法行为发生之日起计算；违法行为有连续或者继续状态的，从行为终了之日起计算"。

再审申请人新昌中石油昆仑燃气有限公司诉绍兴市市场监督管理局工商行政处罚一案[①]中，关于被诉行政处罚有无超过法定时效，法院认为本案新昌中石油昆仑燃气有限公司虽先后与多个房地产开发企业签订了不同的天然气管道建设配套合同，但均存在收取每户 1900 元住宅小区管道燃气配套设施费以外其他费用的情况，均系基于"多收费"的同一主观故意。新昌中石油昆仑燃气有限公司的上述行为，系基于同一违法故意、连续实施数个独立的行政违法行为并触犯同一行政处罚规定的情形，属于《行政处罚法》第 29 条规定的"违法行为的连续状态"。绍兴市市场监督管理局于 2013 年 9 月 12 日对新昌中石油昆仑燃气有限公司在 2007 年 1 月 1 日至 2012 年 6 月 30 日之间的违法行为进行处罚，并未超过法定时效。

第三节　反垄断行政诉讼管辖

一、反垄断行政诉讼的级别管辖

（一）级别管辖

1. 级别管辖立法规定

反垄断行政案件的管辖，依据《行政诉讼法》第 15 条，中级人民法院管辖下列第一审行政案件：（1）对国务院部门或者县级以上地方人民政府所作的行政行为提起诉讼的案

---

① 浙江省高级人民法院（2015）浙行申字第266号行政裁定书。

件；（2）海关处理的案件；（3）本辖区内重大、复杂的案件；（4）其他法律规定由中级人民法院管辖的案件。《行政诉讼法解释》第 5 条规定，有下列情形之一的，属于《行政诉讼法》第 15 条第（3）项规定的"本辖区内重大、复杂的案件"：（1）社会影响重大的共同诉讼案件；（2）涉外或者涉及香港特别行政区、澳门特别行政区、台湾地区的案件；（3）其他重大、复杂案件。

　　基于上述法律规定，结合反垄断行政案件的专业性、技术性和法律性的特殊要求，第一审反垄断行政案件的管辖区分情况由中级人民法院管辖：（1）如果行政相对人"涉外"身份的，由中级人民法院管辖。（2）涉及香港特别行政区、澳门特别行政区、台湾地区的案件可以由被告所在地中级法院管辖。如原告王文娟不服被告北京市市场监督管理局（原北京市工商行政管理局，相关职责已由北京市市场监督管理局承继，以下简称市市监局）作出的工商设立登记案[①]，本案中，中弘文商旅控股有限公司与本案被诉行政行为有法律上的利害关系，应当被追加为第三人。中弘文商旅控股有限公司系中华人民共和国香港特别行政区注册的公司，故本案应当属于本辖区内重大、复杂的案件，依法应当由中级人民法院管辖。故本案中，本院对原告的起诉无管辖权，本案应当移送有管辖权的人民法院。（3）"其他重大、复杂案件"的认定，一般来讲应当是涉及专业性较强，处罚金额较大等进行认定。

　　因此，除前述规定的情形以外的反垄断行政诉讼，一般均由基层人民法院管辖。

　　2. 反垄断行政诉讼与级别管辖

　　依据《行政复议法》的规定，原告对国家市场监督管理总局和省级市场监督管理局作出的反垄断行政处罚决定不服的，可以依法申请行政复议或提起行政诉讼。即当事人是可以"二选一"。而提起行政诉讼时，首先应当确定级别管辖。

　　所谓级别管辖，是指上下级人民法院之间受理第一审案件的分工。按照《行政诉讼法》第 14 条的规定，第一审行政案件一般由基层人民法院管辖。确立这一原则，主要是为了便于当事人就近诉讼、便于人民法院审判执行，并且均衡上下级法院之间的工作负担。除此之外，级别管辖还具有保障人民法院公正行使审判权的实体价值。

　　正因如此，《行政诉讼法》在修改时适度增加了中级人民法院管辖的第一审行政案件的范围，将被告级别由"省、自治区、直辖市人民政府"扩大到"县级以上地方人民政府"。但这里所说的"地方人民政府"，不包括地方人民政府的工作部门，按照《行政诉讼法》第 15 条第（1）项的规定，只有对"国务院部门"所作的行政行为提起诉讼的案件，才由中级人民法院管辖。

（二）反垄断民事诉讼管辖

　　《最高法关于审理因垄断行为引发的民事纠纷案件应用法律若干问题的规定》第 3 条

---

① 北京市海淀区人民法院行政裁定书（2019）京0108行初685号。

规定，第一审垄断民事纠纷案件，由省、自治区、直辖市人民政府所在地的市、计划单列市中级人民法院以及最高人民法院指定的中级人民法院管辖。经最高人民法院批准，基层人民法院可以管辖第一审垄断民事纠纷案件。

因此，反垄断民事诉讼与反垄断行政诉讼的管辖，二者完全不同，反垄断民事诉讼级别管辖以中级人民法院一审为常态，基层人民法院为特别。

（三）"飞跃上诉"制度

垄断纠纷与专利纠纷类似，同属于专业技术性强的案件。2008 年 7 月 28 日，最高法发布《关于认真学习和贯彻〈中华人民共和国反垄断法〉的通知》，指出 2008 年 4 月 1 日起施行的《最高人民法院民事案件案由规定》已将垄断纠纷纳入知识产权纠纷范围内，确立了反垄断民事诉讼与专利诉讼一致的管辖制度。在过去的十年内，反垄断民事诉讼的管辖以专利纠纷的管辖为基础不断发展：

（1）我国一审反垄断民事诉讼案件正在实现愈发专业化的专门管辖，由省、自治区、直辖市人民政府所在地的中级人民法院内设的知识产权审判庭，逐步转变为独立的知识产权法院和具有独立办公场所的省、自治区、直辖市人民政府所在地的中级人民法院内设的专门知识产权法庭。

（2）我国二审反垄断民事诉讼案件将实现最高法层面的统一管辖，各省、自治区、直辖市的高级人民法院的二审裁判权将统一收归为最高法知识产权法庭，实现飞跃上诉，有助于统一反垄断民事诉讼案件的裁判尺度。[①]

随着《最高人民法院关于知识产权法庭若干问题的规定》（以下简称《最高法知识产权法庭规定》）于 2019 年 1 月 1 日生效施行，我国反垄断诉讼案件的管辖权迎来了重大变革：新设立的最高人民法院知识产权法庭将越过省级高级人民法院，直接审理一审由知识产权法院、中级人民法院审理的反垄断民事诉讼的上诉案件；最高法知识产权法庭也将直接审理不服知识产权法院、中级人民法院作出的垄断行政处罚行政诉讼案件的上诉案件。

《最高法知识产权法庭规定》仅明确规定不服垄断处罚决定而提起的行政诉讼的上诉案件由最高法知识产权法庭审理，未释明因行政垄断行为而提起的行政诉讼的上诉案件的管辖问题。

二、行政处罚类行政诉讼

（一）以国家市场监督管理总局为被告

就直接提起行政诉讼而言，根据《最高法知识产权法庭规定》，不服国家市场监督管

---

① 邓志松、戴健民：《飞跃上诉与管辖权变化：中国反垄断法院诉讼的最新发展》，https://www.sohu.com/a/325991181_806432，访问时间：2020年3月21日。

理总局作出的反垄断行政处罚决定而提起的行政诉讼的管辖，一审由北京市第一中级人民法院管辖，不服一审判决则需上诉至最高法知识产权法庭。

（二）以省级市场监管局为被告

以省级市场监督管理局为被告，一般遵循逐级诉讼的原则，案件由省级市场监督管理局所在地的基层人民法院一审，上诉至对应的中级人民法院。（见表 11-3）

表 11-3　对反垄断行政决定不服提起的行政诉讼管辖①

案件类型	被　告		一审管辖	二审管辖
未经复议的案件	省级市场监督管理局		省级市场监督管理局所在地基层人民法院	省级市场监督管理局所在地中级人民法院
	国家市场监督管理总局		北京第二中级人民法院	最高人民法院知识产权庭
经复议的案件复议维持	共同被告	省、自治区、直辖市人民政府（复议机关）+ 省级市场监督管理局（被申请人）	省级市场监督管理局所在地基层人民法院	省级市场监督管理局所在地中级人民法院
			省、自治区、直辖市人民政府所在地基层人民法院	省、自治区、直辖市人民政府所在地中级人民法院
		国家市场监督管理总局（复议机关）+ 省级市场监督管理局（被申请人）	省级市场监督管理局所在地基层人民法院	省级市场监督管理局所在地中级人民法院
			北京市西城区人民法院	北京市第二中级人民法院
	单一被告	国家市场监督管理总局	北京市西城区人民法院	北京市第二中级人民法院

如果当事人不服反垄断行政处罚决定而申请行政复议并对复议决定提起诉讼，那么复议机关就成为行政诉讼被告（或共同被告）。复议决定并非具体的行政行为，不适用《行政诉讼法》第15条关于级别管辖的规定，因此一审可能由复议机关所在地基层人民法院管辖，二审由相关中级人民法院管辖。这种情况下，作出行政决定的行政机关的层级、是否对行政决定申请行政复议、向哪一个行政机关申请行政复议都会对确定行政诉讼第一审法院和第二审法院产生重大影响。（见图 11-1）

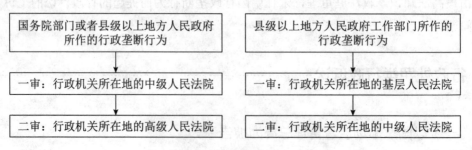

图 11-1　行政处罚类行政诉讼管辖

---

① 国家市场监督管理总局反垄断局：《中国反垄断立法与执法实践》，376页，北京，中国工商出版社，2020。

三、反行政垄断行政诉讼管辖

　　《最高法知识产权法庭规定》仅明确规定不服垄断处罚决定而提起的行政诉讼的上诉案件由最高法知识产权法庭审理，未释明因行政垄断行为而提起的行政诉讼的上诉案件的管辖问题。

　　本书认为，因行政垄断行为而提起的行政诉讼仍遵循逐级上诉的原则：（1）对国务院部门或县级以上地方人民政府的行政垄断行为提起的诉讼一般由行政机关所在地的中级人民法院管辖，并可以上诉至当地的高级人民法院。（2）对县级以上地方人民政府工作部门的行政垄断行为提起的诉讼一般由行政机关所在地的基层人民法院管辖，并可以上诉至对应的中级人民法院；如该案属于本辖区内重大、复杂的案件则应当由中级人民法院管辖，并可以上诉至对应的高级人民法院。①

　　但上诉人洛阳市城市管理局因与被上诉人杭州青奇科技有限公司（以下简称青奇公司）垄断纠纷一案②，青奇公司认为洛阳市城市管理局作出的行政行为侵犯了其合法权益，因而向河南省郑州市中级人民法院提起行政诉讼，河南省郑州市中级人民法院作出的（2020）豫01知行初1号之一、之二号行政裁定，均认为河南省郑州市中级人民法院具有管辖权，洛阳市城市管理局不服，向最高人民法院提起上诉。最高人民法院审查认为，本案系行政垄断案件。对于行政垄断案件的管辖，依据现有法律法规的规定，已经确立了由高级人民法院或经指定的特定中级人民法院受理一审案件，由最高人民法院受理二审案件的管辖格局。《全国人民代表大会常务委员会关于专利等知识产权案件诉讼程序若干问题的决定》第二条规定，当事人对专利、植物新品种、集成电路布图设计、技术秘密、计算机软件、垄断等专业技术性较强的知识产权行政第一审判决、裁定不服，提起上诉的，由最高人民法院审理；依据《最高法知识产权法庭规定》的相关规定，最高人民法院负责审理包括与垄断有关的民事、行政上诉案件。为明确技术类知识产权案件的一审案件管辖问题，最高人民法院作出了一系列批复，具体指定了对技术类知识产权案件具有一审案件管辖权的各中级法院。其中，《最高人民法院关于同意天津市第三中级人民法院和郑州市、长沙市、西安市中级人民法院内设专门审判机构并跨区域管辖部分知识产权案件的批复》第三条规定，同意指定郑州市中级人民法院管辖以下知识产权案件：发生在河南省辖区内有关专利、植物新品种、集成电路布图设计、技术秘密、计算机软件、涉及驰名商标认定及垄断纠纷的第一审知识产权民事和行政案件。本案系青奇公司起诉洛阳市城市管理局的垄断纠纷第一审知识产权行政案件，被告洛阳市城市管理局在河南省辖区内，依据上述批复，郑州市中级人民法院对本案具有管辖权。因此，洛阳市城市管理局关于将本案移送其住所地基层

---

① 邓志松、戴健民：《飞跃上诉与管辖权变化：中国反垄断法院诉讼的最新发展》，https://www.sohu.com/a/325991181_806432，访问时间：2020年3月21日。

② 中华人民共和国最高人民法院（2020）最高法知民辖终行政裁定书。

法院审理的上诉理由不能成立，对其上诉请求本院不予支持。该案发布以后，相信涉及反行政垄断行政诉讼管辖将带来统一。

反行政垄断执法一般由省级市场监督管理局进行查处，对其的行政行为等提起的行政诉讼由省级市场监督管理局所在地的基层人民法院审理，因其不属于县级以上地方人民政府，也不属于国务院部门，上诉由当地的中级人民法院审理。如再审申请人单君因诉安徽省物价局行政复议一案 ①，在本案中，再审申请人以安徽省物价局为被告，直接向中级人民法院提起诉讼，不符合级别管辖的规定。再审申请人主张，其直接向中级人民法院提起诉讼，是因为"本案应当属于重大、复杂，应当由中级人民法院管辖的案件"，"基层法院审理省级行政机关存在着诸多障碍"。固然，《行政诉讼法》第 15 条第（3）项规定，中级人民法院管辖"本辖区内重大、复杂的案件"，《行政诉讼法解释》第 6 条也规定，当事人以案件重大复杂为由，认为有管辖权的基层人民法院不宜行使管辖权的，可以直接向中级人民法院起诉，但这并不意味着中级人民法院必须受理，根据不同情况，中级人民法院可以决定自行审理，或者指定本辖区其他基层人民法院管辖。经审查不存在"案件重大复杂，有管辖权的基层人民法院不宜行使管辖权"情形的，可以书面告知当事人向有管辖权的基层人民法院起诉。

在本案，显然不存在《行政诉讼法解释》第 5 条所规定的属于"本辖区内重大、复杂的案件"的各种情形，一审法院经释明和告知之后裁定不予立案，符合法律规定。二审法院裁定驳回上诉，维持原裁定，亦无不妥。再审申请人的再审申请理由不成立。驳回再审申请人单君的再审申请。（见图 11-2）

图 11-2　反行政垄断行政诉讼管辖

四、其他反垄断行政诉讼

对于反垄断执法机关的行政不作为、未依法行政以及信息不公开等提起的其他行政诉讼，与普通的行政诉讼管辖类似，根据行政机关确定级别管辖，并进行逐级上诉。对省级市场监督管理局的行政不作为等行为提起的行政诉讼由省级市场监督管理局所在地的基层人民法院审理，上诉由当地的中级人民法院审理。对国家市场监督管理总局的行政不作为

---

① 中华人民共和国最高人民法院（2018）最高法行申2031号行政裁定书。

等行为提起的行政诉讼由北京市第一中级人民法院审理，上诉由北京市高级人民法院审理。[①]

五、反垄断民事诉讼管辖

（一）反垄断民事诉讼一审管辖

第一审垄断民事纠纷案件的级别管辖一般为中级人民法院，例外情形包括：（1）经最高人民法院批准由基层人民法院管辖；（2）属于辖区有重大影响的案件由高级人民法院管辖，比如奇虎诉腾讯案一审由广东省高级人民法院审理；（3）属于全国范围内重大、复杂的案件由最高法知识产权法庭管辖。第一审垄断民事纠纷案件的地域管辖依照民事诉讼法及相关司法解释关于侵权纠纷、合同纠纷等的管辖规定确定。

如前所述，北上广的知识产权法院、18个地方专门知识产权法庭和地方其他知识产权审判庭对辖区内第一审反垄断民事诉讼进行专门管辖。

（二）反垄断民事诉讼二审管辖

根据《最高法知识产权法庭规定》，最高法知识产权法庭将统一审理"不服高级人民法院、知识产权法院、中级人民法院作出的垄断第一审民事案件判决、裁定而提起上诉的案件"。由于第一审垄断民事纠纷案件基本由中级人民法院或知识产权法院审理，此类上诉案件将不再由各省高级人民法院受理，而是直接飞跃上诉至最高法知识产权法庭。

（三）垄断纠纷的不可仲裁性

北京市高级人民法院（以下简称北京高院）就山西昌林实业有限公司（以下简称昌林公司）与壳牌（中国）有限公司（以下简称壳牌公司）滥用市场支配地位纠纷一案的管辖权异议作出二审裁定，[②]撤销北京知识产权法院的一审裁定并驳回了昌林公司的起诉。北京高院认为，昌林公司起诉要求确认壳牌公司实施了附加不合理交易条件等滥用市场支配地位的行为，并要求壳牌公司停止滥用行为，与两公司签订的《经销商协议》约定的特许销售权利义务密不可分，实质仍属于履行《经销商协议》而产生的争议，应适用该协议中约定的有效仲裁条款。亦即，垄断纠纷（或部分垄断纠纷）具有可仲裁性。而在2016年8月，江苏省高级人民法院在一起垄断纠纷案件管辖权异议的二审裁定中认为，在垄断纠纷涉及公共利益，且目前我国法律尚未明确规定可以仲裁的情况下，双方当事人的仲裁协议尚不能作为确定管辖权的依据。

---

① 邓志松、戴健民：《飞跃上诉与管辖权变化：中国反垄断法院诉讼的最新发展》，https://www.sohu.com/a/325991181_806432，访问时间：2020年3月21日。
② 北京市高级人民法院（2019）京民辖终44号民事裁定书。

汇力公司与壳牌（中国）有限公司之间的横向垄断协议纠纷、纵向垄断协议纠纷①中，最高院认为：虽然壳牌公司和汇力公司在经销商协议中约定了争议解决的仲裁条款，但反垄断法具有明显的公法性质，是否构成垄断的认定超出了合同相对人之间的权利义务关系，因此，两案的争议并不限于"平等主体的公民、法人和其他组织之间发生的合同纠纷和其他财产权益纠纷"，不再属于仲裁法规定的可仲裁范围。并最终认定原审法院对两案具有管辖权，依法驳回了壳牌公司的管辖权异议。最高院在汇力壳牌两案中的裁定系最高院在垄断纠纷是否可仲裁这一重大争议问题上首次阐明立场，充分体现了中国法院处理垄断纠纷时，在全面考察借鉴其他主要法域经验的基础上，仍会结合中国自身的法律规定以及所处反垄断法实施阶段等综合考量确定合适的规则。可以预见的是，最高院关于垄断纠纷不可仲裁的裁定不仅有助于解决司法实践中的重大分歧，而且在垄断纠纷二审统一收归最高院管辖的背景下，还有助于确保垄断民事案件裁判尺度、法律适用的统一性，将对中国的反垄断法和仲裁法实践均产生深远的影响。

---

① 最高法知民辖终47号裁定书。

第十二章
反行政垄断合规

　　反垄断合规并不是一个新话题，纵观各司法辖区的执法实践不难发现，一套完善的反垄断合规体系不仅可以帮助经营者或企业在面对调查时正确、积极应对，有时还可作为自证清白、减免处罚的依据。但行政垄断合规目前研究成果不多，也没有引起行政机关的重视。

　　本章主要简单介绍公平竞争审查制度。公平竞争审查实务详见笔者撰写的《公平竞争审查原理与实务》。

第一节　公平竞争审查制度

一、审查意义

　　最近几年行政垄断案件的行政执法可谓遍地开花，公平竞争理念在行政决策程序中得到了很好的落实，但仍有一些地方无视中央大力通过公平竞争审查制度建立公平竞争市场秩序的行动和决心，以各种名义变相设定市场准入障碍等违反公平竞争审查制度的行为。

　　无论是《反垄断法》还是《行政诉讼法》，都是在行政性垄断发生之后进行事后救济。公平竞争审查制度要求政策制定机关，在政策制定之初即进行竞争审查，是我国行政垄断事前控制的首创。《关于在市场体系建设中建立公平竞争审查制度的意见》实施之前，行政性垄断的规制主要是行政法及《行政诉讼法》和《反垄断法》，公平竞争审查制度是行政性垄断规制体系的重要部分，"为反行政性垄断提供了新模式、新路径和新工具"。[1] 以往的行政性垄断的规制，采取行政执法和行政诉讼的方式，就时间而言，都是事后的救济方式。也就是说，要在出现行政垄断行为或者出现行政性垄断状态后才会发生作用。而公平竞争审查制度要求行政机关在制定政策过程中进行审查，其目的在于使出台的规范性文件不存在排除、限制竞争的效果。该"自我审查是将问题消灭在萌芽状态的一种机制"，[2] 公平竞争审查制度有助于抽象行政性垄断行为的规制。相比具体行政行为，抽象行政行为适用范围更广，

---

① 余东华、巩彦博：《供给侧改革背景下的反垄断与松管制——兼论公平竞争审查制度的实施》，载《理论学刊》，2017（1）。

② 刘继峰：《论公平竞争审查制度中的问题与解决》，《价格理论与实践》，2016（11）。

影响力更大。而公平竞争审查制度要求政策制定机关必须严格进行竞争审查，同时对已经制定的规范性文件进行清理。弥补了抽象行政性垄断司法审查的空缺和反垄断执法机关建议的被动性。赋予政策制定机关保障市场公平竞争的重任，有利于公平竞争的倡导，"是我国确立竞争政策基础性地位的关键一步，也是我国实现反垄断战略目标的重要路径"。①

公平竞争审查的目的是避免和减少政府出台违反公平竞争原则的政策或规则，这两个推进公平竞争审查的文件是对我国反垄断法的重要补充和重大发展。它们与《反垄断法》的反行政垄断一样，目的也是约束政府的行为，即把政府的限制竞争装进制度的笼子里，切实解决政府干预市场过多和过滥的问题。与《反垄断法》的反行政垄断规定的不同之处是，公平竞争审查是对行政垄断行为予以事先防范的措施，即把行政垄断行为消灭在萌芽状态中。

伴随公平竞争审查制度的建立，对行政垄断行为的规制也从事后纠正走向了事前预防。目前，公平竞争审查制度已经进入深入落实阶段，已出台的《公平竞争审查实施细则》具体要求各政策制定机关积极开展排除限制竞争存量政策措施的清理工作，做好增量政策措施的审查工作，在审查过程中切实向利害关系人或公众征求意见，开展落实公平竞争审查制度的专项督导并加强公平竞争审查制度的宣传培训。在 2017 年地方网约车政策的制定过程中，已有公民依据《公平竞争审查意见》对行政机关出台的政策文件提出质询并获得了行政机关的回应。另外，此次第十三届全国人大代表蔡继明称，他将提交对《关于坚持包容审慎监管鼓励网约车行业健康发展》的建议，建议针对一些限制竞争的地方政策，按照国务院公平竞争审查制度的要求，提高政策透明度，取消各种不平等、不合理、歧视性条款。②

二、审查范围

2020 年 1 月 1 日起施行的《优化营商环境条例》，是我国第一次以行政法规的形式将公平竞争审查制度立法的文件。该《条例》第 63 条规定，制定与市场主体生产经营活动密切相关的行政法规、规章、行政规范性文件，应当按照国务院的规定进行公平竞争审查。制定涉及市场主体权利义务的行政规范性文件，应当按照国务院的规定进行合法性审核。市场主体认为地方性法规同行政法规相抵触，或者认为规章同法律、行政法规相抵触的，可以向国务院书面提出审查建议，由有关机关按照规定程序处理。

《公平竞争审查意见》中规定了包括"行政机关和法律、法规授权的具有管理公共事务职能的组织制定的有关市场主体经济活动的规章、规范性文件和其他政策措施；行政法规、国务院指定的其他政策措施和地方性法规"两类对象。《公平竞争审查意见》对公平竞争审查制度做了框架性的规定。将审查对象分为两大类，一类是行政机关和特定组织制定的涉及市场主体经济活动的规章、规范性文件和其他政策性措施；另一类是行政法规和

---

① 王先林：《公平竞争审查制度与我国反垄断战略》，《中国市场监管研究》，2016（12）。
② 《代表委员呼吁取消歧视性条款包容网约车发展：加强网约车细则公平竞争审查》，载http://www.npc.gov.cn/npc/xinwen/dbgz/2018-03/07/content_2042920.htm，最后访问时间：2020年1月20日。

国务院制定的其他政策措施、地方性法规。值得注意的是，公平竞争审查制度将行政法规、地方性法规等纳入审查对象的范围，在一定程度上扩大了《反垄断法》规制的范围，具有一定的进步意义。

但什么是"行政规范性文件"，《公平竞争审查意见》没有明确，有的学者从最广义的角度定义，认为"行政规范性文件"不仅包括具有法律性质的规范性文件，如行政机关制定的"决定""命令"等，还包括因行政立法行为而产生的行政规范，所借鉴的是《行政强制法》第10条的规定，"法律、法规以外的其他规范性文件不得设定行政强制措施"，[①] 一般称为"抽象行政行为"。也有学者把其狭义地理解为"规章以下规范性文件"，即只包括国务院部门和地方各级政府及其工作部门制定的除规章以外的具有普遍约束力的决定、命令。《行政诉讼法》第53条规定，"公民、法人或者其他组织认为行政行为所依据的国务院部门和地方人民政府及其部门制定的规范性文件不合法，在对行政行为提起诉讼时，可以一并对该规范性文件进行审查。前款规定的规范性文件不含规章。"

国务院《规章制定程序条例》规定，规章一般称"规定"或"办法"，但并非所有冠以"规定"或"办法"的文件都是规章。此时法官必须要严格依照《规章制定程序条例》规定的立项、起草、审查、决定和公布等程序，对行政行为所依据的"规定"或"办法"加以判断。另外，据《国家行政机关公文处理办法》，国务院部门、省级人民政府与较大的市人民政府下发的文件在名称上形形色色，包括命令、决定、公告、通告、通知、通报、批复、意见、函等，上述文件是否属于规范性文件，不可仅凭名称而定，而是要先进行实质性审查，对非规范性文件加以排除。

《公平竞争审查意见》在《反垄断法》的基础上进行了细化，分为4大类18小项。4大类包括：市场准入和退出标准、商品和要素自由流动标准、影响生产经营成本标准、影响生产经营行为标准。此外，《公平竞争审查意见》还规定了两项兜底和4项例外条款。当然，4项例外并非绝对，而是受到一定的限制，即该政策措施必须是实现政策目的不可或缺的，并且对竞争的排除和限制不严重。在政策实施过程中，政策制定机关还应当逐年评估，未达到预期效果应当进行调整或者停止执行。公平竞争审查的审查对象还包括存量政策，《公平竞争审查意见》规定以"谁制定、谁清理"为原则进行存量清理。此外，《公平竞争审查意见》中还规定了定期竞争评估原则、第三方评估制度等辅助性制度。可见，《公平竞争审查意见》所确立的公平竞争审查制度，并不是一项孤立的制度，而是附带保障机制的，覆盖已制定和新制定政策的制度。这也是公平竞争审查制度受到广泛关注的原因之一。

三、审查方法

关于审查方式，《公平竞争审查意见》也做了相应的规定。首先，将审查时间规定为

---

① 黄金荣：《"规范性文件"的法律界定及其效力》，载《法学》，2014（7）。

政策制定过程中，监督政策的制定，起到防患于未然的效果。其次，审查主体为政策制定机关自身，其原因主要在于政策制定机关更为了解政策所规定的内容和政策增量和存量巨大的现实。再次，具体做法为比照《公平竞争审查意见》规定的标准，进行逐项审核。竞争审查是政策制定的必备过程，未进行公平竞争审查的，不能出台。审查中发现具有排除限制竞争效果的不能出台，或者调整致符合标准后可以出台。

我国规制行政垄断的途径主要是《反垄断法》《行政诉讼法》《优化营商环境条例》和国务院发布《公平竞争审查意见》，以及《公平竞争审查制度实施细则》以下简称《公平竞争审查制度实施细则》），标志着我国公平竞争审查制度的正式建立。这对规范政府行为，维护公平竞争的市场环境有着重要意义。因此公平竞争审查制度作为行政规制的有力补充。通过实施公平竞争审查制度做到事先预防，通过《反垄断法》完成事后救济，这样一先一后双保障体系的构建，可以最大程度的规制行政垄断。

但是由于政府政策制定行为非常复杂，受到多种因素的影响，而《优化营商环境条例》实施时间较短，各地方与《优化营商环境条例》配套的细则立法尚未完善。《优化营商环境条例》和国务院《公平竞争审查意见》的双层保险效果如何，还有待市场环境检验。

四、第三方评估

运用公平竞争审查制度规制行政性垄断，在《公平竞争审查意见》与《公平竞争审查实施细则》的指导下仍需其他制度予以配合。如在《意见》中，言明有序清理存量，要求针对现行的政策措施，在区分不同情况的基础上，逐步清理违背公平竞争审查意旨的做法。但是现实问题错综复杂，仅依据《意见》所出具的指导意见，难以在实际运用中做到有序清理。为此，国家发改委等联合发布了《2017—2018 年清理现行排除限制竞争政策措施的工作方案》。在该工作方案中，明确了清理的主体、清理的范围和重点、清理步骤、清理要求，为有序展开清理工作打下了坚实的基础。另外，为了鼓励引进第三方评估，2019 年 2 月 13 日，国家市场监督管理总局根据《意见》发布了《公平竞争审查第三方评估实施指南》，对第三方评估从适用范围、评估内容、评估机构、评估程序和方法等方面详细地进行规定，对引进第三方评估进行指导，并将其纳入政府预算管理范围，给予经费支持。

通过第三方评估，可以解决审查能力有限的问题，同时第三方评估因其并无利益牵涉，能够保持其中立性，从而可保证审查结果客观公正。这有助于实现我国推行公平竞争审查机制的目的，有效遏制行政性垄断。目前部分单位已经通过第三方评估来协助进行公平竞争审查，如河北省财政厅通过购买服务的方式，与河北大学公平竞争审查领域的相关专家学者合作，对竞争审查和存量文件清理情况开展第三方评估，并根据专家评估意见对政策进行修改完善。

第二节 公平竞争审查制度困境

一、公平竞争审查与反垄断立法

《优化营商环境条例》首次规定了"公平竞争审查"制度，但《反垄断法》中尚未规定。公平竞争审查制度作为一项保证我国竞争政策基础性地位的顶层设计，可以在源头上划清政府与市场两者边界，达到规范政府行为，确保政府政策不会阻碍市场竞争的效果。而将其通过反垄断法进行规制意义重大。2020年1月2日，市场监管总局发布的《〈反垄断法〉修订草案（公开征求意见稿）》第4条[①]，国家强化竞争政策基础地位，制定和实施与社会主义市场经济相适应的竞争规则，完善宏观调控，健全统一、开放、竞争、有序的市场体系。第9条[②]，国家建立和实施公平竞争审查制度，规范政府行政行为，防止出台排除、限制竞争的政策措施。第10条第1款第4项，协调反垄断行政执法和公平竞争审查工作；第42条[③]，行政机关和法律、法规授权的具有管理公共事务职能的组织，不得滥用行政权力，制定含有排除、限制竞争内容的规定。行政机关和法律、法规授权的具有管理公共事务职能的组织，在制定涉及市场主体经济活动的规定时，应当按照国家有关规定进行公平竞争审查。

草案修订在'行政机关'基础上，还加入了'法律、法规授权的具有管理公共事务职能的组织'的表述，指代性更加明确，更具实际操作意义。反垄断法修改释放了一个重大信号，就是从法律上明确竞争政策的基础性地位。受计划经济影响深远，我国各级政府部门习惯于用产业政策来干预市场经济，而竞争政策一直处于弱势地位。很多行政垄断案件都是以产业政策为名来制定推行的。如果不对竞争政策予以主导地位的法律定位确认，那么行政垄断处理起来还是非常困难的。"随着把公平竞争审查制度"写进法律"，此次（《反垄断法》征求意见稿）也同时加大了对于行政垄断的打击力度，通过赋予反垄断执法机关"实权"，来提高对行政垄断的执法威慑力，从而极限压缩行政垄断的"生存空间"。[④]

二、自我审查为主的缺陷

目前公平竞争审查制度以自我审查为主，这是现阶段较为合理的一种选择，但是以自我审查为主的审查方式也存在着明显的缺陷，主要涉及两个问题：一是政策制定机关愿不

---

① 与原文相比，增加"国家强化竞争政策基础地位"。
② 新增加条文。
③ 第二款属于新增内容。
④ 万静：《反垄断法大修 首次拟将公平竞争审查制度入法》，《法制日报》2020年1月14日。https://baijiahao.baidu.com/s?id=1655668059719745477&wfr=spider&for=pc。

愿意自我审查,二是政策制定机关有无能力进行自我审查,我们知道在政策措施中找出排除、限制竞争的部分是一个专业性很强的工作,政策制定机关是否有专业的人员、具备专业的知识去找出政策措施中排除、限制竞争的措施。如湖南省发改委对怀化市和张家界卫计委违反公平竞争审查制度出台政策措施的行为的调查和督促纠正案例,非常典型和具有代表意义。

怀化市卫计委违反公平竞争审查标准出台遴选公告。2017 年 10 月 25 日,怀化市卫计委在网站上公布了《2017 年怀化市医疗卫生机构低值医用耗材及检验试剂集中采购服务机构公开遴选公告》,部分条款涉嫌违反公平竞争审查标准,引发企业举报。调查发现,该公告虽经过怀化市卫计委委内公平竞争审查程序,但部分条款未能严格遵守《公平竞争审查制度实施细则(暂行)》要求,涉嫌排除限制竞争。怀化市卫计委在调查中积极配合,自行整改,中止了遴选工作,并承诺在以后的工作中加强对《反垄断法》和公平竞争审查相关文件的学习、培训,严格按照相关法律法规要求,完善工作。

张家界市卫计委未经公平竞争审查发布招标文件。张家界市卫计委于 2017 年 12 月 8 日发布了《张家界市公立医疗机构集中配送项目招标文件》,评标办法中对本地公司、外地公司区别对待,设立了不一样的评分标准,引发企业举报。经查,该文件在发布前没有进行公平竞争审查,评标办法中存在对本地企业和外地企业设置了不合理和歧视性的评分标准等问题。约谈后,张家界卫计委承诺将组织学习公平竞争审查相关政策,完善委内公平竞争审查制度,严格按照相关条款进行审查,杜绝此类行为的再次发生。

三、信息公开不透明

目前,公平竞争审查制度实施情况,自动信息公开的不是常态,且也没有公平竞争审查统一权威的网络平台可以查询,导致信息公开度不高,公众参与高少。

因此,可以考虑由部级联席会议组织建立关于公平竞争审查的综合信息公布网站,各省联席会议设立本地区公平竞争审查信息公布网站,中央网站负责公布各部委和地方上报的审查评估报告、责任追究和处理情况,同时中央网站负责集中关于公平竞争审查的投诉举报信息,按照事态严重程度决定是自己处理还是下放地方,同时中央网站可以将各地公平竞争实施情况加以公布,尤其是对在公平竞争审查制度存在问题的地区加以公布,使其成为社会监督的重点,促使其家里改进,在改进之后中央网站可以予以撤销。地方网站负责公布本地区的公平竞争审查报告、责任追究和处理情况。同时还要实现中央网站和地方网站的信息共享,互联互通。①

---

① 李智荣、李嘉:《公平竞争审查制度对行政垄断的规制研究》,载《现代商贸工业》,2020(6)。

四、公平竞争审查制度的适用

《反垄断法》对规制滥用行政权力排除、限制竞争行为提供了明确的法律依据，而随着公平竞争审查制度的建立和推行，该制度相关内容也为反垄断执法部门所适用，并在部分典型案例中有集中体现。如在湖南省工商局纠正湖南省相关市州经信部门滥用行政权力排除、限制竞争行为案中，湖南省工商局以相关市州经信部门违反《反垄断法》和《国务院关于在市场体系建设中建立公平竞争审查制度的意见》的有关规定，向其上级机关发出执法建议函。同样，在宁夏回族自治区工商局、辽宁省葫芦岛市工商局查办的相关案件中，公平竞争审查制度的内容也有所体现。

由于《反垄断法》与公平竞争审查制度分属不同性质的法律与规范性文件，前者是全国人大常委会通过的法律，后者则是以国务院政策文件的形式确立的，因此在适用上述法律与规范性文件时，反垄断执法部门需要进一步区别对待，对公平竞争审查制度的适用更要审慎。与此同时，反垄断执法部门应注重适用两者在规制滥用行政权力排除、限制竞争行为时的区别。现行《反垄断法》对滥用行政权力排除、限制竞争行为予以规制采取的是事后救济方式，更侧重于对具体行政行为的处罚。而在实际生活中，抽象的滥用行政权力排除、限制竞争行为对于公平竞争市场秩序的破坏远远大于具体的滥用行为。《反垄断法》第32条至第36条规制的是具体的滥用行政权力排除、限制竞争行为，对抽象的滥用行政权力排除、限制竞争行为的规制依据《反垄断法》第37条的规定，无法从源头上有效遏制此行为。正是在这样的条件和背景下，公平竞争审查制度作为规制行政垄断的创新之举得以正式确立。它直接以各类排除、限制竞争的规范性文件作为审查对象，以事前审查的方式对抽象垄断行为进行规制。《国务院关于在市场体系建设中建立公平竞争审查制度的意见》明确规定，在政策制定的过程中必须对照四大类共18项标准进行自我审查，如果具有排除、限制竞争效果则不能出台，或者需修订至符合相关要求才能正式颁行。由此可见，公平竞争审查制度正是作为专门规制行政垄断行为的一种必要措施而建立的。[①]

当然，《反垄断法》与公平竞争审查制度的联系同样不应被忽略，尽管后者为保障竞争秩序设置了较前者更为详细的自我审查标准，但两者的实体内容基本相同，规制政府反竞争行为的目的也始终一致。在此基础上，学界普遍认为应将公平竞争审查制度作为一项具体制度纳入《反垄断法》。这样，既能明晰反垄断执法部门在执法过程中将《反垄断法》作为上位法的基本尺度，也能保障公平竞争审查制度的推进落实和权威性。（见表12-1）

---

① 孙晋、钟原、卫才旺：《从典型案例看制止滥用行政权力排除、限制竞争行为的难点及对策》，载《中国工商报》，2018年8月9日，第6版。

表 12-1　公平竞争审查制度的标准和政策措施

序号	标　准	政　策　措　施
1	市场准入和退出标准	（1）不得设置不合理和歧视性的准入和退出条件； （2）公布特许经营权目录清单，且未经公平竞争，不得授予经营者特许经营权； （3）不得限定经营、购买、使用特定经营者提供的商品和服务； （4）不得设置没有法律法规依据的审批或者事前备案程序； （5）不得对市场准入负面清单以外的行业、领域、业务等设置审批程序
2	商品和要素自由流动标准	（1）不得对外地和进口商品、服务实行歧视性价格和歧视性补贴政策； （2）不得限制外地和进口商品、服务进入本地市场或者阻碍本地商品运出、服务输出； （3）不得排斥或者限制外地经营者参加本地招标投标活动； （4）不得排斥、限制或者强制外地经营者在本地投资或者设立分支机构； （5）不得对外地经营者在本地的投资或者设立的分支机构实行歧视性待遇，侵害其合法权益
3	影响生产经营成本的标准	（1）不得违法给予特定经营者优惠政策； （2）安排财政支出一般不得与企业缴纳的税收或非税收入挂钩； （3）不得违法免除特定经营者需要缴纳的社会保险费用； （4）不得在法律规定之外要求经营者提供或者扣留经营者各类保证金
4	影响生产经营行为标准	（1）不得强制经营者从事《中华人民共和国反垄断法》规定的垄断行为； （2）不得违法披露或者要求经营者披露生产经营敏感信息，为经营者从事垄断行为提供便利条件； （3）不得超越定价权限进行政府定价； （4）不得违法干预实行市场调节价的商品和服务的价格水平
5	例外	（1）维护国家经济安全、文化安全或者涉及国防建设的； （2）为实现扶贫开发、救灾救助等社会保障目的的； （3）为实现节约能源资源、保护生态环境等社会公共利益的； （4）法律、行政法规规定的其他情形

第三节　反行政垄断风险防范

一、行政垄断预防

（一）加强法制宣传

加强竞争法制宣传，促使政策制定机关充分认识到合法的政府管制行为与非法的行政垄断行为的界限，充分认识行政垄断行为对于国家、行业、地区经济体制所产生的严重危害，充分认识到违反《反垄断法》实施行政垄断行为的违法性质。同时，也充分认识到实施行政垄断行为所可能引起的市场中其他经营者和广大消费者等相关利益方寻求法律救济和追究法律责任等法律后果。

　　《反垄断法》实施的基本方式是多种多样的，既包括《反垄断法》的遵守（守法），也包括《反垄断法》的执行（行政执法）和《反垄断法》的司法适用（司法），它们在《反垄断法》的实施中各有作用和特点。相对于行政执法和司法通过国家机关的介入和强制力来实施《反垄断法》，守法则表现为行为主体自觉遵守《反垄断法》，因而是《反垄断法》实施中最符合效益的途径和最理想的实施形式。虽然运用国家权力的行政执法和司法活动在《反垄断法》的实施中具有非常重要的地位和作用，是更容易被感知的或者说是"有形的法"的实施方式，但不能仅将《反垄断法》的实施理解为反垄断行政执法和反垄断司法，而应将经营者和其他主体自觉遵守《反垄断法》的情况纳入其中。同时，反垄断执法机关实施《反垄断法》，不仅表现在具体的行政执法上，还表现在《反垄断法》的宣传普及和竞争倡导上。《反垄断法》的宣传普及对于增强民众反垄断法律意识，培育全社会的竞争文化具有非常重要的意义。①

（二）执法是最好的普法

　　反行政垄断执法是最好的政策倡导。反垄断执法机关对涉嫌违反《反垄断法》的政策措施依法调查处理，对政策制定机关和社会各方都是最有效的竞争倡导和普法教育。有媒体在深圳 GPO 行政垄断案公布后评论："在我国公平竞争审查制度刚刚实施，一线参与竞争审查人员经验欠缺的情况下……竞争执法机关也需要密切关注滥用行政权力的行为，通过一个个有影响力的案例帮助行业主管机关树立正确的观念……在规范深圳市药品集团采购改革中，就发挥了非常积极的作用。"

（三）维护《反垄断法》权威

　　任何没有依法获得授权的政府越权干预市场的行为，不管是抽象行政行为还是具体行政行为，不管是红头文件还是政府口头命令，都会因为违反《反垄断法》而无效。鼓励政策制定机关展开反垄断法的合法性审查和清理，从源头上减少和杜绝抽象行政行为所导致的行政垄断行为的发生。国家反垄断法行政执法机关也应当更加严格地进行执法活动，并提出相应的整改建议，对于违反反垄断法的严重行为进行媒体通报，以杜绝不敢犯，不想犯，不能犯。

　　因为行政垄断的实质就是行政机关滥用权力从而破坏正常的市场竞争秩序，由于我国行政机关本身所具有的特质，以及目前我国反垄断执法体制存在的管理问题，使得反垄断执法机关往往容易受到行政机关的掣肘，导致发生无法全面惩处行政垄断行为的问题。需要持续强化此类执法组织的独立性。

（四）培育市场力量

　　积极培育与行政垄断行为相制衡的市场力量。通过深化反垄断法的宣传，使市场中的

---

① 王先林：《我国〈反垄断法〉实施成效与完善方向——写在〈反垄断法〉实施十周年之际》，载《中国工商报》，2018年8月9日，第6版。

广大经营者增强权利意识，认识到自己作为市场经济的参与者依法享有参与竞争、公平竞争的基本权利，鼓励经营者积极参与竞争，勇于维护自己合法的竞争权利。同时，使市场中的经营者和广大消费者充分认识到，如果因为行政垄断行为产生了排除或限制竞争的后果，给市场中的经营者或广大消费者等相关利益方带来了损害，这些受到损害的经营者和消费者有权依照《反垄断法》的相关规定向反垄断行政执法部门投诉或向法院寻求司法救济，法院和反垄断行政执法部门应当严格依照《反垄断法》的相关规定，确实保护受损害的经营者和消费者的合法权益。①

（五）完善立法

进一步完善涉及市场经济体制的相关法律法规的配套建设。如，完善价格法等法律法规与反垄断法的相互关系和彼此的衔接点，厘清不同法律法规的适用边界。再如，明确国家安全等尚存模糊的区域，明确哪一级政府部门在何种情况下可以以国家安全为由进行政府管制，管制的边界在哪里，审批的级别和程序等问题。同时，进一步发挥现有其他法律机制的作用，使之与《反垄断法》配合起来，达到减少和校正行政垄断行为的社会效果。如前文提及的广东新时空行政垄断案，就是相关行政执法机关运用《反垄断法》进行调查和提出建议，同时相关利益方又通过行政复议程序进行申诉，两相结合而成功的案例。

（六）公开征求意见

规范性文件发布之前的公众参与在预防行政垄断中十分重要。仅由反垄断行政执法机关主动执法不足以禁止抽象行政性垄断，倘若能健全公众或者有识之士监督行政机关依法行政的程序，也是可行的。例如，在"绿坝·花季护航"事件中，工业和信息化部（以下简称工信部）就遭遇了"行政执法困境"。事件起因是工信部下发了《关于计算机预装绿色上网过滤软件的通知》（工信部软〔2009〕226号，下称《通知》），要求2009年7月1日后"在我国境内生产销售的计算机出厂时应预装绿坝 花季护航'软件最新适用版本；进口计算机在国内销售前应预装绿坝 花季护航'软件最新适用版本。"这是一起比较典型的抽象行政性垄断。事件发生后，就有内地及香港等地大学教授联名向国务院递交"公民建议书"，认为工信部《通知》违反《反垄断法》等相关法律，缺乏科学性和合理性，建议国务院撤销这一文件，同时还向国务院反垄断委员会递交"行政垄断违法举报信"，称工信部该行为涉嫌"滥用行政权力，限制和排除竞争，损害消费者利益"，并致函国家发展和改革委员会、商务部、原国家工商行政管理总局等多个部门，要求制止工信部该行为。与此同时，北京某律师也向工信部提出了信息公开申请和听证申请，要求公开预装"绿坝 花季护航"软件相关事宜的信息，并对这一行政行为的合法性与合理性进行听证。在一片抗议与质疑声中，8月13日，工信部宣布："中国不会强制要求在个人电脑及其他消费产品

---

① 黄勇：《我国行政垄断执法的困境及对策》，载《价格理论与实践》，2013（1）。

上大规模安装绿坝互联网过滤软件。"显见，由公众建议抽象行政性垄断主体的上级机关责令相关部门停止执行具有强制性的垄断规定，呼吁反垄断行政执法机关加强反垄断执法工作，监督行政机关依法行政等一系列的公众活动，从一个侧面说明了在现代社会中专家、大众等民众参与行政的力量、从法律程序上控制抽象行政性垄断的实际价值与法治意义。

因此，任何规范性文件、政策出台前的公众听证程序，能有效预防行政垄断。

（七）加强外部监督

根据朱静洁以国家发改委公布的 59 个审查案例的分析结果来看，通过外部举报的方式展开公平竞争审查的共有 28 起，接近一半，占所有案例的 47.5%。[①] 根据陈灿祁、叶蜜选取的国家发改委通报的 48 件典型案例，通过举报开展公平竞争审查的共有 15 起，占比 31.2%。从侧面可以看出，外部监督在推行公平竞争审查制度的过程中起着非常重要的作用。

（八）提高执法透明度

经过新一轮国务院机构改革，反垄断执法权"三分天下"的局面被终结。回顾十年来反垄断执法过程中所出现的各种阻碍以及不足，针对上述问题进行分析可知，执法透明度较低成为重点。[②]

十八届三中全会制定《中共中央关于全面深化改革若干重大问题的决定》，强调"健全执法程序""强化对行政执法的监督"。国务院制定《关于促进市场公平竞争维护市场正常秩序的若干意见》针对执法信息披露制定相关标准。披露行政垄断违法问题能全面推广国内相关法律的实际执法情况，增加违法威慑性，使行政主体在实施违法行为之前就有沉重的思想顾虑，便于增加社会监督，强化大众、媒介的监督强度，确保执法组织自主规范执法活动。在具体执法时期，增加反垄断执法过程中的公开和透明度，及时对查处的行政垄断案件进行信息披露，减少公众不必要的猜测，并在一定程度上缓解外界的疑虑。《暂行规定》明确，对于反垄断执法机关认为构成滥用行政权力排除、限制竞争行为的，依法向社会公开，通过信息公开进一步增强反垄断执法的透明度，也强化对滥用行政权力排除、限制竞争行为的社会监督。

二、受益经营者垄断风险预防

（一）涉嫌行政垄断的举报义务

从行政法理看，行政行为具有公定力和强制力，行政行为一经作出，即对行政相对人

---

① 朱静洁：《公平竞争审查制度实施情况的实证研究——以国家发改委公布的59个审查案例为样本》，载《竞争政策研究》，2018（4）。

② 刘旭：《反垄断执法能否更透明（上）》，载《中国贸易报》，2019 年3月22日，第6版。

产生强制约束力,其他任何机关、组织、个人都要尊重相应的行政行为,不得违反和不得作出与之相抵触的行为。① 行政垄断行为在表面上也是一种行政行为,经营者应予以遵从,否则就会受到相应的法律制裁。如果由受益经营者承担"合规审查"义务,经营者将会陷于两难困境:不遵从行政主体的行政垄断行为,就要受到行政法的制裁;遵从行政主体的行政垄断行为,则会受到反垄断法的制裁,这显然是不合理的。②

这种归责逻辑对经营者既过于严苛,也违反行政法理。行政主体实施的行为是否构成行政性垄断,是否违反反垄断法,并不绝对明确,即使是权威专业的反垄断执法机关对此也不能轻易判断,要求经营者通过"内控合规"审查自行判断行政主体的行为是否构成违法的行政性垄断,这实际上超越了经营者的能力,此种注意义务属于不合理的过度的义务。再者,从行政法理看,行政行为具有公定力,行政行为一经作出,除非有重大、明显的违法情形,即假定其合法有效,任何机关、组织、个人,未经法定程序,均不得否定其法律效力;其他任何机关、组织、个人都要尊重相应的行政行为,不得违反和不得作出与之相抵触的行为。行政垄断行为在表面上也是一种行政行为,经营者得予以遵从。经营者有义务遵守行政主体的规章或决定,否则就会受到行政主体的制裁。如此,经营者将会陷于两难困境:不遵从行政主体的行政性垄断行为,先就要受到行政法的制裁;遵从行政主体的行政性垄断行为,则会受到反垄断法的制裁。这显然是不合理的。而且,某种行政行为是否属于行政性垄断行为,是否属于违法,受约束的经营者是不能自行判断的,只能通过行政复议或行政诉讼等救济途径寻求判断和变更。同时,是否针对行政性垄断行为提起行政复议或行政诉讼,经营者也有自主决定权,不能因为经营者未积极提起行政复议或行政诉讼就断定经营者未尽其责。③

如果经营者怀疑行政主体的行政行为构成行政权力滥用,则可以寻求法律救济,如向市场监督管理机关申请公平竞争审查或者举报。

《暂行规定》对举报做了三个方面规定:

一是明确了举报人权利和反垄断执法机关义务。对滥用行政权力排除、限制竞争行为,任何单位和个人均有权向反垄断执法机关举报。反垄断执法机关应当为举报人保密,且对于举报采用书面形式并提供事实和证据的,应该进行必要的调查。

二是列举了书面举报的内容。书面举报一般包括举报人基本情况,被举报人基本情况,涉嫌滥用行政权力排除、限制竞争行为的相关事实和证据,是否就同一事实已向其他行政机关举报或向人民法院提起诉讼,为举报人的举报行为提供明确指引。对于被举报人信息不完整、相关事实不清晰的举报,受理机关可以通知举报人及时补正。

三是明确了接收举报材料的对象。举报人除可向市场监管总局和省级市场监管部门举报外,也可以向省级以下市场监管部门举报。省级以下市场监管部门应将收到的举报材料

---

① 参见姜明安:《行政法》,247页,北京,北京大学出版社,2017。
② 参见李国海、彭诗程:《制裁行政垄断受益经营者:动因、范式与规则》,载《法学杂志》,2019(8)。
③ 李国海:《行政性垄断受益经营者可制裁性分析》,载《法学评论》,2019(5)。

及时报送省级市场监管部门。

（二）调查配合

在执法过程中，反垄断执法机关应遵循上述程序规则外，被调查的经营者、利害关系人或者其他单位或个人也有义务配合反垄断执法机关依法履行职责，不得拒绝、阻碍反垄断执法机关的调查。被询问人或被调查人应当在符合询问实际情况的笔录上签字。但实践中，反垄断执法机关也会碰到不予配合调查的情况，这种情况下，《反垄断法》第52条赋予了反垄断执法机关的行政处罚权，即，对拒绝提供有关材料、信息，或者提供虚假材料、信息，或者隐匿、销毁、转移证据，或者有其他拒绝、阻碍调查行为的，反垄断执法机关可以责令其改正，对个人处以2万元以下的罚款，对单位可以处以20万元以下的罚款；情节严重的，对个人处2万元以上10万元以下的罚款，对单位处以20万元以上100万元以下的罚款；构成犯罪的，依法追究刑事责任。

如原安徽省工商局对信雅达工程公司在安徽区域销售支付密码器涉嫌垄断行为案。在调查期间，反垄断执法机关依法先后两次向其直接送达了调查通知，并两次电话敦促其履行法律义务。但截至期限届满，信雅达工程公司仅提供一份申述意见行使了其陈述的权利，未按规定要求履行其提供相关材料的法律义务。2015年9月18日，原安徽省工商局对信雅达系统工程股份有限公司下达行政处罚决定书，认定信雅达公司在查处垄断案件中不履行配合调查的法律义务，决定对其处以20万元的罚款。这反映了我国部分企业对《反垄断法》不熟悉、不关心，法律意识淡漠，以致拒绝反垄断调查的现状。

实际上积极配合反垄断执法调查利大于弊。经营者可以借此向世人证明自己没有垄断行为，避免因为阻碍调查而领到不必要的罚单。一旦经营者被执法机关发现涉嫌存在垄断行为，积极配合调查，即使最终认定违反《反垄断法》，也可能作为执法机关作出处罚时减轻处罚的考量因素。

（三）主动学习反垄断法

在反垄断执法进入常态化的今天，经营者应当更加主动地学习、了解《反垄断法》及其配套规章，在公司内部建立反垄断合规制度，对员工进行定期的合规培训，避免从事《反垄断法》所禁止的垄断协议、滥用市场支配地位等行为。此外，经营者还应当熟悉《反垄断法》等法律法规及反垄断调查程序，更好地履行配合执法机关调查的法律义务，接受执法机关的行政指导，依法查找自身经营存在的风险与不足，诚信自律、合法经营。

（四）知晓执法机关调查权限和程序

反垄断执法机关在调查中的职权包括：进入被调查的经营者的营业场所或者其他有关场所进行检查；询问被调查的经营者（须要知道哪些人可以作为知情者进行询问，不知情员工应当不能接受询问，即使被询问，应当如实回答对案情不知情，没有参与具体工作，而不能把自己间接获悉的或猜想的情况，进行回答，严格来讲，应当仅限于本人职责范围内或直接经手的事项进行回答）、利害关系人或者其他有关单位或者个人，要求其说明有关情况；查阅、复制被调查的经营者、利害关系人或者其他有关单位或者个人的有关单证、协议、会计账簿、业务函电、电子数据等文件、资料；查封、扣押相关证据；查询经营者的银行账户。对于执法机关超越调查权限或与案情无关的要求提供材料或询问，可以拒绝。

（五）不参加涉及敏感信息的会议

不参加行政机关或行业协会有关涉及敏感信息的会议。在作出涨价等商业决策时，需格外谨慎，确保价格上调行为是基于其独立的商业判断，而非基于与竞争者之间合意或意思联络作出的联合涨价或协同涨价。同时，对于行政机关或行业协会组织的有关涉及价格、限制区域、销售量等敏感信息时，一定要明确表示反对并记录在案，并不得履行会议要求。

如行业协会对于成员企业作出任何涨价指示或暗示，企业也需要提高警惕，以最大限度地降低反垄断合规风险。

（六）重视制定合规指引

如 2019 年 12 月 26 日，上海市市场监督管理局发布《上海市经营者反垄断合规指引》，为企业反垄断合规指引性参考具有重要意义。该合规指引明确，在不可避免地会与竞争者见面的情况下，如参加行业协会、讨论行业标准等，其他竞争者如有讨论或提及可能涉嫌违反反垄断法律的敏感话题时，《合规指引》明确指出经营者"应当立即明示拒绝参与并及时避席"，同时还可以"做好拒绝与避席的相关证据记录"，因为这些证据将有可能帮助经营者证明自身未参与该涉嫌垄断的行为。《合规指引》规定"所有经营者都应当独立地实施销售、采购及作出相关市场行为决策"，这也是反垄断执法机关首次明确建议经营者应该"独立"作出商业决策。

（七）要求出示证件

在接受调查时，企业可以有合法的权利：要求执法人员出示执法证件；要求执法人员出示受上级机关委托执法的证明；在接受调查过程中要求律师在场；要求复制执法人员调取材料的清单及调查笔录；要求执法人员对涉密材料进行保密处理；拒绝提供无关材料。

（八）聘请专业人员审查

聘请专业人员对相关协议进行反垄断审查，重大商业决策要求律师出具反垄断审查报告。在医药、化妆品等协议中，经常容易出现限制转售价格、限制技术研发和出口、限制生产数量等行为。前述行为尽管需要认定具有支配地位为前提，但相关市场认定具有相当的专业性和复杂性，和经营规模大小不一定成正比。

后 记

　　由于"行政垄断"这一概念的内涵和外延比较宽泛，反行政垄断不仅涉及《反垄断法》的内容，也涉及我国产业组织结构、行政和司法体制等《反垄断法》管辖之外的其他社会环境。所以，研究反行政垄断问题的思路可宽可窄。

　　"行百里者半九十"，尽管我国学术界现阶段对行政性垄断的研究已取得了一些显著的成果，但行政性垄断作为至今还严重阻碍着当前中国改革发展事业全面推进的瓶颈，迫切需要广大的专家学者在充分借鉴和吸收现有研究成果的基础上，积极启用发散性思维，综合运用多角度、跨学科的研究方法，努力突破以往大部分研究中，只从经济学、法学或者社会学等单一学科的视角对行政性垄断进行分割式的研究，走出形式上称综合性学科视角，但最终往往又落入实质上的单一学科视角对行政性垄断进行研究的怪圈。把对行政性垄断的研究放在社会主义市场经济的大环境和中国特色社会主义初级阶段基本国情的大背景下进行系统、全面、深入的考察，有助于继续推动新时期我国改革发展事业的发展。这是我们每个人的责任和义务，尤其是长期从事反垄断实务的律师，更有义务贡献自己的力量，哪怕微小的光，也期待"星星之火，可以燎原"。

　　党中央、国务院推进反垄断执法机构改革，实现反垄断统一执法。在党中央、国务院的坚强领导下，我国反垄断事业蓬勃发展，与美国、欧盟并列为世界反垄断三大司法辖区。

　　执法是最好的法制宣传。通过具体的执法行动，使全社会逐渐认识到，这不是一部纸面上的法律，不是一部没有"牙齿"的法律。对于反垄断法律制度，公众的认知更为明晰、期待更加合理、强烈，企业的自我约束有所增强。随着反垄断执法日趋常态化和公众反垄断法律意识的提高，反行政垄断执法工作难度也不断加大。一方面，迫于反垄断执法压力，行政垄断行为趋于更加隐蔽，增加了发现和调查工作的难度和成本；另一方面，制度建设层面存在的不足将在执法工作中不断凸显出来。例如，《反垄断法》立法的原则性较强，有些概念亟待明确界定，部分执法程序尚须明晰和细化，执法、司法的衔接机制需要理顺。更重要的是，竞争政策在经济政策体系中的基础、核心地位缺少必要的制度体现和保障。作为一名职业律师，希望借助自己的专业，将反行政垄断中的问题进行分析并提出对策，能够针对反行政垄断的执法工作提出一些建议，也是一种"快乐"。

　　正如美国大法官霍姆斯那句经典的法律名言，"法律的生命不在于逻辑，而在于经验"。[①]

　　受限于作者学识经验，本书还有很多问题没有涉及，如《反垄断法》第六章专门对涉

---

① [美]霍姆斯：《普通法》，冉昊、姚中秋译，20页，北京，中国政法大学出版社，2005。

嫌垄断行为的调查作出规定，并确立了垄断案件调查的基本程序。另外，在《反垄断法》的其他部分也有与调查程序直接相关的内容。由于《反垄断法》规定的程序规则相对简单，而程序规则与公正、效率等基本法律价值的实现直接相关，也涉及反垄断执法机关具体行政行为的合法性问题，因而需要对有关垄断案件调查的程序规则进一步细化。此前，我国已经出台了一些程序规则，但这些程序规则存在层级不高和相互不够协调的问题。这就需要通过修订相关法律规定的方式来细化我国反垄断执法的程序规则，进一步加强执法决定程序的中立性和程序的参与性、公开性，确保反垄断执法机关在法治的基础上有效实施《反垄断法》。[①] 再如反行政垄断与普通民事垄断纠纷的界定、反行政垄断行政执法与司法审判的分歧如何协同等问题，本书均尚未涉及或深入剖析，实属憾事。

自 2015 年从春城昆明全家东漂至"魔都"上海，已五年有余，五年深耕竞争法专业，受聘为市场监督管理部门的反垄断专家库成员或公平竞争审查专家，也为多家省级机关从事公平竞争审查和合法性审查，这些经历让我和我的团队成员较快成长，当事人或受聘机关对我们专业的肯定，也带来了较多快乐。

我们的专业发展得益于上海交通大学法学院王先林教授、李剑教授、侯列阳教授，上海大学法学院院长文学国教授，同济大学单晓光教授，华东政法大学徐士英教授、华东政法大学知产学院院长黄武双教授，云南省科技厅王海涛处长的悉心指导，在此一并致谢。

林　文
2020 年 12 月 29 日

[①] 王先林：《我国〈反垄断法〉实施成效与完善方向——写在〈反垄断法〉实施十周年之际》，载《中国工商报》，2018 年 8 月 9 日，第 006 版。